유튜브로 쉽게배우는

7일 특강

With. YouTube

2021년 통합채용 대비

부산교통공사

NCS + 일반상식

Always **with you**

사람이 길에서 우연하게 만나거나 함께 살아가는 것만이 인연은 아니라고 생각합니다.
책을 펴내는 출판사와 그 책을 읽는 독자의 만남도 소중한 인연입니다.
(주)시대고시기획은 항상 독자의 마음을 헤아리기 위해 노력하고 있습니다.
늘 독자와 함께 하겠습니다.

PREFACE

머리말

시민의 행복을 나르는 부산교통공사는 2021년부터 부산시 공공기관 합동채용을 진행할 예정이다. 채용절차는 「원서접수 → 필기시험 → 인성검사 → 면접시험 → 서류심사 → 신체검사 및 결격사유 조회」 순서로 이루어지며, 누구나 지원이 가능한 능력 중심의 NCS 기반 공개경쟁을 시행한다. 부산교통공사 필기시험은 직업기초능력평가와 전공과목을 평가하며, 직업기초능력평가의 경우 국가직무능력표준에 제시되어 있는 NCS 10개 영역을 모두 평가하기 때문에 필기시험 고득점 취득을 위해 다양한 유형에 대한 연습과 문제해결력을 높이는 등 철저한 준비가 필요하다.

부산교통공사 필기시험 합격을 위해 (주)시대고시기획에서는 NCS 도서 시리즈 1위의 출간경험을 토대로 다음과 같은 특징을 가진 도서를 출간하였다.

도서의 특징

첫　째 직업기초능력평가 10개 영역에 대한 이론 및 유형 문제를 통해 부산교통공사 필기시험의 유형을 파악할 수 있도록 하였다.

둘　째 최신상식용어를 통해 일반상식을 대비할 수 있도록 하였다.

셋　째 부산교통공사 필기 유형을 반영한 모의고사를 통해 실제 시험에 대비할 수 있도록 하였다.

넷　째 인성검사 / 면접을 통해 한 권으로 채용을 준비할 수 있도록 하였다.

끝으로 본 도서를 통해 부산교통공사 채용을 준비하는 모든 수험생 여러분이 합격의 기쁨을 누리기를 진심으로 기원한다.

NCS직무능력연구소 씀

부산교통공사 이야기

미션	안전하고 편리한 대중교통 서비스 제공으로 시민 복리증진
비전	절대안전 · 시민행복 · 대중교통의 중심, 부산교통공사
슬로건	절대안전 기반 시민행복 도시철도

경영목표

| 철도사고 ZERO | 청렴도 1등급 | 1일 고객 100만 명 | 고객만족도 1위 |

경영전략

| 安 절대적 안전 | 全 전사적 혁신 | 共 공공성 추구 | 感 고객감동 지향 |

인재상

"창의와 도전정신으로 고객만족에 최선을 다하는 인재"

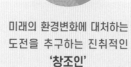

미래의 환경변화에 대처하는
도전을 추구하는 진취적인
'창조인'

미래의 환경변화에 적극적인 대
처를 위해 항상 문제의식을 가지
고 도전적으로 변화를 추구하는
진취적인 마인드를 가진 창조인

주인의식으로 공사와 자신의
미래를 준비하고 발전시키는
'애사인'

공사 발전을 통해 자신도 성장한
다는 신념으로 항상 능동적인 자
세로 공사와 자신의 미래를 준비
하고 발전시키는 애사인

긍지와 자부심을 가지고
최고를 추구하는
'전문인'

고객과 자신의 일에 긍지와 자부
심을 갖고 담당분야 최고의 전문
성을 추구하는 전문인

INTRODUCE

응시자격

❶ 연령 : 18세 이상, 정년(만 60세) 범위 내

❷ 학력 제한 없음

❸ 남자의 경우 병역필 또는 면제된 자

❹ 응시제한

  ⋯▶ 부산교통공사 인사규정 제21조(결격사유)에 해당하는 자

  ⋯▶ 철도안전법 제11조(운전면허의 결격사유)에 해당하는 자

❺ 근무부서의 특성에 따라 주 · 야간, 교대(교번)근무 및 초과근로가 가능한 자

전형절차

원서접수 〉〉 필기시험 〉〉 인성검사 〉〉 면접시험 〉〉 서류심사 〉〉 신체검사 및 결격사유 조회

필기시험

구분	필수과목(50문항)	전공과목(50문항)
운영직		일반상식
토목직		토목일반
건축직		건축일반
기계직	NCS 기반 직업기초능력평가	기계일반
전기직		전기일반
신호직		전기일반
통신직		통신일반

※ 위 채용안내는 2020년 채용 공고를 기준으로 작성하였으니 세부내용은 반드시 확정된 채용공고를 확인하시기 바랍니다.

주요 공기업 적중 예상문제

2020년 코레일 한국철도공사

포럼 유형 적중

05 다음 글의 내용과 일치하지 않는 것은?

최근 4차 산업혁명과 사물인터넷의 관심이 매우 증대하고 있다. 제4차 산업혁명은 디지털, 바이오, 물리학 등 다양한 경계를 융합한 기술혁명이 그 핵심이며 기술융합을 위하여 사물인터넷을 적극적으로 활용한다는 것이 주요내용이라 할 수 있다. 제4차 산업혁명은 2016년 초 세계경제포럼의 가장 중요한 회의인 다보스포럼의 주제로 '제4차 산업혁명의 이해'가 채택됨으로써 전 세계 많은 사람들의 주목을 받는 어젠다로 급부상하게 된다. 제4차 산업혁명을 촉발시키는 중요한 기술 중 하나는 사물인터넷이다.

미국의 정보기술 연구회사 가트너(Gartner)는 2011년 10대 전략기술 중 하나로 사물인터넷을 선정한 이후 사물인터넷과 그 확장개념들이라 할 수 있는 만물인터넷 및 만물정보 등을 현재까지 매년 10대 전략기술에 포함시키고 있을 정도로 사물인터넷은 정보통신기술 중 가장 중요한 기술로 자리잡았다.

사물인터넷을 활용하는 정보통신기술의 변화를 반영하는 스마트도시가 전 세계적으로 확산 중에 있다. 그 결과 2008년 선진국 중심으로 20여 개에 불과하던 스마트도시 관련 프로젝트는 최근 5년 사이 중국, 인도, 동남아시아, 남미, 중동 국가들을 포함하여 600여 개 이상의 도시에서 스마트도시 관련 프로젝트들이 추진 중에 있다.

우리나라는 한국형 스마트도시라고 할 수 있는 유비쿼터스도시(U-city) 프로젝트를 해외 도시들에 비하여 비교적 빠르게 추진하였다. 한국에서는 2003년부터 시민 삶의 질 향상 및 도시 경쟁력 제고를 목표로 신도시 개발과정에 직접 적용하는 U-city 프로젝트를 추진하였으며 해외 국가들에 비하여 빠른 정책적 지원 및 스마트도시 구축과 운영을 위한 재정 투자 등을 통하여 실무적 경험이 상대적으로 우위에 있다.

하지만 최근 신도시형 스마트도시 구축 위주의 한국형 스마트도시 모델은 한계점을 노출하게 된다. 최근 국내 건설경기 침체, 수도권 제2기 신도시 건설의 만료 도래 등으로 U-city 투자가 위축되었으며 대기업의 U-city 참여 제한 등으로 신도시 중심의 U-city 사업 모델 성장 동력이 축소되는 과정을 최근까지 겪어왔다. 또한 U-city 사업이 지능화시설물 구축 혹은 통합운영센터의 건설로 표면화 되었지만 공공주도 및 공급자 중심의 스마트도시 시설투자는 정책 수혜자인 시민의 체감으로 이어지지 못하는 한계가 발생하게 된다.

※ 어젠다 : 모여서 서로 의논할 사항이나 주제

요일 구하기 유형 적중

06 다음 글을 근거로 판단할 때, B구역 청소를 하는 요일로 옳은 것은?

甲레스토랑은 매주 1회 휴업일(수요일)을 제외하고 매일 영업한다. 甲레스토랑의 청소시간은 영업일 저녁 9시부터 10시까지이다. 이 시간에 A구역, B구역, C구역 중 하나를 청소한다. 청소의 효율성을 위하여 청소를 한 구역은 바로 다음 영업일에는 하지 않는다. 각 구역은 매주 다음과 같이 청소한다.

- A구역 청소는 일주일에 1회 한다.
- B구역 청소는 일주일에 2회 하되, B구역 청소를 한 후 영업일과 휴업일을 가리지 않고 이틀간은 B구역 청소를 하지 않는다.
- C구역 청소는 일주일에 3회 하되, 그중 1회는 일요일에 한다.

① 월요일, 목요일
② 월요일, 금요일
③ 월요일, 토요일
④ 화요일, 금요일
⑤ 화요일, 토요일

TEST CHECK

| 2020년 한국전력공사 |

스마트시티 주제 적중

※ 다음 기사를 읽고 이어지는 질문에 답하시오. [18~19]

한국전력(이하 '한전')은 본격적인 정부3.0 시대를 맞아 다양한 고객맞춤형 서비스를 선제적으로 발굴하여 국민에게 제공하고 있는 가운데, 상반기 코엑스 정부3.0 체험마당에 이어 하반기 부산 벡스코 국민체험마당에도 참가하여 정부3.0 우수사례들을 시현하고, 방문객들이 직접 체험할 수 있는 장을 마련하였다.

(A) 한전이 개발한 스마트폰 앱 서비스는 실시간 전력 사용 정보 및 요금, 전력사용 패턴, 월 예상요금 및 전력사용량 이웃비교, 누진단계 변경 시 알람 서비스, 절전 커뮤니케이션(절전 Talk, 절전 Tip, 절전게임), 요금 캘린더 등을 제공하며, 실시간 전력사용 및 요금정보를 고객에게 제공함으로써 효율적인 전기사용을 가능하게 한다. 한전 사장은 "한국전력은 정부3.0 추진 4년차를 맞아 국민이 서비스를 체감할 수 있도록 정부3.0 생활화와 내재화에 역량을 집중하고 있으며, 에너지신산업분야 수익창출 등 변화의 중심에서 정보의 개방과 공유, 소통과 협력의 정부3.0 기조에 맞춰 다양한 사업을 진행하고 있는데, 앞으로도 국민이 필요로 하는 서비스를 선제적으로 제공함으로써 정부3.0의 비전인 '국민 행복 시대'를 만들어 가는 데 최선을 다하겠다."고 밝혔다.

(B) 전력IoT를 활용한 사회안전망 서비스는 한전의 원격검침망인 지능형 검침 인프라(AMI)에 사물인터넷(IoT) 기술을 활용하여, 웨어러블 기기 기반의 위치 확인시스템 개발을 통한 치매노인 실종 예방, 전력사용량 분석을 통한 독거노인 신변 이상 확인서비스 등을 제공하여 새로운 사회문제로 부상하고 있는 고령화시대에 국민안전을 제공할 수 있다. 이의 일환으로 한전은 광주광역시와 '사회안전망 서비스 구축사업 협력' 협약을 맺고, 광주시 광산구 치매독거노인을 대상으로 인프라를 구축하고 시범사업을 추진하고 있는데, 최근 국토교통부 주관 '스마트시티 서비스 경진대회'에서 최우수상(장관상)을 수상한 바 있다.

(C) 하반기 정부3.0 국민체험마당은 '국민과 함께, 세계와 함께'라는 슬로건 하에 부산 벡스코에서 11월 9일부터 11월 12일까지 열리며 정부부처, 지자체와 공공기관이 올해 추진한 정부3.0 과제 중 우수사례를 선정하여 국민들에게 체험의 장을 제공함으로써 성과를 현장에서 직접 공유하고 정부3.0 정책의 이해와 공감대를 확대하는 자리이다.

(D) 내년에는 타 지역으로 서비스를 확대하고 기능을 추가 개발하는 등 사회안전망 서비스 고도화 사업을 추진할 계획이다. 파워플래너 앱은 전기사용량 및 요금을 실시간으로 고객에게 제공하는 스마트폰 앱 서비스이며 현재 지능형 전력량계 인프라가

원형 테이블 유형 적중

☑ 확인 Check! ○ △ X

06 남자 2명과 여자 2명 총 4명이 원탁에 앉아 있다. 다음 중 옳은 것은?

- 네 사람의 직업은 각각 교사, 변호사, 자영업자, 의사이다.
- 네 사람은 각각 검은색 원피스, 파란색 자켓, 하얀색 니트, 밤색 티셔츠를 입고 있으며, 이 중 검은색 원피스는 여성용, 파란색 자켓은 남성용이다.
- 남자는 남자끼리, 여자는 여자끼리 인접해서 앉아 있다.
- 변호사는 하얀색 니트를 입고 있다.
- 자영업자는 남자이다.
- 의사의 왼쪽 자리에 앉은 사람은 검은색 원피스를 입었다.
- 교사는 밤색 니트를 입은 사람과 원탁을 사이에 두고 마주보고 있다.

① 교사와 의사는 원탁을 사이에 두고 마주 보고 있다.
② 변호사는 남자이다.
③ 밤색 티셔츠를 입은 사람은 여자이다.
④ 의사는 파란색 자켓을 입고 있다.
⑤ 검은색 원피스를 입은 여자는 자영업자의 옆에 앉아 있다.

도서 구성

1 영역별 **단계적 학습**

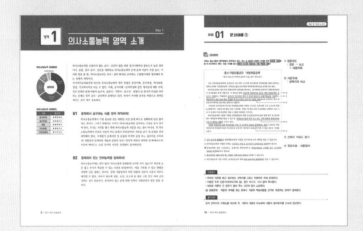

직업기초능력평가 10개 영역에 대한 이론, 유형별 문제를 수록하여 최근 출제되는 유형을 익히고 점검할 수 있도록 하였다.

2 **최신상식용어**

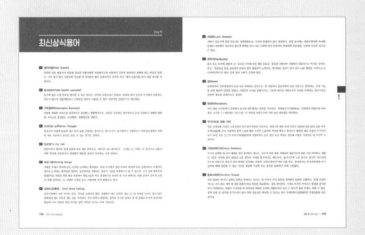

최신상식용어를 수록하여 상식에 대한 점검과 이해를 돕고자 하였다.

FEATURES

3 실전처럼 연습하는 **모의고사**

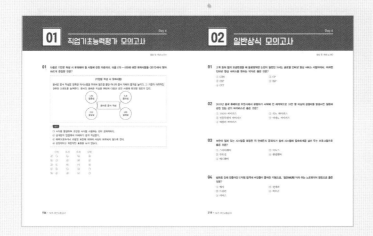

모의고사를 수록하여 실제 시험처럼 연습할 수 있도록 하였다.

4 인성검사 / 면접

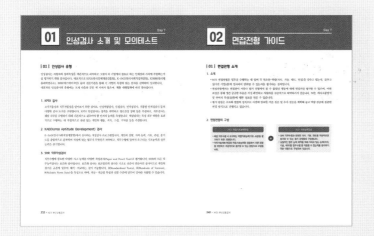

인성검사 모의연습과 면접 기출질문을 통해 한 권으로 대비할 수 있도록 하였다.

무료혜택 안내

NCS 특강(기출풀이·영역별 전략)

❶ 시대플러스 홈페이지 접속
(www.sdedu.co.kr/plus)

❷ 홈페이지 상단 「이벤트」 클릭

❸ 「NCS 도서구매 특별혜택
이벤트」 클릭

❹ 쿠폰번호 확인 후 입력

AI면접

❶ 윈시대로(www.sdedu.co.kr/
winsidaero) 접속

❷ 홈페이지 상단 「이벤트」 클릭

❸ 도서에 안내된 쿠폰번호 확인
후 입력

❹ 「마이페이지」에서 AI면접 실시

INTRODUCE

취달프(취업달성프로젝트)

채용정보

- 대기업 채용정보
- 공기업 채용정보
- 고졸 · 초대졸 채용정보
- 최신 채용 뉴스 및 정보

기업별 무료 온라인 스터디

- 대기업 스터디
- 공기업 NCS 스터디
- 강의 동영상 제공

NCS 무료 온라인 스터디

- 강의 동영상 제공

 NAVER 카페 [취달프(취업 달성 프로젝트)] ※ 네이버에 '취달프'를 검색하세요.

무료제공 쿠폰

AI면접 1회	OPE3-00000-D091D	NCS 통합 모의고사	BHS-00000-B97C7
NCS 특강(기출풀이 · 영역별 전략)	IFR-50629-13373	부산교통공사 모의고사	TGI-00000-05F79

이 책의 차례

특별부록

※ 다음 글을 읽고 이어지는 질문에 답하시오. [1~2]

바퀴가 탄생한 세 지역에는 각각 바퀴에 대한 서로 다른 생각이 있었다. 카르파티아 산맥에서 일하던 광부들은 석조 터널을 따라서 사륜광차를 운행했다. 바퀴는 차축과 함께 회전했는데, 유럽에서는 철도시대가 열리기 전까지 약 5천 년 동안이나 윤축이 달린 광차가 생산되었다. 다음으로 흑해 평야 지역의 유목민은 소가 이끄는 사륜 수레에 주거지를 싣고 스텝 지역을 횡단했다. 수레의 바퀴는 속이 꽉 차고, 두꺼운 바퀴통이 있으며, 차축의 양 끝에서 회전했다. 마지막으로 수메르에서는 신자들이 소가 끌고 가는 썰매를 이용했는데, 썰매에는 바퀴가 있기도 하고 없기도 했다. 지배층 전사들은 전투용 사륜 수레에 탑승해 행진했고, 사막을 위험하게 질주하며 완전히 길들지 않은 야생 당나귀와 씨름했다. 리처드 불리엣은 바퀴 발명의 요인 사회·경제적 요인뿐만 아니라 심리적 요인 등 다각적인 원인을 제시했는데, 보통 천재적인 선각자가 이전에 없던 창조물을 만들면, 그보다는 못해도 똑똑한 수재들이 선각자의 창조물을 조금씩 개량하면서 과학기술이 발전하며 여기에 전쟁을 치르면 발전 속도가 비약적으로 빨라지고, 바퀴도 그랬다.

처음 등장한 바퀴는 매우 편리했지만, 통나무 원판이 쉽게 부서지는 문제가 생겼다. 나무에는 결이 있는데 결에 따라 강도가 달라 굴리다 보면 약한 부분부터 망가지기 시작하기 때문이다. 그로 인해 강도를 높이기 위해 널빤지 여러 장을 겹쳐 붙인 합판 바퀴가 나왔다. 또 땅에 닿는 바퀴 부분에 가죽을 입혀 충격을 줄였다.

기원전 2000년에 히타이트족이 처음으로 바퀴살이 있는 바퀴를 발명해 전차에 쓰기 시작했다. 바퀴살을 쓰면 바퀴의 무게가 가벼워져 더 빨리 달릴 수 있다. 히타이트족의 전차에는 3명의 병사가 함께 탔는데 당나귀나 노새 대신 말을 사용했다. 단순히 무게를 줄인 것뿐 아니라 빠르게 달려도 부서지지 않을 만큼 튼튼하게 만들 수 있는 기술이 있었기 때문이다. 하지만 목재 바퀴와 바퀴살의 특성상 강한 충격이나 바퀴살의 파손에 의해 전차의 하중을 이기지 못하고 무너져버릴 수 있다는 약점은 여전히 존재했다.

이후 그리스 로마 시대에 금속 재질의 바퀴를 쓴 전차가 등장했다. 이와 함께 바퀴의 다른 구성 요소인 축도 발전했는데, 나무 대신 금속을 쓰며 더 튼튼해졌다. 또 축과 수레가 닿는 부분의 마찰을 줄이기 위해 기름을 발랐다. 전쟁은 바퀴의 성능을 계속 발전시켰다.

그 뒤로 오랫동안 바퀴에는 큰 변화가 없다가 산업혁명 시대를 지나며 다시 변신에 성공한다. 바로 고무 타이어의 발명이다. 고대에도 금속으로 테두리를 두르는 등 타이어는 있었지만, 바퀴의 강도를 높이는 데 도움을 주었을 뿐, 바퀴의 성능에는 큰 영향을 주지 못했다. 또 딱딱한 바퀴는 지면의 충격을 고스란히 운전자에게 전달해 승차감이 매우 나빴다.

1848년 스코틀랜드의 톰슨은 생고무를 금속 바퀴 테에 둘러 특허를 냈다. 금속이나 나무 바퀴는 지면에 미끄러지지만, 고무는 지면을 움켜쥐므로 힘을 더 잘 전달할 수 있다. 현재 가장 많이 쓰이는 공기압 방식의 타이어는 1887년 아일랜드의 던롭이 고안했다. 던롭은 어린 아들이 자전거를 탈 때마다 두통을 일으키는 것을 보다 못해 공기쿠션이 들어간 타이어를 발명했다고 한다. 종종 사랑은 발명을 낳는다.

공기압 타이어를 자동차용으로 완성한 것은 프랑스의 미쉐린 형제다. 미쉐린이 발명한 타이어를 끼운 자동차는 자동차경주에서 놀라운 성능을 선보였고, 그 뒤로 다른 자동차 회사들이 공기압 타이어를 앞다퉈 채택하기 시작했다. 1931년 미국 듀퐁사가 합성 고무를 만들면서 타이어 기술은 비약적으로 발전해 바퀴의 성능을 돕고 있다.

처음 발명됐을 때의 모습에서 바퀴는 거의 변하지 않았다. 재료가 달라지고, 세부적인 요소가 추가됐을 뿐이다. 하지만 바퀴가 없던 시절의 생활상이 어떠하였는지는 굳이 확인해 보지 않아도 알 정도로, 바퀴가 발명된 이후의 역사에서 인간이 이룩한 모든 것이 바퀴를 빼고는 생각할 수 없다. 인간의 역사가 이어지는 한, 바퀴는 계속 함께할 것이다.

01 글의 주제로 옳은 것은?

① 바퀴의 종류와 특징   ② 바퀴의 등장과 전차의 변천사

③ 바퀴에 숨어 있는 과학   ④ 전장 속 전차의 활약

⑤ 인류의 역사를 바꾸는 바퀴

02 글을 읽고 다음 제시된 영화 '벤허'의 상황에서 전차가 넘어진 이유로 가장 적절한 것은?

> 메살라는 바퀴에 칼날이 달린 전차를 탑승하고 전차 경주에 참가하여 고의적으로 상대 전차의 목재 바퀴를 공격하였다. 공격을 당한 전차는 균형을 잃고 넘어져 탑승자는 심한 부상을 입거나 사망하였다.

① 바퀴살이 무너져 전차의 하중을 견디지 못했기 때문이다.

② 경기장의 고르지 못한 노면 때문이다.

③ 말이 공격당했기 때문이다.

④ 상대 전차 바퀴의 모양을 변형시켰기 때문이다.

⑤ 기수의 조종 실력이 부족했기 때문이다.

03 손 세정제를 판매하는 A기업 마케팅부의 오 차장은 세정제의 가격 인상을 고려하고 있다. 세정제의 현재 가격 및 판매량과 가격 인상에 따른 판매량 변화가 다음과 같을 때, 매출액을 최대로 늘릴 수 있는 가격은 얼마인가?

> 〈손 세정제〉
>
> • 현재 가격 : 2,000원
> • 현재 판매량 : 6,000개
>
> 〈가격 변화에 따른 영향〉
>
> 가격을 $2x$원 인상하였을 때, 판매량은 $3x$개 감소한다.

① 4,000원   ② 3,500원

③ 3,000원   ④ 2,500원

⑤ 2,000원

04 다음 글의 세부 내용으로 가장 적절한 것은?

우리나라에서 고속철도 도입이 논의되기 시작한 것은 지난 1980년대 경부 축의 교통과 물류난을 해소하기 위한 방안을 찾기 시작하면서부터다. 1984년 1월 고속철도에 대한 건설배경 검토 및 타당성조사가 이루어졌으며, 1990년 6월 기본계획이 승인되었다. 이후 1992년부터는 경부고속철도 1단계 구간의 본격적인 건설이 시작되었다. 2004년 4월 광명 ~ 오송 ~ 대전 ~ 동대구(약 239km)를 잇는 경부고속철도 1단계 구간이 최초로 개통되었다. 공사기간 12년, 사업비 12.7조 원을 들여 고속신선을 처음으로 개통한 것이다. 2010년 10월에는 동대구 ~ 신경주 ~ 울산 ~ 부산(약 170km)을 연결하는 경부고속철도 2단계 구간이, 2015년 4월에는 오송 ~ 공주 ~ 익산 ~ 광주송정(약 182km)을 잇는 호남고속철도 고속신선이 개통되었다.

광명에서 오송까지의 구간을 경부선과 호남선이 공용함에 따라 고속철도에도 이른바 병목구간이 발생하였는데, 이 문제를 해결하기 위해 수도권고속선이 건설되었다. 수도권고속선은 수서 ~ 지제 ~ 평택(약 61km)을 거치며, 약 8조 원의 사업비를 들여 지난 2016년 12월에 개통하였다. 2017년 12월에는 평창 동계올림픽 수송대책의 하나로 원주에서 강릉을 잇는 준고속선이 개통되어 동계올림픽의 성공적인 개최를 지원하였다. 이렇듯 대한민국의 고속철도 네트워크는 지난 15년간 꾸준하게 구축·확장되어 왔으며, 2019년 1월 현재 총 연장 1,628.9km 구간, 46개 정차역에서 고속철도가 운행되고 있다.

교통체계 변화에서 가장 중요한 것은 무엇보다 지역 간을 이동하는 통행시간이 크게 단축되었다는 점이다. 기존의 새마을호를 타면 4시간 10분이 소요되던 서울 ~ 부산 간 통행시간은 고속철도 개통 후 2시간 30분 이내로 줄어들었다. 고속버스 이용시 4시간 이상이 걸리던 서울 ~ 목포 간 통행시간은 거의 절반 가까이 줄어 고속철도로는 2시간 10분 정도가 소요된다.

이러한 획기적인 통행시간 단축으로 인해 고속철도 이용자 수는 지난 15년간 꾸준히 증가하였다. 2004년 경부고속철도 1단계 개통 당시에는 하루평균 5만 4,000명 정도가 고속철도를 이용했지만, 2015년에는 하루 평균 16만 5,000명 수준으로 3배가량 늘었다. 수도권고속철도가 개통된 이후인 지난 2018년에는 하루 평균 22 ~ 23만 명 정도가 고속철도를 이용한 것으로 추산되고 있다. 고속철도 이용자 수가 늘면서 지역 간 통행에서의 교통수단별 수송분담률도 변화하였다. 수도권 ~ 부산 구간의 경우 고속철도 개통 이전인 2003년에는 항공과 일반철도의 수송분담률이 각각 36%, 승용차 21%, 버스가 7%를 차지하였으나, 고속철도 개통 후인 2013년에는 고속철도 59%, 항공 17%, 버스 13%, 승용차 7%, 일반철도 4%로 달라졌다. 수도권 ~ 광주 구간의 경우 고속신선이 개통하기 전인 2014년에는 버스 52%, 기존 고속철도(KTX) 20%, 승용차 19%, 항공 5%, 일반철도 4%의 수송분담률을 보였으나, 고속신선 개통 후인 2015년에는 버스 41%, 고속철도 34%, 승용차 19%, 일반철도와 항공이 각각 3%의 수송분담률을 나타냈다. 고속철도가 지역 간 교통체계의 핵심수단으로 부상한 것이다.

국민 1인당 고속철도 이용 거리도 크게 증가하였다. 고속철도 개통 직후인 지난 2005년 우리나라 국민 한 사람이 1년 동안 탑승한 고속철도 이용 거리(연간 고속철도 수송 인·km를 해당연도의 인구수로 나눈 값)는 190km에 불과했으나, 2015년에는 308km로 50% 이상 증가하였다. 국민 한 사람이 고속철도를 이용하는 거리가 개통 초기에 비해 약 1.5배 수준으로 늘었다는 의미다. 1990년을 정점으로 지속적인 감소 추세를 보이던 국민 1인당 일반철도 이용 거리(연간 약 500km)가 최근에 들어서는 감소폭을 점차 줄여가고 있는 점도 의미가 있다. 고속철도는 전국의 주요 대도시를 잇는 Trunk Line의 역할을, 일반철도는 지역 내에서의 Feeder 역할을 수행하는 교통체계가 자리잡고 있는 것으로 판단된다.

1970년에 완공된 경부고속도로는 1970 ~ 1980년대 우리나라 경제성장에 있어 중요한 역할을 한 것으로 평가받고 있다. 경부고속도로를 통해 전보다 빠른 시간 내에 수많은 사람과 물자가 이동할 수 있게 되었고, 이를 기반으로 산업과 경제가 발전했기 때문이다. 고속철도 건설은 사업기간과 사업비 측면에서 단군 이래 추진된 최대 규모의 건설사업이며, 이동성과 수송량 측면에서 고속도로에 비해 월등한 효율성을 갖는다. 그리고 이러한 고속철도의 특성으로 인해 대한민국의 교통체계가 크게 달라졌고, 사회·경제적인 측면에서도 다양한 변화들이 가시적으로 나타나고 있다.

① 고속철도로 인해 서울~부산 간 이동시간은 절반 가까이 감소하였다.

② 경부고속도로는 우리나라 산업과 경제 발전의 기반이 되었다.

③ 1990년 이후 국민 1인당 일반철도 이용 거리는 지속 감소되었으나 고속철도로 인해 다시 증가하고 있다.

④ 수도권~부산의 경우 고속철도 개통과 관계 없이 수송분담률은 항공이 가장 큰 비율을 차지한다.

⑤ 2019년 1월 우리나라의 고속철도 총 연장은 1,500km 미만이다.

┃ 한국철도공사(토목) / 수리능력

05 경영지원부의 김 부장은 사내 소프트볼 대회에 앞서 소프트볼 구장의 잔디 정리를 하려고 한다. 소프트볼 구장에 대한 정보가 다음과 같을 때, 잔디 정리를 해야 할 면적은 얼마인가?

〈잔디 정리 면적〉

다음 그림의 색칠된 부분의 잔디를 정리하여야 한다.

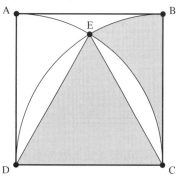

〈소프트볼 구장〉

• 소프트볼 구장은 가로, 세로가 12인 정사각형 모양이다.

• 점 E는 각각 점 C, D에서 부채꼴 모양을 그린 뒤 두 호가 만나는 지점이다.

① $72\sqrt{3} - 12\pi$

② $72\sqrt{3} - 11\pi$

③ $36\sqrt{3} - 12\pi$

④ $36\sqrt{3} - 11\pi$

⑤ $36\sqrt{3} - 10\pi$

06 A대리는 2019년 교통사고 발생 현황 자료를 정리하여 보고서를 작성하려고 한다. 다음 2019년 교통사고 현황 자료를 참고하여 A대리가 작성한 보고서 중 틀린 곳을 모두 고르면?

⟨2019년 월별 전체 교통사고 발생 현황⟩

구분	1월	2월	3월	4월	5월	6월	7월	8월	9월	10월	11월	12월
발생 건수	100,132	87,308	99,598	106,064	111,774	101,112	106,358	112,777	109,540	121,461	123,366	113,374
사망	296	203	252	286	305	279	241	253	287	337	297	313
부상	155,811	144,198	157,731	166,231	177,394	159,268	167,460	186,674	175,881	192,058	193,540	177,725

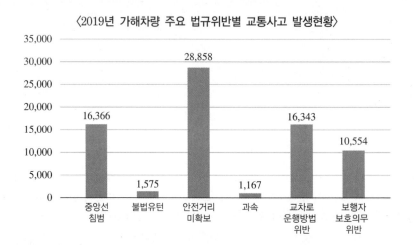

⟨2019년 가해차량 주요 법규위반별 교통사고 발생현황⟩

⟨2019년 월별 어린이 교통사고 발생 현황⟩

구분	1월	2월	3월	4월	5월	6월	7월	8월	9월	10월	11월	12월
발생 건수	5,705	6,172	6,143	6,178	7,431	6,886	7,058	8,603	7,399	7,606	7,438	6,529
사망	1	1	5	1	4	4	1	3	3	3	1	1
부상	8,050	8,894	8,490	8,522	10,304	9,357	9,663	12,247	10,420	10,500	10,272	9,114
중상	132	107	156	177	201	227	199	177	163	182	175	108
경상	1,808	2,139	1,955	2,074	2,440	2,271	2,351	2,933	2,527	2,528	2,525	2,128
부상 신고	6,110	6,648	6,379	6,271	7,663	6,859	7,113	9,137	7,730	7,790	7,572	6,878

⟨2019년 월별 노인 교통사고 발생 현황⟩

구분	1월	2월	3월	4월	5월	6월	7월	8월	9월	10월	11월	12월
발생 건수	12,287	10,550	12,207	13,213	14,358	12,422	12,853	14,203	13,873	15,834	15,651	13,790
사망	141	97	105	133	138	124	109	112	129	157	149	129
부상	13,672	11,889	13,865	15,205	16,285	14,133	14,474	16,217	15,739	18,038	17,768	15,537
중상	1,831	1,481	1,846	1,953	2,134	1,854	1,755	1,911	1,861	2,318	2,125	1,846
경상	4,763	4,139	4,885	5,362	5,840	5,041	5,202	5,724	5,498	6,388	6,310	5,289
부상 신고	7,078	6,269	7,134	7,890	8,311	7,238	7,517	8,582	8,380	9,332	9,333	8,402

○ 전체 교통사고 발생 건수는 2월에 최소치를, 11월에 최대치를 기록하였으며, ○ 2월부터 증가하기 시작하여 6월까지 지속적으로 증가하는 경향을 보이고 있습니다. 다음으로 가해차량의 주요 법규위반별 교통사고 발생현황을 보면 흔히 생각하는 것과는 반대로 ○ 과속이 원인이 되는 경우는 그 비중이 매우 낮은 것으로 드러났습니다. 교통사고 사망자는 ○ 어린이의 경우 전체 교통사고 사망자 대비 2% 미만을 차지하는 반면, 노인의 경우 전체 교통사고 사망자의 과반을 차지하고 있습니다.

① ㉠, ㉡   ② ㉠, ㉢
③ ㉠, ㉣   ④ ㉡, ㉢
⑤ ㉡, ㉣

┃ 한국철도공사(토목) / 수리능력

07 집에서 도서관을 거쳐 영화관에 갔다가 되돌아오려고 한다. 집에서 도서관에 가는 길은 3가지이고, 도서관에서 영화관에 가는 길은 4가지일 때, 다음 〈조건〉을 만족하는 모든 경우의 수는?

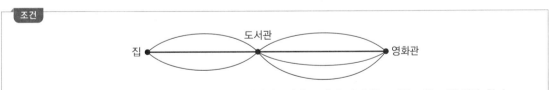

조건

- 도서관에서 영화관을 다녀올 때 같은 길을 이용한다면, 집과 도서관 사이에는 다른 길을 이용해야 한다.
- 도서관에서 영화관을 다녀올 때 다른 길을 이용한다면, 집과 도서관 사이에는 같은 길을 이용해야 한다.

① 12가지   ② 48가지
③ 60가지   ④ 128가지
⑤ 144가지

08 다음 글을 읽고 글쓴이가 글을 쓰기 전 계획했을 내용으로 옳지 않은 것은?

하수도의 종류는 하수의 수집과 이송 방법에 따라 '분류식 하수도'와 '합류식 하수도'로 나누어진다. '분류식 하수도'는 오염 물질이 일정하게 소량 발생되면서 오염 물질의 농도가 높은 생활 오수나 공장 폐수를, 발생량의 변동 폭이 크고 오염 물질의 농도가 낮은 빗물과 구분하여 각각 별도의 관으로 수집하는 방식이다. 이 방식은 생활 오수와 공장 폐수만을 하수 처리장에서 정화하여 항상 일정한 양을 효율적으로 관리할 수 있으므로 수자원 보호 차원에서 유리한 장점이 있다. 반면 '합류식 하수도'는 생활 오수와 공장 폐수를 빗물과 분리하지 않고 하나의 관을 통하여 하수 처리장으로 이송하는 방식이다. 하지만 일정량 이상의 비가 오면 생활 오수와 공장 폐수를 정상적으로 처리할 수 없어 오염 물질이 그대로 하천이나 연안 해역에 방류될 수 있다. 따라서 최근에 건설되는 신도시에서는 '분류식 하수도'를 채용하고 있으며, 다른 지역에서도 '합류식 하수도'를 '분류식 하수도'로 전환하는 추세이다.

하수 처리는 그 처리 방식에 따라 1차 처리, 2차 처리, 3차 처리로 나누어진다. 1차 처리 시설은 물리적인 힘을 이용하여 오폐수 중에 존재하는 오염 물질을 제거하는 시설을 말한다. 예를 들면 스크린을 통하여 물 위에 떠 있는 종이나 깡통과 같은 큰 부유물을 침전시켜 제거하는 시설 등이 있는데, 이러한 기능을 가진 구조물을 '침전지'라고 한다. 2차 처리 시설은 생물학적인 힘을 이용하여 1차 처리 시설을 거친 하수를 정화하는 시설로써, '활성 슬러지'라고 하는 미생물에 의해 유기물의 분해가 일어나는 구조물로 구성된다. 이 구조물을 '포기조'라고 하며, 그 후단에는 '침전조'가 뒤따른다. 또한, 미생물이 유기물을 분해하는 과정에는 산소가 지속적으로 소모되므로, 2차 처리 시설에는 인위적으로 산소를 공급하는 설비가 부설된다. 2차 처리 과정의 활성 슬러지를 포함한 하수는 최종 침전조에 침전되고 윗부분의 맑은 물은 소독 처리된 후에 다시 방류된다. 1차 처리와 2차 처리를 거친 하수에는 많은 물질들이 용해되어 있다. 인공적인 화학 공정에 크게 의존하는 3차 처리에서는 이러한 물질을 제거하여 자연계로 방출하거나, 공업 용도로 사용할 수 있을 정도의 안전한 물을 만들기 위해 설계된 고도 처리 시설이 이용된다. 고도 처리 시설을 통해 하수에 함유된 질소와 같은 영양 염류를 제거하여 하천과 연안 해역의 부영양화와 적조 발생 방지에도 기여하고 있다. 고도 처리에 관련된 공법은 국내외에서 활발하게 연구가 진행되고 있으며, 시설의 종류도 다양하게 개발되고 있다.

한편 하수 처리 과정에서 침전물이 가라앉아 생긴 오니는 농축조로 보내지게 된다. 농축조에서 오니는 중력 침전되어 부피가 감소하고 농도가 높아진다. 이어서 소화조로 보내진 오니들은 밀폐된 탱크 속에서 유기물이 분해되어 부산물과 메탄가스를 생성한다. 소화 처리된 오니는 탈수조에 들어가 탈수 작업을 거치는데, 이 과정을 통해 오니는 부피와 무게가 감소하여 운반과 처분이 쉬운 상태로 바뀌게 된다. 이렇게 만들어진 오니는 소각 또는 매립 처분되거나, 비료와 토양 개량재로 사용되거나, 벽돌과 타일의 재료로 재이용되기도 한다.

지금까지의 하수도 시설은 단순히 수집한 하수를 처리한 뒤에 도시로부터 배출하는 것에 초점이 맞추어졌지만, 앞으로는 하수의 고도 처리와 함께 물을 재이용하는 시스템으로 전환되어야 할 것이다.

※ 슬러지 / 오니 : 하수처리 또는 정수 과정에서 생긴 침전물로, 하수오니는 약 50%의 유기질을 함유하고 있으며, 함수율은 최초 침전오니 96 ~ 98%, 활성오니 99 ~ 99.5%로 높기 때문에 처리하기 어렵다.

① 하수 처리 과정을 단계별로 나누어 알기 쉽게 설명해야겠어.
② 생소한 단어는 글의 말미에 별도로 설명해 줘야겠어.
③ 현재 사용하고 있는 하수 처리 과정에 대해서만 설명을 해주면 되겠어.
④ 하수 처리 과정의 이해를 돕기 위해 하수도의 종류에 대해 먼저 설명할 필요가 있겠어.
⑤ 하수 처리의 각 과정을 통해 얻을 수 있는 내용을 함께 설명해야겠어.

09 다음 중 글의 내용과 일치하는 것은?

『대학』은 본래 『예기(禮記)』의 편명(篇名) 중 하나에 해당하였는데, 남송의 주희(朱熹)가 번성하던 불교와 도교에 맞서 유학의 새로운 체계를 집대성하면서 『대학』의 장구(章句)와 주석을 낸 뒤, 『대학』이 사서(四書)의 하나로 격상되면서 삼강령・팔조목이 사용되기 시작했다.

삼강령・팔조목은 『대학』, 즉 큰 학문을 이루어가는 과정으로 횡적으로는 삼강령과 팔조목이 서로 독립된 항목이지만, 종적으로는 서로 밀접한 관계를 형성하고 있어 한 항목이라도 없으면 과정에 차질이 생기게 된다.

그러나 『대학』은 처음부터 삼강령・팔조목으로 설정하여 엮은 것이 아니다. 다만 후학들의 이해에 도움이 되게 하기 위하여 편의상 분류한 것이기 때문에 입장에 따라 얼마든지 다르게 볼 수 있다. 삼강령 중 명명덕과 신민은 본말(本末)의 관계에 있으며, 지어지선은 명명덕과 친민이 지향하는 표적(標的)이다. 또한, 팔조목 가운데 격물・치지・성의・정심・수신, 이 다섯 조목은 명덕을 밝히는 것들이고, 제가・치국・평천하는 백성의 명덕을 밝혀 백성과 한마음이 되는 것이다. 또한, 격물・치지를 함으로써 지선의 소재를 인식하게 되고, 성의・정심・수신・제가・치국・평천하를 함으로써 지선을 얻어 머무르게 된다.

삼강령・팔조목의 각각에 대한 내용을 보자면, 『대학』의 근본사상을 구체적으로 표현한 세 가지 커다란 줄기라는 뜻의 삼강령 중 그 첫 번째는 명명덕(明明德)이다. 명명덕은 천하에 명덕을 밝힌다는 의미로, 명덕이란 본래부터 타고난 선한 본성을 말한다. 두 번째는 신민(親民)으로, 백성을 새롭게 한다는 의미이다. 사람들을 나누면 먼저 깨닫고 아는 사람과 나중에 깨달아 아는 사람이 있으므로, 먼저 깨달은 사람이 그것을 다른 사람에게 베풀어 그들도 함께 태어나도록 인도해야 할 의무를 가리킨다. 그리고 세 번째인 지어지선(止於至善)은 지선(지극히 선한 곳, 인간이 추구하는 가장 이상적인 세계)에 도달하는 것을 목표로 삼는다는 의미이다. 이 삼강령을 완성하게 되면 도덕성 각성과 실천으로 충만하게 된다.

또한, 이를 실천하기 위한 여덟 가지 항목인 팔조목은 앎의 단계인 격물, 치지를 거쳐, 실천의 단계인 성의, 정심, 수신을 거친다. 그리고 마지막으로 백성을 다스리는 단계인 제가, 치국, 평천하를 거치게 된다. 우선 첫 번째로 격물(格物)은 천하 사물의 이치를 깊이 파고들어 모든 것에 이르지 않는 데가 없게 하는 것이다. 그리고 두 번째인 치지(致知)는 앎을 완성한다는 뜻으로 사물의 이치를 인식하는 마음이 있고, 사물에는 객관적 이치가 있기에 격물치지(格物致知)가 가능해진다. 세 번째 성의(誠意)는 선을 따르는 각 개인의 마음과 뜻을 성실히 유지하는 것이며, 네 번째 정심(正心)은 마음을 올바르게 하는 것으로, 마음을 바로잡아야 몸도 바로 설 수 있기에 마음을 바로 해야 바른 인식과 행동이 가능해진다. 다섯 번째 수신(修身)은 몸을 바르게 닦는 일로, 자신의 단점을 알고 보완하는 인격 수양을 뜻하며, 여섯 번째 제가(齊家)는 집안의 질서를 바로잡는 것으로, 인간의 개인윤리가 사회윤리로 전환하는 단계이다. 그리고 일곱 번째 치국(治國)은 나라를 바르게 다스리는 것으로, 집안을 잘 다스리는 것은 나라를 잘 다스리는 것과 같으며, 마지막인 평천하(平天下)는 온 세상을 평안하게 다스리면 나라가 평안해 지는 것을 말한다. 이는 반드시 순서에 따라 이루어지는 것은 아니며, 서로 유기적으로 연관되어 있는 것이므로 함께 또는 동시에 갖추어야 할 실천 항목이라 볼 수 있다.

① 삼강령과 팔조목은 『대학』이 『예기』에 속해있을 때부터 사용되기 시작하였다.
② 삼강령과 팔조목은 서로 밀접한 관계를 형성하고 있기에, 각각을 분리한다면 그 이치를 바로 볼 수 없다.
③ 삼강령은 대학의 근본사상을, 팔조목은 이를 실천하기 위한 항목을 나타낸 것이다.
④ 격물과 치지를 함으로써 백성의 명덕을 밝혀 백성과 한마음이 될 수 있다.
⑤ 팔조목은 서로 유기적으로 연관되어 있으므로 반드시 순서에 따라 이루어져야 삼강령을 실천할 수 있다.

꼭두각시놀음은 우리나라 전래의 민속인형극으로, 현재까지 전래되는 유일한 민속인형극이다. 주인공들의 이름에서 유래된 일명 '박첨지(朴僉知)놀음', '홍동지(洪同知)놀음'이라고도 불렸으며, 인형의 목덜미를 잡고 논다는 뜻에서 '덜미'라고도 하였다. 꼭두각시놀음은 과거 봉건시대부터 개화기까지 떠돌아다니던 직업적 유랑예인집단인 남사당패에 의해 연희되었으며, 그 유래에 대해서는 삼국시대에 대륙으로부터 전래되었을 것이라는 주장과 농경의식의 하나인 농악굿 놀이에서 시작되었을 것이라는 주장이 있다. 또한 무대의 구조나 연출방식, 인형조종법, 명칭 등이 중국과 일본의 민속인형극과 많이 흡사하여 세 나라의 인형극이 동일계통임을 나타내는 것이라 볼 수 있다.

꼭두각시놀음은 남사당패가 행하는 6종목(풍물, 버나, 살판, 얼음, 덧뵈기, 덜미)의 놀이 중 마지막으로, 포장 안에서 직접 인형을 조종하는 '대잡이'를 비롯하여 그를 곁에서 보좌하는 좌우의 '대잡이손', 이들과 대화하는 '산받이' 등의 연희조종자들로 구성된다. 대잡이는 포장 무대 한가운데서 인형을 조종하는 주조종자로, 인형 조종술뿐 아니라 재담, 노래, 대사 전달까지 담당한다. 놀이판의 상황을 폭넓게 완벽히 파악하여 공연을 이끌어가는 역할을 하므로, 주로 기능이 우수하고 경험이 풍부한 사람이 맡는다. 대잡이손은 그런 대잡이를 좌우에서 도와주는 역할을 하는 보조 조종자로, 인형의 조종과 등장 및 퇴장을 돕는 역할을 한다. 산받이는 등장하는 인형들과 포장 밖에서 대화를 하면서 전체 극을 이끌어 가는 역할을 하는데, 반주를 맡고 있는 악사들 중 한 명이 이를 맡게 된다. 주로 박첨지와 대화를 하면서 극을 이끌어가며, 경우에 따라 관객의 입장에서 극적 진행에 중요한 역할을 하여 무대와 관중 사이의 거리를 좁혀 준다. 이를 통해 산받이는 대잡이와 관객의 중간 위치에서 놀이판의 상황을 파악하고, 효과적으로 극을 전개시키는 역할을 한다는 것을 알 수 있으며, 등장인물에게 질문을 던지거나 행동을 촉구하여 사건의 전개나 의미 해명이 이루어질 수 있도록 하면서, 분리된 장면들을 중개하고 무대 면에 나타나지 않는 사실들을 보완하는 등 공연의 완성도에도 중요한 영향을 미친다.

전체적인 구성은 모두 8막으로 이루어져 있으며, 전체가 하나의 통일성을 이루는 구성이기보다는 박첨지의 탈선, 피조리들의 파계, 부인과 첩 사이의 갈등, 사람을 해치는 이심이의 퇴치, 평안 감사의 횡포와 부도덕, 절 짓기를 통한 평화와 행운의 기원 등 각각의 이야기 중심으로 전개된다. 다양한 등장인물 간의 갈등과 상관관계를 얼마나 능숙하고 빈틈없이 진행하는냐에 따라 극의 긴장감과 흥미를 자아낼 수 있는 것이다.

오늘날 꼭두각시놀음은 동양 목조 인형의 특징을 거의 그대로 계승한, 현재 중요무형문화제 제3호로 지정된 유일하게 남은 전통인형극이다. 따라서 우리 민속극의 다양한 양상을 이해하는 귀중한 자료이자 한국 인형극의 전통을 보여주는 희귀한 문화유산이라 할 수 있다. 또한 여러 시대를 지나오는 동안 점차 내용이 덧붙여지면서 그 내용을 하나 둘씩 막으로 추가시키며 발전해 왔기에, 각 시대의 뚜렷한 사회상을 풍자적으로 표현·반영해 오고 있다. 이러한 이유에서 꼭두각시놀음이 대다수 민중의 지지를 받아오면서 지금까지 이어져 내려오고 있는 것이다.

❙ 한국철도공사(토목) / 의사소통능력

10 윗글의 내용과 일치하는 것은?

① 중국과 일본, 우리나라의 전통인형극은 유사한 면도 있지만, 각 나라만의 차별되는 특징을 가진다.

② 꼭두각시놀음은 남사당패에서 행하는 놀이 종목 중 가장 큰 비중을 차지한다.

③ 대잡이는 직접 인형을 조종하는 역할을 하며, 대사의 전달은 무대 밖의 다른 놀이꾼이 전담한다.

④ 산받이는 주로 박첨지와 대화를 하며, 놀이 전체의 해설자 역할을 한다.

⑤ 꼭두각시놀음은 여러 시대를 지나오는 동안 그 내용이 꾸준히 보존되어 왔다.

11 다음 글의 주제로 가장 적절한 것은?

① 꼭두각시놀음의 기원 및 의미
② 꼭두각시놀음과 남사당패
③ 꼭두각시놀음의 구성 및 특징
④ 꼭두각시놀음의 등장인물 및 역할 분석
⑤ 꼭두각시놀음의 지역별 사례

12 다음 중 제시된 단어의 쓰임이 올바른 것은?

> • 대한민국은 전 세계에서 ㉠ (유례 / 유래)를 찾아볼 수 없는 초고속 발전을 이루었다.
> • 현재 사용하는 민간요법의 상당수는 옛 한의학에서 ㉡ (유례 / 유래)한 것이다.
> • A후보는 이번 선거에서 중산층 강화를 위한 입법을 ㉢ (공약 / 공략)으로 내걸었다.
> • A기업은 국내 시장을 넘어 세계 시장을 ㉣ (공약 / 공략)하고자 한다.

	㉠	㉡	㉢	㉣
①	유례	유래	공약	공략
②	유래	유례	공략	공약
③	유례	유래	공략	공약
④	유래	유례	공약	공략
⑤	유례	유래	공략	공략

13 [지문 A]는 'S교통안전문화연구소'에서 발표한 '겨울철 블랙아이스 교통사고 특성과 대책'에 관한 자료이다. 다음 중 [지문 A]의 내용과 일치하는 것은?

[지문 A]

최근 5년(2014년 1월 ~ 2018년 12월) 동안 경찰에 신고된 겨울철 빙판길 사고와 기상관측자료를 분석한 결과, 최저기온이 0도 이하이면서 일교차가 9도를 초과하는 일수가 1일 증가할 때마다 하루 평균 약 59건의 사고가 증가했다. 지역별 결빙교통사고율은 강원(3.9%), 충남(3.8%) 순서로 높았다. 치사율(전체사고 대비 결빙사고 사망자 비율)은 충북(7.0%), 강원(5.3%) 등 중부 내륙지역이 높은 것으로 분석됐다. S교통안전문화연구소는 이러한 내용을 중심으로 한 '겨울철 블랙 아이스 교통사고 특성과 대책' 결과를 발표했다.

경찰에 신고된 도로결빙·서리로 발생한 교통사고 건수 및 사망자 수는 최근 5년간 각각 6,548건(연평균 1,310건) 및 199명(연평균 40명)이며, 사고 100건당 사망자 수는 전체 교통사고 평균보다 1.6배 높아 큰 사고가 많은 것으로 나타났다. 또한 연도별 사고 건수는 2014년 1,826건, 2015년 859건, 2018년 1,358건으로 해에 따라 최대 2배 이상 차이가 나는 것으로 분석됐다.

'최저기온 0도 이하, 일교차 9도 초과' 관측일을 기준으로 최근 5년간 발생한 결빙교통사고율은 전체 교통사고의 2.4%였다. 지역별로는 통과 교통량이 많고 통행속도가 높은 강원(3.9%), 충남(3.8%), 충북(3.7%)의 결빙교통사고율이 다른 지자체 평균보다 2.6배 높았다. 특별·광역시의 경우 인천광역시(3.1%)가 평균보다 높은 것으로 나타났다.

사고 심도를 나타내는 치사율(전체사고 대비 결빙사고 사망률)은 '최저기온 0도 이하, 일교차 9도 초과' 관측일에서 평균 3.2%였다. 특히 충북(7.0%), 강원(5.3%), 전북(4.3%), 경북(3.8%)은 전국 평균보다 1.4 ~ 2.2배 높았다.

블랙아이스는 온도가 급격히 떨어질 때 노면 습기가 얼어붙어 생성되기 때문에 기상 변화와 함께 주변 환경(바닷가, 저수지 등), 도로 환경(교량, 고가로, 터널 입구 등)을 고려한 맞춤형 관리를 해야 하는 것으로 분석됐다. 결빙교통사고는 노면 상태를 운전자가 맨눈으로 확인하지 못하거나 과속하는 경우에 발생하기 때문에 결빙교통사고 위험구간지정 확대 및 도로 순찰 강화 등의 대책이 요구된다. 또 결빙구간을 조기에 발견해 운전자에게 정보를 제공해줄 수 있는 시스템(내비게이션, 도로 전광판) 확대도 시급하다.

S교통안전문화연구소 수석연구원은 "겨울철 급격한 일교차 변화에 따른 노면 결빙(블랙아이스)은 도로 환경, 지역 및 입지 여건 등에 따라 대형사고로 이어질 위험성이 크다."며 "이에 지역별로 사고위험이 높은 지역에 적극적인 제설 활동, 자동염수분사장치 및 도로열선 설치 확대, 가변속도표지 설치, 구간속도단속 등의 조치가 필요하다."고 강조했다. 아울러 "운전자들도 블랙아이스 사고가 많은 겨울철 새벽에는 노면 결빙에 주의해 안전운전해야 한다."고 덧붙였다.

---

① 교통사고 사망자 수는 인천광역시 지역이 가장 높다.
② 최근 5년간 결빙교통사고로 인한 사망자 수는 사고 100건당 1.99명이다.
③ 블랙아이스 사고가 많은 겨울철 새벽에는 운전을 삼가야 한다.
④ 통과 교통량이 많은 충남 지역의 전체사고 대비 결빙사고 사망자 비율이 가장 높다.
⑤ 블랙아이스 교통사고는 기온과 관련이 있다.

14 다음은 교통안전사업에 관한 논문이다. 다음 논문의 내용을 4개의 주요 단어로 요약한다고 할 때, 가장 적절하지 않은 것은?

국내 교통사고는 매년 35만 건 이상이 발생하여 그 어떤 재난과 비교할 수 없을 만큼 심각한 인명 및 재산손실을 초래하고 있다. 국가는 국민의 생명과 안전을 지키기 위해 다양한 교통안전사업을 시행하고 있지만 여전히 선진국 수준에는 미치지 못해 보다 적극적인 노력이 필요하다.

교통안전사업의 평가체계는 다음과 같은 두 가지 문제점을 지니고 있다. 첫 번째는 교통안전사업의 성과분석 및 평가가 사망자 수 감소에 집중되어 있다는 점이다. 두 번째는 교통안전사업 평가에 투자예산이 비용으로 처리된다는 점이다. 교통안전사업이 잘 운영되려면 교통안전사업의 정확한 평가를 통한 불요불급한 예산방지 및 예산효율의 극대화가 무엇보다 중요하다. 교통안전사업 시행에 따른 사회적 비용 감소 효과를 명확하게 분석할 수 있다면 명확한 원칙과 기준을 제시할 수 있을 뿐만 아니라, 교통안전사업의 효과를 높일 수 있어 교통사고 비용 감소에 크게 기여할 수 있을 것이다.

본 연구에서는 교통안전사업을 시설개선·교통 단속 및 교육홍보연구라는 3가지 범주로 나누고, 사업별 예산투자에 따른 사상종별 비용감소효과를 분석하였다. 도로교통공단 연구자료인 '도로교통 사고비용의 추계와 평가'에 제시된 추계방법을 활용하여 2007년부터 2014년도까지 8개년간 각 지자체의 교통안전사업 투자예산을 계산하였다. 이를 바탕으로 교통안전사업 투자예산과 사고비용 감소와의 상관관계를 분석하였다. 과거 연구모형을 수정하여 사업 투자금액을 자산으로 분류하였다. 연구결과 사망자 사고비용 감소를 위해 가장 유효한 사업은 교통 단속으로 나타났으며, 중상자 및 경상자 사고비용 감소를 위해 가장 유효한 사업은 안전한 보행환경조성 사업으로 나타났다. 비용으로 분류되던 교통안전사업의 결과를 자산으로 처리하고, 종속변수를 교통사고 비용으로 하여 기존 연구와 차별점을 두었다. 사상종별로 효과가 있는 사업이 차이가 있음을 확인하였으며, 교통사고 현황 분석을 통해 주로 발생하는 사고유형을 확인하고 맞춤형 교통안전사업을 전개한다면 보다 효과적이고 수용성 높은 방향으로 사업이 시행될 것으로 판단된다.

① 교통 단속
② 사회적 비용
③ 보행환경조성
④ 교통안전사업
⑤ 비용감소효과

※ 다음은 공공기관 사회적 가치 포럼에 관한 기사이다. 다음 기사를 읽고, 이어지는 질문에 답하시오. [15~16]

지난 7월에 열린 '공공기관 사회적 가치 포럼'은 사회적 가치 실현과 확산을 위한 과제 및 실행방안에 대해 주요 공공기관 관계자, 관련 연구자 등 전문가들이 모여 활발하게 이야기를 나눈 자리였다. 현 정부 핵심 과제 중 하나인 사회적 가치에 대해 국민들의 관심과 기대가 높아지는 가운데, 주요 추진 주체인 공공기관들이 느끼는 다양한 고민을 허심탄회하게 주고받았다.

포럼의 첫 포문은 LAB2050 대표가 열었다. 그는 '공공기관의 사회적 가치와 국민 인식'이라는 주제를 통해 지난 5월 국민 1,027명을 대상으로 실시한 '국민 인식조사' 결과를 공개했다. '국민들은 공공기관이 앞장서서 사회적 가치를 실현해야 하지만, 현재는 미흡한 상황으로 인식한다.'는 것이 중심 내용이었다.

두 번째 발제자로 나선 한국가스공사 상생협력부장은 '공공기관 사회적 가치 실현의 어려움과 극복방안'이라는 주제로 업무 담당자로서 현장에서 느낀 현실적인 고민들을 언급했다. 재직 기간의 절반을 사회적 가치업무에 몸담은 그는 먼저 사회적 가치 개념이 아직 정립되지 않은 데서 느끼는 어려움을 토로했다. 하지만 그는 곧바로 "사회적 가치는 시대 흐름인 만큼, 구체적인 개념은 개별 공공기관의 설립 목적에서 찾아야 한다."며 스스로 해답을 내놓았다.

세 번째 '공공기관 사회적 가치 실현 사례와 유형'을 주제로 발제에 나선 한겨레경제사회연구원 시민경제센터장은 주요 공공기관에서 진행된 실제 사례를 예로 들며 참석자들의 이해를 도왔다. 그는 연구를 통해 최근 정리한 공공기관의 사회적 가치 실현 방법을 소개했다. '기관 설립 목적 및 고유사업 정비(타입 1)', '조직 운영상 사회적 책임 이행(타입 2)', '가치사슬(Value Chain)상 사회적 가치 이행 및 확산(타입 3)'의 세 가지였다.

발제 후 이어진 토론에서는 공공기관 사회적 가치 업무 담당자들의 공감의 발언들이 쏟아졌다. 한국수자원공사 사회가치창출부장은 "공공기관은 수익성을 놓지 않은 채 사회적 가치를 실현할 방법을 고민하고 있다."며 "기관 전체 차원에서 사업추진 프로세스와 관점의 변화가 필요하다."고 강조했다. 한국철도공사 윤리경영부장도 "사회적 가치를 추구하더라도 공공성과 효율성을 어떻게 조화시킬 것인가 하는 고민은 계속될 것"이라고 전했다.

공공기관 구성원들에 대한 당부도 나왔다. 전국 사회연대경제 지방정부협의회 사무국장은 "사회적 가치 실현을 위해 외부 기관의 진단이나 평가 등을 제도화하는 것도 중요하다."면서도 "다만 구성원들이 사회적 가치를 제대로 이해하고 성찰하는 계기를 마련하는 작업이 우선"이라고 말했다.

공공기관 담당부서 관계자, 관련 연구자 등 100여 명이 넘는 참석자들이 자리를 가득 메운 채, 약 2시간 동안 진행된 이날 포럼은 '사회적 가치를 공공기관 경영의 중심에 놓아야 한다.'는 깊은 공감대 속에서 활발하게 진행됐다. 사회적 가치의 개념과 추진 방법에 대한 현장의 혼란을 고스란히 듣고, 수익성과 공공성 사이에서 적절한 지점을 찾는 과정이 필요하다는 점 등 향후 과제를 짚어본 점 역시 큰 수확이었다. 때문에 앞으로 공공기관과 공공부문을 중심으로 추진될 사회적 가치 실현 작업에 대한 기대도 커졌다. 나아가 민간 기업, 그리고 사회 전반으로 확산되는 그림도 어렴풋이 그려졌다.

15 다음 중 공공기관 사회적 가치 포럼의 세 번째 발제자인 한겨레경제사회연구원 시민경제센터장이 제시한 공공기관의 사회적 가치 실현 방법의 세 가지 타입에 해당하는 사례가 바르게 연결된 것은?

> (가) 한국토지주택공사는 '하도급 건설노동자 적정임금제 시범사업'을 시행하고 있다. 적정임금제란 건설근로자 임금이 다단계 하도급을 거치면서 삭감되지 않도록 발주자가 정한 금액 이상의 임금을 지급할 것을 의무화한 제도이다.
>
> (나) 한국수자원공사는 '계량기를 이용한 어르신 고독사 예방 사업'을 시행하고 있다. 공사의 일상 업무인 수도 검침 작업을 통해 지역사회 복지 사각지대를 발굴, 행정과 연계하는 서비스로 지난해 총 34명이 긴급생계비 지원을 받았다.
>
> (다) 한국철도공사는 산간벽지 주민을 위한 '공공택시 철도연계서비스'를 시행하고 있다. 철도공사와 지자체 간 협력을 통해 평소 이동에 불편이 큰 주민들이 지역 택시를 타고 기차역으로 쉽게 이동할 수 있도록 한 서비스로 현재 전국 100개 시·군에서 추진 중이다. '철도운영의 전문성과 효율성을 높여 철도산업과 국민경제에 이바지한다.'는 기존 한국철도공사법 제1조(목적)에 '국민들에게 편리하고 안전하고 보편적인 철도서비스를 제공하며, 저탄소 교통체계를 확산한다.'는 문구를 추가해 기관의 사회적 가치 실현을 도모한다.

	기관 설립 목적 및 고유사업 정리(타입 1)	조직 운영상 사회적 책임 이행(타입 2)	가치사슬상 사회적 가치 이행 및 확산(타입 3)
①	(가)	(나)	(다)
②	(나)	(가)	(다)
③	(다)	(나)	(가)
④	(다)	(가)	(나)
⑤	(나)	(다)	(가)

16 다음 중 기사의 내용과 일치하지 않는 것은?

① 공공기관의 사회적 가치 실현에 대해 국민들은 부족하다고 인식한다.
② 공공기관이 사회적 가치를 실현하기 위해서는 공공성과 효율성을 고려해야 한다.
③ 공공기관이 사회적 가치를 실현하기 위해서는 평가 등의 제도적 방안이 필요하다.
④ 공공기관이 사회적 가치를 실현하기 위해서는 다섯 가지 원칙을 지켜야 한다.
⑤ 공공기관이 사회적 가치를 실현하기 위해서는 기관 전체적 관점의 변화가 필요하다.

17 다음 대화에 대한 설명으로 옳지 않은 것은?

> ○ 철수 : 영희야, 오랜만이야. 너 아직 그 동네에 살고 있니?
>   영희 : 응, 철수야. 난 서울시 마포구 큰우물로15, A아파트 105동 101호에 그대로 살고 있어.
> ○ 소희 : 오늘 오후에 어디 갔다 왔니?
>   미진 : 수영하고 왔어. 몸이 너무 상쾌해서 날아갈 것 같아.
> ○ 김 부장 : 이 대리, 오 주임은 아직 출근 안 했나?
>   이 대리 : 전화해 보겠습니다.
> ○ 갑돌 : 을돌아, 넌 한 달에 핸드폰 요금이 얼마나 나오니?
>   을돌 : 글쎄, 쓴 만큼 나오더라고.

① ○은 필요 이상의 정보를 제공하지 말라는 양의 격률에 위배되었다.
② ○은 진실되지 않은 것은 말하지 말라는 질의 격률에 위배되었다.
③ ○은 전후 맥락에 맞춰 대화를 이어나가야 한다는 관계의 격률에 위배되었다.
④ ○은 표현의 모호성을 피하라는 태도의 격률에 위배되었다.
⑤ ○~○은 직접적 표현을 피하고 함축적인 의미를 가진 표현을 사용하였다.

18 다음 밑줄 친 단어 중 맞춤법이 옳은 것만 짝지어진 것은?

> 오늘은 <u>웬지</u> 아침부터 기분이 좋지 않았다. 회사에 가기 싫은 마음을 다독이며 출근 준비를 하였다. 회사에 겨우 도착하여 업무용 컴퓨터를 켰지만, 모니터 화면에는 아무것도 보이지 않았다. 심각한 바이러스에 노출된 컴퓨터를 힘들게 복구했지만, <u>며칠</u> 동안 힘들게 작성했던 문서가 <u>훼손</u>되었다. 당장 오늘까지 제출해야 하는 문서인데, 이 문제를 <u>어떡게</u> 해결해야 할지 걱정이 된다. 문서를 다시 <u>작성하든지</u>, 팀장님께 사정을 <u>말씀드리던지</u> 해결책을 찾아야만 한다. 현재 나의 간절한 <u>바램</u>은 이 문제가 무사히 해결되는 것이다.

① 웬지, 며칠, 훼손
② 며칠, 어떡게, 바램
③ 며칠, 훼손, 작성하든지
④ 며칠, 말씀드리던지, 바램
⑤ 어떡게, 말씀드리던지, 바램

19 다음 표준 발음법에 따른 단어의 표준 발음으로 옳지 않은 것은?

〈표준 발음법〉

제5항 'ㅑ, ㅒ, ㅕ, ㅖ, ㅘ, ㅙ, ㅛ, ㅝ, ㅞ, ㅠ, ㅢ'는 이중 모음으로 발음한다.

다만 1. 용언의 활용형에 나타나는 '져, 쪄, 쳐'는 [저, 쩌, 처]로 발음한다.

例 가지어 → 가져[가저]   다치어 → 다쳐[다처]

다만 2. '예, 례' 이외의 'ㅖ'는 [ㅔ]로도 발음한다.

例 몌별[몌별 / 메별](袂別)   개폐[개폐 / 개페](開閉)

혜택[혜택 / 헤택](惠澤)   지혜[지혜 / 지헤](智慧)

다만 3. 자음을 첫소리로 가지고 있는 음절의 'ㅢ'는 [ㅣ]로 발음한다.

例 늴리리   닁큼

무늬   띄어쓰기

씌어   틔어

희어   희떱다

희망   유희

다만 4. 단어의 첫음절 이외의 '의'는 [ㅣ]로, 조사 '의'는 [ㅔ]로 발음함도 허용한다.

① '떡을 쪄 먹다'의 '쪄'는 표준 발음법 제5항 다만 1에 따라 [쩌]로 발음한다.

② '오골계'의 '계'는 표준 발음법 제5항 다만 2에 따라 [계] 또는 [게]로 발음한다.

③ '가정의 행복'의 '의'는 표준 발음법 제5항 다만 4에 따라 [이]로 발음한다.

④ '민주주의'의 '의'는 표준 발음법 제5항 다만 4에 따라 [이]로 발음한다.

⑤ '강의를 듣다'의 '의'는 표준 발음법 제5항에 [의]로 발음한다.

20 다음 글의 내용과 일치하는 것은?

복사 냉난방 시스템은 실내 공간과 그 공간에 설치되어 있는 말단 기기 사이에 열교환이 있을 때 그 열교환량 중 50% 이상이 복사 열전달에 의해서 이루어지는 시스템을 말한다. 우리나라 주거 건물의 난방방식으로 100% 가까이 이용되고 있는 온수온돌은 복사 냉난방 시스템 중 하나이며, 창 아래에 주로 설치되어 복사 열교환으로 실내를 냉난방하는 라디에이터 역시 복사 냉난방 시스템이다.

다양한 복사 냉난방 시스템 중에서도 최근 친환경 냉난방 설비에 대한 관심이 급증하면서 복사 냉난방 패널 시스템이 주목받고 있다. 복사 냉난방 패널 시스템이란 열매체로서 특정 온도의 물을 순환시킬 수 있는 회로를 바닥, 벽, 천장에 매립하거나 부착하여 그 표면온도를 조절함으로써 실내를 냉난방하는 시스템으로 열원, 분배기, 패널, 제어기로 구성된다.

열원은 실내에 난방 시 열을 공급하고, 냉방 시 열을 제거하는 열매체를 생산해내는 기기로, 보일러와 냉동기가 있다. 열원에서 생산되어 세대에 공급되는 냉온수는 냉난방에 필요한 적정 온도와 유량을 유지할 수 있어야 한다.

분배기는 열원에서 만들어진 냉온수를 압력 손실 없이 실별로 분배한 뒤 환수하는 장치로, 집중화된 온도와 유량을 조절하고 냉온수 공급 상태를 확인하며, 냉온수가 순환되는 성능을 개선하는 일을 수행할 수 있어야 한다. 우리나라의 경우는 난방용 온수 분배기가 주로 이용되어 왔으나, 냉방기에도 이용이 가능하다.

패널은 각 실의 바닥, 벽, 천장 표면에 설치되며, 열매체를 순환시킬 수 있는 배관 회로를 포함한다. 분배기를 통해 배관 회로로 냉온수가 공급되면 패널의 표면 온도가 조절되면서 냉난방 부하가 제어되어 실내 공간을 쾌적한 상태로 유지할 수 있게 된다. 이처럼 패널은 거주자가 머무는 실내 공간과 직접적으로 열을 교환하는 냉난방의 핵심 역할을 담당하고 있으므로 열교환이 필요한 시점에 효율적으로 이루어질 수 있도록 설계, 시공되는 것이 중요하다.

제어기는 냉난방 필요 여부를 판단하여 해당 실의 온도 조절 밸브를 구동하고, 열원의 동작을 제어함으로써 냉난방이 이루어지게 된다.

복사 냉난방 패널 시스템은 다른 냉난방 설비에 비하여 낮은 온도의 열매체로 난방이 가능하여 에너지 절약 성능이 우수할 뿐만 아니라 쾌적한 실내 온열 환경 조성에도 탁월한 기능을 발휘한다.

※ 복사 : 물체로부터 열이나 전자기파가 사방으로 방출됨

※ 열매체 : '열(따뜻한 기운)'과 '냉(차가운 기운)'을 전달하는 물질

① 열원은 냉온수를 압력 손실 없이 실별로 분배한 뒤 환수한다.

② 패널은 난방 시 열을 공급하고 냉방 시 열을 제거하는 열매체를 생산한다.

③ 제어기는 각 실의 바닥, 벽, 천장 표면에 설치되어 열매체를 순환시킨다.

④ 복사 냉난방 패널 시스템은 열매체의 온도가 높아 난방 시 에너지 절약 성능이 뛰어나다.

⑤ 분배기는 냉방기에도 이용이 가능하다.

21 K회사의 가 ~ 바 지사장은 각각 여섯 개의 지사로 발령받았다. 다음 〈조건〉을 보고, A ~ F지사로 발령된 지사장의 순서를 바르게 나열한 것은?

조건
- 본사 – A – B – C – D – E – F 순서로 일직선에 위치하고 있다.
- 다 지사장은 마 지사장 바로 옆 지사에 근무하지 않으며, 나 지사장과 나란히 근무한다.
- 라 지사장은 가 지사장보다 본사에 가깝게 근무한다.
- 마 지사장은 D지사에 근무한다.
- 바 지사장이 근무하는 지사보다 본사에 가까운 지사는 1개이다.

① 바 – 가 – 나 – 마 – 다 – 라
② 라 – 바 – 가 – 마 – 나 – 다
③ 가 – 바 – 나 – 마 – 라 – 다
④ 나 – 다 – 라 – 마 – 가 – 바
⑤ 다 – 나 – 바 – 마 – 가 – 라

22 경력직 채용공고를 통해 서류를 통과한 지원자 은지, 지현, 영희는 임원면접을 진행하고 있다. 4명의 임원은 지원자에게 각각 '상, 중, 하' 중 하나의 점수를 줄 수 있으며, 2인 이상에게 '상'을 받은 지원자는 최종 합격, 3인 이상에게 '하'를 받은 지원자는 탈락한다고 한다. 다음 〈조건〉에 따라 항상 옳은 것은?

조건
- 임원들은 3명에게 각각 '상, 중, 하'를 하나씩 주었다.
- 사장은 은지에게 '상'을 주고, 다른 한 명에게는 회장보다 낮은 점수를, 다른 한 명에게는 회장과 같은 점수를 주었다.
- 이사는 지원자에게 사장과 같은 점수를 주었다.
- 인사팀장은 한 명에게 '상'을 주었으며, 영희에게는 사장이 준 점수보다 낮은 점수를 주었다.

① 회장이 은지에게 '하'를 주었다면, 은지는 탈락한다.
② 회장이 영희에게 '상'을 주었다면, 영희가 최종 합격한다.
③ 인사팀장이 지현이에게 '중'을 주었다면, 지현이는 탈락한다.
④ 인사팀장이 지현이에게 '상'을 주었다면, 지현이는 탈락하지 않는다.
⑤ 인사팀장이 은지에게 '상'을 주었다면, 은지가 최종 합격한다.

23 H공사에서 새로운 역을 건설하려고 한다. 출발역과 도착역 간의 거리는 1,120km이며, 출발역, 350km, 840km 지점에 각각 역을 만들고, 도착역에도 역을 건설할 계획이다. 또한 모든 역 사이의 구간마다 일정한 간격으로 새로 역을 만들 때, 역은 최소 몇 개인가?

① 16개   ② 17개

③ 20개   ④ 23개

⑤ 28개

24 다음 두 수열에서 빈칸에 공통으로 들어갈 수는 무엇인가?

수열 1		2	5	(	)	−2	−5	−3	2
수열 2		27	81	9	243	(	)	729	1

① 1   ② 2

③ 3   ④ 5

⑤ 9

25 다음은 S전자 주식에 1월 2일에 100,000원을 투자한 후 매일 주가 등락률을 정리한 자료이다. 다음을 참고하여 주식을 모두 매도했을 때 옳은 것은?

〈전일 대비 주가 등락률〉

구분	1월 3일	1월 4일	1월 5일	1월 6일	1월 7일
등락률	10% 상승	20% 상승	10% 하락	20% 하락	10% 상승

① 1월 5일에 매도할 경우 5,320원 이익이다.

② 1월 6일에 매도할 경우 이익률은 −6.9%이다.

③ 1월 4일은 매도할 경우 이익률은 30%이다.

④ 1월 6일에 매도할 경우 4,450원 손실이다.

⑤ 1월 7일에 매도할 경우 주식가격은 104,544원이다.

26 동양역과 서양역은 100km 거리에 있으며, 편도로 1시간이 걸린다고 한다. 동양역의 경우 20분마다, 서양역은 15분마다 기차가 출발한다. 동양역과 서양역에서 서로의 역을 향하여 10시에 첫 기차가 출발할 때, 두 번째로 50km인 지점에서 만나는 시각은 몇 시인가?(단, 모든 기차의 속력은 같다)

① 10시 30분
② 11시 00분
③ 11시 30분
④ 12시 00분
⑤ 12시 30분

27 김 대리는 대전으로, 이 대리는 부산으로 출장을 간다. 출장에서의 업무가 끝난 후 김 대리와 이 대리는 K지점에서 만나기로 하였다. 다음 〈조건〉을 참고하여 김 대리와 이 대리가 같은 시간에 K지점으로 출발했을 때, 이 대리는 시속 몇 km로 이동했는가?

> **조건**
> • 대전과 부산의 거리는 500km이다.
> • 김 대리는 시속 80km로 이동했다.
> • 대전에서 200km 떨어진 지점인 K지점에서 만나기로 하였다.
> • 이 대리의 속력은 김 대리보다 빠르다.
> • 이 대리는 김 대리보다 4시간 30분 늦게 K지점에 도착했다.
> • 대전, K지점, 부산은 일직선상에 있다.

① 80km
② 90km
③ 100km
④ 110km
⑤ 120km

28 다음 중 단어의 발음이 올바르게 표기된 것은?

① 공권력[공꿘녁]
② 입원료[입원뇨]
③ 물난리[물난리]
④ 광한루[광ː한누]
⑤ 이원론[이ː월론]

29 다음 중 밑줄에 들어갈 표현이 옳지 않은 것은?

① 부장님께 <u>결재</u>를 받아 협력업체에 <u>결제</u>를 해주었다.

② 첫 출근에 다른 부서와 사무실이 비슷해서 <u>혼돈</u>했다. <u>혼동</u>의 날이었다.

③ 처음에는 업무가 익숙하지 않아 <u>한나절</u> 걸렸었는데, 이제는 <u>반나절</u>이면 충분하다.

④ 팀장님께서는 비효율적인 업무 방법을 <u>지양</u>하고 효율적인 방법을 <u>지향</u>하라고 하셨다.

⑤ 팀원들과 <u>협의</u>를 통해 최종 결정을 <u>합의</u>했다.

30 K공사가 공사 내 공원에 다음 그림의 흰색 부분과 같이 산책로를 조성하려고 할 때, 산책로의 폭으로 옳은 것은?

- 공원의 넓이는 가로 18m, 세로 10m이다.
- 산책로가 아닌 면적의 넓이는 153m^{2}이다.
- 산책로의 폭은 일정하다.

① 1m 　　　　　② 2m

③ 3m 　　　　　④ 4m

⑤ 5m

31 A ~ E가 기말고사를 봤는데, 이 중 2명은 부정행위를 하였다. 부정행위를 한 2명은 거짓을 말하고 부정행위를 하지 않은 3명은 진실을 말할 때, 다음 진술을 보고 부정행위를 한 사람끼리 짝지은 것으로 옳은 것은?

- A : D는 거짓말을 하고 있어.
- B : A는 부정행위를 하지 않았어.
- C : B가 부정행위를 했어.
- D : 나는 부정행위를 하지 않았어.
- E : C가 거짓말을 하고 있어.

① A, B   ② B, C
③ C, D   ④ C, E
⑤ D, E

32 철수, 영희, 상수는 재충전 횟수에 따른 업체들의 견적을 비교하여 리튬이온배터리를 구매하려고 한다. 다음 〈조건〉에 따라 옳지 않은 것은?

재충전 ＼ 방수액	유	무
0회 이상 100회 미만	5,000원	5,000원
100회 이상 300회 미만	10,000원	5,000원
300회 이상 500회 미만	20,000원	10,000원
500회 이상 1000회 미만	30,000원	15,000원
12,000회 이상	50,000원	20,000원

조건
- 철수 : 재충전이 12,000회 이상은 되어야 해.
- 영희 : 나는 그렇게 많이는 필요하지 않고, 200회면 충분해.
- 상수 : 나는 무조건 방수액을 발라야 해.

① 철수, 영희, 상수가 리튬이온배터리를 가장 저렴하게 구매하는 가격은 30,000원이다.
② 철수, 영희, 상수가 리튬이온배터리를 가장 비싸게 구매하는 가격은 110,000원이다.
③ 영희가 리튬이온배터리를 가장 저렴하게 구매하는 가격은 10,000원이다.
④ 영희가 가장 비싸게 구매하는 가격과 상수가 가장 비싸게 구매하는 가격의 차이는 30,000원 이상이다.
⑤ 상수가 구매하는 리튬이온배터리의 가장 저렴한 가격과 가장 비싼 가격의 차이는 45,000원이다.

33 다음은 한국의 최근 20년간 수출입 동향을 나타낸 자료이다. 자료를 보고 〈보기〉에서 옳지 않은 것을 모두 고른 것은?

〈20년간 수출입 동향〉

(단위 : 천 달러, %)

연도	수출		수입		수지
	금액	증감률	금액	증감률	
2019년	542,232,610	−10.4	503,342,947	−6.0	38,889,663
2018년	604,859,657	5.4	535,202,428	11.9	69,657,229
2017년	573,694,421	15.8	478,478,296	17.8	95,216,125
2016년	495,425,940	−5.9	406,192,887	−6.9	89,233,053
2015년	526,756,503	−8.0	436,498,973	−16.9	90,257,530
2014년	572,664,607	2.3	525,514,506	1.9	47,150,101
2013년	559,632,434	2.1	515,585,515	−0.8	44,046,919
2012년	547,869,792	−1.3	519,584,473	−0.9	28,285,319
2011년	555,213,656	19.0	524,413,090	23.3	30,800,566
2010년	466,383,762	28.3	425,212,160	31.6	41,171,602
2009년	363,533,561	−13.9	323,084,521	−25.8	40,449,040
2008년	422,007,328	13.6	435,274,737	22.0	−13,267,409
2007년	371,489,086	14.1	356,845,733	15.3	14,643,353
2006년	325,464,848	14.4	309,382,632	18.4	16,082,216
2005년	284,418,743	12.0	261,238,264	16.4	23,180,479
2004년	253,844,672	31.0	224,462,687	25.5	29,381,985
2003년	193,817,443	19.3	178,826,657	17.6	14,990,786
2002년	162,470,528	8.0	152,126,153	7.8	10,344,375
2001년	150,439,144	−12.7	141,097,821	−12.1	9,341,323
2000년	172,267,510	19.9	160,481,018	34.0	11,786,492
1999년	143,685,459	8.6	119,752,282	28.4	23,933,177

보기

가. 수출입 금액이 1조 이상이면 가입할 수 있는 '1조 달러 클럽'에 가입 가능한 연도는 7번이다.

나. 무역수지가 적자였던 해는 2008년뿐이다.

다. 수출 증감률이 전년 대비 가장 높은 해는 수입 증감률도 가장 높다.

라. 2002년부터 2008년까지 수출 금액과 수입 금액은 지속적으로 증가했다.

마. 1999년에 비해 2019년 수출 금액은 4배 이상 증가했다.

① 가, 나   ② 나, 다
③ 나, 라   ④ 다, 라
⑤ 다, 마

34 K기업이 100억 원으로 예금과 채권에 분산 투자하려고 할 때, 1년에 10억 원의 이익을 얻으려면 채권에 얼마를 투자해야 하는가?(단, 이익은 세금을 제한 금액이다)

- 100억 원을 모두 투자해야 한다.
- 예금 이익은 연 10%, 채권 이익은 연 14%이다.
- 예금과 채권 이익의 20%는 세금이다.

① 45억 5천만 원　　　　　　　　② 47억 5천만 원
③ 50억 원　　　　　　　　　　　④ 62억 5천만 원
⑤ 65억 원

35 다음 중 밑줄 친 ㉠과 ㉡의 관계와 다른 것은?

제천시의 산채건강마을은 산과 하천이 어우러진 전형적인 산촌으로, 돌과 황토로 지은 8개 동의 전통 ㉠ 가옥 펜션과 한방 명의촌, 한방주 체험관, 황토 게르마늄 구들 찜질방, 약용 식물원 등의 시설을 갖추고 있다.
산채건강마을의 한방주 체험관에서는 전통 가양주를 만들어 보는 체험을 할 수 있다. 체험객들은 개인의 취향대로 한약재를 골라 넣어 가양주를 담그고, 자신이 직접 담근 가양주는 ㉡ 집으로 가져갈 수 있다.

① 친구(親舊) : 벗　　　　　　　② 수확(收穫) : 벼
③ 금수(禽獸) : 짐승　　　　　　④ 계란(鷄卵) : 달걀
⑤ 주인(主人) : 임자

※ 다음 글을 읽고, 이어지는 질문에 답하시오. [36~37]

에이즈(AIDS; Acquired Immune Deficiency Syndrome)는 HIV(Human Immunodeficiency Virus), 즉 인체면역결핍 바이러스가 몸속에 침입하여 면역 세포를 파괴함으로써 체내의 면역 기능을 저하시키는 감염병이다. HIV에 감염되어도 별다른 증상이 나타나지 않아 감염 사실을 알지 못하는 환자가 많다. 일반적으로 6주에서 12주 정도가 지나야 항체가 형성되는데, 항체가 형성되어야만 감염 여부를 검사할 수 있기 때문에 심각한 감염 증상이 발생한 후에야 에이즈로 진단되는 경우가 많다.

에이즈 감염자는 에이즈에 대한 편견과 오해로 사회 곳곳에서 차별을 당하고 있다. 에이즈는 음식을 같이 먹으면 감염된다거나 침이 묻어도 감염된다는 등의 소문으로 인해 감염성이 높은 질병이라는 인식이 강하다. 그러나 음식에 들어간 HIV는 생존할 수 없으며, 땀이나 침에는 극히 소량의 HIV가 들어있어 상대방의 체내로 들어간다 해도 감염을 일으키기는 어렵다. 에이즈에 걸리려면 충분한 양의 HIV가 체내로 들어와야 하므로 일상적인 신체 접촉으로는 감염되지 않는다.

그렇다면 에이즈에 걸리면 곧 죽게 될까? 사실 에이즈에 걸린다고 해서 금방 사망에 이르지는 않는다. HIV에 감염된 후 아무런 치료를 받지 않더라도 사망에 이르기까지는 약 10 ~ 12년이 걸린다. 게다가 의학의 발달로 새로운 치료제가 계속 개발되고 있어 꾸준히 치료한다면 30년 이상 생존할 수 있다. 과거에는 에이즈가 원인도 알 수 없는 불치병이었으나, 지금은 약물로 치료하면 증상이 개선될 수 있는 질병이 되었다. 1991년에 에이즈 감염 사실을 공개한 미국의 프로농구 선수 매직 존슨은 지금까지도 정상적인 삶을 살고 있다.

36 다음 중 글을 이해한 내용으로 옳은 것은?

① 에이즈는 면역계의 결함으로 인해 나타나는 선천성 질환이다.

② HIV에 감염되더라도 항체가 형성되기 전이라면 별다른 증상이 나타나지 않는다.

③ HIV는 음식에 들어가 생존할 수 없으나, 인체의 체액 내에서는 생존할 수 있다.

④ 에이즈는 악수를 통해서도 전염될 수 있으므로 직접적인 접촉은 피하는 것이 좋다.

⑤ 의학의 발달로 에이즈를 완치할 수 있는 치료제들이 계속 개발되고 있다.

37 다음 〈보기〉를 참고할 때, 글쓴이가 주장할 내용으로 가장 적절한 것은?

> **보기**
>
> 정부가 국민들을 대상으로 실시한 설문 조사 결과, 국민들은 에이즈(AIDS)에 대해 '불치병', '죽음' 등 부정적으로 인식하는 경우가 많은 것으로 나타났다. 그러나 실제 응답자 중 주변에서 에이즈 감염인을 본 적이 있다는 답변은 0.6%에 불과하여 에이즈에 대한 잘못된 인식은 미디어를 통해 간접 경험한 낙인이 내면화된 것으로 보인다.

① 에이즈 환자는 자신의 감염 사실을 주변에 적극적으로 알려야 한다.

② 주기적인 검진을 통해 병을 조기에 발견한다면 건강을 지킬 수 있다.

③ 에이즈에 감염된 채 살아가야 하는 환자의 삶을 존중해야 한다.

④ 에이즈 치료제를 개발하기 위한 연구에 보다 많은 투자가 필요하다.

⑤ 에이즈를 다루고 있는 미디어에 대한 보다 검증적인 시각이 필요하다.

38 다음 밑줄 친 ㉠ ~ ㉤ 중 단어의 사용이 적절하지 않은 것은?

서울시는 '공동주택 공동체 활성화 공모 사업' 5년 차를 맞아 아파트 단지의 ㉠ 자생력(自生力)을 강화하도록 지원 내용을 변경할 예정이다. 기존에는 사업비 자부담률이 지원 연차와 관계없이 일괄적으로 적용되었지만, 앞으로는 연차에 따라 ㉡ 차등(次等) 적용된다. 한편, 서울시는 한 해 동안의 공동체 활성화 사업의 성과와 우수사례를 소개하고 공유하는 '공동주택 공동체 활성화 사업 우수사례발표회'를 개최하고 있다. 지난해 개최된 발표회에서는 심사를 거쳐 ㉢ 엄선(嚴選)된 우수단지의 사례를 발표한 바 있다. 올해도 이웃 간 소통과 교류를 통해 아파트 공동체를 회복하고 각종 생활 불편들을 자발적으로 해결해나가는 방안을 ㉣ 도출(導出)하여 '살기 좋은 아파트 만들기 문화'를 확산해 나갈 예정이다. 서울시 관계자는 "공동주택이라는 주거 공동체가 공동체 활성화 사업을 통해 ㉤ 지속적(持續的)으로 교류하고 소통할 수 있도록 적극적으로 지원해나가겠다."고 말했다.

① ㉠

② ㉡

③ ㉢

④ ㉣

⑤ ㉤

39 다음 빈칸 ㉠ ~ ㉣에 들어갈 단어로 적절한 것은?

시중에 판매 중인 손 소독제 18개 제품을 수거해 에탄올 ____㉠____ 의 표준 제조 기준 검사를 실시한 결과, 식약처 표준 제조 기준에 미달하는 제품 7개를 적발하였다. 이들 제품 중에는 변경 허가 없이 다른 소독제 ____㉡____ 을 섞거나 ____㉢____ 에 물을 혼합해 생산한 제품도 있었다. 식약처 의약외품 표준 제조 기준에 의하면 손 소독제는 54.7 ~ 70%의 에탄올을 ____㉣____ 해야 한다.

	㉠	㉡	㉢	㉣
①	함량	성분	원료	함유
②	함량	성분	원료	내재
③	함량	성질	원천	내재
④	분량	성질	원천	함유
⑤	분량	성분	원천	함유

40 A회사는 한국어, 중국어, 영어, 일본어를 사용하고, B회사는 중국어, 러시아어를, C회사는 한국어, 영어, D회사는 러시아어, 일본어, E회사는 중국어, 영어, 러시아어를 사용한다. 다음 중 언어가 통하지 않는 회사끼리 연결된 것은?

① A, B
② A, C
③ B, C
④ B, E
⑤ D, E

41 총무팀 A, B, C, D, E 5명은 주중에 돌아가면서 한 번씩 야근을 하려고 한다. 총무팀 5명 중 가장 마지막에 야근을 하는 팀원은?

- B는 E의 하루 뒤에 야근을 하고, B의 이틀 뒤에는 A가 야근을 한다.
- D보다 먼저 야근을 하는 사람은 없다.
- C는 목요일에 야근을 한다.

① A
② B
③ C
④ D
⑤ E

42 L공사는 최근 문서정리를 위해 머신러닝알고리즘을 배치하였다. 8월 4일에 머신러닝알고리즘은 문서를 몇 건 정리하였는가?

- 7월 29일에는 테스트로 10건만 문서정리를 진행하였다.
- 7월 30일부터는 전날 정리한 양의 2배보다 10건 더 문서정리를 진행하였다.
- 7월과 8월 모두 31일까지 있다.
- 문서정리는 쉬는 날 없이 매일 진행하였다.

① 630건
② 640건
③ 1,270건
④ 1,280건
⑤ 1,300건

43 다음은 독감의 변인 3가지에 대한 실험을 하고 난 보고서이다. 다음과 같은 변인 3가지 외에 다른 변인은 없다고 했을 때, 이를 해석한 〈보기〉 중 옳은 것을 모두 고르면?

> 선택 1. 수분섭취를 잘하였고, 영양섭취와 예방접종은 하지 않았는데 독감에 걸리지 않았다.
> 선택 2. 수분섭취는 하지 않았고, 영양섭취와 예방접종은 하였는데 독감에 걸리지 않았다.
> 선택 3. 영양섭취와 예방접종, 수분섭취를 모두 하였는데 독감에 걸리지 않았다.
> 선택 4. 영양섭취는 하였고, 예방접종을 하지 않았으며, 수분섭취는 하였는데 독감에 걸렸다.

> **보기**
> ㄱ. 선택 1, 2를 비교해 보았을 때 수분섭취를 하지 않아 독감에 걸렸을 것으로 추정된다.
> ㄴ. 선택 1, 4를 비교해 보았을 때 영양섭취를 하지 않아 독감에 걸리지 않았을 것으로 추정된다.
> ㄷ. 선택 2, 4를 비교해 보았을 때 예방접종을 하여 독감에 걸렸을 것으로 추정된다.
> ㄹ. 선택 3, 4를 비교해 보았을 때 예방접종을 하면 독감에 걸리지 않는 것으로 추정된다.

① ㄱ
② ㄴ, ㄷ
③ ㄷ, ㄹ
④ ㄴ, ㄹ
⑤ ㄱ, ㄴ, ㄹ

44 A사원은 콘퍼런스에 참석하기로 했다. 공항버스, 비행기, 시외버스를 모두 이용하여 도착한다고 할 때, A사원이 콘퍼런스에 제시간에 도착하지 못할 확률은?(단, 확률은 소수점 이하는 버림한다)

> • 공항버스를 타고 제시간에 □□공항에 도착할 확률은 95%이다.
> • □□공항에서 비행기를 타고 제시간에 ○○공항에 도착할 확률은 88%이다.
> • ○○공항에서 시외버스를 타고 제시간에 콘퍼런스에 도착할 확률은 92%이다.

① 20%
② 23%
③ 25%
④ 28%
⑤ 30%

※ 다음은 법 개정에 따른 일·가정 양립 휴가 지원제도의 변화를 나타낸 표이다. 다음 자료를 바탕으로 이어지는 질문에 답하시오. [45~46]

휴가 분류	변경 전	변경 후
출산 전후 휴가 (배우자)	- 3~5일 사용가능(유급 3일) - 정부지원 없음 - 출산한 날부터 30일 이내 청구 - 분할 사용 불가 - 같은 자녀에 대해 부부 동시 육아휴직 불가	- 유급 10일 사용가능 - 유급 5일분 정부지원(통상임금 100%) - 출산한 날부터 90일 이내 청구 - 1회 분할 사용 가능 - 같은 자녀에 대해 부부 동시 육아휴직 가능
출산 전후 휴가 (임신 당사자)	- 통상임금 100%, 상한액 180만 원 - 90일(다태아 120일) / 출산 후에 45일 이상의 기간 보장(다태아 60일)	- 통상임금 100%, 상한액 200만 원 - 기간 동일
가족 돌봄 휴직	- 가족의 질병·사고·노령 사유만 인정 - 연간 90일(사용기간 단위 최소 30일) - 부모, 배우자, 자녀 또는 배우자의 부모	- (현행 휴직 사유)+(자녀 양육 사유) - 연간 휴직기간 90일 중 10일은 1일 단위로 사용 - 부모, 배우자, 자녀 또는 배우자의 부모+조부모, 손자녀
육아기 근로시간 단축	- (육아휴직)+(근로시간 단축)=(최대 1년) - 하루 2~5시간(주 10~25시간) - 통상임금 80% 지원(상한액 150만 원)	- (육아휴직 최대 1년)+(근로시간 단축)=[최대 2년(근로시간 단축 1년 이상 가능)] - 하루 1~5시간(주 5~25시간) - 하루 1시간까지 통상임금. 나머지 단축분은 80% 지원(상한액 200만 원)

45 다음 중 변경 후 내용에 대한 설명으로 옳은 것은?

① 다태아가 아닐 경우 출산 50일 전에 출산 전후 휴가를 신청할 수 있다.
② 아내와 같은 직장에 다니고 있는 남편은 아내의 육아휴직 기간이 끝나야 육아휴직을 할 수 있다.
③ 손자의 양육을 사유로 가족 돌봄 휴직을 신청할 수 없다 .
④ 1시간에 해당하는 통상임금이 1만 원이라면 육아기 근로시간 단축 중 한 주 최대 20만 원을 지원받을 수 있다.
⑤ 임신한 아내의 배우자가 출산 전후 휴가를 최대로 사용하여도 그 달의 통상임금은 변화가 없다.

46 다음 중 ㉠~㉣에 들어갈 수의 총합은?

- 쌍둥이를 임신한 배우자를 둔 남편은 출산 전후 휴가를 총 ____㉠____ 일을 쓸 수 있다.
- 육아기 근로시간 단축을 신청하려는 A씨는 출산 휴가를 2개월만 썼기 때문에 총 ____㉡____ 개월을 신청할 수 있다.
- 아내가 출산한 지 27일(당일 포함)이 지났다면 남편은 ____㉢____ 일 내에 출산 전후 휴가를 청구해야 한다.
- 출산 전후 휴가 중인 B씨의 월급이 100만 원이라면, 한 달에 최고 ____㉣____ 만 원을 받을 수 있다.

① 165
② 195
③ 205
④ 235
⑤ 315

47 K공장은 상품을 만들면서 안정성 검사와 기능 검사를 병행하고 있다. 1시간 동안 안정성 검사와 기능 검사를 동시에 받는 상품은 몇 개인가?

- 상품은 15초에 1개씩 만들어진다.
- 안정성 검사는 12번째 상품마다 검사한다.
- 기능 검사는 9번째 상품마다 검사한다.

① 12개   ② 10개
③ 8개   ④ 6개
⑤ 4개

48 다음 중 신입사원 5명 중 가장 나이가 적은 사람과 가장 나이가 많은 사람의 나이 차는?

- 신입사원은 5명이다.
- 신입사원의 평균 나이는 28.8세이다.
- 중앙값은 28세, 최빈값은 32세이다.

① 7세   ② 9세
③ 11세   ④ 13세
⑤ 15세

〈근로기준법〉

제76조의2(직장 내 괴롭힘의 금지)
사용자 또는 근로자는 직장에서의 지위 또는 관계 등의 우위를 이용하여 업무상 적정범위를 넘어 다른 근로자에게 신체적·정신적 고통을 주거나 근무환경을 악화시키는 행위(이하 "직장 내 괴롭힘"이라 한다)를 하여서는 아니 된다.

제76조의3(직장 내 괴롭힘 발생 시 조치)
① 누구든지 직장 내 괴롭힘 발생 사실을 알게 된 경우 그 사실을 사용자에게 신고할 수 있다.
② 사용자는 제1항에 따른 신고를 접수하거나 직장 내 괴롭힘 발생 사실을 인지한 경우에는 지체 없이 그 사실 확인을 위한 조사를 실시하여야 한다.
③ 사용자는 제2항에 따른 조사 기간 동안 직장 내 괴롭힘과 관련하여 피해를 입은 근로자 또는 피해를 입었다고 주장하는 근로자(이하 "피해근로자등"이라 한다)를 보호하기 위하여 필요한 경우 해당 피해근로자등에 대하여 근무장소의 변경, 유급휴가 명령 등 적절한 조치를 하여야 한다. 이 경우 사용자는 피해근로자등의 의사에 반하는 조치를 하여서는 아니 된다.
④ 사용자는 제2항에 따른 조사 결과 직장 내 괴롭힘 발생 사실이 확인된 때에는 피해근로자가 요청하면 근무장소의 변경, 배치전환, 유급휴가 명령 등 적절한 조치를 하여야 한다.
⑤ 사용자는 제2항에 따른 조사 결과 직장 내 괴롭힘 발생 사실이 확인된 때에는 지체 없이 행위자에 대하여 징계, 근무장소의 변경 등 필요한 조치를 하여야 한다. 이 경우 사용자는 징계 등의 조치를 하기 전에 그 조치에 대하여 피해근로자의 의견을 들어야 한다.
⑥ 사용자는 직장 내 괴롭힘 발생 사실을 신고한 근로자 및 피해근로자등에게 해고나 그 밖의 불리한 처우를 하여서는 아니 된다.

제109조(벌칙)
제76조의3 제6항을 위반한 자는 3년 이하의 징역 또는 3천만 원 이하의 벌금에 처한다.

〈남녀고용평등과 일·가정 양립 지원에 관한 법〉

제2조 제2호
"직장 내 성희롱"이란 사업주·상급자 또는 근로자가 직장 내의 지위를 이용하거나 업무와 관련하여 다른 근로자에게 성적 언동 등으로 성적 굴욕감 또는 혐오감을 느끼게 하거나 성적 언동 또는 그 밖의 요구 등에 따르지 아니하였다는 이유로 근로 조건 및 고용에서 불이익을 주는 것을 말한다.

〈직장 내 괴롭힘 판단 요소 3가지〉

1. 행위자
   - 괴롭힘 행위자가 사용자인 경우, 괴롭힘 행위자가 근로자인 경우
2. 행위요건
   - 직장에서의 지위 또는 관계 등의 우위를 이용할 것
   - 업무상 적정 범위를 넘는 행위일 것
3. 행위장소
   - 외근·출장지 등 업무수행이 이루어지는 곳
   - 회식이나 기업 행사 현장 등
   - 사적 공간
   - 사내 메신저·SNS 등 온라인상의 공간

49 다음 중 직장 내 괴롭힘 방지법에 대한 설명으로 옳은 것은?

① 직장 내 괴롭힘 발생 사실을 알게 된 경우 그 사실을 사용자에게 반드시 신고해야 한다.

② 사용자가 직장 내 괴롭힘 발생 사실을 알게 된 경우 바로 조사를 실시하지 않아도 된다.

③ 직장 내 괴롭힘 발생이 사실인 경우 피해자의 요청 없이도 반드시 적절한 조치를 취해야 한다.

④ 직장 내 괴롭힘 발생 사실을 신고한 근로자에게 불리한 처우를 한 사용자는 2년의 징역에 처할 수 있다.

50 다음 대화에서 직장 내 괴롭힘 방지법과 관련하여 잘못 알고 있는 사람은?

A씨 : 들었어? R이사가 Q씨를 업무적으로 괴롭힌 것에 대해 '직장 내 괴롭힘 방지법' 관련 조사를 하다가 성적 언동도 해서 Q씨가 피해를 입은 것이 사실로 결론이 났대.

B씨 : 정말? R이사가 회식에 이유 없이 강제로 참여하게 하고, 퇴근 후에도 메신저로 부당한 업무 지시를 내린 행동이 직장 내 괴롭힘에 해당하는 줄은 알았지만 충격적인데?

C씨 : 아! 그럼 R이사의 행동은 직장 내 성희롱에도 해당하므로 남녀고용평등과 일·가정 양립지원에 관한 법에도 적용을 받겠구나.

D씨 : 그런데 그 조사 대상에서 의류팀 T팀장은 왜 빠졌지? 이번 가을 상품 디자인 보고를 지시해서 팀원 중 담당자인 J씨가 시안을 여러 번 보고했는데 팀장이 콘셉트가 맞지 않는다며 계속 보완을 요구해서 J씨 업무량이 늘어나고 스트레스도 엄청 받고 있잖아.

E씨 : X본부장이 L씨에게 업무뿐 아니라 사적인 일로 운전기사 및 수행비서 역할을 시켰는데 스트레스만 받고 말도 못 하고 있더라. 나 이거 신고할 거야.

---

① B씨　　　　　　　　　　　　　② C씨

③ D씨　　　　　　　　　　　　　④ E씨

□ 두루누리 사회보험료 지원사업이란?

  소규모 사업을 운영하는 사업주와 소속 근로자의 사회보험료(고용보험 · 국민연금)의 일부를 국가에서 지원함으로써 사회보험 가입에 따른 부담을 덜어주고, 사회보험 사각지대를 해소하기 위한 사업입니다.

□ 지원대상

- 근로자 수가 10명 미만인 사업에 고용된 근로자 중 월평균보수가 215만 원 미만인 근로자와 그 사업주에게 사회보험료(고용보험 · 국민연금)를 최대 90%까지 각각 지원해 드립니다.
- 2018년 1월 1일부터 신규지원자 및 기지원자 지원을 합산하여 36개월까지만 지원합니다.
- 기지원자의 경우 2020년 12월 31일까지만 지원됩니다.

□ 근로자 수가 '10명 미만인 사업'이란?

- 지원신청일이 속한 보험연도의 전년도에 근로자인 피보험자 수가 월평균 10명 미만이고, 지원신청일이 속한 달의 말일을 기준으로 10명 미만인 사업입니다.
- 지원신청일이 속한 보험연도의 전년도 근로자인 피보험자 수가 월평균 10명 이상이나 지원 신청일이 속한 달의 직전 3개월 동안(지원신청일이 속한 연도로 한정함) 근로자인 피보험자 수가 연속하여 10명 미만인 사업입니다.

□ '월평균보수' 215만 원 미만이란?

- '월평균보수'란 보험료 산정 기준연도의 보수총액을 월평균으로 산정한 것으로 월별보험료의 산정 기초자료로 활용됩니다.
- '215만 원 미만'이란 근로소득에서 비과세 근로소득을 제외하고 산정한 월평균보수가 215만 원이 되지 않는 경우를 말합니다.

□ 지원 제외대상

- 지원신청일이 속한 보험연도의 전년도 재산의 과세표준액 합계가 6억 원 이상인 자
- 지원신청일이 속한 보험연도의 전년도 근로소득이 연 2,838만 원 이상인 자
- 지원신청일이 속한 보험연도의 전년도 근로소득을 제외한 종합소득이 연 2,100만 원 이상인 자

□ 지원기준

- 신규지원자 : 5명 미만 사업 90% 지원 / 5명 이상 10명 미만 사업 80% 지원(사업주와 근로자가 각각 부담하는 보험료의 일부에 대해 지원)
- 기지원자 : 10명 미만 사업 30% 지원(사업주와 근로자가 각각 부담하는 보험료의 일부에 대해 지원) / 신규지원자에 해당하지 않는 근로자

□ 지원금액 산정 예시

- 조건 : 근로자 수 5명 미만 기업의 월평균 200만 원인 근로자(신규지원자)
- 근로자 지원금
  - 고용보험 : 200만 원×0.8%(요율)×90%=14,400원
  - 국민연금 : 200만 원×4.5%(요율)×90%=81,000원
- 사업주 지원금
  - 고용보험 : 200만 원×1.05%(요율)×90%=18,900원
  - 국민연금 : 200만 원×4.5%(요율)×90%=81,000원
- → 사업주는 매월 99,900원, 근로자는 매월 95,400원을 지원받을 수 있습니다.

51 다음 대화를 읽고, 두루누리 사회보험료 지원사업에 대해 잘못 알고 있는 사람을 고르면?

- A씨 : 나는 지난해 1년간의 급여를 포함하여 2,650만 원의 소득을 얻었는데, 이 중 비과세 근로소득이 100만 원이니까 두루누리 사회보험료 지원사업의 지원금액 조건을 충족할 수 있어. 그래서 해당 사업에 지원하면 어떨지 생각하고 있어.
- B씨 : 어? 네가 다니는 회사에 근무 중인 총 직원의 수가 10명이라고 하지 않았어? 그래도 지원이 돼?
- C씨 : 나도 그 회사에 다니고 있어. 지난해는 월평균 10명의 직원이 근무했었는데, 올해는 지난달에 한 명이 그만둬서 이제 신청해도 괜찮아.
- D씨 : 아! 나는 이미 지원을 받고 있는데, 해당 사업은 사회보험 중 두 개만 지원해줘서 매우 아쉬워. 다른 것보다 건강보험료가 포함되었으면 좋았을 텐데.

① A씨   ② B씨
③ C씨   ④ D씨

52 E회사는 지난달 두루누리 사회보험료 지원사업 대상으로 선정되었고, E회사의 K씨가 이번 달부터 지원 혜택을 받게 되었다. E회사와 K씨에 대한 정보가 다음과 같을 때, 이번 달 E회사의 사업주와 K씨가 납부할 보험료의 합으로 옳은 것은?

- 근로자 수 : 8명
- K씨의 월평균보수 : 180만 원
- 고용보험료 산정
  - 근로자 : 자기의 보수총액에 실업급여 보험료율의 $\frac{1}{2}$을 곱한 금액으로 한다.
  - 사업주 : 근로자의 개인별 보수총액에 고용안정·직업능력 개발사업의 보험료율을 곱하여 산출한 금액과 실업급여 보험료율의 $\frac{1}{2}$을 곱하여 산출한 각각의 금액을 합한 금액으로 한다.
- 고용보험료율

고용보험 사업별 구분		사업주	근로자
실업급여(1.6%)		0.8%	0.8%
고용안정·직업능력 개발사업	150인 미만 사업	0.25%	–
	150인 이상 1,000인 미만 사업	0.65%	
	1,000인 이상 사업	0.85%	

- 연금보험료
  - (가입자의 기준소득월액)×[연금보험료율(9%)]
  - 사업장가입자의 경우 사용자와 근로자가 각각 4.5%씩 부담
※ K씨 외에 다른 근로자는 지원 혜택을 받지 않는다.

① 32,000원   ② 36,500원
③ 38,560원   ④ 39,060원

53 다음 중 글의 내용과 일치하지 않는 것은?

> 마이클 포터(Michael Porter)는 특정 산업의 경쟁 강도, 수익성 및 매력도가 산업의 구조적 특성에 의하여 영향을 받으며, 이는 5가지 힘에 의하여 결정된다고 보았다. 마이클 포터가 제시한 5가지 힘에는 기존 경쟁자, 구매자, 공급자, 신규참가자, 대체품의 힘이 있으며, 이 중에서 가장 강한 힘이 경쟁전략을 책정하는 결정 요소가 된다. 이러한 5가지 힘의 분석을 통해 조직이 속한 시장이 이익을 낼 수 있는 시장인지 아닌지를 판단하는데, 이것을 산업의 매력도 측정이라 부른다.
>
> 먼저 기존 경쟁자 간의 경쟁은 해당 산업의 경쟁이 얼마나 치열한지를 보여준다. 통상적으로 같은 산업에 종사하는 기업이 많을수록 경쟁이 치열할 수밖에 없다. 따라서 특허 등이 필요한 독과점 형태의 산업은 매력적이지만, 누구나 할 수 있는 완전경쟁시장 형태의 산업은 매력이 떨어지게 된다.
>
> 한편, 대형마트가 물건을 대량으로 구매하면서 공급 가격을 내리라고 한다면 제조업체는 이를 거절할 수 있을까? 최근 대형마트 등의 유통업체들이 제조업체에 상당한 가격 협상력을 갖게 되면서 구매자의 힘이 업계의 힘보다 강해지고 있다. 이처럼 구매량과 비중이 클수록, 제품 차별성이 낮을수록, 구매자가 가격에 민감할수록 구매자의 힘은 커지게 된다. 산업의 매력도는 이러한 구매자의 힘이 셀수록 떨어지고, 반대로 구매자의 힘이 약할수록 높아진다.
>
> 공급자가 소수 기업에 의해 지배되는 경우, 즉 독과점에 해당하는 경우나 공급자가 공급하는 상품이 업계에서 중요한 부품인 경우 공급자의 힘이 강해져 산업의 매력도는 떨어지게 된다. 반대로 공급자가 다수 기업에 의해 지배되는 경우, 즉 완전경쟁에 해당하는 경우나 공급자가 공급하는 상품이 업계에서 그다지 중요하지 않은 부품인 경우에는 공급자의 힘이 적어지고 산업의 매력도는 올라가게 된다.
>
> 현재의 산업에 신규참가자가 진입할 가능성이 높으면 그 산업의 매력도는 떨어진다. 신규 진입의 정도는 해당 업계의 진입 장벽이 얼마나 높은가에 따라 결정된다. 예를 들어 반도체나 조선업 등은 대규모의 투자가 필요하므로 신규 진입이 쉽지 않다. 진입 장벽이 높을수록 산업의 매력도는 높아지며, 반대로 진입 장벽이 낮을수록 산업의 매력도는 떨어지게 된다.
>
> 마이클 포터가 제시한 5가지 힘 중 가장 무서운 것은 대체품의 힘이다. 현재의 상품보다 가격이나 성능에 있어 훨씬 뛰어난 대체품이 나올 경우 해당 산업이 사라져버릴 수도 있기 때문이다. 따라서 대체품의 위협이 낮을수록 산업의 매력도는 높아진다.

① 기존 경쟁자의 힘이 커지면 산업 매력도가 높아진다.
② 구매자의 힘이 약하면 산업 매력도가 높아진다.
③ 공급자의 힘이 커지면 산업 매력도가 높아진다.
④ 신규참가자의 힘이 커지면 산업 매력도가 낮아진다.
⑤ 대체품의 힘이 커지면 산업 매력도가 낮아진다.

54 K음식점은 오픈기념 행사를 진행 중이다. 사은품으로 1등은 10만 원짜리 상품권, 2등은 3만 원짜리 보조배터리, 3등은 2만 원짜리 미니선풍기를 준비하였다. 1등부터 3등까지 당첨되는 인원은 총 29명이며, 사은품 증정에 사용한 비용은 총 88만 원이었다. 2등 당첨자가 1등 당첨자 수의 2배라고 할 때, 3등 당첨자는 몇 명인가?

① 17명　　　　　　　　　　　　　　　② 18명
③ 19명　　　　　　　　　　　　　　　④ 20명
⑤ 21명

55 M회사에서 8월 첫째 주부터 셋째 주 중 한 주에 두 명씩 여름휴가를 신청할 수 있다. 인원이 6명인 부서에서 기준에 맞추어 여름휴가를 신청할 수 있는 방법은 모두 몇 가지인가?(단, 요일은 고려하지 않는다)

① 90가지　　　　　　　　　　　　　　② 81가지
③ 72가지　　　　　　　　　　　　　　④ 63가지
⑤ 54가지

56 다음 중 기술의 특징에 대한 설명으로 옳은 것은?

① 노하우(Know-how)와 노와이(Know-why)는 각각 암묵적 지식과 명시적 지식에 해당한다.
② 노하우(Know-how)는 주로 과학적인 탐구에 의해 얻어진다.
③ 노와이(Know-why)는 경험적이고 반복적인 행위를 통해 얻어진다.
④ 노하우(Know-how)와 노와이(Know-why)는 과학과 마찬가지로 추상적 이론이나 지식을 위한 지식, 본질에 대한 이해를 강조한다.
⑤ 기술은 원래 노와이(Know-why)의 개념이 강하였으나, 시대가 지남에 따라 노하우(Know-how)와 결합하게 되었다.

57 다음 중 브레인스토밍의 진행 방법으로 적절하지 않은 것은?

① 주제를 구체적이고 명확하게 정한다.
② 실현 가능성이 없는 아이디어는 단호하게 비판한다.
③ 되도록 다양한 분야의 사람들을 구성원으로 참석시킨다.
④ 리더는 누구나 자유롭게 발언할 수 있도록 구성원을 격려한다.
⑤ 리더는 직급과 관계없이 자유로운 분위기를 조성할 수 있는 사람으로 선출한다.

58 다음 중 설명서를 작성할 때 유의할 점으로 옳은 것은?

① 추상적 명사를 사용한다.
② 전문용어는 가능한 사용하지 않는다.
③ 능동태보다는 수동태의 동사를 사용한다.
④ 여러 가지 명령을 포함하는 문장으로 작성한다.
⑤ 제품 설명서에는 제품 사용 중 해야 할 일만 정의한다.

59 다음 중 내부 벤치마킹에 대한 설명으로 옳은 것은?

① 벤치마킹 대상의 적대적 태도로 인해 자료 수집에 어려움을 겪을 수 있다.
② 다각화된 우량기업의 경우 효과를 보기 어렵다.
③ 경쟁 기업을 통해 경영 성과와 관련된 정보를 획득할 수 있다.
④ 같은 기업 내의 타 부서 간 유사한 활용을 비교 대상으로 삼을 수 있다.
⑤ 문화 및 제도적인 차이로 발생할 수 있는 효과에 대한 검토가 필요하다.

60 다음 글의 제목으로 가장 적절한 것은?

코로나19의 지역 감염이 확산됨에 따라 감염병 위기경보 수준이 '경계'에서 '심각'으로 격상되었다. 이처럼 감염병 위기 단계가 높아지면 무엇이 달라질까?

감염병 위기경보 수준은 '관심', '주의', '경계', '심각'의 4단계로 나뉘며, 각 단계에 따라 정부의 주요 대응 활동이 달라진다. 먼저, 해외에서 신종감염병이 발생하여 유행하거나 국내에서 원인불명 또는 재출현 감염병이 발생하면 '관심' 단계의 위기경보가 발령된다. '관심' 단계에서 질병관리본부는 대책반을 운영하여 위기 징후를 모니터링하고, 필요할 경우 현장 방역 조치와 방역 인프라를 가동한다. 해외에서의 신종감염병이 국내로 유입되거나 국내에서 원인불명 또는 재출현 감염병이 제한적으로 전파되면 '주의' 단계가 된다. '주의' 단계에서는 질병관리본부의 중앙방역대책본부가 설치되어 운영되며, 유관기관은 협조체계를 가동한다. 또한 '관심' 단계에서 가동된 현장 방역 조치와 방역 인프라, 모니터링 및 감시 시스템은 더욱 강화된다. 국내로 유입된 해외의 신종감염병이 제한적으로 전파되거나 국내에서 발생한 원인불명 또는 재출현 감염병이 지역 사회로 전파되면 '경계' 단계로 격상된다. '경계' 단계에서는 중앙방역대책본부의 운영과 함께 보건복지부 산하에 중앙사고수습본부가 설치된다. 필요할 경우 총리 주재하에 범정부 회의가 개최되고, 행정안전부는 범정부 지원본부의 운영을 검토한다. 마지막으로 해외의 신종감염병이 국내에서 지역사회 전파 및 전국 확산을 일으키거나 국내 원인불명 또는 재출현 감염병이 전국적으로 확산되면 위기경보의 가장 높은 단계인 '심각' 단계로 격상된다. 이 단계에서는 범정부적 총력 대응과 함께 필요할 경우 중앙재난안전대책본부를 운영하게 된다. 이때 '경계' 단계에서의 총리 주재하에 범정부 회의가 이루어지던 방식은 중앙재난안전대책본부가 대규모 재난의 예방·대비·대응·복구 등에 관한 사항을 총괄하고 조정하는 방식으로 달라진다.

① 코로나19 감염 확산에 따른 대응 방안
② 감염병 위기경보 단계 상향에 따른 국민 행동수칙 변화
③ 시간에 따른 감염병 위기경보 단계의 변화
④ 위기경보 '심각' 단계 상향에 따른 정부의 특별 지원
⑤ 감염병 위기경보 단계에 따른 정부의 대응 변화

01	02	03	04	05	06	07	08	09	10	11	12	13	14	15	16	17	18	19	20
⑤	①	③	②	①	⑤	③	③	③	④	③	①	⑤	②	③	④	⑤	③	③	⑤
21	22	23	24	25	26	27	28	29	30	31	32	33	34	35	36	37	38	39	40
②	⑤	②	③	⑤	③	③	①	②	①	③	③	⑤	④	②	③	⑤	②	①	③
41	42	43	44	45	46	47	48	49	50	51	52	53	54	55	56	57	58	59	60
①	③	④	②	⑤	②	④	①	④	③	③	④	③	④	①	①	②	②	④	⑤

01

정답 ⑤

마지막 문단을 통해 바퀴가 인류의 생활상을 변화시켜 왔음을 알 수 있다.

02

정답 ①

제시된 상황에서 메살라는 바퀴에 붙은 칼날을 이용하여 상대 전차의 바퀴를 공격하였다는 것을 알 수 있으며, 제시문의 세 번째 문단을 통해 공격받은 바퀴가 전차의 하중을 견디지 못해 넘어졌다는 것을 추론할 수 있다.

03

정답 ③

현재 손 세정제의 매출액은 $2,000 \times 6,000 = 12,000,000$원이다. 가격 변화에 따른 판매량 변화를 고려하여 매출액을 계산하면 다음과 같다.
① $4,000 \times 3,000 = 12,000,000$원
② $3,500 \times 3,750 = 13,125,000$원
③ $3,000 \times 4,500 = 13,500,000$원
④ $2,500 \times 5,250 = 13,125,000$원
따라서 가격을 3,000원으로 책정할 때 매출액이 가장 커진다.

04

정답 ②

오답분석
① 이동시간이 절반 가까이 감소한 구간은 서울 ~ 목포 구간이다.
③ 국민 1인당 일반철도 이용 거리는 감소세가 지속되고 있으며, 감소폭이 줄어들고 있다.
④ 수도권 ~ 부산의 고속철도 개통 전의 수송분담률은 항공과 일반철도가 가장 많은 비율을 차지했으나, 고속철도 개통 이후 고속철도가 59%로 가장 큰 비율을 차지한다.
⑤ 2019년 1월 우리나라의 고속철도 총 연장은 1,628.9km이다.

05

정답 ①

색칠된 부분의 넓이를 구하기 위해서는 △CDE와 부채꼴 BCE의 넓이, 그리고 둘 사이의 색칠되지 않은 부분의 넓이를 알아야 한다.

- △CDE의 넓이 : $\dfrac{\sqrt{3}}{4} \times 12^2$ (∵ 정삼각형의 넓이 공식)

- 부채꼴 BCE의 넓이 : $12^2 \pi \times \dfrac{30°}{360°} = 12\pi$

- [색칠되지 않은 부분(EC)의 넓이]=(부채꼴 CDE의 넓이)−(△CDE의 넓이) : $24\pi - 36\sqrt{3}$

∴ 색칠된 부분의 넓이=$36\sqrt{3} + 12\pi - (24\pi - 36\sqrt{3}) = 72\sqrt{3} - 12\pi$

06

정답 ⑤

ⓒ 전체 교통사고 발생 건수는 2월부터 5월까지 증가하다가 6월에 감소하였다.

ⓔ 전체 교통사고 사망자 대비 교통사고 사망자는 어린이의 경우 2% 미만이고, 노인의 경우 11월을 제외하면 전체 교통사고 사망자 수의 50%에 미치지 못한다.

07

정답 ③

ⅰ) 집 – 도서관 : 3×2=6가지
　도서관 – 영화관 : 4×1=4가지
　→ 6×4=24가지
ⅱ) 집 – 도서관 : 3×1=3가지
　도서관 – 영화관 : 4×3=12가지
　→ 3×12=36가지
∴ 24+36=60가지

08

정답 ③

마지막 문단을 통해 앞으로 하수 처리 시스템이 나아가야 할 방향을 제시하고 있다.

09

정답 ③

오답분석
① 삼강령과 팔조목은 『대학』이 『예기』의 편명으로 있었을 때에는 사용되지 않았으나, 『대학』이 사서의 하나로 격상되면서부터 사용되기 시작했다고 하였다.
② 삼강령과 팔조목은 종적으로 서로 밀접한 관계를 형성하고 있어 한 항목이라도 없으면 과정에 차질이 생기는 것은 옳으나, 횡적으로는 서로 독립된 항목이라 보고 있다.
④ 백성의 명덕을 밝혀 백성과 한마음이 되는 것은 제가・치국・평천하이다.
⑤ 팔조목은 반드시 순서에 따라 이루어지는 것은 아니며, 서로 유기적으로 연관되어 있는 것이므로 함께 또는 동시에 갖추어야 할 실천 항목이라 볼 수 있다고 하였다.

10

정답 ④

두 번째 문단의 산받이에 대한 설명을 통해, 주로 박첨지와의 대화를 통해 극을 이끌어가며 사건을 해설해 주고, 무대에 드러나지 않은 사실들을 보완하는 등 놀이 전체의 해설자 역할을 하는 것을 알 수 있다.

① 중국, 일본과 우리나라의 꼭두각시놀음은 무대의 구조나 연출방식, 인형조종법 등이 많이 흡사함을 알 수 있으나, 각각의 차별되는 특징에 대한 언급은 없다.

② 꼭두각시놀음이 남사당패가 행하는 6종목 중 하나의 놀이임을 알 수 있으나, 비중이 어떤지는 알 수 없다.

③ 포장 안에서 직접 인형을 조종하는 재담과 노래, 대사 전달 등을 담당한다.

⑤ 꼭두각시놀음은 여러 시대를 지나오면서, 시대상을 반영하여 하나 둘씩 막이 추가되면서 변화되어 왔다.

11

정답 ③

제시문의 첫 번째 문단은 꼭두각시놀음의 정의 및 유래, 두 번째와 세 번째 문단은 꼭두각시놀음의 무대와 공연구성, 네 번째 문단은 꼭두각시놀음의 특징과 의의로 전개되고 있다. 따라서 글의 주제로 가장 적절한 것은 ③이다.

12

정답 ①

• 유례 : 같거나 비슷한 예

• 유래 : 사물이나 일이 생겨남. 또는 그 사물이나 일이 생겨난 바

• 공약 : 정부, 정당, 입후보자 등이 어떤 일에 대하여 국민에게 실행할 것을 약속함. 또는 그런 약속

• 공략 : 적극적인 자세로 나서 어떤 영역 따위를 차지하거나 어떤 사람 등을 자기편으로 만듦을 비유적으로 이르는 말

13

정답 ⑤

최근 5년간 최저기온이 0℃ 이하이면서 일교차가 9℃를 초과하는 일수가 1일 증가할 때마다 하루 평균 59건의 사고가 증가하였다는 내용과 온도가 급격히 떨어질 때 블랙아이스가 생성된다는 내용을 통해 블랙아이스(결빙) 교통사고는 기온과 상관관계가 높은 것을 알 수 있다. 또한, 마지막 문단의 겨울철 급격한 일교차 변화에 따른 블랙아이스가 대형사고로 이어질 위험성이 크다는 수석연구원의 의견을 통해서도 이를 확인할 수 있다.

① 인천광역시의 결빙교통사고율이 평균보다 높다는 것은 알 수 있지만, 교통사고 사망자 수에 대한 정보는 알 수 없다.

② 최근 5년간 결빙으로 인한 교통사고 건수는 6,548건, 사망자 수는 199명이므로 사망자 수는 사고 100건당 $\frac{199}{6,548} \times 100 = 3.0$명이다.

③ 블랙아이스 사고가 많은 겨울철 새벽에는 노면 결빙에 주의해 안전운전을 해야 한다.

④ 충남 지역의 경우 통과 교통량이 많은 편에 속하지만, 전체사고 대비 결빙사고 사망자 비율은 충북 지역이 7.0%로 가장 높다.

14

정답 ②

제시된 논문에서는 '교통안전사업'을 시설개선, '교통 단속', 교육홍보연구라는 3가지 범주로 나누어 '비용감소효과'를 분석하였고, 그 결과 사망자 사고비용 감소를 위해 가장 유효한 사업은 '교통 단속'이며, 중상자 및 경상자 사고비용 감소를 위해 가장 유효한 사업은 '보행환경조성'으로 나타났다고 이야기한다. 따라서 논문의 내용을 4개의 단어로 요약하였을 때 가장 적절하지 않은 단어는 '사회적 비용'이다.

15

정답 ③

• (가) : 고용으로 얽혀 있는 건설사의 하도급 건설노동자가 적정한 임금을 받을 수 있도록 제도를 마련한 한국토지주택공사의 사례는 공공기관으로서 외부조직의 사회적 가치 실현을 위해 지원하는 가치사슬상 사회적 가치 이행 및 확산에 해당한다. → 타입 3

• (나) : 한국수자원공사의 기존 일상 업무였던 수도 검침 작업을 통해 사회적 가치를 실현한 사례이므로 조직 운영상 사회적 책임 이행에 해당한다. → 타입 2

• (다) : 한국철도공사법 제1조에 사회적 가치 실현을 위한 문구를 추가하여 한국철도공사의 설립 목적을 정비한 사례이므로 기관 설립 목적 및 고유사업 정리에 해당한다. → 타입 1

16

공공기관의 사회적 가치 실현과 관련된 다섯 가지 원칙에 관한 내용은 제시문에서 찾아볼 수 없다.

오답분석

① 국민 인식조사 결과, 국민들은 공공기관의 사회적 가치 실현이 현재 미흡하다고 인식한다.
② 사회적 가치를 추구하는 과정에서 공공성과 효율성을 어떻게 조화시킬 것인가에 대한 고민이 계속될 것이라는 담당자의 발언을 통해 알 수 있다.
③ 기관의 사회적 가치 실현을 위해 외부 기관의 진단이나 평가 등을 제도화하는 것이 중요하다는 담당자의 당부 내용을 통해 알 수 있다.
⑤ 공공기관의 사회적 가치 실현을 위해 기관 전체 차원에서 관점의 변화가 필요하다는 담당자의 발언을 통해 알 수 있다.

17

정답 ⑤

ⓒ의 전화해 보겠다는 이 대리의 대답에는 오 주임이 출근하지 않았다는 사실이 함축적으로 담겨 있지만, ㉠ · ㉡ · ㉣의 대화에서는 함축적인 의미를 담은 표현이 사용되지 않았다.

18

정답 ③

오답분석

• 웬지 → 왠지
• 어떡게 → 어떻게
• 말씀드리던지 → 말씀드리든지
• 바램 → 바람

19

정답 ③

'가정의 행복'의 '의'는 조사이므로 표준 발음법 제5항에 따라 [의]로 발음하는 것이 원칙이지만, '다만 4'에 따라 [에]로도 발음할 수 있다. 따라서 '가정의'는 [가정의], [가정에]가 표준 발음에 해당한다.

20

정답 ⑤

제시문에 따르면 열원에서 만들어진 냉온수를 압력 손실 없이 실별로 분배한 뒤 환수하는 분배기는 주로 난방용으로 이용되어 왔으나, 냉방기에도 이용이 가능하다.

오답분석

① 분배기는 냉온수를 압력 손실 없이 실별로 분배한 뒤 환수한다.
② 열원은 난방 시 열을 공급하고 냉방 시 열을 제거하는 열매체를 생산한다.
③ 패널은 각 실의 바닥, 벽, 천장 표면에 설치되어 열매체를 순환시킨다.
④ 복사 냉난방 패널 시스템은 열매체의 온도가 낮아 난방 시 에너지 절약 성능이 뛰어나다.

21

정답 ②

먼저, 네 번째 조건에 따라 마 지사장은 D지사에 근무하며 다섯 번째 조건에 따라 바 지사장은 본사와 두 번째로 가까운 B지사에 근무하는 것을 알 수 있다. 다 지사장은 D지사에 근무하는 마 지사장 바로 옆 지사에 근무하지 않는다는 두 번째 조건에 따라 C 또는 E지사에 근무할 수 없다. 이때, 다 지사장은 나 지사장과 나란히 근무해야 하므로 F지사에 다 지사장이, E지사에 나 지사장이 근무하는 것을 알 수 있다. 마지막으로 라 지사장이 가 지사장보다 본사에 가깝게 근무한다는 세 번째 조건에 따라 라 지사장이 A지사에, 가 지사장이 C지사에 근무하게 된다.

본사	A	B	C	D	E	F
	라	바	가	마	나	다

따라서 A ~ F지사로 발령받은 지사장을 순서대로 나열하면 '라 - 바 - 가 - 마 - 나 - 다'이다.

22

정답 ⑤

먼저 두 번째 조건에 따라 사장은 은지에게 '상'을 주었으므로 나머지 지현과 영희에게 '중' 또는 '하'를 주었음을 알 수 있다. 이때, 인사팀장은 영희에게 사장이 준 점수보다 낮은 점수를 주었다는 네 번째 조건에 따라 사장은 영희에게 '중'을 주었음을 알 수 있다. 따라서 사장은 은지에게 '상', 영희에게 '중', 지현에게 '하'를 주었고, 세 번째 조건에 따라 이사 역시 같은 점수를 주었다. 한편, 사장이 영희 또는 지현에게 회장보다 낮거나 같은 점수를 주었다는 두 번째 조건에 따라 회장이 은지, 영희, 지현에게 줄 수 있는 경우는 다음과 같다.

구분	은지	지현	영희
경우 1	중	하	상
경우 2	하	상	중

또한 인사팀장은 '하'를 준 영희를 제외한 은지와 지현에게 '상' 또는 '중'을 줄 수 있다. 따라서 은지, 영희, 지현이 회장, 사장, 이사, 인사팀장에게 받을 수 있는 점수를 정리하면 다음과 같다.

구분	은지	지현	영희
회장	중	하	상
	하	상	중
사장	상	하	중
이사	상	하	중
인사팀장	상	중	하
	중	상	하

따라서 인사팀장이 은지에게 '상'을 주었다면, 은지는 사장, 이사, 인사팀장 3명에게 '상'을 받으므로 은지가 최종 합격하게 된다.

23

정답 ②

H공사에서는 출발역과 350km, 840km, 도착역(1,120km)에 기본으로 4개 역을 새로 세우고, 모든 구간에 일정한 간격으로 역을 신설할 계획이다. 출발역을 제외한 350km, 840km, 1,120km 지점을 포함하는 일정한 간격인 거리를 구하기 위해 이 세 지점의 최대공약수를 구하면 $10 \times 7 = 70$임을 알 수 있다.

$$
\begin{array}{r|rrr}
10 & 350 & 840 & 1,120 \\
\hline
7 & 35 & 84 & 112 \\
\hline
& 5 & 12 & 16
\end{array}
$$

따라서 출발역에서 70km 간격으로 역을 세우면 도착역까지 $\dfrac{1,120}{70} = 16$개이며, 출발역까지 합하면 역은 최소 17개가 된다.

24

정답 ③

수열 1은 '2, 5, 3'과 '−2, −5, −3'이 번갈아 나열되는 수열로 빈칸에 들어갈 수는 3이다. 수열 2는 홀수 번째 수에는 이전 홀수 번째 수에 ÷3, 짝수 번째 수에는 이전 짝수 번째 수에 ×3을 적용하는 값을 나타낸 수열로, 빈칸인 5번째 숫자는 $9 \div 3 = 3$이 된다. 따라서 두 수열의 빈칸에 공통으로 들어갈 수는 3이다.

25

정답 ⑤

등락률은 전일 대비 주식가격에 대한 비율이다. 1월 7일의 1월 2일 가격 대비 증감율은 $1.1 \times 1.2 \times 0.9 \times 0.8 \times 1.1 = 1.04544$이므로 매도 시 주식가격은 $100,000 \times 1.04544 = 104,544$원이다.

오답분석

① 1월 2일 대비 1월 5일 주식가격 증감율은 $1.1 \times 1.2 \times 0.9 = 1.188$이며, 매도할 경우 $100,000 \times 1.188 = 118,800$원에 매도 가능하므로 18,800원 이익이다.

②·④ 1월 6일에 주식을 매도할 경우 가격은 $100,000\times(1.1\times1.2\times0.9\times0.8)=95,040$원이다. 따라서 $100,000-95,040=4,960$원 손실이며, 1월 2일 대비 주식가격 감소율(이익률)은 $\dfrac{100,000-95,040}{100,000}\times100=4.96\%$이다.

③ 1월 4일에 주식을 매도할 경우 가격은 $100,000\times(1.1\times1.2)=132,000$원이므로, 이익률은 $\dfrac{132,000-100,000}{100,000}\times100=32\%$이다.

26
정답 ③

배차간격은 동양역에서 20분, 서양역에서 15분이며, 두 기차의 속력은 같다. 그러므로 배차시간의 최소공배수를 구하면 $5\times4\times3=60$으로 60분마다 같은 시간에 각각의 역에서 출발하여 10시 다음 출발시각은 11시가 된다. 동양역과 서양역의 편도 시간은 1시간이므로 50km 지점은 출발 후 30분에 도달한다. 따라서 두 번째로 50km 지점에서 두 기차가 만나는 시각은 11시 30분이다.

27
정답 ③

김 대리는 시속 80km로 대전에서 200km 떨어진 K지점으로 이동했으므로 소요시간은 $\dfrac{200}{80}=2.5$시간이다. 이때, K지점의 위치는 두 가지 경우로 나눌 수 있다.

1) K지점이 대전과 부산 사이에 있어 부산에서 300km 떨어진 지점인 경우

　이 대리가 이동한 거리는 300km, 소요시간은 김 대리보다 4시간 30분($=4.5$시간) 늦게 도착하여 $2.5+4.5=7$시간이다. 이 대리의 속력은 시속 $\dfrac{300}{7}\fallingdotseq42.9$km로 김 대리의 속력보다 느리므로 네 번째 조건과 맞지 않는다.

2) K지점이 대전에서 부산 방향의 반대 방향으로 200km 떨어진 지점인 경우

　부산에서 K지점까지의 거리는 $200+500=700$km이다. 따라서 이 대리는 시속 $\dfrac{700}{7}=100$km로 이동했다.

28
정답 ①

오답분석

② 입원료[이붠뇨]
③ 물난리[물랄리]
④ 광한루[광 : 할루]
⑤ 이원론[이 : 원논]

29
정답 ②

'혼동'은 어떤 대상과 다른 대상을 구별하지 못하고 헷갈리는 경우에 사용되며, '혼돈'은 온갖 대상들이 마구 뒤섞여 어지럽고 복잡할 때 사용한다.
• 혼돈 : 마구 뒤섞여 있어 갈피를 잡을 수 없음. 또는 그런 상태
• 혼동 : 구별하지 못하고 뒤섞어서 생각함

30
정답 ①

산책로의 폭은 일정하므로 xm라고 할 때, 전체 공원의 넓이 $18\times10=180\text{m}^2$에서 산책로가 아닌 면적의 넓이 153m^2를 뺀 값은 산책로의 넓이이므로 x의 값을 구하면 다음과 같다. $180-153=10x+18x-x^2 \rightarrow x^2-28x+27=0 \rightarrow (x-1)(x-27)=0$, $x=1$이거나 $x=27$이다. 이때, 산책로의 폭은 공원의 가로, 세로의 길이보다 클 수 없으므로 $x=1$이다.

31

정답 ③

A와 D의 진술이 모순되므로, A의 진술이 참인 경우와 거짓인 경우를 구한다.

ⅰ) A의 진술이 참인 경우

　A의 진술에 따라 D가 부정행위를 하였으며, 거짓을 말하고 있다. B는 A의 진술이 참이므로 B의 진술도 참이며, B의 진술이 참이므로 C의 진술은 거짓이 되고, E의 진술은 참이 된다. 따라서 부정행위를 한 사람은 C, D이다.

ⅱ) A의 진술이 거짓인 경우

　A의 진술에 따라 D는 참을 말하고 있고, B는 A의 진술이 거짓이므로 B의 진술도 거짓이 된다. B의 진술이 거짓이므로 C의 진술은 참이 되고, E의 진술은 거짓이 된다. 그러면 거짓을 말한 사람은 A, B, E이지만 조건에서 부정행위를 한 사람은 두 명이므로 모순이 되어 옳지 않다.

32

정답 ③

영희는 방수액의 유무와 상관없이 재충전 횟수가 200회 이상이면 충분하다고 하였으므로 100회 이상 300회 미만 충전이 가능한 리튬이온배터리를 구매한다. 방수액을 바르지 않은 것이 더 저렴하므로 영희가 가장 저렴하게 구매하는 가격은 5,000원이다.

오답분석

① • 철수가 가장 저렴하게 구매하는 가격 : 20,000원
　• 영희가 가장 저렴하게 구매하는 가격 : 5,000원
　• 상수가 가장 저렴하게 구매하는 가격 : 5,000원
　따라서 철수, 영희, 상수가 리튬이온배터리를 가장 저렴하게 구매하는 가격은 20,000+5,000+5,000=30,000원이다.

② • 철수가 가장 비싸게 구매하는 가격 : 50,000원
　• 영희가 가장 비싸게 구매하는 가격 : 10,000원
　• 상수가 가장 비싸게 구매하는 가격 : 50,000원
　따라서 철수, 영희, 상수가 리튬이온배터리를 가장 비싸게 구매하는 가격은 50,000+10,000+50,000=110,000원이다.

④ 영희가 가장 비싸게 구매하는 가격은 10,000원, 상수가 가장 비싸게 구매하는 가격은 50,000원이다. 두 가격의 차이는 40,000원으로 30,000원 이상이다.

⑤ 상수가 가장 비싸게 구매하는 가격은 50,000원, 가장 저렴하게 구매하는 가격은 5,000원이므로 두 가격의 차이는 45,000원이다.

33

정답 ⑤

다. 자료에서 수출 증감률이 가장 높은 해는 2004년이고, 수입 증감률이 가장 높은 해는 2000년이라는 것을 알 수 있다.

마. 1999년의 수출 금액의 4배는 143,685,459×4=574,741,836천 달러이고, 2019년 수출 금액은 542,232,610천 달러로, 4배 미만으로 증가한 것을 알 수 있다.

오답분석

가. 수출입 금액이 1조 이상이면 가입할 수 있는 '1조 달러 클럽'에 가입 가능한 연도는 2019년, 2018년, 2017년, 2014년, 2013년, 2012년, 2011년 으로 총 7번이다.

　• 2019년 수출입 금액 : 542,232,610+503,342,947=1,045,575,557천 달러
　• 2018년 수출입 금액 : 604,859,657+535,202,428=1,140,062,085천 달러
　• 2017년 수출입 금액 : 573,694,421+478,478,296=1,052,172,717천 달러
　• 2014년 수출입 금액 : 572,664,607+525,514,506=1,098,179,113천 달러
　• 2013년 수출입 금액 : 559,632,434+515,585,515=1,075,217,949천 달러
　• 2012년 수출입 금액 : 547,869,792+519,584,473=1,067,454,265천 달러
　• 2011년 수출입 금액 : 555,213,656+524,413,090=1,079,626,746천 달러

나. 자료에서 무역수지가 음(-)의 값을 나타내는 해는 2008년 한 번이다.

라. 자료에서 2002 ~ 2008년 전년 대비 증감률은 양(+)의 값을 나타내는 것을 통해 2002년부터 2008년까지 수출 금액과 수입 금액은 매년 증가했다는 것을 알 수 있다.

34

정답 ④

채권에 투자하는 금액을 x억 원이라고 할 때, 예금에 투자하는 금액은 $(100-x)$억 원이다.
- 예금 이익 : $(100-x) \times 0.1 = 10 - 0.1x$
- 채권 이익 : $0.14x$

이때 예금과 채권 이익의 합은 $10 - 0.1x + 0.14x = 10 + 0.04x$이다. 세금으로 20%를 낸 후의 이익이 10억 원이므로 $(10+0.04x) \times 0.8 = 10$
→ $0.032x = 2$ → $x = 62.5$억 원
따라서 채권에 투자하는 금액은 62억 5천만 원이다.

35

정답 ②

가옥(家屋)은 집을 의미하는 한자어이므로 ㉠과 ㉡의 관계는 동일한 의미를 지니는 한자어와 고유어의 관계이다. ㉣의 수확(收穫)은 익은 농작물을 거두어들이는 것 또는 거두어들인 농작물의 의미를 가지므로 벼는 수확의 대상이 될 뿐 수확과 동일한 의미를 지니지 않는다.

36

정답 ③

땀이나 침에 소량의 HIV가 들어있다는 내용을 통해 인체의 체액 내에서 HIV가 생존할 수 있음을 알 수 있다. 따라서 음식에 들어간 HIV는 생존할 수 없으나, 인체의 체액 내에 들어간 HIV는 생존할 수 있다.

오답분석

① 에이즈는 HIV가 체내에 침입하여 면역 기능을 저하시키는 감염병이므로 후천성 질환에 해당한다.
② HIV에 감염될 경우 항체의 형성 여부와 관계없이 별다른 증상이 나타나지 않는다.
④ 악수와 같은 일상적인 신체 접촉으로는 에이즈에 감염되지 않는다.
⑤ 의학의 발달로 인해 새로운 치료제가 계속해서 개발되고 있으나, 이는 에이즈의 증상을 개선할 수 있을 뿐 현재 완치할 수 있는 치료제가 개발되었는지는 제시문을 통해 알 수 없다.

37

정답 ⑤

제시문에서는 에이즈에 대한 사람들의 잘못된 편견과 오해에 관해 이야기하고 있으며, 〈보기〉에서는 이러한 에이즈에 대한 사람들의 잘못된 인식을 미디어를 통해 간접 경험된 낙인으로 보고 있다. 따라서 글쓴이가 주장할 내용으로는 미디어에 대한 검증적인 시각이 필요하다는 내용의 ⑤가 가장 적절하다.

38

정답 ②

㉡에는 고르거나 가지런하지 않고 차별이 있음을 의미하는 '차등(差等)'이 사용되어야 한다.
- 차등(次等) : 다음가는 등급

오답분석

① 자생력(自生力) : 스스로 살길을 찾아 살아나가는 능력이나 힘
③ 엄선(嚴選) : 엄격하고 공정하게 가리어 뽑음
④ 도출(導出) : 판단이나 결론 따위를 이끌어 냄
⑤ 지속적(持續的) : 어떤 상태가 오래 계속되는

39

㉠ 함량(含量) : 물질이 어떤 성분을 포함하고 있는 분량
㉡ 성분(成分) : 유기적인 통일체를 이루고 있는 것의 한 부분
㉢ 원료(原料) : 어떤 물건을 만드는 데 들어가는 재료
㉣ 함유(含有) : 물질이 어떤 성분을 포함하고 있음

오답분석
• 분량(分量) : 수효, 무게 따위의 많고 적음이나 부피의 크고 작은 정도
• 성질(性質) : 사물이나 현상이 가지고 있는 고유의 특성
• 원천(源泉) : 사물의 근원
• 내재(內在) : 어떤 사물이나 범위의 안에 들어 있음. 또는 그런 존재

40

정답 ③

A ~ E회사의 사용 언어를 정리하면 다음과 같다.

구분	한국어	중국어	영어	일본어	러시아어
A	○	○	○	○	
B		○			○
C	○		○		
D				○	○
E		○	○		○

사용하는 언어 중 공통되는 언어가 없는 B와 C회사, C와 D회사는 서로 언어가 통하지 않는다. 따라서 언어가 통하지 않는 회사끼리 연결된 선택지는 ③이다.

오답분석
① 중국어
② 한국어, 영어
④ 중국어, 러시아어
⑤ 러시아어

41

정답 ①

먼저 두 번째 조건에 따라 D는 가장 먼저인 월요일에 야근을 하고, 세 번째 조건에 따라 C는 목요일에 야근을 한다. 남은 요일에는 첫 번째 조건에 따라 E, B가 각각 화요일, 수요일에 야근을 하고, A가 가장 마지막으로 금요일에 야근을 한다.

월요일	화요일	수요일	목요일	금요일
D	E	B	C	A

따라서 가장 마지막에 야근을 하는 팀원은 A이다.

42

정답 ③

머신러닝알고리즘의 문서정리 건수는 수열 점화식으로 나타낼 수 있다. 7월 29일이 첫 번째 날로 10건이 진행되고 30일은 29일에 정리한 양의 2배보다 10건 더 진행했으므로 $2 \times 10 + 10 = 30$건이 된다. 30일부터 전날 정리한 양의 2배보다 10건 더 문서를 정리하는 건수를 점화식으로 나타내면 $a_{n+1} = 2a_n + 10$, $a_1 = 10$이다. 점화식을 정리하면, $a_{n+1} = 2a_n + 10 \rightarrow a_{n+1} + 10 = 2(a_n + 10)$이고, 수열 $(a_n + 10)$의 공비는 2, 첫째항은 $(a_1 + 10) = 10 + 10 = 20$인 등비수열이다. 일반항$(a_n)$을 구하면 $a_n = (20 \times 2^{n-1}) - 10$이 되고, 7월 29일이 첫째항 a_1이므로 8월 4일은 7번째 항이 된다. 따라서 8월 4일에 머신러닝알고리즘이 문서정리한 건수는 $a_7 = 20 \times 2^{7-1} - 10 = 20 \times 64 - 10 = 1,280 - 10 = 1,270$건이다.

48 • NCS 부산교통공사

43

정답 ④

선택 1 ~ 4의 3가지 변인 적용에 따른 독감 여부를 정리하면 다음과 같다.

구분	수분섭취	영양섭취	예방접종	독감 여부
선택 1	○	×	×	×
선택 2	×	○	○	×
선택 3	○	○	○	×
선택 4	○	○	×	○

ㄴ. 선택 1, 4를 비교해 보면 수분섭취와 예방접종의 차이는 없으나, 영양섭취에서 차이가 있음을 알 수 있다. 이때, 영양섭취를 한 선택 4와 달리 영양섭취를 하지 않은 선택 1에서 독감에 걸리지 않았으므로 영양섭취를 하지 않아 독감에 걸리지 않았을 것으로 추정할 수 있다.

ㄹ. 선택 3, 4를 비교해 보면 수분섭취와 영양섭취의 차이는 없으나, 예방접종에서 차이가 있음을 알 수 있다. 이때, 예방접종을 하지 않은 선택 4와 달리 예방접종을 한 선택 3에서 독감에 걸리지 않았으므로 예방접종을 하면 독감에 걸리지 않는 것으로 추정할 수 있다.

오답분석

ㄱ. 선택 1, 2를 비교해 보면 수분섭취 여부와 관계없이 모두 독감에 걸리지 않았으므로 수분섭취와 독감의 상관관계는 알 수 없다.

ㄷ. 선택 2, 4를 비교해 보면 수분섭취와 예방접종에서 차이가 있음을 알 수 있다. 따라서 독감에 걸리는 원인을 예방접종 한 가지로만 볼 수 없다. 게다가 예방접종을 한 선택 2에서 독감에 걸리지 않았으므로 예방접종을 하여 독감에 걸렸을 것이라는 추정은 옳지 않다.

44

정답 ②

A사원이 콘퍼런스에 제시간에 도착하지 못할 확률은 공항버스를 못타거나 비행기를 놓치거나 시외버스를 못 탔을 때의 확률을 모두 더한 값으로, 여사건을 이용하여 풀면 전체에서 A사원이 콘퍼런스에 도착할 확률을 빼준다. 따라서 A사원이 콘퍼런스에 제시간에 도착하지 못할 확률은 $[1-(0.95 \times 0.88 \times 0.92)] \times 100 = 23.088\%$, 즉 23%(∵ 소수점 이하 버림)이다.

45

정답 ⑤

최대 10일을 유급으로 사용할 수 있기 때문에 모두 사용하여도 통상임금에 변화는 없다.

오답분석

① 다태아가 아니면 최대 90일 중 출산 이후 45일 이상의 기간이 보장되어야 하기 때문에 50일 전에 사용할 수 없다.

② 같은 자녀에 대해 부부 동시 육아휴직이 가능하다.

③ 가족 돌봄 휴직에서 자녀 양육 사유 중 손자녀가 해당되므로 신청할 수 있다.

④ 하루 1시간까지 통상임금이고 그 외의 시간은 80%를 받는다. 하루 최대 5시간 주 25시간까지 가능하기 때문에 100%를 받는 시간은 5시간, 80%를 받는 시간은 20시간이다. 따라서 최대 $5 \times 10,000 + 20 \times 8,000 = 210,000$원을 지원받을 수 있다.

46

정답 ②

- ㉠ : 남편의 출산 전후 휴가는 최대 10일까지 사용할 수 있다.
- ㉡ : 육아기 근로시간 단축은 육아 휴직을 포함하여 최대 2년까지 가능하므로 총 22개월을 신청할 수 있다.
- ㉢ : 남편은 출산한 날로부터 90일 이내에 청구해야 하므로 63일을 이내에 청구해야 한다.
- ㉣ : 출산 전후 휴가 중 통상임금의 100%가 지급되기 때문에 100만 원을 받을 수 있다.

따라서 ㉠ ~ ㉣에 들어갈 수의 총합은 $10+22+63+100=195$이다.

47

1시간 동안 만들 수 있는 상품의 개수는 $\dfrac{1 \times 60 \times 60}{15} = 240$개이다. 안정성 검사와 기능 검사를 동시에 받는 상품은 12와 9의 최소공배수인 $3 \times 3 \times 4 = 36$번째 상품마다 시행된다. 따라서 1시간 동안 $240 \div 36 = 6.66\cdots$, 총 6개 상품이 안정성 검사와 기능 검사를 동시에 받는다.

48

세 번째 조건에서 중앙값이 28세이고, 최빈값이 32세라고 했으므로 신입사원 5명 중 2명은 28세보다 어리고, 28세보다 많은 사람 2명은 모두 32세가 되어야 한다. 또한 두 번째 조건에서 신입사원 나이의 총합은 $28.8 \times 5 = 144$세라 하였으므로, 27세 이하인 2명의 나이 합은 $144 - (28 + 32 + 32) = 52$세가 된다. 그러므로 2명의 나이는 (27세, 25세), (26세, 26세)가 가능하지만 최빈값이 32세이기 때문에 26세는 불가능하다. 따라서 28세보다 어린 2명은 25세와 27세이며, 가장 어린 사람과 가장 나이가 많은 사람의 나이 차는 $32 - 25 = 7$세이다.

49

근로기준법 제109조(벌칙)에 따르면 제76조의3 제6항을 위반한 자는 3년 이하의 징역 또는 3천만 원 이하의 벌금에 처한다는 벌칙에 따라 불리한 처우를 한 사용자는 2년의 징역에 처할 수 있다.

오답분석

① 근로기준법 제76조의3 제1항에 따라 누구든지 직장 내 괴롭힘 발생 사실을 알게 된 경우 그 사실을 사용자에게 신고할 수 있지만, 반드시 신고해야 하는 것은 아니다.
② 근로기준법 제76조의3 제2항에 따라 사용자는 신고를 접수하거나 직장 내 괴롭힘 발생 사실을 인지한 경우에는 지체 없이 그 사실 확인을 위한 조사를 실시하여야 한다.
③ 근로기준법 제76조의3 제4항에 따라 사용자는 조사 결과 직장 내 괴롭힘 발생 사실이 확인된 때에는 피해근로자가 요청하면 근무장소의 변경, 배치전환, 유급휴가 명령 등 적절한 조치를 하여야 한다. 따라서 피해자의 요청 없이도 반드시 적절한 조치를 취해야 하는 것은 아니다.

50

의류팀 T팀장의 행위는 성과 향상을 위한 업무 독려 및 지시 행위로 볼 수 있으며, 업무상 적정 범위를 넘는 행위에 해당한다고 보기 어렵다. 따라서 J씨가 T팀장의 행위로 인해 스트레스를 받았더라도 관련법상 직장 내 괴롭힘에 해당하지 않는다.

오답분석

① R이사의 이유 없는 회식 참여 강요, 메신저 등의 부당 업무지시는 직장 내 괴롭힘에 해당한다.
② 성적 언동으로 Q씨에게 피해를 준 R이사의 행동은 성희롱에 해당하므로 남녀고용평등과 일·가정 양립지원에 관한 법에 적용된다. 일반적으로 성적 언동이 문제가 된 사안이라면 남녀고용평등과 일·가정 양립지원에 관한 법이 우선 적용된다.
④ X본부장은 L씨에게 업무와 관계없는 사적인 일을 지시하였으므로 직장 내 괴롭힘에 해당하며, 이를 알게 된 근로자는 신고를 할 수 있다.

51

지난달 한 명의 직원이 그만두어 이번 달 근로자 수가 9명이 되었으나, 전년도 근로자 수가 월평균 10명이었으므로 전년도에 근로자 수가 월평균 10명 미만이어야 하는 조건에 부합하지 않는다. 또한 전년도 근로자 수가 월평균 10명 이상일 경우에는 지원신청일이 속한 달의 직전 3개월 동안 근로자 수가 연속하여 10명 미만이어야 하는데 이번 달부터 근로자 수가 9명이므로 해당 조건에도 부합하지 않는다.

오답분석

① 비과세 근로소득을 제외하면 전년도 근로소득은 2,550만 원이 되므로 전년도 월평균보수는 212.5만 원이 된다. 따라서 A는 월평균보수 215만 원 미만의 지원금액 조건을 충족한다.
② 전년도 근로자 수가 10명 미만인 사업이 지원 대상이다.
④ 두루누리 사회보험료 지원사업은 고용보험과 국민연금의 일부를 국가에서 지원한다.

52

정답 ④

E회사의 근로자 수는 8명이므로 고용보험과 국민연금의 80%를 지원받을 수 있으며, 사업주는 $0.8+0.25=1.05\%$의 고용보험료율이 적용된다.

• 고용보험
 – 보험료 총액 : $1,800,000\times(1.05+0.8)\%=33,300$원
 – 사업주 지원액 : $1,800,000\times1.05\%\times80\%=15,120$원
 – 근로자 지원액 : $1,800,000\times0.8\%\times80\%=11,520$원

구분	보험료 총액(A)	사업주 지원액(B)	근로자 지원액(C)	지원액 합계(D=B+C)	납부할 보험료(A−D)
신규지원자	33,300원	15,120원	11,520원	26,640원	6,660원

• 국민연금
 – 보험료 총액 : $1,800,000\times9\%=162,000$원
 – 사업주 지원액 : $1,800,000\times4.5\%\times80\%=64,800$원
 – 근로자 지원액 : $1,800,000\times4.5\%\times80\%=64,800$원

구분	보험료 총액(A)	사업주 지원액(B)	근로자 지원액(C)	지원액 합계(D=B+C)	납부할 보험료(A−D)
신규지원자	162,000원	64,800원	64,800원	129,600원	32,400원

따라서 이번 달 E회사의 사업주와 K씨가 납부할 보험료의 합은 $6,660+32,400=39,060$원이다.

53

정답 ③

공급자가 소수 기업에 의해 지배되는 경우, 즉 독과점에 해당하는 경우나 공급자가 공급하는 상품이 업계에서 중요한 부품인 경우와 같이 공급자의 힘이 커지면 산업 매력도는 떨어지게 된다.

54

정답 ④

1등 당첨자를 a명 2등 당첨자는 $2a$명, 3등 당첨자는 b명이라 하자. 총 당첨자 수와 사은품에 든 총비용에 대한 방정식은 각각 다음과 같다.
$a+2a+b=29 \rightarrow 3a+b=29 \cdots \bigcirc$
$10a+3\times2a+2b=88 \rightarrow 16a+2b=88 \rightarrow 8a+b=44 \cdots \bigcirc$
㉠과 ㉡을 연립하면 $a=3$, $b=20$이 나온다. 따라서 등수별 당첨자는 1등은 3명, 2등은 6명, 3등은 20명이다.

55

정답 ①

부서 인원 6명을 2명씩 3개 조로 만들 수 있는 방법은 $_6C_2\times_4C_2\times_2C_2\times\dfrac{1}{3!}=\dfrac{6\times5}{2}\times\dfrac{4\times3}{2}\times1\times\dfrac{1}{3\times2}=15$가지이다. 또한, 3개의 조가 8월 첫째 주부터 셋째 주 중 여름휴가를 신청할 수 있는 방법은 $3!=3\times2\times1=6$가지이다. 따라서 부서에서 여름휴가를 신청할 수 있는 방법은 총 $15\times6=90$가지이다.

56

정답 ①

노하우(Know-how)는 경험적이고 반복적인 행위에 의해 얻어지는 체화된 기술이므로, 겉으로 드러나지 않는 상태의 지식인 암묵적 지식에 해당한다. 반면 노와이(Know-why)는 이론적인 지식으로서 과학적인 탐구에 의해 얻어지는 기술이므로, 문서 등의 형태로 표시되는 명시적 지식에 해당한다.

오답분석
② 노하우(Know-how)는 경험적이고 반복적인 행위에 의해 얻어진다.
③ 노와이(Know-why)는 과학적인 탐구에 의해 얻어진다.
④ 과학은 추상적 이론이나 지식을 위한 지식, 본질에 대한 이해를 강조하지만, 기술은 추상적인 이론보다 실용성, 효용, 디자인을 강조한다.
⑤ 기술은 원래 노하우(Know-how)의 개념이 강하였으나, 시대가 지남에 따라 노하우(Know-how)와 노와이(Know-why)가 결합하게 되었다.

57

정답 ②

브레인스토밍은 문제의 해결책을 찾기 위해 여러 사람이 자유롭게 아이디어를 제시하는 방법이므로, 어떠한 내용의 아이디어라도 그에 대해 비판을 해서는 안 된다.

58

정답 ②

설명서의 서술은 가능한 한 단순하고 간결해야 하며, 비전문가도 쉽게 이해할 수 있어야 한다. 따라서 전문용어의 사용을 삼가야 한다.

오답분석

① 추상적 명사보다는 행위 동사를 사용한다.
③ 의미전달을 명확하게 하기 위해서는 수동태보다 능동태의 동사를 사용한다.
④ 한 문장에는 통상적으로 하나의 명령 또는 밀접하게 관련된 명령만을 포함해야 한다.
⑤ 제품 설명서는 제품 사용 중 해야 할 일과 하지 말아야 할 일까지 함께 정의해야 한다.

59

정답 ④

내부 벤치마킹은 같은 기업 내의 다른 지역이나 타 부서, 국가 간 유사한 활용을 비교 대상으로 한다.

오답분석

①·③ 경쟁적 벤치마킹에 대한 설명이다.
② 다각화된 우량기업을 대상으로 할 경우 효과가 크다.
⑤ 글로벌 벤치마킹에 대한 설명이다.

60

정답 ⑤

제시문에서는 4단계로 나뉘는 감염병 위기경보 수준을 설명하며, 각 단계에 따라 달라지는 정부의 주요 대응 활동에 관해 이야기하고 있다. 따라서 제목으로 가장 적절한 것은 ⑤이다.

1일 차

영역 1 의사소통능력 영역 소개

의사소통능력 출제비중

기초외국어(5%)
의사표현(10%)
문서이해(35%)
경 청(20%)
출제비중
문서작성(30%)

의사소통능력 출제빈도

구분	중요도
문서이해	★★★★★
문서작성	★★★☆☆
경청	★★★★☆
의사표현	★★★☆☆
기초외국어	★☆☆☆☆

의사소통능력은 포함되지 않는 공사·공단이 없을 만큼 필기시험에서 중요도가 높은 영역이다. 또한, 일부 공사·공단을 제외하고 의사소통능력의 문제 출제 비중이 가장 높다. 이러한 점을 볼 때, 의사소통능력은 공사·공단 NCS를 준비하는 수험생이라면 정복해야 하는 숙명의 과목이다.

국가직무능력표준에 따르면 의사소통능력의 세부 유형은 문서이해, 문서작성, 의사표현, 경청, 기초외국어로 나눌 수 있다. 이때, 문서이해·문서작성과 같은 제시문에 대한 주제, 일치 문제의 출제 비중이 높으며, 공문서·기획서·보고서·설명서 등 문서의 특성을 파악하는 문제도 일부 공사·공단에서 출제되고 있다. 따라서 이러한 분석을 바탕으로 전략을 세우는 것이 매우 중요하다.

01 문제에서 요구하는 바를 먼저 파악하라!

의사소통능력에서 가장 중요한 것은 제한된 시간 안에 빠르고 정확하게 답을 찾아내는 것이다. 그러기 위해서는 우리가 의사소통능력을 공부하는 이유를 잊지 말아야 한다. 우리는 지식을 쌓기 위해 의사소통능력 지문을 보는 것이 아니다. 즉 의사소통능력에서 만큼은 지문이 아닌 문제가 주인공이다! 지문을 보기 전 문제를 먼저 파악해야 한다. 주제찾기 문제라면 첫 문장과 마지막 문장 또는 접속어를 주목하자! 내용일치 문제라면 지문과 문항의 일치 / 불일치 여부만 파악한 뒤 빠져나오자! 지문에 빠져드는 순간 우리의 시간은 속절없이 흘러버린다!

02 잠재되어 있는 언어능력을 발휘하라!

의사소통능력에는 끝이 없다! 의사소통의 방대함에 포기한 적이 있는가? 세상에 글은 많고 우리가 학습할 수 있는 시간은 한정적이다. 이를 극복할 수 있는 방법은 다양한 글을 접하는 것이다. 실제 시험장에서 어떤 내용의 지문이 나올지 아무도 예측할 수 없다. 따라서 평소에 신문, 소설, 보고서 등 종류 구분 말고 여러 글을 접하는 것이 필요하다. 잠재되어 있는 글에 대한 안목이 시험장에서 빛을 발할 것이다.

03 상황을 가정하라!

업무 수행에 있어 상황에 따른 언어 표현은 중요하다. 같은 말이라도 상황에 따라 다르게 해석될 수 있기 때문이다. 그런 의미에서 자신의 의견을 효과적으로 전달할 수 있는 능력을 평가하는 것은 당연하다. 따라서 다양한 상황에서의 언어표현능력을 함양하기 위한 연습의 과정이 요구된다. 업무를 수행하면서 발생할 수 있는 여러 상황을 가정하고 그에 따른 올바른 언어 표현을 정리하는 것이 필요하다. 의사표현 영역의 경우 출제 빈도가 높지는 않지만 상황에 따른 판단력을 평가하는 문항인 만큼 대비하는 것이 필요하다.

04 말하는 이의 입장에서 생각하라!

잘 듣는 것 또한 하나의 능력이다. 상대방의 이야기에 귀 기울이고 공감하는 태도는 업무를 수행하는 관계 속에서 필요한 요소이다. 그런 의미에서 다양한 상황에서의 듣는 능력을 평가한다. 말하는 이가 요구하는 듣는 이의 태도를 파악하고, 이에 따른 판단을 할 수 있도록 언제나 말하는 사람의 입장이 되어보는 연습이 필요하다.

05 반복만이 살길이다!

학창시절 외국어를 공부했을 때를 떠올려 보자! 셀 수 없이 많은 표현들을 익히기 위해 얼마나 많은 반복의 과정을 거쳤는가? 의사소통능력 역시 그러하다. 하나의 문제 유형을 마스터하기 위해 가장 중요한 것은 바로 여러 번, 많이 풀어보는 것이다.

의사소통능력 영역 소개

문서이해
다른 사람이 작성한 글을 읽고 그 내용을 이해하는 능력

문서작성
자신이 뜻한 바를 글로 표현하는 능력

경청
다른 사람의 말을 듣고 그 내용을 이해하는 능력

의사표현
자신이 뜻한 바를 말로 표현하는 능력

기초외국어
외국어로 의사소통을 할 수 있는 능력

영역 1

의사소통능력 핵심이론

| 01 | 의사소통능력이란?

(1) 의사소통의 중요성

① 의사소통 : 두 사람 또는 그 이상의 사람들 사이에서 일어나는 의사 전달 및 상호 교류를 의미하며, 어떤 개인 또는 집단이 다른 개인 또는 집단에게 정보·감정·사상·의견 등을 전달하고 또 그것들을 받아들이는 과정으로 이루어진다.

② 의사소통의 중요성 : 의사소통은 각기 다른 사람들의 의견 차이를 좁혀줌으로써, 선입견을 줄이거나 제거할 수 있는 수단이다.

③ 의사소통능력 : 상대방과 대화를 나누거나 문서를 통해 의견을 교환할 때 상호 간에 전달하고자 하는 의미를 정확하게 전달할 수 있는 능력을 말하며, 글로벌 시대에 필요한 외국어 문서이해 및 의사표현능력도 여기에 포함된다.

(2) 의사소통능력의 종류

① 문서적인 측면
　　㉠ 문서이해능력 : 업무와 관련된 문서를 통해 구체적인 정보를 획득·수집·종합하는 능력
　　㉡ 문서작성능력 : 상황과 목적에 적합하도록 문서를 작성하는 능력

② 언어적인 측면
　　㉠ 경청능력 : 원활한 의사소통의 방법으로 상대방의 이야기를 듣는 능력
　　㉡ 의사표현능력 : 자신의 의사를 목적과 상황에 맞게 설득력을 가지고 표현하는 능력

● 예제풀이 ●

• 문서적인 의사소통 : 문서이해능력, 문서작성능력
• 언어적인 의사소통 : 경청능력, 의사표현능력

정답 ①

● 핵심예제 ●

의사소통능력의 종류가 같은 것끼리 연결된 것은?

① 문서이해능력, 문서작성능력
② 의사표현능력, 문서이해능력
③ 경청능력, 문서작성능력
④ 문서작성능력, 의사표현능력

(3) 바람직한 의사소통을 저해하는 요인

① '일방적으로 말하고', '일방적으로 듣는' 무책임한 마음

② '전달했는데', '아는 줄 알았는데'라고 착각하는 마음

③ '말하지 않아도 아는 문화'에 안주하는 마음

(4) 의사소통능력의 개발

① 검토와 피드백을 활용

② 명확하고 쉬운 단어를 선택하여 이해를 높이는 언어 단순화

③ 상대방과 대화 시 적극적으로 경청

④ 감정적으로 메시지를 곡해하지 않고 침착하게 감정 조절

| 02 | 문서이해능력

(1) 문서이해능력

① 문서

제안서·보고서·기획서·편지·이메일·팩스·메모·공지 사항 등 문자로 구성된 것을 말한다. 사람들은 일상생활에서는 물론 직업현장에서도 다양한 문서를 사용한다. 문서를 통하여 효율적으로 의사를 전달함으로써 자신의 의사를 상대방에게 전달하고자 한다.

② 문서이해능력

㉠ 직업현장에서 자신의 업무와 관련된 인쇄물이나 기호화된 정보 등 필요한 문서를 확인하여 읽고, 내용을 이해하여 요점을 파악하는 능력이다.

㉡ 문서에서 주어진 문장이나 정보를 읽고 이해하여 자신에게 필요한 행동이 무엇인지 추론할 수 있어야 하며, 도표·수·기호 등도 이해할 수 있는 능력을 의미한다.

CHECK POINT

업무에 사용되는 문서의 종류와 용도를 꼭 알아두어야 한다.

• 핵심예제 •

문서이해능력에 대한 설명으로 옳지 않은 것은?

① 직업현장에서 자신의 업무와 관련된 문서의 내용을 이해하고 요점을 파악하는 것이다.

② 문서이해능력이 없으면 원활한 직업생활을 영위하기 어렵다.

③ 문서를 읽고 자신에게 필요한 행동이 무엇인지 추론하는 것은 불가능하다.

④ 도표·수·기호 등을 이해할 수 있어야 한다.

• 예제풀이 •

문서에서 주어진 정보를 통해 자신에게 필요한 행동이 무엇인지 추론할 수 있다.

정답 ③

(2) 문서의 종류와 용도

① **공문서** : 행정기관에서 대내적·대외적으로 공무를 집행하기 위해 작성하는 문서

② **기획서** : 적극적으로 아이디어를 내고 기획해 하나의 프로젝트를 문서 형태로 만들어, 상대방에게 기획의 내용을 전달하여 기획을 시행하도록 설득하는 문서

③ **기안서** : 회사의 업무에 대한 협조를 구하거나 의견을 전달할 때 작성하며, 사내 공문서라고 불림

④ **보고서** : 특정한 일에 관한 현황이나 그 진행 상황 또는 연구·검토 결과 등을 보고 하고자 할 때 작성하는 문서

⑤ **설명서** : 대개 상품의 특성이나 사물의 성질과 가치, 작동 방법이나 과정을 소비자에게 설명하는 것을 목적으로 작성한 문서

⑥ **보도자료** : 정부기관이나 기업체, 각종 단체 등이 언론을 상대로 자신들의 정보가 기사로 보도되도록 하기 위해 보내는 자료

⑦ **자기소개서** : 개인의 가정환경과 성장과정, 입사동기와 근무자세 등을 구체적으로 기술하여 자신을 소개하는 문서

⑧ **비즈니스 레터(E-mail)** : 사업상의 이유로 고객이나 단체에 편지를 쓰는 것이며, 직장업무나 개인 간의 연락, 직접 방문하기 어려운 고객관리 등을 위해 사용되는 비공식적 문서이나, 제안서나 보고서 등 공식적인 문서를 전달하는 데도 사용

⑨ **비즈니스 메모** : 업무상 필요한 중요한 일이나 앞으로 체크해야 할 일이 있을 때, 필요한 내용을 메모형식으로 작성하여 전달하는 글

● **핵심예제** ●

다음 문서의 종류와 설명으로 옳지 않은 것은?

① 비즈니스 메모 : 개인이 추진하는 업무나 상대의 업무 추진 상황을 적은 메모

② 비즈니스 레터 : 회의에 참석하지 못한 상사나 동료에게 전달 사항이나 회의 내용에 대해 간략하게 적어 전달

③ 기안서 : 회사의 업무에 대한 협조를 구하거나 의견을 전달할 때 작성하는 문서

④ 자기소개서 : 개인의 가정환경과 성장과정, 입사동기와 근무자세 등을 구체적으로 기술하여 자신을 소개하는 문서

---

(3) 문서이해를 위한 구체적인 절차와 필요한 사항

① 문서이해의 구체적인 절차

　㉠ 문서의 목적 이해하기

　㉡ 문서가 작성된 배경과 주제 파악하기

　㉢ 문서에 쓰인 정보를 밝혀내고 문서가 제시하고 있는 현안문제 파악하기

　㉣ 문서를 통해 상대방의 욕구와 의도 및 내게 요구하는 행동에 관한 내용 분석하기

　㉤ 문서에서 이해한 목적달성을 위해 취해야 할 행동을 생각하고 결정하기

　㉥ 상대방의 의도를 도표나 그림 등으로 메모하여 요약·정리하기

② 문서이해를 위해 필요한 사항
  ㉠ 문서에서 꼭 알아야 하는 중요한 내용만을 골라 필요한 정보를 획득·수집·종합하는 능력
  ㉡ 다양한 종류의 문서를 읽고, 구체적인 절차에 따라 이해하고 정리하는 습관을 들여 문서이해능력과 내용종합능력을 키워나가는 노력
  ㉢ 책이나 업무에 관련된 문서를 읽고, 나만의 방식으로 소화하여 작성할 수 있는 능력

| 03 | 문서작성능력

(1) 문서작성의 중요성
① 문서작성의 중요성 : 개인의 의사표현이나 의사소통을 위한 과정으로서의 업무일 수도 있지만, 이를 넘어 조직의 사활이 걸린 중요한 업무의 일환이다.
② 문서작성능력 : 직장생활에서 요구되는 업무의 목적과 상황에 적합한 아이디어나 정보를 전달할 수 있도록 문서를 작성할 수 있는 능력이다.

(2) 문서작성 시 고려사항과 구성요소
① 문서작성 시 고려사항 : 대상, 목적, 시기, 기대효과
② 문서작성의 구성요소
  ㉠ 품위 있고 짜임새 있는 골격
  ㉡ 객관적이고 논리적이며 체계적인 내용
  ㉢ 이해하기 쉬운 구조
  ㉣ 명료하고 설득력 있는 구체적인 문장
  ㉤ 세련되고 인상적이며 효과적인 배치

CHECK POINT

문서는 그 문서를 보는 사람의 입장에서 알기 쉽고 간결하게 작성해야 한다.

● 핵심예제 ●

다음 중 문서작성 시 고려 사항이 아닌 것은?

① 시기
② 대상과 목적
③ 기대효과
④ 공간

● 예제풀이 ●

문서작성 시 고려해야 할 사항으로는 대상, 목적, 시기, 기대효과가 있다.

정답 ④

(3) 문서작성법

① 상황에 따른 문서작성법

㉠ 요청이나 확인을 부탁하는 경우 : 일정한 양식과 격식을 갖추어 공문서 작성

㉡ 정보 제공을 위한 경우
- 회사 자체에 대한 인력보유 홍보나 기업정보 제공 : 홍보물이나 보도자료 등
- 제품이나 서비스에 대해 정보 제공 : 설명서나 안내서에 시각적인 자료 활용이 효과적

㉢ 명령이나 지시가 필요한 경우 : 명확한 내용의 업무 지시서

㉣ 제안이나 기획을 할 경우 : 관련된 내용을 깊이 있게 담을 수 있는 제안서나 기획서

㉤ 약속이나 추천을 위한 경우
- 약속은 고객이나 소비자에게 제품의 이용에 관한 정보를 제공하고자 할 때
- 추천은 개인이 다른 회사에 지원하거나 이직을 하고자 할 때

② 종류에 따른 문서작성법

㉠ 공문서 : 회사 외부로 전달되는 문서이므로 '누가, 언제, 어디서, 무엇을, 어떻게, 왜' 등이 정확하게 드러나도록 작성해야 한다.
- 날짜 작성 시 유의사항
  - 연도와 월일을 반드시 함께 기입한다.
  - 날짜 다음에 괄호를 사용할 경우에는 마침표를 찍지 않는다.
- 내용 작성 시 유의사항
  - 한 장에 담아내는 것이 원칙이다.
  - 마지막은 반드시 '끝'자로 마무리한다.
  - 복잡한 내용은 항목별로 구분한다('-다음-' 또는 '-아래-').
  - 대외문서이고, 장기간 보관되는 문서이기 때문에 정확하게 기술한다.

㉡ 설명서
- 명령형보다 평서형으로 작성한다.
- 상품이나 제품에 대해 정확하게 기술한다.
- 내용의 정확한 전달을 위해 간결하게 작성한다.
- 소비자들이 이해하기 어려운 전문용어는 가급적 사용을 삼간다.
- 복잡한 내용은 도표를 통해 시각화하여 이해도를 높인다.
- 동일한 문장 반복을 피하고 다양하게 표현한다.

㉢ 기획서
- 기획서 작성 전 유의사항
  - 기획서의 목적을 달성할 수 있는 핵심 사항이 정확하게 기입되었는지 확인한다.
  - 기획서는 상대에게 어필해 상대가 채택하게끔 설득력을 갖춰야 하므로, 상대가 요구하는 것이 무엇인지 고려하여 작성한다.

- 기획서 내용 작성 시 유의사항
  - 내용이 한눈에 파악되도록 체계적으로 목차를 구성한다.
  - 핵심 내용의 표현에 신경을 써야 한다.
  - 효과적인 내용전달을 위해 내용에 적합한 표나 그래프를 활용하여 시각화한다.
- 기획서 제출 시 유의사항
  - 충분한 검토를 한 후 제출한다.
  - 인용한 자료의 출처가 정확한지 확인한다.
ⓒ 보고서
- 보고서 내용 작성 시 유의사항
  - 업무 진행 과정에서 쓰는 보고서인 경우, 진행 과정에 대한 핵심 내용을 구체적으로 제시하도록 작성한다.
  - 핵심 사항만을 산뜻하고 간결하게 작성한다(내용의 중복을 피하도록 한다).
  - 복잡한 내용일 때에는 도표나 그림을 활용한다.
- 보고서 제출 시 유의사항
  - 보고서는 개인의 능력을 평가하는 기본 요인이므로, 제출하기 전에 반드시 최종 점검을 한다.
  - 참고자료는 정확하게 제시한다.
  - 내용에 대한 예상 질문을 사전에 추출해 보고, 그에 대한 답을 미리 준비한다.

• 핵심예제 •

문서의 종류와 작성법의 연결이 옳지 않은 것은?

① 공문서 : 마지막엔 반드시 '끝'자로 마무리한다.
② 설명서 : 복잡한 내용은 도표화한다.
③ 기획서 : 상대가 요구하는 것이 무엇인지 고려하여 작성한다.
④ 보고서 : 상대에게 어필해 상대가 채택하게끔 설득력 있게 작성한다.

• 예제풀이 •

기획서에 대한 설명이다. 보고서를 작성할 때는 궁금한 점에 대해 질문을 받을 것에 대비하고, 업무상 진행과정에서 작성하는 경우에는 핵심내용을 구체적으로 제시해야 한다.

정답 ④

(4) 문서작성의 원칙

① 문장은 짧고, 간결하게 작성한다.
② 상대방이 이해하기 쉽게 쓴다.
③ 한자의 사용을 자제해야 한다.
④ 간결체로 작성한다.
⑤ 긍정문으로 작성한다.
⑥ 간단한 표제를 붙인다.
⑦ 문서의 주요한 내용을 먼저 쓴다.

(5) 문서작성 시 주의사항

① 문서는 육하원칙에 의해서 써야 한다.

② 문서는 작성 시기가 중요하다.

③ 문서는 한 사안을 한 장의 용지에 작성해야 한다.

④ 문서작성 후 반드시 다시 한 번 내용을 검토해야 한다.

⑤ 문서의 첨부자료는 반드시 필요한 자료 외에는 첨부하지 않는다.

⑥ 문서 내용 중 금액, 수량, 일자 등의 기재에 정확성을 기하여야 한다.

⑦ 문장표현은 작성자의 성의가 담기도록 경어나 단어 사용에 신경을 써야 한다.

● 예제풀이 ●

문서의 작성은 작성 시기가 중요하다. 문서가 작성되는 시기는 문서가 담고 있어야 하는 내용에 상당한 영향을 미친다.

정답 ①

● 핵심예제 ●

다음은 문서작성 시 주의해야 할 사항을 설명한 것이다. 다음 중 잘못된 것은?

① 문서의 작성 시기는 중요하지 않다.

② 문서의 첨부자료는 반드시 필요한 자료 외에는 첨부하지 않도록 한다.

③ 문서작성 후 반드시 다시 한 번 내용을 검토해야 한다.

④ 문서 내용 중 금액, 수량, 일자 등의 기재에 정확성을 기하여야 한다.

---

(6) 문서의 시각화

① 보기 쉬워야 한다.

② 이해하기 쉬워야 한다.

③ 다채롭게 표현되어야 한다.

④ 숫자는 그래프로 표시한다.

● 예제풀이 ●

문장은 짧고 간결하게 작성해야 하며, 한자의 사용을 자제해야 한다.

오답분석

② 긍정문으로 작성한다.

③ 숫자는 그래프로 표시한다.

④ 간단한 표제를 붙이고 한 사안을 한 장의 용지에 작성해야 한다.

정답 ①

● 핵심예제 ●

전사 프로젝트 회의에 필요한 문서를 작성해야 한다. 다음 중 옳지 않은 것은?

① 임원들이 참여하므로 문장에 여러 내용을 함축하여 자세하게 쓰며, 한자를 활용한다.

② 비관적인 문장보다는 낙관적인 문장으로 쓰며, 경어를 신중히 사용한다.

③ 연도별 매출 추이는 비교가 가능하게끔 막대그래프로 표현한다.

④ 문서의 서두에 표제를 붙이고 한 장의 용지에 작성을 원칙으로 한다.

|04| 경청능력

(1) 경청의 중요성

① 경청의 의미

경청이란 다른 사람의 말을 주의 깊게 들으며, 공감하는 능력이다. 경청은 대화의 과정에서 신뢰를 쌓을 수 있는 최고의 방법이다. 듣는 이가 경청하면 상대는 안도감을 느끼고, 듣는 이에게 무의식적으로 믿음을 갖게 된다.

② 경청의 중요성

㉠ 상대방을 한 개인으로 존중하게 된다.

㉡ 상대방을 성실한 마음으로 대하게 된다.

㉢ 상대방의 입장에 공감하며 이해하게 된다.

CHECK POINT

경청의 방법은 자주 출제되는 내용이므로 꼭 암기해야 한다.

(2) 효과적인 경청의 방법

① 혼자서 대화를 독점하지 않는다.

② 상대방의 말을 가로채지 않는다.

③ 이야기를 가로막지 않는다.

④ 의견이 다르더라도 일단 수용한다.

⑤ 말하는 순서를 지킨다.

⑥ 논쟁에서는 먼저 상대방의 주장을 들어준다.

⑦ 시선을 맞춘다(Eye Contact).

⑧ 귀로만 듣지 말고 오감을 동원해 적극적으로 경청한다.

• 핵심예제 •

효과적인 경청 방법이 아닌 것은?

① 말하는 사람의 모든 것에 집중해서 적극적으로 들어야 한다.

② 상대방의 의견에 동조할 수 없더라도, 일단 수용한다.

③ 질문에 대한 답이 즉각적으로 이루어질 때만 질문을 한다.

④ 대화의 내용을 주기적으로 요약한다.

• 예제풀이 •

질문에 대한 답이 즉각적으로 이루어질 수 없다고 하더라도, 질문을 하려고 하면 경청하는 데 적극적이게 되고 집중력이 높아진다.

정답 ③

(3) 대화를 통한 경청훈련

① 주의 기울이기(바라보기, 듣기, 따라하기)

② 상대방의 경험을 인정하고 더 많은 정보 요청하기

③ 정확성을 위해 요약하기

④ 개방적인 질문하기

⑤ '왜?'라는 말은 삼가기

(4) 경청의 올바른 자세

① 상대를 정면으로 마주하는 자세는 그와 함께 의논할 준비가 되었음을 알리는 자세이다.
② 손이나 다리를 꼬지 않는 소위 개방적 자세를 취하는 것은 상대에게 마음을 열어놓고 있다는 표시이다.
③ 상대방을 향하여 상체를 기울여 다가앉은 자세는 자신이 열심히 듣고 있다는 사실을 강조하는 것이다.
④ 우호적인 눈의 접촉은 자신이 관심을 가지고 있다는 사실을 알리는 것이다.
⑤ 비교적 편안한 자세를 취하는 것은 전문가다운 자신만만함과 편안한 마음을 상대방에게 전하는 것이다.

| 05 | 의사표현능력

(1) 의사표현의 중요성

① 의사표현 : 말하는 이가 자신의 생각과 감정을 듣는 이에게 음성언어나 신체언어로 표현하는 행위
② 의사표현의 중요성 : 의사표현은 그 사람의 이미지를 결정한다.
③ 의사표현능력 : 말하는 사람이 자신의 생각과 감정을 듣는 사람에게 음성언어나 신체언어로 표현하는 능력이다.

CHECK POINT

간단·명료하고, 정확하며 친절한 표현을 사용한다.

(2) 상황에 따른 의사표현법

① 상대방의 잘못을 지적할 때 : 먼저 상대방과의 관계를 고려한 다음, 상대방이 알 수 있도록 확실하게 지적한다.
② 상대방을 칭찬할 때 : 칭찬은 별다른 노력을 기울이지 않아도 항상 상대방을 기분 좋게 만든다.
③ 상대방에게 부탁해야 할 때 : 먼저 상대의 사정을 들음으로써 상대방을 우선시하는 태도를 보여준 다음, 응하기 쉽게 구체적으로 부탁한다.
④ 상대방의 요구를 거절해야 할 때 : 먼저 사과한 다음, 응해줄 수 없는 이유를 설명한다.
⑤ 명령해야 할 때 : '○○을 이렇게 해 주는 것이 어떻겠습니까?'라는 식으로 부드럽게 표현하는 것이 효과적이다.
⑥ 설득해야 할 때 : 먼저 양보해서 이익을 공유하겠다는 의지를 보여주어야만 상대방도 받아들이게 된다.
⑦ 충고해야 할 때 : 충고는 마지막 방법이다. 충고를 해야 할 상황이면, 예를 들거나 비유법을 사용하는 것이 바람직하다.
⑧ 질책해야 할 때 : '칭찬의 말+질책의 말+격려의 말'처럼, 질책을 가운데 두고 칭찬을 먼저 한 다음 끝에 격려의 말을 하는 샌드위치 화법을 활용한다.

(3) 원활한 의사표현을 위한 지침

① 올바른 화법을 위해 독서를 하라.
② 좋은 청중이 돼라.
③ 칭찬을 아끼지 마라.
④ 공감하고, 긍정적으로 보이게 하라.
⑤ 겸손은 최고의 미덕임을 잊지 마라.
⑥ 과감하게 공개하라.
⑦ '뒷말'을 숨기지 마라.
⑧ '첫마디'를 준비하라.
⑨ 이성과 감성의 조화를 꾀하라.
⑩ 대화의 룰을 지켜라.
　　㉠ 상대방의 말을 가로막지 않는다.
　　㉡ 혼자서 의사표현을 독점하지 않는다.
　　㉢ 의견을 제시할 때는 반론 기회를 준다.
　　㉣ 임의로 화제를 바꾸지 않는다.
⑪ 문장을 완전하게 말하라.

(4) 설득력 있는 의사표현을 위한 지침

① 'Yes'를 유도하여 미리 설득 분위기를 조성하라.
② 대비 효과로 분발심을 불러일으켜라.
③ 침묵을 지키는 사람의 참여도를 높여라.
④ 여운을 남기는 말로 상대방의 감정을 누그러뜨려라.
⑤ 하던 말을 갑자기 멈춤으로써 상대방의 주의를 끌어라.
⑥ 호칭을 바꿔서 심리적 간격을 좁혀라.
⑦ 끄집어 말하여 자존심을 건드려라.
⑧ 정보전달 공식을 이용하여 설득하라.
⑨ 상대방의 불평이 가져올 결과를 강조하라.
⑩ 권위 있는 사람의 말이나 작품을 인용하라.
⑪ 약점을 보여 주어 심리적 거리를 좁혀라.
⑫ 이상과 현실의 구체적 차이를 확인시켜라.
⑬ 자신의 잘못도 솔직하게 인정하라.
⑭ 집단의 요구를 거절하려면 개개인의 의견을 물어라.
⑮ 동조 심리를 이용하여 설득하라.
⑯ 지금까지의 노고를 치하한 뒤 새로운 요구를 하라.
⑰ 담당자가 대변자 역할을 하도록 하여 윗사람을 설득하게 하라.
⑱ 겉치레 양보로 기선을 제압하라.
⑲ 변명의 여지를 만들어 주고 설득하라.
⑳ 혼자 말하는 척하면서 상대의 잘못을 지적하라.

다음은 설득력 있는 의사표현의 지침 중 어떤 내용인가?

> 자기주장을 일단 양보하여 의견의 일치를 보이는 자세를 취함으로써 강경한 태도를 굽히지 않던 상대방을 결국 이쪽으로 끌어올 수 있다.

① 권위 있는 사람의 말이나 작품을 인용하라.
② 자신의 잘못도 솔직하게 인정하라.
③ 변명의 여지를 만들어 주고 설득하라.
④ 침묵을 지키는 사람의 참여도를 높여라.

| 06 | 기초외국어능력

(1) 기초외국어능력의 필요성

① 기초외국어능력 : 직업생활에 있어 우리의 무대가 세계로 넓어지면서 한국어만이 아닌 다른 나라의 언어로 의사소통을 하는 능력

② 기초외국어능력의 필요성 : 국제화·세계화 시대에 살고 있는 우리는 다른 나라와의 무역을 당연하게 여긴다. 다른 나라와 무역을 하기 위해서는 우리의 언어가 아닌 국제적인 통용어를 사용하거나, 경우에 따라서는 그들의 언어로 의사소통을 해야 하는 경우가 생기기도 한다.

(2) 기초외국어능력이 필요한 상황

① 외국인과의 의사소통 상황에서 전화응대나 안내하는 상황
② 외국에서 들어온 기계가 어떻게 작동되는지 매뉴얼을 봐야 하는 상황
③ 외국으로 보낼 서류를 작성하거나, 외국에서 온 서류를 이해하여 업무를 추진해야 하는 상황

기초외국어능력이 필요한 상황이 아닌 것은?

① 외국인과 함께 일하는 국제 비즈니스 상황
② 외국에서 들어온 기계가 어떻게 작동되는지 매뉴얼을 봐야 하는 상황
③ 외국으로 보낼 서류를 작성하는 상황
④ 같은 언어를 사용하는 상사에게 보고하는 상황

(3) 기초외국어능력 향상을 위한 공부법

① 왜 외국어 공부를 해야 하는지 그 목적부터 정하라.

② 매일 30분씩 눈과 손과 입에 밸 정도로 반복하여 공부하라.

③ 실수를 두려워하지 말고, 기회가 있을 때마다 외국어로 말하라.

④ 외국어에 익숙해질 수 있도록 쉬운 외국어 잡지나 원서를 읽어라.

⑤ 혼자 공부하는 것보다는 라이벌을 정하고 공부하라.

⑥ 업무와 관련된 외국어 주요용어는 꼭 메모해 두어라.

⑦ 출퇴근 시간에 짬짬이 외국어 방송을 보거나, 라디오를 들으라.

⑧ 외국어 단어를 암기할 때 그림카드를 사용해보라.

⑨ 가능하면 외국인 친구를 많이 사귈 수 있는 기회를 만들어 대화를 자주 나눠보라.

(4) 외국어 자신감 부족형의 특징

① 처음부터 잘 못한다는 사실을 지나치게 의식한다.

② 자신의 의사를 명확히 표현하지 못한다.

③ 자신의 의사를 간단하게 정리하지 못한다.

④ 심한 긴장감으로 위축되어 표현력이 떨어진다.

유형 **01** 문서이해 ①

 연속출제

귀하는 중소기업의 총무팀에서 근무하고 있다. 어느 날 팀장이 아래의 기사를 주며 내용을 검토해 본 뒤 보고하라고 했다. 다음 기사를 읽고 귀하가 보고한 내용으로 가장 적절한 것은?

1) 질문의도
   : 검토 → 보고
   = 내용이해

중소기업진흥공단 '내일채움공제'

"중소기업 근로자에게 금전적 보상, 장기 재직 유도"

중소기업진흥공단(이하 중진공)은 중소기업 근로자의 장기재직과 인력양성을 위해 운영하는 정책성 공제인 '내일채움공제' 사업으로 많은 중소기업과 핵심인력들에게 높은 관심을 받고 있다.

3) 지문독해
   : 선택지와 비교

내일채움공제는 중소기업 핵심인력의 인력난을 해소하고, 장기재직을 유도하기 위해 중진공에 서 공식출범한 공제 사업이다. 이 제도를 통해 기업주와 핵심인력은 5년간 매월 일정금액을 공 동으로 적립하고, 핵심인력 근로자가 만기까지 재직 시 성과보상금으로 공동적립금을 지급한다. 핵심인력이 매달 10만 원을 적립할 때 중소기업은 20만 원 이상을 적립하도록 규정하고 있기 때 문에 장기재직을 유도하는 방안으로 꼽힌다.

→ ②
→ ①
→ ④

조세소위 심사자료에 따르면 내일채움공제에 가입한 근로자는 올해 9월 기준 3,441개 업체 8,398명이다. 이들은 월 평균 12만 7,000원, 기업은 월 평균 30만 6,000원을 납입하고 있고 5 년 후 공제금 수령 예상액은 평균 2,756만 원(세전) 수준이다.

내일채움공제에 가입한 기업은 공제납입금에 대해 손금(필요경비)인정과 함께 연구 및 인력개 발비 세액공제 혜택을 받을 수 있으며, 과세표준구간에 따라 최소 31%, 최대 63%의 절세효과를 누릴 수 있다는 이점을 가지고 있다.

→ ⑤

가입한 핵심인력 또한 만기공제금 수령 시 소득세의 50%를 감면해주는 제도가 2015년 세법 개정(안)에 반영됨에 따라 근로자들의 실질적인 재산증식 효과도 가져올 수 있을 것으로 기대를 모은다.

→ ③

---

① 근무 연수에 상관없이 내일채움공제에 가입한 근로자라면 모두 혜택을 받을 수 있습니다.

② 내일채움공제에 가입한 뒤에는 근로자나 기업 둘 중 하나가 공제부금을 납입하면 됩니다.

☑ 공제금액의 최종 수급권자는 공제가입 핵심인력으로 만기공제금을 수령할 경우 소득세의 50%를 감면해준다고 합니다.

④ 핵심인력은 최대 10만 원, 기업은 최대 20만 원까지 납입할 수 있습니다.

⑤ 내일채움공제 가입 기업은 공제납입금에 대해 최대 50%까지 절세혜택을 받을 수 있습니다.

2) 선택지 키워드 찾기

4) 정답도출 : 내용일치

유형분석

- 주어진 지문을 읽고 일치하는 선택지를 고르는 전형적인 독해 문제이다.
- 지문은 주로 신문기사(보도자료 등), 업무 보고서, 시사 등이 제시된다.
- 대체로 지문이 긴 경우가 많아 푸는 시간이 많이 소요된다.
- ➕ 응용문제 : 지문의 주제를 찾는 문제나, 지문의 핵심내용을 근거로 추론하는 문제가 출제된다.

풀이전략

먼저 선택지의 키워드를 체크한 후, 지문의 내용과 비교하며 내용의 일치유무를 신속히 판단한다.

유형 02 문서이해 ②

📑 연속출제

귀하는 공공기관 기획팀에 근무하고 있다. 문서를 정리하던 중, 실수로 물을 쏟는 바람에 문서 일부의 내용이 지워지고 말았다. 남겨진 문서를 읽고 귀하가 맥락적으로 유추한 내용으로 적절하지 않은 것은?

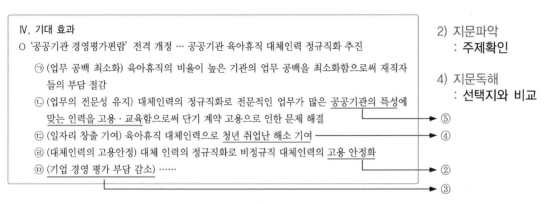

Ⅳ. 기대 효과
○ '공공기관 경영평가편람' 전격 개정 … 공공기관 육아휴직 대체인력 정규직화 추진

　　ㄱ (업무 공백 최소화) 육아휴직의 비율이 높은 기관의 업무 공백을 최소화함으로써 재직자들의 부담 절감
　　ㄴ (업무의 전문성 유지) 대체인력의 정규직화로 전문적인 업무가 많은 공공기관의 특성에 맞는 인력을 고용·교육함으로써 단기 계약 고용으로 인한 문제 해결 ⑤
　　ㄷ (일자리 창출 기여) 육아휴직 대체인력으로 청년 취업난 해소 기여 ④
　　ㄹ (대체인력의 고용안정) 대체 인력의 정규직화로 비정규직 대체인력의 고용 안정화 ②
　　ㅁ (기업 경영 평가 부담 감소) …… ③

1) 질문의도
: 맥락적 유추

2) 지문파악
: 주제확인

4) 지문독해
: 선택지와 비교

① 육아휴직 대체충원으로 기업의 이미지 쇄신 효과가 발생할 수 있다는 의미이다.
② 육아휴직 대체충원 정규직화로 추가 일자리가 창출되었을 뿐 아니라 기존의 비정규직 대체인력의 고용이 안정화되었다는 의미이다.
③ 공공기관 경영평가편람 전격개정으로 육아휴직 대체충원에 따른 초과 인원 발생 시 경영평가에 불이익을 받지 않게 되었다는 의미이다.
④ 육아휴직 대체인력으로 추가 일자리가 창출되어 취업난을 해소할 수 있게 된다는 의미이다.
⑤ 육아휴직 대체인력의 정규직화로 전문인력 고용 및 교육이 가능해졌다는 의미이다.

3) 선택지 키워드 찾기

5) 정답도출

┌ 유형분석
• 주어진 지문에 대한 이해를 바탕으로 유추할 수 있는 내용을 고르는 문제이다.
• 지문은 주로 업무 보고서, 기획서, 보도자료 등이 제시된다.
• 일반적인 독해 문제와는 달리 선택지의 내용이 애매모호한 경우가 많으므로 꼼꼼히 살펴보아야 한다.

┌ 풀이전략
주어진 지문이 어떠한 내용을 다루고 있는지 파악한 후 선택지의 키워드를 체크한다. 그리고 나서 지문의 내용에서 도출할 수 있는 내용을 선택지에서 찾아야 한다.

연속출제

귀하는 상사로부터 '쉬운 공공언어 쓰기' 점검표를 작성하라는 요청을 받았으며, 아래와 같이 초안을 완성하였다. 귀하는 상사에게 초안을 보고하기 전 검토하려고 한다. 아래 점검표에서 잘못 쓰인 단어는 모두 몇 개인가?

단어	고압적·권위적 표현, 차별적 표현(성, 지역, 인종, 장애 등)은 없는가?	예☐	아니요☐
	일반적으로 널리 쓰이는 쉬운 단어를 사용했는가? (상토적인 한자어, 어렵고 낯선 외국어·외래어를 다드며 썼는가?)	예☐	아니요☐
	줄림말(약어)이나 전문 용어를 친절하게 설명했는가?	예☐	아니요☐
	괄호 안에 쓰지 않고 외국 문자를 바로 노출한 단어는 없는가?	예☐	아니요☐
	한글 맞춤법, 외래어 표기법 등 어문규범에 맞게 썼는가?	예☐	아니요☐
문장	문장이 장황하거나 지나치게 길지 않은가?	예☐	아니요☐
	여러 가지로 해석되는 단어나 문장은 없는가?	예☐	아니요☐
	문장 성분끼리 잘 호응하는가?	예☐	아니요☐
	불필요한 피동·사동 표현이나 번역투 표현은 없는가?	예☐	아니요☐
구성	적절한 형식에 맞춰 제시하였는가?	예☐	아니요☐
	제목이나 소제목이 전달 의도를 잘 보여주는가?	예☐	아니요☐
	논리적으로 베열되어 글이 조리 있게 전개되는가?	예☐	아니요☐
	도표나 수식 등의 보조 자료는 쉽게 이해할 수 있는가?	예☐	아니요☐

① 3개
② 4개
③ 5개
④ 6개
⑤ 7개

1) 질문의도
: 잘못 쓰인 단어

2) 지문파악
: 잘못 쓰인
단어 찾기

3) 정답도출 : 6개

유형분석

• 주어진 지문에서 잘못 쓰인 단어(→ 총 개수)를 찾는 문제이다.
• 자료는 보고서, 약관, 공지 사항 등 다양하게 제시된다.
• 다른 문제들에 비해 쉬운 편에 속하지만 실수를 하기 쉽다.
➕ 응용문제 : 틀린 단어를 올바르게 고치는 등 맞춤법과 관련된 문제가 출제된다.

풀이전략

주어진 지문을 처음부터 끝까지 빠르게 훑어 보면서 오·탈자를 찾는다.

유형 **04** 문서작성 ②

📑 연속출제

A기업의 신입사원 교육담당자인 귀하는 상사로부터 아래와 같은 메일을 받았다. 신입사원의 업무 역량을 향상시킬 수 있도록 교육하려고 할 때, 포함할 내용으로 적절하지 않은 것은?

수신 : ○○○

발신 : ○○○

제목 : 신입사원 교육프로그램을 구성할 때 참고해 주세요.

내용 :

○○○ 씨, 오늘 조간신문을 보다가 공감이 가는 내용이 있어서 보내드립니다.

신입사원 교육 때, 문서작성능력을 향상시킬 수 있는 프로그램이 추가되면 좋을 것 같습니다.

기업체 인사담당자들을 대상으로 한 조사에선 신입사원의 국어 능력 만족도가 '그저 그렇다' 가 65.4%, '불만족' 이 23.1%나 됐는데, 특히 '기획안과 보고서 작성능력' 에서 '그렇다' 는 응답 비율 (53.2%)이 가장 높았다. 기업들이 대학에 개설되기 희망하는 교과과정을 조사한 결과에서도 가장 많은 41.3%가 '기획문서 작성' 을 꼽았다. 특히 인터넷 세대들은 '짜깁기' 기술엔 능해도 논리를 구축해 효과적으로 커뮤니케이션을 하고 상대를 설득하는 능력에선 크게 떨어진다.

… 중략 …

① 문서의미를 전달하는 데 문제가 없다면 끊을 수 있는 부분은 가능한 끊어서 문장을 짧게 만들고, 실질적인 내용을 담을 수 있도록 한다.

② 상대방이 이해하기 어려운 글은 좋은 글이 아니므로, 우회적인 표현이나 현혹적인 문구는 되도록 쓰지 않도록 한다.

③ 중요하지 않은 경우 한자의 사용을 자제하도록 하되, 만약 사용할 경우 상용한자의 범위 내에서 사용토록 한다.

두괄식이 주제 전달에 효과적

④ 문서의 주요한 내용을 미괄식으로 작성하는 것은 문서작성에서 중요한 부분이다.

⑤ 문서의 내용을 일목요연하게 파악할 수 있도록 간단한 표제를 붙이는 것도 상대방이 쉽게 내용을 이해하는 데 도움이 된다.

1) 질문의도
: 업무역량교육

2) 지문파악
: 문서작성능력
향상을 위한 교육

3) 선택지 확인
**올바른
문서작성방법 X**
↓
**교육내용으로
적절 X**

4) 정답도출

🔹 유형분석

• 문서작성방법을 올바르게 이해하고 있는지를 평가하는 문제이다.

• 지문은 실제 문서 형식, 조언하는 말하기, 조언하는 대화가 주로 제시된다.

➕ 응용문제 : 문서 유형별 문서작성방법에 대한 내용이 출제된다. 맞고 틀리고의 문제가 아니라 적합한 방법을 묻는 것이기 때문에 구분이 안 되어 있으면 틀리기 쉽다.

🔹 풀이전략

질문의 의도를 파악하는 것이 최우선이다. 그러고 나서 '지문 → 선택지'의 순서로 확인한다.

📋 연속출제

귀하는 화장품회사의 상품기획팀 사원이다. 오늘은 거래처 직원과의 미팅이 있었는데 예상했던 것보다 미팅이 지연되는 바람에 사무실에 조금 늦게 도착하고 말았다. 귀하는 A팀장에게 찾아가 늦게 된 상황을 설명하려 한다. 다음의 대화에서 A팀장이 가져야 할 경청 방법으로 가장 적절한 것은?

1) 질문의도
   : 경청방법

> 귀하 : 팀장님, 외근 다녀왔습니다. 늦어서 죄송합니다. 업무가 지연되는 바람에 늦⋯.
> A팀장 : 왜 이렇게 늦은 거야? 오후 4시에 회의가 있으니까 오후 3시 30분까지는 들어오라고 했잖아. 지금 몇 시야? 회의 다 끝나고 오면 어떡해?
> 귀하 : 죄송합니다, 팀장님. 거래처 공장에서 일이 갑자기 생겨⋯.
> A팀장 : 알았으니까 30분 뒤에 외근 업무 내용 보고해.

2) 상황(지문) 파악
   : 상대방의 말을 끊음

① 상대방과 시선을 맞추며 이야기한다.
② 혼자 대화를 주도하지 않는다.
✓ 상대방의 말을 가로막지 않는다.
④ 다리를 꼬고 앉거나 팔짱을 끼지 않는다.
⑤ 여러 사람과 대화할 경우 말하는 순서를 지킨다.

3) 정답도출
   : 상대방의 말을
     가로막지 않음

유형분석

• 경청 방법에 대해 이해하고 있는지 묻는 문제이다.
• 주로 대화 상황이 제시된다.
• 경청 방법에 대한 지식이 있어도 대화 상황이나 예가 제시되었을 때 그 자료를 해석하지 못하면 소용이 없다. 지식과 예를 연결 지어 학습해야 한다.
➕ 응용문제 : 경청하는 태도와 방법에 대한 질문뿐만 아니라, 이와는 반대로 예시를 제시하고 왜 잘못된 듣기 태도인지 그 이유를 물어보는 문제도 출제된다.

풀이전략

문제의 질문과 주어진 상황을 정확하게 파악한 후 선택지를 확인한다. 일반적인 수준에서 정답 유무를 판단하여도 대부분은 맞출 수 있다.

유형 06 의사표현

📋 **연속출제**

마케팅 예산을 보고하러 온 이 팀장이 박 부장을 설득해야 할 때 알맞은 의사표현법은?

① 먼저 상사의 사정을 우선시한 다음 응하기 쉽게 구체적으로 얘기한다.

② 부장에게 자신의 능력을 얘기하며 인정해달라고 요청한다.

③ 부장이 쉽게 받아들이게끔 딱 부러지게 말을 한다.

④ 반론이 제기되지 않게끔 말을 가로막는다.

1) 질문의도 : 설득

2) 선택지 확인

3) 정답도출

유형분석

- 상황에 적합한 의사표현법에 대한 이해를 묻는 문제이다.
- 지문은 상황(꼭 대화인 것은 아님)이 제시되는 경우가 많다.
- 일반적인 효과적인 의사표현 방법은 상식으로도 풀 수 있지만 위에 제시된 문제처럼 상황별 의사표현 방법에 대해서는 상황별로 분명히 구분지어서 예와 함께 알아두어야 한다.

풀이전략

이 유형의 선택지에는 틀린 내용이 아니라 각 상황별 표현 방법이 제시되기 때문에 선택지를 먼저 확인하는 것은 비효율적이다. 문제에서 묻는 상황이 무엇인지 파악한 뒤, 선택지에서 그 상황에 적합한 표현 방법을 찾아야 한다.

영역 2

수리능력 영역 소개

수리능력 출제비중

- 도표작성 (15%)
- 기초연산 (30%)
- 도표분석 (30%)
- 기초통계 (25%)
- 출제비중

수리능력 출제빈도

구분	중요도
기초연산	★★★★★
기초통계	★★★★☆
도표분석	★★★★★
도표작성	★★☆☆☆

수리능력은 사칙연산, 통계, 확률의 의미를 정확하게 이해하고, 이를 업무에 적용하는 능력으로, 기초연산과 기초통계, 도표분석 및 작성의 문제 유형으로 출제된다. 수리능력 역시 포함되지 않는 공사·공단이 거의 없을 만큼 필기시험에서 중요도가 높은 영역이다.

수리능력은 NCS 기반 채용을 진행한 거의 모든 기업에서 다루었으며, 문항 수는 전체의 평균 16% 정도로 많이 출제되었다. 특히, 난이도가 높은 공사·공단의 시험에서는 도표분석, 즉 자료해석 유형의 문제가 많이 출제되고 있고, 응용수리 역시 꾸준히 출제하는 공사·공단이 많기 때문에 기초연산과 기초통계에 관한 공식의 암기와 자료해석능력을 기를 수 있는 꾸준한 연습이 필요하다.

01 응용수리능력의 공식은 반드시 암기하라!

응용수리능력은 지문이 짧지만, 풀이 과정은 긴 문제도 자주 볼 수 있다. 그렇기 때문에 도서에 수록한 응용수리능력의 공식을 반드시 암기하여 문제의 상황에 맞는 공식을 적절하게 적용하여 답을 도출해야 한다. 따라서 문제에서 묻는 것을 정확하게 파악하여 그에 맞는 공식을 적절하게 적용하는 꾸준한 연습과 공식을 암기하는 연습이 필요하다.

02 통계에서의 사건이 동시에 발생하는지 개별적으로 발생하는지 구분하라!

통계에서는 사건이 개별적으로 발생했을 때, 경우의 수는 합의 법칙, 확률은 덧셈정리를 활용하여 계산하며, 사건이 동시에 발생했을 때, 경우의 수는 곱의 법칙, 확률은 곱셈정리를 활용하여 계산한다. 특히, 기초통계능력에서 출제되는 문제 중 순열과 조합의 계산 방법이 필요한 문제도 다수 출제되는 편이므로 순열(순서대로 나열)과 조합(순서에 상관없이 나열)의 차이점을 숙지하는 것 또한 중요하다. 통계 문제에서의 사건 발생 여부만 잘 판단하여도 계산과 공식을 적용하기가 수월하므로 문제의 의도를 잘 파악하는 것이 중요하다.

03 자료의 해석은 자료에서 즉시 확인할 수 있는 지문부터 확인하라!

대부분의 공사·공단 취업준비생들이 어려워하는 영역이 수리영역 중 도표분석, 즉 자료해석능력이다. 자료는 표 또는 그래프로 제시되고, 쉬운 지문은 증가 혹은 감소 추이, 간단한 사칙연산으로 풀이가 가능한 지문 등이 있고, 어려운 지문은 자료의 조사기간 동안 전년 대비 증가율 혹은 감소율이 가장 높은 기간을 찾는 지문 등이 있다. 따라서 일단 증가·감소 추이와 같이 눈으로 확인이 가능한 지문을 먼저 확인한 후 복잡한 계산이 필요한 지문을 확인하는 방법으로 문제를 풀이한다면, 시간을 조금이라도 아낄 수 있다. 특히, 그래프와 같은 경우에는 그래프에 대한 특징을 알고 있다면, 그래프의 길이 혹은 높낮이 등으로 대강의 수치를 빠르게 확인이 가능하므로 이에 대한 숙지도 필요하다. 또한, ㄱ, ㄴ, ㄷ 등의 보기가 주어진 문제 역시 지문을 잘 확인하고 문제를 풀이한다면 불필요한 계산이 줄어들 수 있으므로 항상 지문부터 확인하는 습관을 들이기를 바란다.

04 도표작성능력에서 지문의 작성된 도표의 제목을 반드시 확인하라!

도표작성은 하나의 자료 혹은 보고서와 같은 수치가 표현된 자료를 도표로 작성하는 형식으로 출제되는데, 대체로 표보다는 그래프를 작성하는 형태로 많이 출제된다. 지문을 살펴보면 각 지문에서 주어진 도표에도 소제목이 있는 경우가 대부분이다. 이때, 자료의 수치와 도표의 제목이 일치하지 않는 경우의 함정이 존재하는 문제가 비중이 높으므로 도표의 제목을 반드시 확인하는 것이 중요하다. 도표작성의 경우 대부분 비율 계산이 많이 출제되는데, 도표의 제목과는 다른 수치로 작성된 도표가 존재하는 경우가 있다. 그렇기 때문에 지문에서 작성된 도표의 소제목을 먼저 확인하는 연습을 하여 간단하지 않은 비율 계산을 두 번 하는 일이 없도록 해야 한다.

기초연산
기초적인 사칙연산과 계산을 하는 능력

기초통계
기초 수준의 백분율, 평균, 확률의 의미를 이해하는 능력

도표분석
도표(그림, 표, 그래프 등)가 갖는 의미를 해석하는 능력

도표작성
필요한 도표(그림, 표, 그래프 등)를 작성하는 능력

영역 **2**

수리능력 핵심이론

|01| 기초연산능력

(1) 사칙연산

① 사칙연산

㉠ 수에 관한 덧셈(+), 뺄셈(−), 곱셈(×), 나눗셈(÷) 네 종류의 계산법

㉡ 보통 사칙연산은 정수나 분수 등에서 계산할 때 활용되며, 기본적으로 연산은 왼쪽에서 오른쪽으로 수행한다. 여러 개의 연산이 섞여 있는 경우에는 곱셈과 나눗셈을 먼저 계산한다. 단, 식에 괄호가 있을 경우에는 괄호 안을 가장 먼저 계산한다.

② 검산방법

㉠ 역연산 방법 : 덧셈은 뺄셈으로, 뺄셈은 덧셈으로, 곱셈은 나눗셈으로, 나눗셈은 곱셈으로 확인하는 방법이다.

㉡ 구거법 : 어떤 수를 9로 나눈 나머지는 각 자릿수의 합을 9로 나눈 나머지와 같다는 원리이다. 즉 피연산자를 9로 나눈 나머지 또는 피연산자의 각 자릿수의 합을 9로 나눈 나머지를 좌변과 우변 사이에 비교하여 서로 같은지 판단하면 된다.

(2) 수의 계산

교환법칙	$a+b=b+a, \ a\times b=b\times a$
결합법칙	$a+(b+c)=(a+b)+c, \ a\times(b\times c)=(a\times b)\times c$
분배법칙	$(a+b)\times c=a\times c+b\times c$

● 예제풀이 ●

주어진 연산에서 가장 먼저 수행해야 하는 것은 곱셈이다.

$39-(13\times 2)+2$

$=39-26+2$

$=15$

정답 15

┌ 핵심예제 ┐

다음을 계산하시오.

$$39-13\times 2+2$$

(3) 단위환산표

단위	환산
길이	1cm=10mm, 1m=100cm, 1km=1,000m
넓이	$1cm^2=100mm^2$, $1m^2=10,000cm^2$, $1km^2=1,000,000m^2$
부피	$1cm^3=1,000mm^3$, $1m^3=1,000,000cm^3$, $1km^3=1,000,000,000m^3$
들이	$1mL=1cm^3$, $1dL=100cm^3=100mL$, $1L=1,000cm^3=10dL$
무게	1kg=1,000g, 1t=1,000kg=1,000,000g
시간	1분=60초, 1시간=60분=3,600초
할푼리	소수점 첫째 자리$\left(\dfrac{1}{10}\right)$ '할', 소수점 둘째 자리$\left(\dfrac{1}{100}\right)$ '푼', 소수점 셋째 자리$\left(\dfrac{1}{1,000}\right)$ '리'

① 길이

물체의 한 끝에서 다른 한 끝까지의 거리 예 mm, cm, m, km 등

② 넓이

평면의 크기를 나타내는 것으로 면적이라고도 함 예 mm^2, cm^2, m^2, km^2 등

③ 부피

입체가 점유하는 공간 부분의 크기 예 mm^3, cm^3, m^3, km^3 등

④ 들이

통이나 그릇 따위의 안에 넣을 수 있는 부피의 값 예 mL, dL, L, kL 등

⑤ 무게

물체의 무거운 정도 예 g, kg, t 등

⑥ 시간

시각과 시각 사이의 간격 또는 그 단위 예 초, 분, 시 등

⑦ 할푼리

비율을 소수로 나타내었을 때, 소수점 첫째 자리, 소수점 둘째 자리, 소수점 셋째
자리 등을 이르는 말 예 0.375=3할7푼5리

(4) 수와 식

① 약수와 배수

a가 b로 나누어 떨어질 때 a는 b의 배수, b는 a의 약수

② 소수

1과 자기 자신만을 약수로 갖는 수, 즉 약수의 개수가 2개인 수

예 10 이하의 소수 : 2, 3, 5, 7

③ 합성수

1과 자기 자신 이외의 수를 약수로 갖는 수, 즉 소수가 아닌 수 또는 약수의 개수가
3개 이상인 수

※ 1은 소수도 합성수도 아님

CHECK POINT

문제풀이 과정에서 단위 변환이 필요하므로 암기해야 한다.

15의 약수는 1, 3, 5, 15이 므로 4개의 약수를 가져 합성수이다.

오답분석

① 숫자 1은 소수도 합성수도 아니다.
②·④ 약수의 개수가 2개이므로 소수이다.

정답 ③

CHECK POINT

인수분해와 지수법칙을 통해 복잡한 식을 간단히 정리할 수 있다.

다음 중 합성수인 것은?

① 1   ② 11

③ 15   ④ 17

④ **최대공약수**

　2개 이상의 자연수의 공통된 약수 중에서 가장 큰 수

⑤ **최소공배수**

　2개 이상의 자연수의 공통된 배수 중에서 가장 작은 수

⑥ **서로소**

　1 이외에 공약수를 가지지 않는 두 자연수, 즉 최대공약수가 1인 두 자연수

⑦ **소인수분해**

　주어진 합성수를 소수의 거듭제곱의 형태로 나타내는 것

　※ 거듭제곱이란 같은 수나 문자를 여러 번 곱한 것

　예 2의 세제곱은 2를 3번 곱한 것으로 다음과 같다.

$$2^3 = 2 \times 2 \times 2$$
　　　└ 3개 ┘

⑧ **지수법칙**

m, n이 자연수일 때,

• $a^m \times a^n = a^{m+n}$

• $(a^m)^n = a^{m \times n}$

• $m > n \rightarrow a^m \div a^n = a^{m-n}$

　$m = n \rightarrow a^m \div a^n = 1$

　$m < n \rightarrow a^m \div a^n = \dfrac{1}{a^{n-m}}$ (단, $a \neq 0$)

※ $a^0 = 1$

n이 자연수일 때,

• $(ab)^n = a^n b^n$

• $\left(\dfrac{a}{b}\right)^n = \dfrac{a^n}{b^n}$ (단, $b \neq 0$)

⑨ 곱셈공식과 인수분해

곱셈공식	인수분해
㉠ $(a+b)^2 = a^2 + 2ab + b^2$	㉠ $a^2 + 2ab + b^2 = (a+b)^2$
㉡ $(a-b)^2 = a^2 - 2ab + b^2$	㉡ $a^2 - 2ab + b^2 = (a-b)^2$
㉢ $(a+b)(a-b) = a^2 - b^2$	㉢ $a^2 - b^2 = (a+b)(a-b)$
㉣ $(x+a)(x+b) = x^2 + (a+b)x + ab$	㉣ $x^2 + (a+b)x + ab = (x+a)(x+b)$
㉤ $(ax+b)(cx+d) = acx^2 + (ad+bc)x + bd$	㉤ $acx^2 + (ad+bc)x + bd = (ax+b)(cx+d)$

• 핵심예제 •

$13^2 - 7^2$을 계산하면?

• 예제풀이 •

$13^2 - 7^2$
$= (13+7)(13-7)$
$= 20 \times 6$
$= 120$

정답 120

⑩ 제곱근

$x^2 = a$일 때, x를 a의 제곱근 또는 a의 제곱근을 x라 함

㉠ 제곱근의 성질

$a > 0$일 때,
$\sqrt{a^2} = \sqrt{(-a)^2} = a$, $(\sqrt{a})^2 = (-\sqrt{a})^2 = a$
$\sqrt{a^2} = |a| = \begin{cases} a & (a \geq 0) \\ -a & (a < 0) \end{cases}$

㉡ 제곱근의 연산

$a > 0$, $b > 0$일 때,
• $\sqrt{a} \times \sqrt{b} = \sqrt{ab}$

• $\sqrt{a} \div \sqrt{b} = \dfrac{\sqrt{a}}{\sqrt{b}} = \sqrt{\dfrac{a}{b}}$

• $\sqrt{a^2 b} = a\sqrt{b}$

• $\sqrt{\dfrac{a}{b^2}} = \dfrac{\sqrt{a}}{b}$

$a > 0$일 때,
• $m\sqrt{a} + n\sqrt{a} = (m+n)\sqrt{a}$

• $m\sqrt{a} - n\sqrt{a} = (m-n)\sqrt{a}$

㉢ 분모의 유리화

$\dfrac{a}{\sqrt{b}} = \dfrac{a \times \sqrt{b}}{\sqrt{b} \times \sqrt{b}} = \dfrac{a\sqrt{b}}{b}$ (단, $b > 0$)

| 02 | 응용수리능력

(1) 방정식 · 부등식의 활용

① 거리 · 속력 · 시간

$$(\text{거리}) = (\text{속력}) \times (\text{시간}), \quad (\text{속력}) = \frac{(\text{거리})}{(\text{시간})}, \quad (\text{시간}) = \frac{(\text{거리})}{(\text{속력})}$$

② 일

전체 작업량을 1로 놓고, 단위 시간 동안 한 일의 양을 기준으로 식을 세움

핵심예제

영미가 혼자 하면 4일, 민수가 혼자 하면 6일 걸리는 일이 있다. 영미가 먼저 2일 동안 일하고, 남은 양을 민수가 끝내려고 한다. 민수는 며칠 동안 일을 해야 하는가?

① 2일 ② 3일

③ 4일 ④ 5일

---

③ 농도

• $[\text{소금물의 농도}(\%)] = \dfrac{(\text{소금의 양})}{(\text{소금물의 양})} \times 100$

• $(\text{소금의 양}) = \dfrac{[\text{소금물의 농도}(\%)]}{100} \times (\text{소금물의 양})$

④ 나이

문제에서 제시된 조건의 나이가 현재인지 과거인지를 확인한 후 구해야 하는 한 명의 나이를 변수로 잡고 식을 세움

⑤ 비율

x가 $a\%$ 증가 : $x \times \left(1 + \dfrac{a}{100}\right)$, x가 $a\%$ 감소 : $x \times \left(1 - \dfrac{a}{100}\right)$

⑥ 금액

㉠ (정가) = (원가) + (이익)

※ (이익) = (원가) × (이율)

㉡ a원에서 $b\%$ 할인한 가격 = $a \times \left(1 - \dfrac{b}{100}\right)$

㉢ 단리법 · 복리법(원금 : a, 이율 : r, 기간 : n, 원리합계 : S)

단리법	복리법
• 정의 : 원금에 대해서만 약정된 이자율과 기간을 곱해 이자를 계산	• 정의 : 원금에 대한 이자를 가산한 후 이 합계액을 새로운 원금으로 계산
• $S = a \times (1 + r \times n)$	• $S = a \times (1 + r)^n$

⑦ 날짜·요일

ㅁ 1일＝24시간＝1,440(＝24×60)분＝86,400(＝1,440×60)초

ㅁ 월별 일수 : 1, 3, 5, 7, 8, 10, 12월은 31일, 4, 6, 9, 11월은 30일, 2월은 28일 또는 29일

ㅁ 윤년(2월 29일)은 4년에 1회

8월 19일이 월요일이라면 30일 후는 무슨 요일인가?

① 수요일　　　　　　　② 목요일

③ 금요일　　　　　　　④ 토요일

일주일은 7일 → 30÷7＝4…2, 나머지가 2이므로 월요일에서 이틀 뒤인 수요일이다.

정답 ①

---

⑧ 시계

ㅁ 시침이 1시간 동안 이동하는 각도 : $\dfrac{360°}{12}＝30°$

ㅁ 시침이 1분 동안 이동하는 각도 : $\dfrac{30°}{60}＝0.5°$

ㅁ 분침이 1분 동안 이동하는 각도 : $\dfrac{360°}{60}＝6°$

시계가 4시 20분을 가리킬 때, 시침과 분침이 이루는 작은 각의 각도는?

① 5°　　　　　　　② 10°

③ 15°　　　　　　　④ 20°

· 시침 : 30×4＋0.5×20
　　　 ＝120＋10
　　　 ＝130°
· 분침 : 6×20＝120°
∴ 시침과 분침이 이루는 작은 각의 각도는 10°이다.

정답 ②

---

⑨ 수

ㅁ 연속한 두 자연수 : x, $x+1$

ㅁ 연속한 세 자연수 : $x-1$, x, $x+1$

ㅁ 연속한 두 짝수(홀수) : x, $x+2$

ㅁ 연속한 세 짝수(홀수) : $x-2$, x, $x+2$

ㅁ 십의 자릿수가 x, 일의 자릿수가 y인 두 자리 자연수 : $10x+y$

ㅁ 백의 자릿수가 x, 십의 자릿수가 y, 일의 자릿수가 z인 세 자리 자연수
　 : $100x+10y+z$

(2) 경우의 수와 확률

① 경우의 수

   ㉠ 어떤 사건이 일어날 수 있는 모든 가짓수

   ㉡ 합의 법칙 : 두 사건 A와 B가 동시에 일어나지 않을 때, 사건 A가 일어나는 경우의 수를 m, 사건 B가 일어나는 경우의 수를 n이라 하면, 사건 A 또는 B가 일어나는 경우의 수는 $(m+n)$이다.

   ㉢ 곱의 법칙 : 사건 A가 일어나는 경우의 수를 m, 사건 B가 일어나는 경우의 수를 n이라 하면, 사건 A와 B가 동시에 일어나는 경우의 수는 $(m \times n)$이다.

> **핵심예제**
>
> A, B 주사위 2개를 동시에 던졌을 때, A에서는 짝수의 눈이 나오고, B에서는 3 또는 5의 눈이 나오는 경우의 수는?
>
> ① 2가지　　　　　　　　　② 3가지
>
> ③ 5가지　　　　　　　　　④ 6가지

② 순열 · 조합

순열	조합
㉠ 서로 다른 n개에서 r개를 순서대로 나열하는 경우의 수	㉠ 서로 다른 n개에서 r개를 순서에 상관없이 나열하는 경우의 수
㉡ $_n\mathrm{P}_r = \dfrac{n!}{(n-r)!}$	㉡ $_n\mathrm{C}_r = \dfrac{n!}{(n-r)! \times r!}$
㉢ $_n\mathrm{P}_n = n!$, $0! = 1$, $_n\mathrm{P}_0 = 1$	㉢ $_n\mathrm{C}_r = {_n\mathrm{C}_{n-r}}$, $_n\mathrm{C}_0 = {_n\mathrm{C}_n} = 1$

③ 확률

   ㉠ (사건 A가 일어날 확률)$= \dfrac{(\text{사건 A가 일어나는 경우의 수})}{(\text{모든 경우의 수})}$

   ㉡ 여사건의 확률 : 사건 A가 일어날 확률이 p일 때, 사건 A가 일어나지 않을 확률은 $(1-p)$이다.

   ㉢ 확률의 덧셈정리 : 두 사건 A, B 동시에 일어나지 않을 때 A가 일어날 확률을 p, B가 일어날 확률을 q라고 하면, 사건 A 또는 B가 일어날 확률은 $(p+q)$이다.

   ㉣ 확률의 곱셈정리 : A가 일어날 확률을 p, B가 일어날 확률을 q라고 하면, 사건 A와 B가 동시에 일어날 확률은 $(p \times q)$이다.

A, B, C 세 사람이 동시에 같은 문제를 풀려고 한다. A가 문제를 풀 확률은 $\frac{1}{4}$, B가 문제를 풀 확률은 $\frac{1}{3}$, C가 문제를 풀 확률은 $\frac{1}{2}$일 때, 어느 한 사람만 문제를 풀 확률은?

① $\frac{2}{9}$

② $\frac{1}{4}$

③ $\frac{5}{12}$

④ $\frac{11}{24}$

- A만 문제를 풀 확률
  : $\frac{1}{4} \times \frac{2}{3} \times \frac{1}{2} = \frac{1}{12}$
- B만 문제를 풀 확률
  : $\frac{3}{4} \times \frac{1}{3} \times \frac{1}{2} = \frac{1}{8}$
- C만 문제를 풀 확률
  : $\frac{3}{4} \times \frac{2}{3} \times \frac{1}{2} = \frac{1}{4}$
- ∴ 한 사람만 문제를 풀 확률
  : $\frac{1}{12} + \frac{1}{8} + \frac{1}{4} = \frac{11}{24}$

정답 ④

1일 차

|03| 수추리능력

(1) 수추리

① 등차수열 : 앞의 항에 일정한 수를 더해 이루어지는 수열

② 등비수열 : 앞의 항에 일정한 수를 곱해 이루어지는 수열

③ 계차수열 : 이웃한 두 항의 차이가 일정한 규칙을 갖는 수열

④ 건너뛰기 수열 : 두 개 이상의 수열이 일정한 간격을 두고 번갈아가며 나타나는 수열

⑤ 피보나치 수열 : 앞의 두 항의 합이 그 다음 항의 수가 되는 수열

⑥ 군수열 : 일정한 규칙성으로 몇 항씩 묶어 나눈 수열

⑦ 표수열 : 다양한 규칙으로 이루어진 표 형태의 수열

(2) 문자추리

① 한글자음

1	2	3	4	5	6	7	8	9	10	11	12	13	14
ㄱ	ㄴ	ㄷ	ㄹ	ㅁ	ㅂ	ㅅ	ㅇ	ㅈ	ㅊ	ㅋ	ㅌ	ㅍ	ㅎ

② 한글모음

1	2	3	4	5	6	7	8	9	10
ㅏ	ㅑ	ㅓ	ㅕ	ㅗ	ㅛ	ㅜ	ㅠ	ㅡ	ㅣ

③ 알파벳

1	2	3	4	5	6	7	8	9	10	11	12	13
A	B	C	D	E	F	G	H	I	J	K	L	M
14	15	16	17	18	19	20	21	22	23	24	25	26
N	O	P	Q	R	S	T	U	V	W	X	Y	Z

• 예제풀이 •

앞의 항에 3씩 더하고 있다.

정답 ③

핵심예제

일정한 규칙으로 문자를 나열할 때, 빈칸에 들어갈 알맞은 문자는?

B   E   H   ( )   N

① I
② J
③ K
④ M

| 04 | 기초통계능력

(1) 통계

집단현상에 대한 구체적인 양적 기술을 반영하는 숫자로 특히, 사회집단 또는 자연집단의 상황을 숫자로 나타낸 것이다.

예 서울 인구의 생계비, 한국 쌀 생산량의 추이, 추출 검사한 제품 중 불량품의 개수 등

(2) 통계치

① 빈도 : 어떤 사건이 일어나거나 증상이 나타나는 정도

② 빈도분포 : 빈도를 표나 그래프로 종합적이면서도 일목요연하게 표시하는 것

③ 평균 : 모든 자료 값의 합을 자료의 개수로 나눈 값

④ 백분율 : 전체의 수량을 100으로 볼 때의 비율

(3) 통계의 계산

① 범위 : (최댓값) − (최솟값)

② 평균 : $\dfrac{(\text{자료 값의 총합})}{(\text{자료의 개수})}$

③ 분산 : $\dfrac{[\{(\text{관찰값}) - (\text{평균})\}^2\text{의 총합}]}{(\text{자료의 개수})}$

  ※ (편차) = (관찰값) − (평균)

④ 표준편차 : $\sqrt{\text{분산}}$ (평균으로부터 얼마나 떨어져 있는가를 나타냄)

다음에 제시된 자료들로부터 범위, 평균, 분산, 표준편차를 구하면 각각 얼마인가?

141, 143, 145, 147, 149

- 범위 : $149 - 141 = 8$
- 평균 :
$$\frac{141 + 143 + 145 + 147 + 149}{5}$$
$$= 145$$
- 분산
$$: \frac{4^2 + 2^2 + 2^2 + 4^2}{5} = 8$$
- 표준편차 : $\sqrt{8} = 2\sqrt{2}$

정답 범위 : 8
　　　평균 : 145
　　　분산 : 8
　　　표준편차 : $2\sqrt{2}$

|05| 도표분석능력

(1) 선(절선)그래프

① 시간적 추이(시계열 변화)를 표시하는 데 적합하다.

　예 연도별 매출액 추이 변화 등

② 경과·비교·분포를 비롯하여 상관관계 등을 나타낼 때 사용한다.

〈중학교 장학금, 학비감면 수혜현황〉

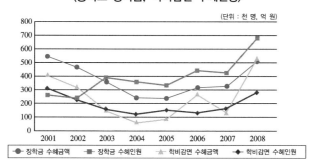

(2) 막대그래프

① 비교하고자 하는 수량을 막대 길이로 표시하고, 그 길이를 비교하여 각 수량 간의 대소 관계를 나타내는 데 적합하다.

　예 영업소별 매출액, 성적별 인원분포 등

② 가장 간단한 형태로 내역·비교·경과·도수 등을 표시하는 용도로 사용한다.

〈연도별 암 발생 추이〉

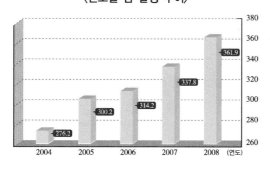

(3) 원그래프

① 내역이나 내용의 구성비를 분할하여 나타내는 데 적합하다.

  예 제품별 매출액 구성비 등

② 원그래프를 정교하게 작성할 때는 수치를 각도로 환산해야 한다.

〈C국의 가계 금융자산 구성비〉

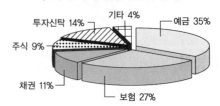

(4) 점그래프

① 지역분포를 비롯하여 도시, 지방, 기업, 상품 등의 평가나 위치, 성격을 표시하는 데 적합하다.

  예 광고비율과 이익률의 관계 등

② 종축과 횡축에 두 요소를 두고, 보고자 하는 것이 어떤 위치에 있는가를 알고자 할 때 사용한다.

〈OECD 국가의 대학졸업자 취업률 및 경제활동인구 비중〉

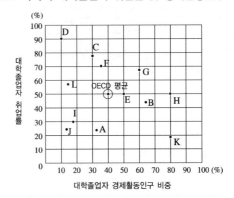

(5) 층별그래프

① 합계와 각 부분의 크기를 백분율로 나타내고 시간적 변화를 보는 데 적합하다.

② 합계와 각 부분의 크기를 실수로 나타내고 시간적 변화를 보는 데 적합하다.

  예 상품별 매출액 추이 등

③ 선의 움직임보다는 선과 선 사이의 크기로써 데이터 변화를 나타내는 그래프이다.

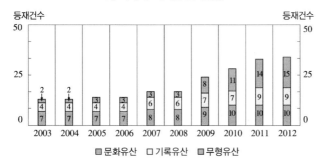

〈우리나라 세계유산 현황〉

(6) 레이더 차트(거미줄 그래프)

① 다양한 요소를 비교할 때, 경과를 나타내는 데 적합하다. 예 매출액의 계절변동 등

② 비교하는 수량을 직경, 또는 반경으로 나누어 원의 중심에서의 거리에 따라 각 수량의 관계를 나타내는 그래프이다.

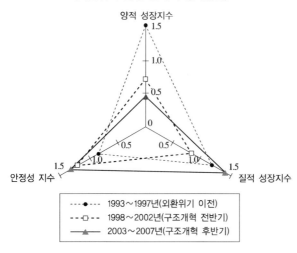

〈외환위기 전후 한국의 경제상황〉

유형 01   수열 · 기초연산 ①

📋 연속출제

다음 숫자들이 나열된 규칙을 찾아 '?'에 들어갈 숫자로 적절한 것을 고르면?

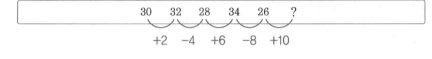

$$30 \quad 32 \quad 28 \quad 34 \quad 26 \quad ?$$
$$+2 \quad -4 \quad +6 \quad -8 \quad +10$$

① 30

② 36

③ 38

④ 40

⑤ 44

1) 질문의도 : 규칙 찾기

2) 규칙찾기
   : 건너뛰기 수열

3) 정답도출
   : 26+10=36

유형분석

• 나열된 숫자의 규칙을 찾아 정답을 고르는 수열 문제이다.

• 기존 적성검사의 수 추리 문제와 유사한 유형이다.

• 등차 · 등비수열 등 다양한 수열 규칙을 미리 알아두면 쉽게 풀어나갈 수 있다.

➕ 응용문제 : 나열된 숫자들의 관계가 사칙연산으로 이루어진 형식의 문제가 출제된다.

풀이전략

수열 규칙을 바탕으로 나열된 숫자들의 관계를 찾아내어 정답을 고른다. 사전에 수열 규칙에 대해 학습하도록 한다.

유형 02 수열 · 기초연산 ②

K건설회사는 ○○시 신도시 아파트 분양을 위하여 다음 주에 모델하우스를 오픈한다. 아파트 입주자 모집을 성황리에 마무리 짓기 위해 방문하시는 고객에게 소정의 사은품을 나눠 줄 예정이다. K건설회사에 근무 중인 A사원은 오픈행사 시 고객 1인당 1개의 쇼핑백을 나눠 줄 수 있도록 준비 → ⓐ 중인데, 각 쇼핑백에 각티슈 1개, 위생장갑 1pack, 롤팩 3개, 물티슈 2개, 머그컵 1개가 들어가야 → ⓑ 한다. 각 물품 수량을 다음과 같이 보유하고 있다면 **최대 몇 명에게 사은품을 줄 수 있는가**?(단, 사은품 구성 물품과 수량은 1개라도 부족해서는 안 된다) → ⓒ

2) 조건확인
: ⓐ~ⓒ

1) 질문의도
: 최대 증정 인원 수

$$\frac{각티슈\ 200개}{1}=200 \quad \frac{위생장갑\ 250pack}{1}=250 \quad \frac{롤팩\ 600개}{3}=200 \quad \frac{물티슈\ 400개}{2}=200 \quad \frac{머그컵\ 150개}{1}=150$$

(K건설회사 로고가 찍힌 쇼핑백은 사은품 구성 Set만큼 주문할 예정임)

3) 계산

① 150명 ② 200명

③ 250명 ④ 300명

⑤ 350명

4) 정답도출
: 최대 150명

- 문제에서 제공하는 정보를 파악한 뒤 사칙연산을 활용하여 계산하는 전형적인 수리문제이다.
- 다양한 직무상황과 연관을 지어 복잡하게 문제를 출제하지만 실제로 정답을 도출하는 과정은 단순하다.
- 문제를 풀기 위한 정보가 산재되어 있는 경우가 많으므로 꼼꼼히 읽어야 한다.
- ➕ 응용문제 : 표, 그림 및 도표 등이 제시되고 문제에서 요구하는 정보를 찾아야 하는 문제가 출제된다. 이러한 문제의 경우에는 계산이 복잡하거나 단위가 커서 실수하기 쉽다.

문제에서 묻는 것을 정확하게 확인한 후, 필요한 조건 또는 정보를 구분하여 신속하게 풀어 간다. 단, 계산에 착오가 생기지 않도록 유의하여야 한다.

📋 **연속출제**

귀하는 P화장품회사의 영업부에서 근무 중이다. 최근 왕성한 영업활동으로 인해 3개의 시에 있는
각 거래처와 판매계약을 추진하고 있다. 성공적인 계약체결을 위해 당사의 신제품을 오늘 중으로
각 거래처에 샘플로 전달할 예정인데, 업무상 바쁜 관계로 터미널에 가서 정확히 같은 시간에 고속 → ⓐ
버스 화물 택배로 각 거래처에 보내려고 한다. 고속버스 터미널 지원센터에 유선으로 확인한 결과, → ⓑ
3개의 시로 가는 고속버스가 1시간 전인 10시에 동시 출발했으며 배차 간격은 각각 12분, 18분, → ⓒ
24분이라고 한다. 화물 택배를 의뢰하는 업무가 20분이 소요된다고 판단될 때, 귀하는 늦어도 몇
시까지 터미널로 도착해서 업무를 처리하여야 하는가?(단, 회사에서 터미널까지 20분이 걸린다). → ⓔ
→ ⓓ

2) 조건확인
　: ⓐ~ⓔ

1) 질문의도
　: 도착시간

① 11시 10분전에는 도착해야 한다.
② 11시 50분까지는 도착해야 한다.
③ 12시 10분전에는 도착해야 한다.
✔ 12시 4분까지는 도착해야 한다.
⑤ 12시 24분까지는 도착해야 한다.

3) 계산
　: 최소공배수 활용

4) 정답도출

유형분석

• 최소공배수 등 수학 이론을 활용하여 계산하는 문제이다.
• 대체로 중·고등 수준의 수학 이론에 대한 지식을 요구하고 있다.
• 기존 적성검사 문제와 유사한 형태로 출제되고 있다.
➕ 응용문제 : 수학 이론을 활용하는 문제는 수리능력뿐만 아니라 문제해결능력, 자원관리능력 등에서도 다양하게 출제되고
　있다.

풀이전략

먼저 질문에서 정답을 이끌어내기 위해 필요한 조건을 확인한 다음, 수학 이론을 적절하게 활용하여 정확히 계산한다.

유형 04 기초통계

연속출제

귀하는 C은행의 지점에서 수신업무를 담당하고 있다. 본사로부터 2019년도 고객서비스 만족도 평가를 위해 조사기간 동안 내방한 고객들을 대상으로 설문을 실시하여 보고하라는 지침을 받았다. 귀하는 상담했던 고객들에게 해당 지점의 만족도에 대한 설문을 요청하였으며, 취합한 결과는 다음과 같다. 이후 조사결과를 지점장에게 보고하였는데, 잘못된 설문이 있다고 지적을 받았다. 이에 해당하는 것은?

1) 질문의도
: 자료의 잘못된 부분 찾기

만족도	응답자 수(명)	비율(%)
매우 만족	(A)	20%
만족	33	22%
보통	(B)	(C)
불만족	24	16%
매우 불만족	15	(D)
합계	150	100%

3) 선택지 풀이

① 은행업무 상담 고객 중 150명을 대상으로 은행서비스 만족도를 조사하였습니다.

② 응답해주신 고객 중 30명이 본 지점의 서비스를 매우 만족한다고 평가해 주셨고, 특히 ○○○ 행원이 친절하다는 칭찬을 많이 해주셨습니다.

2) 선택지 키워드 찾기

③ 내방 고객의 약 3분의 1이 본 지점의 서비스 만족도를 '보통'으로 평가해 주셨습니다. 지점 내 행원을 대상으로 서비스마인드를 고취하기 위한 교육이 필요해 보입니다.

④ '불만족' 이하 구간이 26%로 큰 비중을 차지하고 있습니다. 고객이 제안해주신 개선안을 바탕으로 본행의 고객응대 매뉴얼을 수정할 필요가 있다고 생각됩니다.

4) 정답도출
: $\frac{15}{150} = \frac{1}{10}$

⑤ 전체 고객 중 5분의 1이 '매우 불만족'으로 평가해주셨는데, 지점 내의 서비스 교육과 고객응대 매뉴얼 수정을 통해 향후 만족도를 개선시킬 수 있을 것으로 판단됩니다.

유형분석

- 통계와 관련한 이론을 활용하여 계산하는 문제이다.
- 기초연산능력과 마찬가지로 중·고등 수준의 통계 이론을 알아두어야 한다.
- 주로 상대도수, 평균, 표준편차, 최댓값, 최솟값 등이 활용된다.

풀이전략

우선 질문을 꼼꼼히 읽고 정답을 이끌어내기 위한 통계 이론을 적절하게 활용하여 정확히 계산한다.

유형 05 도표분석

✅ 연속출제

A사원이 아래 자료들을 해석한 내용으로 옳은 것만을 모두 고른 것은?

OO은행 외환팀에 근무 중인 A사원은 2019년 상반기 환율동향을 분석하는 업무를 맡게 되었다.

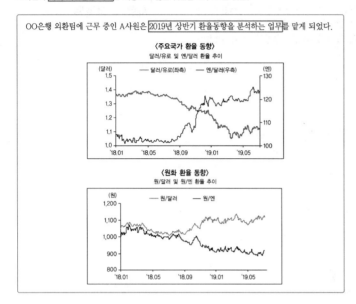

〈주요국가 환율 동향〉
달러/유로 및 엔/달러 환율 추이

〈원화 환율 동향〉
원/달러 및 원/엔 환율 추이

1) 질문의도
: 도표분석

3) 도표분석
: 2019년 동향 분석

ⓐ 유로화는 유럽중앙은행(ECB)의 양적완화 확대 등으로 달러화 대비 약세가 심화되고 있다.
ⓑ 엔화는 달러화에 대해 전반적으로 전년대비 강세를 보이고 있으나, 글로벌 안전자산 선호 등으로 낙폭은 제한되고 있다.
ⓒ 원/달러 환율은 전년대비 상승하였으나, 방향성이 부재한 가운데 1,000원을 중심으로 등락을 지속하고 있다.
ⓓ 원/엔 환율은 전반적으로 900원선을 상회하는 수준에서 완만하게 움직였다.

2) 선택지 키워드 찾기

→ 약세

→ 1,110원

① ⓐ, ⓑ
② ⓐ, ⓓ
④ ⓐ, ⓒ, ⓓ
③ ⓐ, ⓑ, ⓒ
⑤ ⓐ, ⓑ, ⓒ, ⓓ

4) 정답도출

유형분석

- 문제에서 주어진 도표를 분석하여 각 선택지의 정답 유무를 판단하는 문제이다.
- 주로 그래프와 표로 많이 제시되며, 경영·경제·산업과 관련된 최신 이슈를 많이 다룬다.
- 정답을 도출하는 데 상당한 시간이 걸리며, 증감률·비율·추세 등을 자주 묻는다.
- ➕ 응용문제 : 도표(그래프, 표)와 함께 신문기사 혹은 보도자료 등을 함께 제공하여 복합적으로 판단하는 형식의 문제도 출제된다. 때로는 선택지에 경제·경영학 이론을 묻는 경우도 있다.

풀이전략

선택지를 먼저 읽고 필요한 정보를 도표(그래프, 표)에서 찾아 정답 유무를 판단한다.

유형 **06** 도표작성

 연속출제

귀하는 ○○산업의 제1공장 시설관리를 담당하고 있다. 과거 가뭄으로 인하여 공업용수 부족 등의
피해가 발생되어 제품생산에 차질을 빚어왔다. 이러한 문제점을 예방하고자 과거 강수량 추이를 분
석하여 예비 공업용수를 확보하는 등의 예방대책을 수립하고자 한다. 다음과 같은 자료를 분석하여
작성한 기간별 연간 강수량 그래프로 적절하지 않은 것은?

1) 질문의도
: 자료의 시각화

우리나라의 항구적 가뭄대책

2019년 10월까지의 강수량은 619mm로, 11월과 12월의 2개월간에 대해 지난 55년간 해당 기간
의 최대 강수량인 236mm를 더한다고 해도 855mm에 불과하다. 같은 기간 평균 강수량인
71mm를 더하면 690mm이고, 최소 강수량인 10mm를 더하면 629mm이다.

1966～2019 기간 중 강수량이 1,100mm미만이었던 것은 1973년의 1,065mm, 1977년의 → ①
1,007mm, 1982년의 1,000mm이다. 또한 1,000mm미만이었던 것은 1988년의 895mm, → ②
2001년의 997mm, 2008년의 988mm, 그리고 2014년의 809mm이다. 이러한 수치로 보아 올
해는 50년만에 최악의 가뭄을 겪은 것으로 분석된다. 뿐만 아니라 지난 50년간 한 번도 연속해
서 2년간 강수량이 1천mm 미만을 보인 적은 없었다.

(중략)

3) 자료 찾기

---

① 1976년 ～ 1985년 연간 강수량

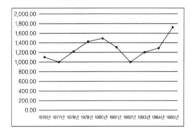

② 1986년 ～ 1995년 연간 강수량

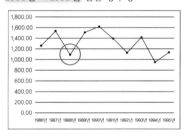

2) 도표제목 확인

4) 정답도출
: 1,000mm 이상 X

유형분석

- 문제에서 주어진 자료를 읽고 올바르게 작성한 도표를 고르는 문제이다.
- 주어진 자료에 있는 수치와 그래프 또는 표에 있는 수치가 서로 일치하는지 여부를 판단하는 것이다.
- 문제에서 주어지는 자료는 보고서나 신문기사 등의 일부 내용을 제시하거나 혹은 표를 제시하고 있다.

풀이전략

각 선택지에 있는 도표의 제목을 먼저 확인한다. 제목에서 어떠한 정보가 필요한지 확인한 후에 문제에서 주어진 자료를 읽으
면서 일치 여부를 판단한다.

2일 차

영역 3 문제해결능력 영역 소개

문제해결능력 출제비중

출제비중
문제처리 (55%)
사고력 (45%)

문제해결능력 출제빈도

구분	중요도
사고력	★★★★★
문제처리	★★★★★

문제해결능력은 업무를 수행하면서 여러 가지 문제 상황이 발생하였을 때, 창의적이고 논리적인 사고를 통하여 이를 올바르게 인식하고 적절히 해결하는 능력을 말한다. 하위능력으로는 사고력과 문제처리능력이 있다.

문제해결능력은 NCS 기반 채용을 진행하는 대다수의 기업에서 다루어졌으며, 문항 수는 평균 24% 정도로 상당히 많이 출제되고 있다. 하지만 많은 수험생들은 더 많이 출제되는 다른 영역에 몰입하고 문제해결능력은 집중하지 않는 실수를 하고 있다. 다른 영역보다 더 많은 노력이 필요할 수는 있지만 그렇기에 차별화를 가진 득점영역이므로 포기하지 말고 꾸준하게 노력해야 한다.

01 질문의 의도를 정확하게 파악하라!

문제해결능력은 문제에서 무엇을 묻고 있는지 정확하게 파악하여 풀이방향을 설정하는 것이 가장 효율적인 방법이다. 특히, 조건이 주어지고 답을 찾는 창의적, 분석적인 문제가 주로 출제되고 있기 때문에 처음에 정확한 풀이방향 설정이 되지 않는다면 시간만 허비하고 결국 문제도 풀지 못하게 되므로 첫 번째로 문제의도파악에 집중해야 한다.

02 중요한 정보는 반드시 표시하라!

위에 말한 정확한 문제의도파악을 하기 위해서는 문제에서 중요한 정보는 반드시 표시나 메모를 하여 하나의 조건, 단서도 잊고 넘어가는 일이 없도록 해야 한다. 실제 시험에서는 시간의 압박과 긴장감으로 정보를 잘못 적용하거나 잊고 지나쳐 틀리는 실수가 많이 발생하므로 사전에 충분한 연습이 필요하다.
가령 명제문제의 경우 주어진 명제와 그 명제의 대우를 본인이 한 눈에 파악할 수 있도록 기호화, 도식화하여 메모하면 흐름을 이해하기가 더 수월하다. 이를 통해 자신만의 풀이순서와 방향, 기준 또한 생길 것이다.

03 반복풀이를 통해 취약유형을 파악하라!

길지 않은 한정된 시간동안 모든 문제를 다 푸는 것은 조금은 어려울 수도 있다.
따라서 고득점을 얻을 수 있는 방법은 효율적인 문제풀이다.

반복적인 문제 풀이를 통해 본인의 취약한 유형을 파악한다. 취약유형 파악은 종료
시간이 임박했을 때 빛을 발할 것이다. 풀 수 있는 문제부터 빠르게 풀고 취약한
유형은 나중에 푸는 효율적인 문제풀이를 통해 최대한의 고득점을 받는 것이 중요
하다. 본인의 취약유형을 파악하기 위해서는 많은 문제를 풀어봐야 한다.

04 타고나는 것이 아니므로 열심히 노력해라!

대부분의 수험생들이 문제해결능력은 공부해도 실력이 늘지 않는 영역이라고 생각
한다. 하지만 그렇지 않다. 문제해결능력이야말로 노력을 통해 충분히 득점이 가능
한 영역이다. 정확한 질문 의도 파악, 취약한 유형의 반복적인 풀이, 빈출유형 파악
등의 방법으로 충분히 실력향상 할 수 있다. 자신감을 갖고 공부하기 바란다.

문제해결능력 영역 소개

사고력
문제를 인식하고 해결함에
있어 창조적·논리적·비판
적으로 생각하는 능력

문제처리
문제의 특성을 파악하여 대
안을 적용한 뒤, 그 결과를
평가하는 능력

영역 3 문제해결능력 핵심이론

| 01 | 문제해결능력

(1) 문제

① 문제와 문제점의 의미

 ㉠ 문제 : 원활한 업무수행을 하기 위해 해결해야 하는 질문이나 의논 대상

 ㉡ 문제점 : 문제의 근본원인이 되는 사항으로 문제해결에 필요한 열쇠인 핵심 사항

  예 스트레스로 인해 신경성 장염에 걸렸을 때, 신경성 장염의 발생이 '문제'이며, 스트레스는 '문제점'이다.

② 문제의 분류

구분	창의적 문제	분석적 문제
문제제시 방법	현재 문제가 없더라도 보다 나은 방법을 찾기 위한 문제 탐구로, 문제 자체가 명확하지 않음	현재의 문제점이나 미래의 문제로 예견될 것에 대한 문제 탐구로, 문제 자체가 명확함
해결 방법	창의력에 의한 많은 아이디어의 작성을 통해 해결	분석·논리·귀납과 같은 논리적 방법을 통해 해결
해답 수	해답의 수가 많으며, 많은 답 가운데 보다 나은 것을 선택	답의 수가 적으며, 한정되어 있음
주요 특징	주관적, 직관적, 감각적, 정성적, 개별적, 특수성	객관적, 논리적, 이성적, 정량적, 일반적, 공통성

③ 문제의 유형

 ㉠ 기능에 따른 문제 유형 : 제조 문제, 판매 문제, 자금 문제, 인사 문제, 경리 문제, 기술상 문제

 ㉡ 해결 방법에 따른 문제 유형 : 논리적 문제, 창의적 문제

 ㉢ 시간에 따른 문제 유형 : 과거 문제, 현재 문제, 미래 문제

 ㉣ 업무 수행 과정 중 발생한 문제 유형 : 발생형 문제, 탐색형 문제, 설정형 문제

  • 발생형 문제 : 이미 일어난 문제로, 당장 걱정하고 해결하기 위해 고민하는 문제

  • 탐색형 문제 : 더 잘해야 하는 문제로, 현재의 상황을 개선하거나 효율을 높이기 위한 문제

  • 설정형 문제 : 미래상황에 대응하는 장래의 경영전략의 문제로, 앞으로 어떻게 할 것인가 하는 문제

CHECK POINT

모듈형 문제가 출제되는 기업에서 문제의 유형에 관한 문제가 자주 출제된다.

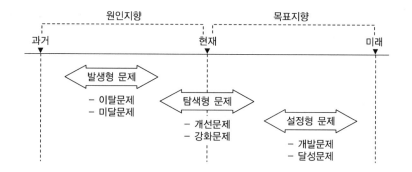

⊙ 핵심예제 ⊙

문제에 대한 설명으로 옳지 않은 것은?

① 업무를 수행함에 있어서 답을 요구하는 질문이나 의논하여 해결해야 되는 사항을 의미한다.

② 해결하기를 원하지만 실제로 해결해야 하는 방법을 모르고 있는 상태도 포함된다.

③ 얻고자 하는 해답이 있지만 그 해답을 얻는 데 필요한 일련의 행동을 알지 못한 상태도 있다.

④ 일반적으로 창의적 문제, 분석적 문제, 논리적 문제로 구분된다.

⊙ 예제풀이 ⊙

문제는 일반적으로 창의적 문제, 분석적 문제로 구분된다.

정답 ④

---

(2) 문제해결

① 문제해결의 정의

문제해결이란 목표와 현상을 분석하고, 이 분석 결과를 토대로 주요 과제를 도출하여 바람직한 상태나 기대되는 결과가 나타나도록 최적의 해결안을 찾아 실행·평가하는 활동을 말한다.

② 문제해결의 기본요소

ㄱ 체계적인 교육훈련

ㄴ 문제해결 방법에 대한 다양한 지식

ㄷ 문제 관련 지식에 대한 가용성

ㄹ 문제해결자의 도전의식과 끈기

ㅁ 문제에 대한 체계적인 접근

③ 문제해결 시 필요한 사고

ㄱ 전략적 사고

ㄴ 분석적 사고

ㄷ 발상의 전환

ㄹ 내·외부자원의 효율적인 활용

④ 문제해결 시 장애 요인

ㄱ 문제를 철저히 분석하지 않는 경우 : 근본적인 문제해결을 하지 못하거나 새로운 문제를 야기하는 결과를 초래할 수 있다.

ㄴ 고정관념에 얽매이는 경우 : 정해진 규정과 틀에 얽매여서 새로운 아이디어와 가능성을 무시해 버릴 수 있다.

ⓒ 쉽게 떠오르는 단순한 정보에 의지하는 경우 : 단순한 정보에 의지하면 문제를 해결하지 못하거나 오류를 범하게 된다.

ⓡ 너무 많은 자료를 수집하려고 노력하는 경우 : 무엇이 제대로 된 자료인지를 알지 못하는 우를 범할 우려가 많다.

⑤ 문제해결방법

ⓖ 소프트 어프로치에 의한 문제해결
- 대부분의 기업에서 볼 수 있는 전형적인 문제해결방법
- 직접적인 표현이 아닌, 시사 또는 암시를 통하여 의사를 전달하고 감정을 서로 통하게 함으로써 문제해결을 도모하는 방법
- 코디네이터(3자)는 결론을 미리 머릿속에 그려가면서 권위나 공감에 의지하여 의견을 중재하고, 타협과 조정을 통해 해결을 도모
- 결론이 애매하게 끝나는 경우가 적지 않음

ⓛ 하드 어프로치에 의한 문제해결
- 서로의 생각을 직설적으로 주장하고 논쟁이나 협상을 통해 서로의 의견을 조정해가는 방법
- 사실과 원칙에 근거한 토론으로 해결방법을 도모
- 코디네이터(3자)는 구성원들에게 지도와 설득을 하고 전원이 합의하는 일치점을 찾도록 노력
- 합리적이긴 하나, 창조적인 아이디어나 높은 만족감을 이끌어내기는 어려움

ⓒ 퍼실리테이션에 의한 문제해결
- 퍼실리테이션은 '촉진'을 의미하며, 어떤 그룹이나 집단이 의사결정을 잘 하도록 도와주는 일을 의미
- 조직이 어떤 방향으로 나아갈지 알려주고, 주제에 대한 공감을 이룰 수 있도록 도와주는 역할을 담당
- 깊이 있는 커뮤니케이션을 통해 서로의 문제점을 이해하고 공감함으로써 창조적인 문제해결을 도모
- 퍼실리테이션에 의한 방법은 구성원의 동기가 강화되고 팀워크도 한층 강화되는 특징을 가짐
- 코디네이터(3자)가 합의점이나 줄거리를 준비해놓고 예정대로 결론을 도출하는 것은 적절하지 않음

● 핵심예제 ●

문제해결에 필요한 기본적 사고로 옳은 것은?

① 외부자원만을 효과적으로 활용한다.
② 전략적 사고를 해야 한다.
③ 같은 생각을 유지한다.
④ 추상적 사고를 해야 한다.

|02| 사고력

(1) 창의적 사고

① 창의적 사고의 의미

창의적 사고란 이미 알고 있는 경험과 지식을 해체하고 새로운 정보로 결합함으로써 가치있고 참신한 아이디어를 산출하는 사고를 말한다.

② 창의적 사고의 특징

ㄱ 정보와 정보의 조합이다.

ㄴ 사회나 개인에게 새로운 가치를 창출한다.

ㄷ 창조적인 가능성이다.

③ 창의적 사고의 개발 방법

ㄱ 자유연상법 : 어떤 생각에서 다른 생각을 계속해서 떠올리는 작용을 통해, 어떤 주제에 대해 생각나는 것을 열거해 나가는 발산적 사고 방법

예 브레인스토밍

ㄴ 강제연상법 : 각종 힌트를 강제적으로 연결지어서 발상하는 방법

예 체크리스트

ㄷ 비교발상법 : 주제와 본질적으로 닮은 것을 힌트로 하여 새로운 아이디어를 얻는 방법

예 NM법, Synectics(창조공학)

● 핵심예제 ●

창의적 사고의 특징으로 옳지 않은 것은?

① 외부 정보끼리의 조합이다.

② 사회나 개인에게 새로운 가치를 창출한다.

③ 창조적인 가능성이다.

④ 사고력, 성격, 태도 등의 전인격적인 가능성을 포함한다.

● 예제풀이

창의적 사고는 정보와 정보의 조합으로, 정보에는 내부 정보와 외부 정보가 있다.

정답 ①

---

(2) 논리적 사고

① 논리적 사고의 의미

논리적 사고란 사고의 전개에 있어서 전후의 관계가 일치하고 있는지를 살피며, 아이디어를 평가하는 사고를 말한다.

② 논리적 사고를 하기 위해 필요한 요소

생각하는 습관, 상대 논리의 구조화, 구체적인 생각, 타인에 대한 이해 · 설득

③ 논리적 사고를 개발하는 방법

ㄱ 피라미드 구조 방법 : 하위의 사실이나 현상으로부터 상위의 주장을 만들어 나가는 방법

ㄴ SO WHAT 방법 : 눈앞에 있는 정보로부터 의미를 찾아내어 가치있는 정보를 이끌어내는 방법

• 예제풀이 •

논리적 사고의 요소
생각하는 습관, 상대 논리의
구조화, 구체적인 생각, 타
인에 대한 이해·설득

정답 ④

• 핵심예제 •

논리적 사고를 위한 요소가 아닌 것은?

① 생각하는 습관
② 상대 논리의 구조화
③ 타인에 대한 이해·설득
④ 추상적인 생각

(3) 비판적 사고

① 비판적 사고의 의미

비판적 사고는 제기된 주장에 어떤 오류나 잘못이 있는지를 찾아내기 위하여 지엽
적인 부분을 확대하여 문제로 삼는 것이 아니라, 지식·정보를 바탕으로 한 합당한
근거에 기초를 두고 현상을 분석하고 평가하는 사고를 말한다.

② 비판적 사고를 하기 위해 필요한 요소

지적 호기심, 객관성, 개방성, 융통성, 지적 회의성, 지적 정직성, 체계성, 지속성,
결단성, 다른 관점에 대한 존중

③ 비판적인 사고를 하기 위해서는 어떤 현상에 대해 문제의식을 가지고, 고정관념을
타파해야 한다.

| 03 | 문제처리능력

문제처리능력이란 목표와 현상을 분석하고, 이 분석결과를 토대로 문제를 도출하여 최적의
해결책을 찾아 실행·평가하는 활동을 할 수 있는 능력을 말한다.

〈문제해결 절차〉
문제 인식 → 문제 도출 → 원인 분석 → 해결안 개발 → 실행 및 평가

CHECK POINT

3C, SWOT 등의 분석 기법
을 바탕으로 문제해결법을
찾는 문제가 출제된다.

(1) 문제 인식

해결해야 할 전체 문제를 파악하여 우선순위를 정하고 선정된 문제에 대한 목표를 명확
히 하는 단계로, '환경 분석 → 주요 과제 도출 → 과제 선정'을 통해 수행된다.

※ 환경 분석 시 자주 사용되는 방법
• 3C 분석 : 3C에 대한 체계적인 분석(3C : 자사, 경쟁사, 고객)
• SWOT 분석 : 기업내부의 강점(Strength), 약점(Weakness), 외부환경의 기회
(Opportunity), 위협요인(Threat)을 분석·평가하고 이들을 서로 연관 지어 전
략과 문제해결 방안을 개발하는 방법

(2) 문제 도출

선정된 문제를 분석하여 해결해야 할 것이 무엇인지를 명확히 하는 단계로, '문제 구조 파악 → 핵심 문제 선정'을 통해 수행된다.

※ 문제 구조 파악 시 자주 사용되는 방법

- Logic Tree 방법 : 문제의 원인을 깊이 파고들어 해결책을 구체화할 때 제한된 시간 속에 넓이와 깊이를 추구하는 데 도움이 되는 기술로, 주요 과제를 나무모양 으로 분해·정리하는 방법

(3) 원인 분석

파악된 핵심문제에 대한 분석을 통해 근본 원인을 도출해내는 단계로, '이슈 분석 → 데이터 분석 → 원인 파악'을 통해 수행된다.

(4) 해결안 개발

문제로부터 도출된 근본 원인을 효율적으로 해결할 수 있는 최적의 해결방안을 수립하는 단계로, '해결안 도출 → 해결안 평가 및 최적안 선정'을 통해 수행된다.

(5) 실행 및 평가

해결안 개발을 통해 만들어진 실행계획을 실제 상황에 적용하는 활동으로, 당초 장애가 되는 문제의 원인들을 해결안을 사용하여 제거해 나가는 단계이다. '실행계획 수립 → 실행 → 사후 관리(Follow-up)'를 통해 수행된다.

• 핵심예제 •

문제해결 과정이 바르게 나열된 것은?

ㄱ. 문제 인식	ㄴ. 실행 및 평가
ㄷ. 원인 분석	ㄹ. 문제 도출
ㅁ. 해결안 개발	

① ㄱ - ㄴ - ㄷ - ㄹ - ㅁ
② ㄱ - ㄹ - ㄷ - ㅁ - ㄴ
③ ㄴ - ㄷ - ㄹ - ㅁ - ㄱ
④ ㄹ - ㄱ - ㄷ - ㅁ - ㄴ

• 예제풀이 •

문제해결 과정
문제 인식 → 문제 도출 → 원인 분석 → 해결안 개발 → 실행 및 평가

정답 ②

유형 **01**   사고력 ①

다음 문장을 읽고 유추할 수 있는 것은?

> • 마라톤을 좋아하는 사람은 체력이 좋고, 인내심도 있다.
> • 몸무게가 무거운 사람은 체력이 좋다.
> • 명랑한 사람은 마라톤을 좋아한다.

B

A → B

C

A   B

⇒ A → B → C
∴ ~C → ~A

1) 질문의도 : **명제추리**

2) 문장분석 : **기호화**

① 체력이 좋은 사람은 인내심이 없다.
② 인내심이 없는 사람은 명랑하지 않다. (= ~C → ~A)
③ 마라톤을 좋아하는 사람은 몸무게가 가볍다.
④ 몸무게가 무겁지 않은 사람은 인내심이 있다.

3) 정답도출

유형분석

• 주어진 문장을 토대로 논리적으로 추론하여 참 또는 거짓을 구분하는 문제이다.
• 대체로 연역추론을 활용한 명제 문제가 출제되고 있다.
➕ 응용문제 : 자료를 제시하고 새로운 결과나 자료에 주어지지 않은 내용을 추론해 가는 형식의 문제가 출제된다.

풀이전략

각 문장에 있는 핵심단어 또는 문구를 기호화하여 정리한 뒤, 선택지와 비교하여 참 또는 거짓을 판단한다.

인사업무를 담당하고 있는 귀하는 전 직원을 대상으로 몇 년 동안의 기혼 여부와 업무성과를 연계하여 조사를 실시해왔다. 그 결과 안정적인 가정을 꾸린 직원이 더 높은 성과를 달성한다는 사실을 확인할 수 있었다. 조사 내용 중 특히 신입사원의 혼인율이 급격하게 낮아지고 있으며, 최근 그 수치가 매우 낮아 향후 업무성과에 좋지 못한 영향을 미칠 것으로 예상되었다. 이러한 문제의 근본 원인을 찾아 도식화하여 팀장에게 보고하려고 한다. 다음 중 현상 간의 인과관계를 따져볼 때 귀하가 (D) 부분에 입력할 내용으로 적절한 것은 무엇인가?

1) 질문의도
   : 근본원인+인과관계
   → 5Why 기법

2) 사고법 적용

• 배우자를 만날 시간이 없다. (A)
• 신입사원이어서 업무에 대해 잘 모른다. (D)
• 매일 늦게 퇴근한다. (B)
• 업무를 제때에 못 마친다. (C)
• 업무에 대한 OJT나 업무 매뉴얼을 활용하여 업무시간을 줄인다. (E)

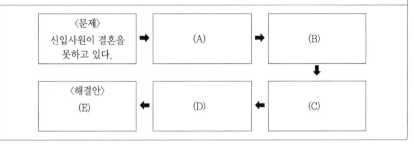

① 배우자를 만날 시간이 없다.
② 신입사원이어서 업무에 대해 잘 모른다.
③ 매일 늦게 퇴근한다.
④ 업무를 제때에 못 마친다.
⑤ 업무에 대한 OJT나 업무 매뉴얼을 활용하여 업무시간을 줄인다.

3) 정답도출

유형분석

• 문제해결에 필요한 사고력을 평가하기 위한 문제이다.
• 주로 피라미드 구조 기법, 5Why 기법, So What 기법 등을 활용한 문제들이 출제되고 있다.

풀이전략

질문을 읽고 문제를 해결하기 위해 필요한 사고법을 선별한 뒤 적용하여 풀어나간다.
• 피라미드 구조 기법 : 하위의 사실이나 현상으로부터 상위의 주장을 만들어 나가는 방법
• 5Why 기법 : 주어진 문제에 대해서 계속하여 이유를 물어 가장 근본이 되는 원인을 찾는 방법
• So What 기법 : '그래서 무엇이지?'라고 자문자답하며 눈앞에 있는 정보로부터 의미를 찾아내어 가치 있는 정보를 이끌어 내는 방법

연속출제

귀하의 회사에서 OOO 제품을 개발하여 중국시장에 진출하고자 한다. 귀하의 상사가 3C 분석 결과를 건네며, 사업 계획에 반영하고 향후 해결해야 할 회사의 전략 과제가 무엇인지 정리하여 보고하라는 지시를 내렸다. 다음 중 회사에서 해결해야 할 전략 과제로 적절하지 않은 것은?

1) 질문의도
  : 3C 분석
    → 전략과제

Customer	Competitor	Company
• 전반적인 중국시장은 매년 10% 성장 • 중국시장 내 제품의 규모는 급성장 중임 • 20~30대 젊은 층이 중심 • 온라인 구매가 약 80% 이상 → ② • 인간공학 지향 　　　　　→ ⑤	• 중국기업들의 압도적인 시장점유 • 중국기업들 간의 치열한 가격경쟁 • A/S 및 사후관리 취약 → ④ • 생산 및 유통망 노하우 보유	• 국내시장 점유율 1위 • A/S등 고객서비스 부문 우수 → ③ • 해외 판매망 취약 → ① • 온라인 구매시스템 미흡(보안, 편의 등) 　　　　　　→ ② • 높은 생산원가 구조 → ④ • 높은 기술개발력

2) 결과분석

① 중국 시장의 판매유통망 구축
② 온라인 구매시스템 강화
⑥ 고객서비스 부문 강화
④ 원가 절감을 통한 가격 경쟁력 강화
⑤ 인간공학을 기반으로 한 제품 개발 강화

3) 정답도출
  : 이미 우수함
    =과제가 아님

유형분석

• 상황에 대한 환경 분석 결과를 통해 주요 과제를 도출하는 문제이다.
• 주로 3C 분석 또는 SWOT 분석을 활용한 문제들이 출제되고 있으므로 해당 분석도구에 대한 사전 학습이 요구된다.

풀이전략

문제에서 제시된 분석도구가 무엇인지 확인한 후, 분석결과를 종합적으로 판단하여 각 선택지의 전략 과제와 일치하는지를 판단한다.

유형 04 문제처리 ②

📋 연속출제

※ 다음 상황을 보고 이어지는 질문에 답하시오.

> 공기업 자재관리팀에 근무 중인 귀하는 회사 행사 때 사용할 배너를 제작하는 업무를 맡았다.
>
> ■ **다음은 행사 장소를 나타낸 도면이다.**
>
>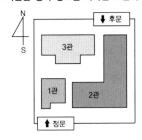
>
> ■ **행사 장소** : 본 건물 3관
>
> ■ **배너 설치 비용(배너 제작비+배너 거치대)**
> - 배너 제작 비용 : 일반 배너 한 장당 15,000원, 양면 배너 한 장당 20,000원
> - 배너 거치대 : 건물 내부용 10,000원, 건물 외부용 15,000원
>
> ■ **현수막 제작 비용**
> - 기본 크기(세로×가로) : 1m×3m → 5,000원
> - 기본 크기에서 추가 시 → 1m²당 3,000원씩 추가

3) 조건확인(ⅱ)
  : 제작 비용

귀하는 배너 비용을 계산한 후 이를 상사에게 보고하였다. 상사의 추가 지시에 따라 계산한 현수막 설치 비용은?

> 상사 : 행사장 위치를 명확하게 알리려면 현수막도 설치하는 것이 좋을 것 같네요. 정문하고 후문에 하나씩 걸고 2관 건물 입구에도 하나를 답시다. 정문하고 후문에는 3m×8m의 크기로 하고, 2관 건물 입구에는 1m×4m의 크기가 적당할 것 같아요. 견적 좀 부탁할게요. ⓐ
> ⓑ

① 84,000원   ② 98,000원

③ 108,000원   ④ 120,000원

✔ 144,000원

1) 질문의도
  : 추가지시
    → 비용산출

2) 조건확인(ⅰ)
  : ⓐ~ⓑ

4) 정답도출
  : 설치 비용 계산

📌 유형분석

- 주어진 상황과 정보를 종합적으로 활용하여 풀어 가는 문제이다.
- 비용, 시간, 순서, 해석 등 다양한 주제를 다루고 있어 문제유형을 한 가지로 단일화하기가 어렵다.
- 대체로 2문제 혹은 3문제가 묶여서 출제되고 있으며, 문제가 긴 경우가 많아 푸는 시간이 많이 걸린다.

📌 풀이전략

먼저 문제에서 묻는 것을 파악한 후, 필요한 상황과 정보를 찾아 이를 활용하여 문제를 풀어 간다.

영역 **4** # 자원관리능력 영역 소개

자원관리능력 출제비중

인적자원관리 (25%)   시간자원관리 (25%)

출제비중

물적자원관리 (25%)   예산자원관리 (25%)

자원관리능력 출제빈도

구분	중요도
시간자원관리	★★★★☆
예산자원관리	★★★★☆
물적자원관리	★★★★☆
인적자원관리	★★★★☆

자원관리능력은 현재 많은 NCS 기반 채용을 진행하는 공사·공단에서 핵심영역으로 자리 잡아, 일부를 제외한 대부분의 공사·공단에서 출제 영역으로 꼽히고 있다. 전체 문항수의 10 ~ 15% 비중으로 출제되고 있고, 난이도가 상당히 높기 때문에 공사·공단 NCS를 치룰 수험생이라면 반드시 준비해야 할 필수 과목이다.

국가직무능력표준에 따르면 자원관리능력의 대표 문제 유형은 시간·예산·물적·자원관리 문제로 나눌 수 있다. 특히 자원관리능력은 제시된 자료를 통해 업무 수행에 소요될 자원의 양을 계산하는 문제, 제시된 자료를 종합적으로 검토하여 합리적인 선택을 결정하는 문제, 제시된 업무 중에서 우선순위에 따라 업무 순서를 결정하는 문제의 비중이 높다. 자원관리능력은 여러 자료를 고려하여 계산하는 문제가 출제되므로 빠르게 풀 수 없는 문제들은 넘기고, 꾸준히 문제를 풀어 넘기는 문제 수를 점차 줄여나가는 것이 좋다. 문제풀이 시간을 단축시키는 것이 자원관리능력을 풀 때 가장 중요한 핵심이다.

실제 시험 기출 키워드를 살펴보면 비용 계산, 해외파견 지원금 계산, 주문 제작 단가 계산, 일정 조율, 일정 선정, 행사 대여 장소 선정, 최단거리 구하기, 시차 계산, 소요시간 구하기, 해외파견 근무 기준에 부합한 또는 부합하지 않는 직원 고르기 등 크게 자원계산, 자원관리 문제 유형이 출제된다. 기출유형문제를 바탕으로 응용되는 방식의 문제가 출제되고 있기 때문에 비슷한 유형을 계속해서 풀어보면서 감을 익히는 것이 중요하다.

01 시차를 먼저 계산하자!

시간자원관리문제의 기출유형 중 시차를 계산하여 일정에 맞는 항공권을 구입하거나 회의시간을 구하는 문제에서는 각각의 나라의 시간을 한국 시간으로 전부 바꾸어 계산하는 것이 편리하다. 조건에 맞는 나라들의 시간을 전부 한국 시간으로 바꾸고 한국 시간과의 시차만 더하거나 빼주면 시간을 단축하여 풀 수 있다.

02 보기를 활용하자!

예산자원관리문제의 기출유형에서는 계산을 해서 값을 요구하는 문제들이 있다. 이런 문제유형에서는 문제 보기를 먼저 본 후 자리 수가 몇 단위로 끝나는지 확인한다. 예를 들어 412,300원, 426,700원, 434,100원, 453,800원인 보기가 있다고 하자. 이 보기는 100원 단위로 끝나기 때문에 제시된 조건에서 100원 단위로 나올 수 있는 항목을 찾아 그 항목만 계산하여 시간을 단축시키는 방법이 있다.

또한, 일일이 계산하는 문제가 많기 때문에, 예를 들어 640,000원, 720,000원, 810,000원 등의 수를 이용해 푸는 문제가 있다고 하자. 만 원 단위를 절사하고 계산하여 64, 72, 81처럼 요약하여 적는 것도 시간을 단축하는 방법이다.

03 최적의 값을 구하는 문제인지 파악하자!

물적자원관리문제의 기출유형에서는 제한된 자원 내에서 최대의 만족 또는 이익을 얻을 수 있는 방법을 강구하는 문제가 출제된다. 이때, 구하고자 하는 값을 x, y로 정하고 연립방정식을 이용해 x, y값을 구한다. 최소 비용으로 목표생산량을 달성하기 위한 업무 및 인력 할당, 정해진 시간 내에 최대 이윤을 낼 수 있는 업체 선정, 정해진 인력으로 효율적 업무 배치 등을 구하는 문제에서 사용되는 방법이다.

04 각 평가항목을 비교해보자!

인적자원관리문제의 기출유형에서는 각 평가항목을 비교하여 기준에 적합한 인물을 고르거나, 저렴한 업체를 선정하거나, 총점이 높은 업체를 선정하는 문제가 출제된다. 이런 문제를 해결할 때는 평가항목에서 가격별, 등급별로 차이가 큰 항목을 찾는다. 가장 격차가 큰 항목을 찾아 삭제하고, 가격이나 점수 차이에 영향을 많이 미치는 항목을 찾아 지우면 1 ～ 2개의 보기를 삭제하고 3 ～ 4개의 보기만 계산하여 시간을 단축한다.

05 문제의 단서를 이용하자!

자원관리능력은 계산문제가 많기 때문에, 복잡한 계산은 딱 떨어지게끔 조건을 제시하는 경우가 많다. 단서를 보고 보기에서 부합하지 않는 보기를 1 ～ 2개 먼저 소거한 뒤 계산을 하는 것도 시간을 단축하는 방법이다.

06 복잡한 계산은 반올림하자!

문제의 보기가 각각 값 차이가 클 때 사용할 수 있는 방법이다. 예를 들어 847×519와 같은 계산식이 있을 때 850×520과 같이 반올림하여 대략적인 값을 구해 가장 가까운 값을 답으로 고를 수 있다. 정확도는 떨어지지만 문제의 보기에서 값 차이가 크게 나거나, 시간이 촉박할 때 사용할 수 있는 방법이다.

영역 4 자원관리능력 핵심이론

| 01 | 자원관리능력

(1) 자원관리능력이란?

자원관리능력은 직장생활에서 시간·예산·물적자원·인적자원 등의 자원 가운데 무엇이 얼마나 필요한지를 확인하고, 가용할 수 있는 자원을 최대한 확보하여 실제 업무에 어떻게 활용할 것인지에 대한 계획을 수립하여 계획에 따라 확보한 자원을 효율적으로 활용하여 관리하는 능력을 의미한다.

(2) 자원관리의 기본단계

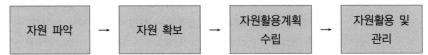

자원 파악 → 자원 확보 → 자원활용계획 수립 → 자원활용 및 관리

CHECK POINT

각 자원의 총량을 파악하고 우선순위에 따라 배분하여야 한다.

(3) 자원관리능력의 구성

① 시간자원관리능력 : 기업활동에서 필요한 시간자원을 파악하고, 가용할 수 있는 시간자원을 최대한 확보하여 실제 업무에 어떻게 활용할 것인지에 대한 시간계획을 수립하고, 이에 따라 시간을 효율적으로 활용하여 관리하는 능력

② 예산자원관리능력 : 기업활동에서 필요한 예산을 파악하고, 가용할 수 있는 예산을 최대한 확보하여 실제 업무에 어떻게 집행할 것인지에 대한 예산계획을 수립하고, 이에 따른 예산을 효율적으로 집행하여 관리하는 능력

③ 물적자원관리능력 : 기업 활동에서 필요한 물적자원(재료, 시설자원 등)을 파악하고, 가용할 수 있는 물적자원을 최대한 확보하여 실제 업무에 어떻게 활용할 것인지에 대한 계획을 수립하고, 이에 따른 물적자원을 효율적으로 활용하여 관리하는 능력

④ 인적자원관리능력 : 기업 활동에서 필요한 인적자원(근로자의 기술·능력·업무 등)을 파악하고, 동원할 수 있는 인적자원을 최대한 확보하여 실제 업무에 어떻게 배치할 것인지에 대한 예산계획을 수립하고, 이에 따른 인적자원을 효율적으로 배치하여 관리하는 능력

(4) 자원의 종류와 개념

① 기업 활동을 위한 자원에는 '시간, 예산(돈), 물적자원, 인적자원'이 있다.

② 과거에는 천연자원이 가장 중요한 자원이었으나, 최근에는 시간과 예산을 가장 중요한 자원으로 인식하고 있다.

③ 기업 활동에서의 자원은 더 높은 성과 창출을 위한 노동력과 기술이다.

(5) 자원관리(자원의 유한성)

개인과 조직에게 주어진 자원이 제한적이므로 자원을 효과적으로 확보, 유지, 활용하는 자원관리가 필요하다.

● 핵심예제 ●

자원에 대한 설명으로 옳지 않은 것은?

① 사전적 정의는 인간생활에 도움이 되는 자연계의 일부이다.

② 오늘날에는 자연자원만이 아닌 물질적 자산, 재정적 자산, 인적 자산 등도 자원으로 보고 있다.

③ 자원은 크게 시간, 돈, 물적자원, 인적자원으로 나눌 수 있다.

④ 대부분의 자원은 무한성이라는 특징이 있다.

● 예제풀이 ●

자원은 일반적으로 유한적이다. 개인이나 조직에게 주어진 시간은 제한되어 있으며 돈과 물적자원 역시 제한적일 수밖에 없고, 활용할 수 있는 인적자원 역시 무한대가 아니다.

정답 ④

(6) 자원의 낭비 요인

① 비계획적 행동 : 자원 활용에 대한 계획 없이 충동적이고 즉흥적으로 행동

② 편리성 추구 : 자원의 활용 시 자신의 편리함을 최우선으로 추구

③ 자원에 대한 인식의 부재 : 자신이 가지고 있는 중요 자원의 불인식

④ 노하우 부족 : 효과적인 자원관리에 대한 노하우 부족

(7) 자원관리의 4단계 과정

① 필요한 자원의 종류와 양 확인 : '어떠한' 자원이 '얼마만큼' 필요한지 파악하는 단계로, 일반적으로 '시간, 예산, 물적자원, 인적자원'으로 구분하여 파악한다.

② 이용 가능한 자원의 수집과 확보 : 필요한 양보다 조금 더 여유 있게 최대한으로 자원을 확보한다.

③ 자원활용계획 수립 : 자원이 투입되는 활동의 우선순위를 고려하여 자원을 할당하고 활용계획을 수립한다.

④ 계획에 따른 수행 : 계획을 수립한 대로 업무를 추진한다.

자원이 투입되는 활동의 우선
순위를 고려하여 자원을 할당
하는 단계는 자원활용계획 수
립(3단계)에 해당한다.

오답분석
① 필요한 자원의 종류와 양
   확인 : '어떠한' 자원이
   '얼마만큼' 필요한지 파
   악하는 단계
② 이용 가능한 자원의 수집
   : 필요한 자원을 최대한
   으로 확보하는 단계
④ 계획에 따른 수행 : 자원
   의 활용계획을 수립한 대
   로 업무를 추진한다.

정답 ③

• 핵심예제 •

다음 제시문이 설명하고 있는 자원관리 단계는 무엇인가?

> 자원이 투입되는 활동의 우선순위를 고려하여 자원을 할당한다.

① 필요한 자원의 종류와 양 확인
② 이용 가능한 자원의 수집
③ 자원활용계획의 수립
④ 계획에 따른 수행

| 02 | 시간자원관리능력

(1) 시간의 특성
① 매일 24시간이 똑같이 반복적으로 주어진다.
② 속도가 일정하다.
③ 흘러가는 시간을 멈출 수 없다(비융통성).
④ 빌리거나 저축할 수 없다.
⑤ 어떻게 사용하는지에 따라 가치가 달라진다.
⑥ 시절에 따라 밀도와 가치가 다르다.

(2) 시간단축
① 시간단축의 의미 : 정해진 업무량에 투입되는 시간의 축소 또는 한정된 시간에 할
   수 있는 업무량의 증가
② 기업의 시간단축 효과 : 생산성 향상, 위험 감소, 시장점유율 증가

(3) 시간관리
① 의의 : 개인이나 사회생활에서 각자의 습관이나 개성, 삶의 목표에 맞는 일정을 만
   들고 그에 따라 시간을 유용하게 사용하여 좋은 결과를 거두는 기술
② 시간관리의 필요성 : 시간의 효과적 관리를 통하여 삶의 문제를 해결(시간의 통제
   불가능)
③ 시간관리의 효과
   ㉠ 스트레스 관리 : 시간관리를 통하여 일에 대한 부담을 감소시켜 스트레스가
      감소
   ㉡ 균형적인 삶 : 직장에서 일을 수행하는 시간이 감소하여 다양한 삶의 향유가
      가능
   ㉢ 생산성 향상 : 시간은 매우 한정된 자원이므로 효율적으로 관리할 경우 생산성
      향상 가능
   ㉣ 목표 성취 : 시간관리는 목표에 매진할 시간을 갖도록 함

(4) 시간낭비 요인

① 외적 요인 : 외부인이나 외부에서 일어나는 시간에 의한 것으로 스스로 조절이 불가능

② 내적 요인 : 자신 내부의 습관에 인한 것으로 분명히 하는 것이 어려움

● 핵심예제 ●

직장에서 발생할 수 있는 시간낭비 요인이 아닌 것은?

① 우선순위 없이 일하기
② 불명확한 목적
③ 1일 계획의 불충분
④ 짧은 회의

● 예제풀이 ●

회의가 길어질 때 직장에서의 시간낭비 요인이 된다. 시간이 낭비되는 요인으로는 외부적인 요인에 의해 발생하여 스스로 조절이 불가능한 외적인 요인과 자기 자신에서 기인한 내적인 요인이 있다.

정답 ④

(5) 시간계획

① 의의 : 시간을 최대한 활용하기 위하여 가장 많이 반복되는 일에 가장 많은 시간을 분배하고, 최단시간에 최선의 목표를 달성하는 것

② 시간계획의 순서

명확한 목표 설정 → 일의 우선순위 확정 → 예상 소요시간 결정 → 시간계획서 작성

〈일의 우선순위 판단 매트릭스〉

	긴급함	긴급하지 않음
중요함	Ⅰ 긴급하면서 중요한 일 위기상황, 급박한 문제, 기간이 정해진 프로젝트	Ⅱ 긴급하지 않지만 중요한 일 예방 / 생산 능력 활동, 인간관계 구축, 새로운 기회 발굴, 중장기 계획
중요하지 않음	Ⅲ 긴급하지만 중요하지 않은 일 잠깐의 급한 질문, 일부 보고서 및 회의, 눈앞의 급박한 상황, 인기 있는 활동 등	Ⅳ 긴급하지 않고 중요하지 않은 일 바쁜 일, 하찮은 일, 우편물, 전화, 시간 낭비거리, 즐거운 활동 등

③ 시간계획의 기본원리(60 : 40 Rule) : 계획된 행동 60%, 비계획된 행동 40%(계획 외의 행동 20%, 자발적 행동 20%)로 계획을 세운다.

● 핵심예제 ●

시간계획에 대한 설명으로 옳지 않은 것은?

① 시간을 최대한 활용하기 위한 계획이다.
② 최단시간에 최선의 목표를 달성하기 위함이다.
③ 가장 많이 반복되는 일에 가장 적은 시간을 분배한다.
④ 시간계획의 첫 단계는 명확히 목표를 설정하는 것이다.

● 예제풀이 ●

시간계획을 할 때는 가장 많이 반복되는 일에 가장 많은 시간을 분배해야 한다.

정답 ③

| 03 | 예산자원관리능력

(1) 예산관리와 예산관리능력

① 예산관리 : 비용 산정＋예산 수립＋예산 집행(통제)
② 예산관리능력 : 이용 가능한 예산을 확인하고 어떻게 사용할 것인지 계획하여, 계획대로 사용하는 능력

(2) 예산관리능력의 필요성

개인이나 기업의 예산은 한정되어 있으므로 정해진 예산을 효율적으로 사용하여 최대한의 성과를 내기 위해 필요함

(3) 적정예산의 수준

무조건 적은 비용이 아닌, 책정 비용과 실제 비용의 차이가 적은 상태의 예산

CHECK POINT

비용의 종류 및 정의를 알아야 풀 수 있는 문제가 출제되므로 꼭 암기해야 한다.

(4) 직접비용(Direct Cost)과 간접비용(Indirect Cost)

① 직접비용 : 제품의 생산이나 서비스를 창출하기 위해 직접 소비된 비용(재료비, 원료와 장비, 시설비, 인건비 등)
  ㉠ 재료비 : 제품의 제조를 위하여 구매된 재료에 대해 지출된 비용
  ㉡ 원료와 장비 : 제품을 제조하는 과정에서 소모된 원료나 필요한 장비에 지출된 비용으로 실제로 구매나 임대에 사용한 비용을 모두 포함함
  ㉢ 시설비 : 제품을 효과적으로 제조하기 위한 목적으로 건설되거나 구매된 시설에 지출된 비용
  ㉣ 여행(출장) 및 잡비 : 제품 생산 또는 서비스를 창출하기 위해 출장이나 타 지역으로의 이동이 필요한 경우와 기타 과제 수행 상에서 발생하는 다양한 비용
  ㉤ 인건비 : 제품 생산 또는 서비스 창출을 위한 업무를 수행하는 사람들에게 지급되는 비용으로서, 계약에 의해 고용된 외부 인력에 대한 비용도 인건비에 포함되며, 일반적으로 인건비는 전체 비용 중 가장 큰 비중을 차지
② 간접비용 : 제품을 생산하거나 서비스를 창출하기 위해 소비된 비용 중에서 직접비용을 제외한 비용으로, 제품생산에 직접 관련되지는 않는다(보험료, 건물관리비, 광고비, 통신비, 사무비품비, 각종 공과금 등).

(5) 예산관리 절차

① 예산이 필요한 활동 규명 : 예산을 배정하기 전, 예산 범위 내에서 수행해야 하는 활동과 소요예산을 정리
② 우선순위 결정 : 우선적으로 예산이 배정되어야 하는 활동을 도출하기 위하여 활동별 예산지출 규모를 확인하고 우선순위 확정
③ 예산 배정 : 우선순위가 높은 활동부터 예산을 배정

(6) 과업 세부도

① 과제 및 활동계획 수립 시 가장 기본적인 수단으로 활용되는 그래프
② 필요한 모든 일들을 중요한 범주에 따라 체계화해서 구분해 놓음

• 핵심예제 •

예산에 대한 설명으로 옳지 않은 것은?

① 필요한 비용을 미리 헤아려 계산하는 것이다.
② 좁은 범위에서는 개인의 수입·지출에 관한 것도 포함된다.
③ 예산은 한정적이므로 예산관리가 필요하다.
④ 대부분 정해진 예산범위 안에서 계획을 세우게 된다.

• 예제풀이 •

민간기업, 공공단체와 같은 조직체뿐만 아니라 개인의 수입·지출까지 포함시키는 것은 넓은 범위의 예산이다.

정답 ②

| 04 | 물적자원관리능력

(1) 물적자원의 종류

① 자연자원 : 자연 상태 그대로의 자원(석탄, 석유 등)
② 인공자원 : 인위적으로 가공하여 만든 자원(시설, 장비 등)

(2) 물적자원관리의 중요성

다양한 물적자원을 얼마나 확보하고 활용할 수 있는지가 개인과 국가의 큰 경쟁력이 된다. 산업의 고도화와 함께 다양한 물적자원이 활용되고 있으며, 이를 필요한 시기와 장소에 활용하는 것이 매우 중요하다.

① 효과적인 관리를 이룰 경우 : 경쟁력 향상, 과제 및 사업의 성공
② 관리가 부족할 경우 : 경제적 손실, 과제 및 사업의 실패

(3) 물적자원 활용의 방해 요인

보유하고 있는 물적자원을 적절하게 활용할 수 없도록 하는 방해 요인에는 다양한 것들이 있다.

① 보관 장소를 파악하지 못하는 경우 : 보관할 때 아무 곳에나 놓아두면 필요할 때 물품을 찾기 어렵고 적시에 공급되지 못할 수 있다.
② 훼손된 경우 : 물품은 무기한 사용할 수 없으므로 적절히 관리하여 고장이나 훼손이 발생하지 않도록 해야 한다.
③ 분실한 경우 : 물품을 분실한 경우 재구입해야 하므로 경제적인 손실을 입는다.
④ 목적 없이 물건을 구입한 경우 : 필요하여 구입한 물건은 활용도가 높아서 평상시 관리를 잘하게 되지만, 뚜렷한 목적 없이 구입한 물건은 관리에 소홀해진다.

┌─ 핵심예제 ─

물적자원 활용의 방해 요인이 아닌 것은?

① 보관 장소를 파악하지 못한 경우

② 훼손된 경우

③ 분실한 경우

④ 뚜렷한 목적으로 물건을 구입한 경우

(4) 물적자원관리 과정

① **사용물품과 보관물품의 구분** : 계속 사용할 물품인지 아닌지를 구분하여 가까운 시일 내에 활용하지 않는 물품은 창고나 박스에 보관한다.

② **동일 및 유사 물품의 분류** : 동일성의 원칙을 반영하여 같은 품종을 같은 장소에 보관하고, 유사성의 원칙대로 유사품을 인접한 장소에 보관한다. 이는 보관한 물품을 찾는 데 소요되는 시간을 단축시킨다.

③ **물품의 특성에 맞는 보관 장소 선정** : 개별적인 물품의 특성(물품 재질, 무게, 부피 등)을 고려하여 보관장소를 선정한 후에 차례로 정리한다. 정리할 때는 회전대응 보관의 원칙을 반영하여 물품의 활용 빈도가 상대적으로 높은 것을 가져다 쓰기 쉬운 위치에 먼저 보관한다.

┌─ 핵심예제 ─

물적자원관리에 대한 설명으로 옳지 않은 것은?

① 계속 사용할 물품인지 아닌지를 구분해야 한다.

② 유사 물품은 자주 찾는 곳마다 분리하여 보관한다.

③ 가까운 시일 내에 활용하지 않는 물품은 창고에 보관한다.

④ 물품의 특성을 고려하여 보관 장소를 정한다.

(5) 바코드와 QR코드의 사용

① **바코드(Bar Code)** : 컴퓨터가 판독하기 쉽고 데이터를 빠르게 입력하기 위하여 굵기가 다른 검은 막대와 하얀 막대를 조합시켜 문자나 숫자를 코드화한 것이다.

② **QR코드(Quick Response Code)** : 흑백 격자무늬 패턴으로 정보를 나타내는 매트릭스 형식의 바코드로, 넉넉한 용량을 강점으로 다양한 정보를 담을 수 있다.

③ **바코드의 원리를 활용한 물품관리** : 자신의 물품을 기호화하여 위치 및 정보를 작성해 놓으면 물품을 효과적으로 관리할 수 있다.

| 05 | 인적자원관리능력

(1) 인적자원

기업 경영 목적을 달성하기 위한 조직의 구성원으로, 기업 경영은 조직 구성원들의 역량과 직무 수행에 기초하여 이루어지기 때문에 구성원들이 능력을 최고로 발휘하기 위해서 인적자원의 선발·배치 및 활용이 중요하다.

(2) 효율적인 인사관리의 원칙

① 적재적소 배치의 원리 : 해당 직무 수행에 가장 적합한 인재를 배치해야 한다.

② 공정 보상의 원칙 : 근로자의 인권을 존중하고 공헌도에 따라 노동의 대가를 공정하게 지급해야 한다.

③ 공정 인사의 원칙 : 직무 배당, 승진, 상벌, 근무 성적의 평가, 임금 등을 공정하게 처리해야 한다.

④ 종업원 안정의 원칙 : 직장에서 신분이 보장되고 계속해서 근무할 수 있다는 믿음을 갖게 하여 근로자가 안정된 회사 생활을 할 수 있도록 해야 한다.

⑤ 창의력 개발의 원칙 : 근로자가 창의력을 발휘할 수 있도록 새로운 제안·건의 등의 기회를 마련하고, 적절한 보상을 위해 인센티브를 제공해야 한다.

⑥ 단결의 원칙 : 직장 내에서 구성원들이 소외감을 느끼지 않도록 배려하고, 서로 유대감을 가지고 협동·단결하는 체제를 이루도록 한다.

(3) 개인 차원의 인적자원관리(인맥관리)

① 인맥(人脈, Personal Connections) : 자신이 알고 있거나 관계를 형성하고 있는 사람들로, 일반적으로 가족, 친구, 직장동료, 선후배, 동호회 등 다양한 사람들이 포함된다.

② 개인적 차원의 인적자원관리 : 직접적인 관계에 있는 사람들로 구성된 핵심인맥과 다양한 파생인맥에 대한 관리를 의미한다. 개인적 차원의 인맥관리 방법으로는 다음과 같은 것들이 있다.

    ㉠ 명함관리

    ㉡ 인맥관리카드 작성(핵심인맥카드, 파생인맥카드)

③ 인맥활용 시의 장점

    ㉠ 각종 정보의 획득

    ㉡ 정보의 소스 획득

    ㉢ 참신한 아이디어와 해결책 도출

    ㉣ 유사시의 도움

● 핵심예제 ●

인적자원에 대한 설명으로 옳지 않은 것은?

① 주위에 있는 모든 사람들이 중요한 자원이다.
② 인적자원은 조직 차원에서만 중요하다.
③ 인맥은 가족, 친구, 직장동료 등으로 나누어진다.
④ 인맥에는 핵심인맥과 파생인맥 등이 있다.

(4) 인적자원의 특성

능동성	인적자원은 능동적이고 반응적인 성격이 있다. 인적자원으로부터의 성과는 인적자원의 욕구와 동기, 태도와 행동, 만족감에 따라 결정된다.
개발가능성	인적자원은 자연적인 성장, 성숙과 함께 오랜 기간에 걸쳐 개발될 수 있는 잠재능력과 자질을 보유하고 있다.
전략적 자원	보유한 자원을 활용하는 주체가 사람, 즉 인적자원이므로 어느 자원보다 전략적으로 중요하다.

(5) 효과적인 인력배치

① 인력배치의 원칙 : 효과적인 인력배치를 위해서는 '적재적소주의, 능력주의, 균형주의'의 원칙을 지켜야 한다.

적재적소주의	• The right man for the right job • 팀원의 능력이나 성격 등에 따라 가장 적합한 위치에 인력을 배치하여 팀원 개개인이 능력을 최대로 발휘해 줄 것을 기대하는 것 • 배치는 작업이나 직무가 요구하는 요건, 개인이 보유하고 있는 조건이 서로 균형 있고, 적합하게 대응되어야 함
능력주의	• 개인에게 능력을 발휘할 수 있는 기회와 장소를 부여하고, 그 성과를 바르게 평가하여 평가된 능력과 실적에 대해 그에 상응하는 보상을 주는 원칙 • 적재적소주의 원칙의 상위 개념
균형주의	팀 전체의 적재적소를 고려(팀 전체의 능력 향상, 의식 개혁, 사기 앙양)하여 모든 팀원에 대하여 평등하게 인력을 배치하는 것

② 배치의 유형 : 양적 배치·질적 배치·적성 배치의 3가지가 있으며, 3가지가 모두 조화롭게 운영되어야 가장 효율적이다.

양적 배치	부문의 작업량과 조업도, 여유 또는 부족 인원을 감안하여 소요 인원을 결정하여 배치하는 것
질적 배치	적재적소의 배치
적성 배치	팀원의 적성 및 흥미에 따른 배치

효과적인 인력배치의 원칙이 아닌 것은?

① 적재적소주의

② 능력주의

③ 능동주의

④ 균형주의

효과적인 인력배치를 위해서는 '적재적소주의, 능력주의, 균형주의'를 따라야 한다.

오답분석

① 적재적소주의 : 개인의 능력과 성격 등에 따라 가장 적합한 위치에 인력을 배치하는 것

② 능력주의 : 개인의 능력을 발휘할 수 있는 기회와 장소를 제공할 수 있도록 인력을 배치하는 것

④ 균형주의 : 팀 전체의 적재적소를 고려하여 모든 팀원에 대해 평등하게 인력을 배치하는 것

정답 ③

2일 차

유형 01 시간자원관리

식음료 제조회사에 근무하고 있는 사원 L씨는 울산에 있는 공장에 업무차 방문하기 위해 교통편을 알아보고 있는 중이다. L씨는 목요일 오전 업무를 마치고 낮 12시에 출발이 가능하며, 당일 오후 3시까지 공장에 도착해야 한다. 다음의 자료를 보고 L씨가 선택할 교통편으로 가장 적절한 것은?(단, 도보이동 시간은 고려하지 않는다)

ⓐ

ⓑ

2) 조건확인 : ⓐ~ⓑ

1) 질문의도
: 최적 교통편 찾기

▲ 울산 공장 위치
　울산광역시 울주군 기성면 망양리 00-0
　전화번호 : 052-123-4567

▲ 회사에서 이동수단 장소까지의 소요시간

출발지	도착지	소요시간
회사	김포공항	40분 → 12:40분 도착
	고속버스터미널	15분
	서울역	30분

3) 대안검토

▲ 이동수단별 소요시간　→ 13:00 출발

구분	운행 요일	출발지	출발시간	소요시간
비행기	매일	김포공항	30분 간격	1시간
고속버스	월/수/금요일	고속버스터미널	매시 정각	4시간 20분
KTX	매일	서울역	매시 정각	2시간 15분

→14:00 도착

▲ 공장까지의 소요시간

교통편	출발지	소요시간
버스	울산터미널	1시간 30분
	울산공항	1시간 50분
	울산역	1시간 20분
택시	울산터미널	50분
	울산공항	30분 → 14:30 공장 도착
	울산역	15분
공항 리무진 버스	울산공항	65분

4) 정답도출

① KTX – 택시　　　　　② KTX – 버스
☑ 비행기 – 택시　　　　④ 비행기 – 공항 리무진 버스
⑤ 고속버스 – 택시

유형분석 -

• 시간자원과 관련된 다양한 정보를 활용하여 문제를 풀어 가는 문제이다.
• 대체로 교통편 정보가 제공되며, 이를 근거로 '약속된 시간 내에 도착하기 위한 방안'을 고르는 문제가 출제된다.

풀이전략 -

먼저 문제에서 묻는 것을 정확히 파악한다. 특히 제한사항에 대해서는 빠짐없이 확인해 두어야 한다. 이후 제시된 정보(교통편 등)에서 필요한 것을 선별하여 문제를 풀어 간다.

※ 영업팀 사원인 B씨는 업무 특성상 외근이 잦은 편이다. 첫 번째 자료는 본사에서 목적지까지의 거리와 B씨가 이용하는 차종의 연비를 제시한 표이고, 두 번째 자료는 분기별 휘발유와 경유의 공급가를 나타낸 그래프이다. 주어진 보기를 바탕으로 이어지는 질문에 답하시오.

목적지	거리	차종	연비
본사 – A사	25km	001	20
A사 – B사	30km	002	15
B사 – C사	25km	003	15
C사 – D사	40km	004	10
D사 – E사	30km	005	10
E사 – F사	50km	006	25

분기별 연료공급가
(단위 : 원)

	1분기	2분기	3분기	4분기
□ 휘발유	1,500	2,000	2,500	1,900
■ 경유	1,200	1,800	2,000	1,300

3) 문제풀이

$: \dfrac{10만\ 원}{2천\ 원} \times 25$

$=1,250km$

3분기에 연비가 가장 좋은 차종(경유)으로 거래처를 순회한다면 10만 원의 예산으로 주행할 수 있는 총 거리는 몇 km인가? ⓐ ⓑ

① 1,210km
② 1,220km
③ 1,230km
④ 1,240km
☑ 1,250km

1) 질문의도
   : 예산 → 총거리

2) 조건확인 : ⓐ~ⓑ

4) 정답도출

• 한정된 예산 내에서 수행할 수 있는 업무에 대해 묻는 문제이다.

제한사항인 예산을 고려하여 문제에서 묻는 것을 정확히 파악한 후 제시된 정보에서 필요한 것을 선별하여 문제를 풀어 간다.

📋 연속출제

※ 다음 제시문을 읽고 이어지는 질문에 답하시오.

A회사는 2020년 초에 회사 내의 스캐너 15개를 교체하려고 계획하고 있다.

구분	Q스캐너	T스캐너	G스캐너
제조사	미국 B회사	한국 C회사	독일 D회사
가격	180,000원	220,000원	280,000원
스캔 속도	40장/분	60장/분	80장/분
주요 특징	- 양면 스캔 가능 - 50매 연속 스캔 - 소비전력 절약 모드 지원 - 카드 스캔 가능 - 백지 Skip 기능 - 기울기 자동 보정 - A/S 1년 보장 ∴ 5개	- 양면 스캔 가능 - 타 제품보다 전력소모 60% 절감 - 다양한 소프트웨어 지원 - PDF 문서 활용 가능 - 기울기 자동 보정 - A/S 1년 보장 ∴ 4개	- 양면 스캔 가능 - 빠른 스캔 속도 - 다양한 크기 스캔 - 100매 연속 스캔 - 이중급지 방지 장치 - 백지 Skip 기능 - 기울기 자동 보정 - A/S 3년 보장 ∴ 6개

2) 조건검토
  : Q → 5개
   T → 4개
   G → 6개

스캐너 구매를 담당하고 있는 귀하는 사내 설문조사를 통해 부서별로 필요한 스캐너 기능을 확인하였다. 이를 참고하였을 때, 구매할 스캐너의 순위는?

1) 질문의도
  : 필요기능 → 순위

- 양면 스캔 가능 여부
- 50매 이상 연속 스캔 가능 여부
- 예산 4,200,000원까지 가능
- 카드 크기부터 계약서 크기 스캔 지원
- A/S 1년 이상 보장
- 기울기 자동 보정 여부

① T스캐너 - Q스캐너 - G스캐너
③ G스캐너 - T스캐너 - G스캐너
⑤ Q스캐너 - T스캐너 - G스캐너
✅ G스캐너 - Q스캐너 - T스캐너
④ Q스캐너 - G스캐너 - T스캐너

3) 정답도출
  : 순위 나열

🔖 유형분석

- 물적자원과 관련된 다양한 정보를 활용하여 풀어 가는 문제이다.
- 주로 공정도·제품·시설 등에 대한 가격·특징·시간 정보가 제시되며, 이를 종합적으로 고려하는 문제가 출제된다.

🔖 풀이전략

문제에서 묻고자 하는 바를 정확히 파악하는 것이 중요하다. 문제에서 제시한 물적자원의 정보를 문제의 의도에 맞게 선별하면서 풀어 간다.

📑 연속출제

자동차 회사에서 기계설비를 담당하는 귀하는 12월 주말근무표 초안을 작성하였는데, 이를 토대로 <u>대체근무자를 미리 반영</u>하려고 한다. 다음 중 <u>귀하가 배정한 인원</u>으로 적절하지 <u>않은</u> 것은?

1) 질문의도
   : 대체근무 배정

• 주말근무 규정

　① 1~3팀은 순차적으로 주말근무를 실시한다.

　② 주말근무 후에는 차주 월요일(토요일 근무자) 및 화요일(일요일 근무자)을 휴무일로 한다.

　③ 주말 이틀 연속 근무는 금지한다. ⓐ

　④ 주말근무 예정자가 개인사정으로 인하여 근무가 어려울 경우, 해당 주차 휴무이거나
　　혹은 근무가 없는 팀의 일원 1명과 대체한다.
　　　　　　　　　　　　　　　　　　　　ⓑ

2) 조건확인
   : ⓐ～ⓑ

• 12월 주말근무표

구분	1주 차		2주 차		3주 차		4주 차	
	5일(토)	6일(일)	12일(토)	13일(일)	19일(토)	20일(일)	26일(토)	27일(일)
근무자	1팀	2팀	3팀	1팀	2팀	3팀	1팀	2팀

근무가능　　근무불가능

3) 조건적용
   : 주말 연속근무 X

• 기계설비팀 명단

　1팀 : 강단해(팀장), 마징가, (차도선) 이방원, 황이성, 강의찬
　2팀 : 사차원(팀장), 박정훈, 이도균, 김선우, 정선동, 박아천
　3팀 : 마강수(팀장), 이정래, (하선오) 이광수, 김동수, 김대호

구분	휴무 예정일자	휴무 예정자	사유	대체 근무자	대체 근무일자
① ✓	12/5(토)	차도선	가족여행	하선오	12/12(토)
②	12/12(토)	이정래	지인 결혼식	박정훈	12/27(일)
③	12/19(토)	이도균	건강 검진	이방원	12/13(일)
④	12/20(일)	이광수	가족여행	강의찬	12/26(토)
⑤	12/27(일)	박아천	개인사정	김대호	12/12(토)

4) 정답도출
   : 차도선 12일
     근무불가

유형분석

• 인적자원과 관련된 다양한 정보를 활용하여 문제를 풀어 가는 문제이다.
• 주로 근무명단, 휴무일, 업무할당 등의 주제로 다양한 정보를 활용하여 종합적으로 풀어 나가는 문제가 출제된다.

풀이전략

문제에서 근무자배정 혹은 인력배치 등의 주제가 출제될 경우에는 주어진 규정 혹은 규칙을 확인하여야 한다. 이를 근거로 각 선택지가 어긋나지 않는지 꼼꼼히 검토하며 문제를 풀어 간다.

Day **3**

3일 차

영역 5 자기개발능력 영역 소개

자기개발능력 출제비중

- 자기인식 (30%)
- 자기관리 (30%)
- 경력개발 (40%)

출제비중

자기개발능력 출제빈도

구분	중요도
자기인식	★★☆☆☆
자기관리	★★★☆☆
경력개발	★★☆☆☆

자기개발능력은 직업인으로서 자신의 능력, 적성, 특성 등의 객관적 이해를 기초로 자기 발전 목표를 스스로 수립하고 자기관리를 통하여 성취해 나가는 능력을 의미한다. 또한, 직장생활을 포함한 일상에서 스스로를 관리하고 개발하는 능력을 말한다.

국가직무능력표준에 따르면 자기개발능력의 세부 유형은 자아인식능력·자기관리능력·경력개발능력으로 나눌 수 있다.

자기개발능력은 NCS 기반 채용을 진행한 기업 중 58% 정도가 다루었으며, 문항 수는 전체의 평균 2% 정도로 출제되었다.

01 개념을 정립하자!

자기개발능력의 문제들은 대부분 어렵고 특별한 지식을 요구하는 것은 아니다. 그렇기 때문에 따로 시간을 할애해 학습하지 않아도 득점이 가능하다. 다만 매슬로우의 욕구단계, 조하리의 창 등 암기가 필요한 개념이나 키워드들은 정리해서 미리 알아둘 필요가 있다.

02 개념 + 상황을 대비하자!

자신에 대한 이해를 바탕으로 스스로를 관리하고 나아가 개발을 하는 것에 대한 질문이 이 영역의 내용인데 상식으로 풀 수 있는 내용뿐만 아니라 지식을 알아두지 않으면 틀릴 수밖에 없는 내용도 많다. 그렇기 때문에 자주 출제되는 개념들은 분명히 정리해야 하고 출제되는 유형이 지식 자체를 묻기 보다는 대화나 예시를 제시하기 때문에 상황과 함께 연결해서 정리해 두어야 한다.

03 업무 사례와 연관 지어보자!

자기개발의 정의와 구성 요인을 파악하는 기본적인 이론도 중요하지만, 실제 업무 사례와 연관 짓거나 상황에 적용하는 등의 문제를 통해 자기개발 전략에 대해 이해할 필요가 있다. 스스로 자기개발 계획을 수립하여 실제 업무 수행 시 반영할 수 있어야 한다.

04 자기개발의 출제이유를 생각해라!

공부를 굳이 하지 않아도 되는 영역이라고 생각하는 사람들이 많은 영역이다. 그럼에도 공사·공단에서 자기개발능력의 영역을 시험으로 출제하는 근본적인 이유를 생각해 볼 필요가 있다. 대부분의 수험생들이 자기개발능력에 공부시간을 전혀 할애하지 않고 시험을 보러 간다. 그렇기 때문에 본인이 찍는 정답이 곧 본인의 가치관을 반영하는 것이라고 할 수 있다. 자기개발은 본인 스스로를 위해서 이루어지고, 직장생활에서의 자기개발은 업무의 성과를 향상시키기 위해 이루어진다. 출제자들은 그것을 파악하려고 하는 것이다. 기본적인 개념과 암기를 해야 할 이유이다.

3일 차

자기개발능력 핵심이론

| 01 | 자기개발능력

(1) 자기개발능력

① 직업인으로서 자신의 능력·적성·특성 등의 객관적 이해를 기초로 자기 발전 목표를 스스로 수립하고 자기관리를 통하여 성취해 나가는 능력을 의미한다.

② 자기개발능력은 직업인으로서 자신의 흥미·적성·특성 등의 이해에 기초하여 자기정체감을 형성하는 '자아인식능력', 자신의 행동 및 업무수행을 통제하고 관리하며 조정하는 '자기관리능력', 자신의 진로에 대한 단계적 목표를 설정하고 목표성취에 필요한 역량을 개발해 나가는 '경력개발능력'으로 구성된다.

(2) 자기개발을 하는 이유

① 직장생활에서의 자기개발은 업무의 성과를 향상시키기 위하여 이루어진다.

② 자기개발은 변화하는 환경에 적응하기 위해서 이루어진다.

③ 자기개발은 주변 사람들과 긍정적인 인간관계를 형성하기 위해서 필요하다.

④ 자기개발은 자신이 달성하고자 하는 목표를 성취하도록 도와준다.

⑤ 자기개발을 통해 자신감을 얻게 되고 삶의 질이 향상되어 보다 보람된 삶을 살 수 있다.

(3) 자기개발의 특징

① 자기개발에서 개발의 주체는 타인이 아니라 자기 자신이다. 따라서 자신을 이해하는 것이 자기개발의 첫걸음이다.

② 자기개발은 개별적인 과정으로서, 자기개발을 통해 지향하는 바와 선호하는 방법 등이 사람마다 다르다.

③ 자기개발은 평생에 걸쳐서 이루어지는 과정이다.

④ 자기개발은 일과 관련하여 이루어지는 활동이다.

⑤ 자기개발은 생활 가운데 이루어져야 한다.

⑥ 자기개발은 모든 사람이 해야 하는 것이다.

자기개발의 특징에 대한 설명으로 옳지 않은 것은?

① 자기개발은 개별적인 과정이다.

② 자기개발은 일시적인 과정이다.

③ 특정한 프로그램에 참가하는 것보다 생활 가운데 이루어지는 것이 더 중요하다.

④ 모든 사람이 해야 한다.

자기개발은 평생에 걸쳐서 이루어져야 한다. 우리는 날마다 조금씩 다른 상황에 처하게 되며, 학교교육에서는 원리·원칙에 대한 교육이 이루어질 뿐이므로 실생활에서 적응하기 위해서는 평생에 걸친 자기개발이 필요하다.

정답 ②

(4) 자기개발의 구성

① 자아인식

직업인의 자아인식이란 직업생활과 관련하여 자신의 가치·신념·흥미·적성·성격 등 자신이 누구인지 파악하는 것이다. 자아인식은 자기개발의 첫 단계가 되며, 자신이 어떠한 특성을 가지고 있는지 바르게 인식해야 적절한 자기개발이 이루어질 수 있다.

② 자기관리

자신을 이해하고 목표를 성취하기 위하여 자신의 행동 및 업무수행을 관리하고 조정하는 것이다.

③ 경력개발

경력목표와 전략을 수립하고 실행하며 피드백하는 과정이다.

자기개발의 구성요소로서 옳지 않은 것은?

① 자아인식　　　　　② 자기관리

③ 자기비판　　　　　④ 경력개발

자기개발을 위해서는 자아를 인식하고, 관리하며, 경력을 개발해야 한다.

정답 ③

(5) 자기개발을 방해하는 장애요인

① 우리의 욕구와 감정이 작용하기 때문이다.

매슬로우(A. H. Maslow)는 자기실현의 욕구는 최상의 욕구로서, 기본적인 욕구들이 충족된 다음에야 추구될 수 있다고 하였다.

② 제한적으로 사고하기 때문이다.

제한적 사고는 자신의 장·단점을 객관적으로 파악하는 데 장애요인으로 작용한다.

③ 문화적인 장애에 부딪히기 때문이다.

우리는 현재 익숙한 일과 환경을 지속하려는 습성이 있어서 새로운 자기개발의 한계에 직면하게 된다.

④ 자기개발 방법을 잘 모르기 때문이다.

사람들은 자기개발을 하려고 해도 어디서 어떻게 자기개발을 할 수 있는지 방법을 모르는 경우가 많다.

• 핵심예제 •

자기개발을 방해하는 요인에 대한 설명으로 옳지 않은 것은?

① 인간의 욕구와 감정이 작용하기 때문이다.
② 현재 하고 있는 일을 바꾸려는 습성이 있기 때문이다.
③ 제한적으로 사고하기 때문이다.
④ 자기개발 방법을 잘 모르기 때문이다.

(6) 자기개발 설계 전략

① 장·단기 목표를 수립한다.

㉠ 장기 목표(5 ~ 20년) : 자신의 욕구·가치·흥미·적성 및 기대를 고려하여 수립한다.

㉡ 단기 목표(1 ~ 3년) : 장기 목표를 위한 직무 관련 경험, 능력, 자격증 등을 고려한다.

② 인간관계를 고려한다.

③ 현재의 직무를 고려한다.

④ 구체적인 방법으로 계획한다.

| 02 | 자아인식능력

(1) 자아인식이란?

자아인식은 자신의 흥미·적성·특성 등을 이해하고 자기정체성을 확고히 하는 것이다.

(2) 자아 구성요소

① 자아는 자기 자신, 즉 '나'를 일컫는 말이다. 또한 스스로 자신의 존재를 인식하고, 타인과 자기 외부에 대해서 판단하고 행동하는 독립체라고 할 수 있다.

② 자아는 내면과 외면으로 구분할 수 있다.

내면적 자아	• 자신의 내면을 구성하는 요소 • 측정하기 어려움 • 적성, 흥미, 성격, 가치관 등
외면적 자아	• 자신의 외면을 구성하는 요소 • 외모, 나이 등

(3) 조하리의 창(Johari's Window)

조셉과 해리라는 두 심리학자에 의해 만들어진 조하리의 창(Johari's Window)은 자신과 타인, 두 가지 관점을 통해 파악해 보는 자기인식 또는 자기이해의 모델이다. 보다 객관적으로 자신을 인식하기 위해서는 내가 아는 나의 모습 외에 다른 방법을 적용할 필요가 있다.

구분	내가 아는 나	내가 모르는 나
타인이 아는 나	공개된 자아 (Open Self)	눈먼 자아 (Blind Self)
타인이 모르는 나	숨겨진 자아 (Hidden Self)	아무도 모르는 자아 (Unknown Self)

—● 핵심예제 ●—

다음 중 '조하리의 창(Johari's Window)'에 속하지 않는 것은?

① 공개된 자아

② 눈먼 자아

③ 아무도 모르는 자아

④ 내가 원하는 자아

—● 예제풀이 ●—

조하리의 창
(Johari's Window)
공개된 자아, 눈먼 자아, 숨겨진 자아, 아무도 모르는 자아

정답 ④

(4) 흥미와 적성 개발

① 흥미는 일에 대한 관심이나 재미를 의미하고, 적성이란 개인마다 잠재적으로 가지고 있는 재능을 의미한다.
② 흥미나 적성은 선천적으로 부여되지만, 후천적으로도 개발할 수 있다.

(5) 성찰을 하는 이유

① 다른 일을 하는 데 필요한 노하우 축적
② 지속적인 성장의 기회 제공
③ 신뢰감 형성의 원천 제공
④ 창의적인 사고능력 개발 기회 제공

| 03 | 자기관리능력

(1) 자기관리란?

자기관리는 자신의 행동 및 업무수행을 통제하고 관리하며, 조정하는 것이다.

(2) 자기관리 절차

① 비전 및 목적 설정 : 비전과 목적은 모든 행동 혹은 업무의 기초가 되며, 의사결정에 있어서 가장 중요한 지침으로 적용된다.
② 과제 발견 : 자신이 해야 하는 역할을 도출하고 활동목표를 세우고 우선순위를 정한다.
③ 일정 수립 : 우선순위에 따라 구체적인 일정을 수립한다.
④ 수행 : 계획한 대로 수행한다.
⑤ 반성 및 피드백 : 일을 수행하고 난 결과를 피드백하여 다음 수행에 반영한다.

(3) 업무수행 성과를 높이기 위한 행동전략

① 자기자본이익률(ROE)을 높인다.
자기자본이익률이란 경영자가 기업에 투자된 주주의 자본을 사용해 어느 정도 이익을 올리고 있는가를 나타내는 지표이며, 기업의 당기순이익을 자기자본으로 나눠 구한다.

> [자기자본이익률(ROE)]=(당기순이익)÷(자기자본)

② 일을 미루지 않는다.
일을 하나둘 미루다 보면, 다른 일까지 지속적으로 밀리게 되어서 일을 처리하는 데 최선을 다하지 못하고 급하게 처리하게 된다. 따라서 해야 될 일이 있다면 바로 하는 습관을 들여야 한다.
③ 업무를 묶어서 처리한다.
직장인들이 하는 일은 비슷한 속성을 가진 경우가 많기 때문에, 여러 가지 일을 한 번에 처리하면 시간과 에너지를 절약할 수 있다.

④ 다른 사람과 다른 방식으로 일한다.

다른 사람이 일하는 방식과 다른 방식으로 생각하다 보면, 의외로 창의적인 방법을 발견할 수 있다.

⑤ 회사와 팀의 업무 지침을 따른다.

회사와 팀의 업무 지침은 변화하는 환경 속에서 그 일의 전문가들에 의해 검증된 것이므로 기본적으로 지켜야 할 것은 지켜야 한다.

⑥ 역할 모델을 설정한다.

직장에서 가장 일을 잘한다고 평가받는 사람을 찾아 주의 깊게 살펴보고 그 사람을 따라 하도록 노력한다.

• 핵심예제 •

업무수행 성과를 높이기 위한 행동전략으로 옳지 않은 것은?

① 자기자본이익률을 높여야 한다.
② 역할 모델을 설정한다.
③ 업무를 묶어서 처리하는 것은 업무 진행에 비효율적이다.
④ 다른 사람과 다른 방식으로 일하는 것이 좋다.

---

(4) 합리적인 의사결정 과정

① 합리적인 의사결정

자신의 목표를 정하여 그에 대한 대안을 찾아보고 실행 가능한 최상의 방법을 선택하여 행동하는 것이다.

② 합리적인 의사결정 과정

㉠ 문제의 특성이나 유형을 파악한다.
㉡ 의사결정의 기준과 가중치를 정한다.
㉢ 의사결정에 필요한 정보를 수집한다.
㉣ 가능한 모든 대안을 탐색한다.
㉤ 각 대안을 분석 및 평가한다.
㉥ 가장 최적의 안을 선택한다.
㉦ 의사결정 결과를 분석·평가하고 피드백한다.

| 04 | 경력개발능력

(1) 경력개발이란?

경력개발이란 자신의 진로에 대하여 단계적 목표를 설정하고 목표성취에 필요한 역량을 개발해 나가는 것이다.

(2) 경력개발능력의 필요성

현대사회의 지식정보는 매우 빠른 속도로 변화하고 있으며, 이는 개인이 속한 조직과 일에 영향을 미친다. 또한, 조직 내부에서는 경영전략이 변화하거나 승진 적체, 직무환경 변화 등의 문제를 겪기 쉽다. 개인적으로도 발달단계에 따라 일에 대한 가치관과 신념 등이 바뀌게 된다. 따라서 직업인들은 개인의 진로에 대하여 단계적 목표를 설정하고, 목표성취에 필요한 능력을 개발해야 한다.

(3) 경력개발 단계

① 직업 선택

자신에게 적합한 직업이 무엇인지를 탐색하고 이를 선택하는 단계이다.

② 조직 입사

선택한 직업에 따라 조직생활을 시작하는 단계이다.

③ 경력 초기

자신이 맡은 업무의 내용을 파악하고, 새로 들어간 조직의 규칙이나 규범, 분위기를 알고 적응해 나가는 것이 중요한 과제이다.

④ 경력 중기

자신이 그동안 성취한 것을 평가하고, 생산성을 그대로 유지하는 단계이다. 직업 및 조직에서 어느 정도 입지를 굳히게 되어 더 이상 수직적인 승진 가능성이 적은 경력 정체 시기에 이르게 되며, 새로운 환경의 변화에 직면하여 생산성을 유지하는 데 어려움을 겪기도 한다.

⑤ 경력 말기

조직의 생산적인 기여자로 남고 자신의 가치를 지속적으로 유지하기 위하여 노력하며 동시에 퇴직을 고려하게 된다.

(4) 경력개발계획 수립

① 직무정보 탐색

직무정보 탐색은 내가 관심을 가지고 하려는 직무에 대하여 모든 정보를 알아내는 단계이다.

② 자신과 환경이해

자기 탐색	환경 탐색
• 자기인식 관련 워크숍 참여 • 전문기관의 전문가 면담 • 표준화된 검사 • 일기 등을 통한 성찰 과정	• 회사의 연간 보고서 • 특정 직무와 직업에 대한 설명 자료 • 전직 및 경력 상담 회사 및 기관 방문 • 직업관련 홈페이지 탐색 : 각종 기관에서 운영하는 직업정보(Know), 자격정보(Q-net), 취업알선 정보(Work-net), 노동시 정보(고용보험 DB, 실업자대책 DB) 등

③ 경력목표 설정

직무, 자신 및 환경에 대한 정보를 기초로 자신이 하고 싶은 일은 어떤 것인지, 이를 달성하기 위해서는 어떻게 능력을 개발해야 하는지에 대하여 단계별 목표를 설정한다.

④ 경력개발 전략수립

경력목표를 수립하면 이를 달성하기 위한 활동계획을 수립한다.

⑤ 실행 및 평가

경력개발 전략에 따라 목표달성을 위해 실행하고 도출된 결과를 검토 및 수정한다.

(5) 경력개발 관련 이슈

① 평생학습사회

지식과 정보의 폭발적인 증가로 새로운 기술개발에 따라 직업에서 요구되는 능력도 변화하고 있다. 따라서 개인 각자가 자아실현, 생활 향상 또는 직업적 지식·기술의 획득 등을 목적으로 전 생애에 걸쳐서 주체적으로 학습을 계속할 수 있는 평생학습 사회가 도래하였다.

② 투잡스(Two-Jobs)

지속적인 경기불황에 따라 2개 혹은 그 이상의 직업을 가지는 사람들이 늘어나고 있다. 투잡을 희망하는 이유로는 경제적 이유(59.5%)가 가장 높았으며, 그 다음으로 자투리 시간 활용(21.5%)이 높게 나타났다.

③ 청년 실업

외환위기 이후 우리나라 노동시장에서 청년 실업은 매우 큰 문제로 부각되고 있다.

④ 창업경력

전 세계적으로 창업이 증가하고 있는 추세이다. 많은 사람들이 자신의 사업을 경영하고 싶은 소망을 가지고 있듯이 창업이 매력적인 것은 틀림없지만, 창업에 성공하기 위해서는 자신의 흥미·재능·가치·라이프스타일을 철저히 이해하고, 업무 환경에 대한 충분한 정보를 얻은 후에 구체적인 목표와 전략을 수립하여 실행해야 한다.

⑤ 소셜네트워크 구인·구직

기업 인사담당자들은 앞으로 취업시장의 핵심키워드로 '소셜 네트워크 구인·구직 활동'을 꼽았다.

⑥ 일과 생활의 균형(WLB; Work Life Balance)

컨설팅 기업인 타워스 페린이 최근 16개 국가의 직장인 86,000여 명을 대상으로 인재를 끌어들이는 요인에 대해 조사한 결과, 우리나라의 경우 경쟁력 있는 복리후생제도가 1위, 일과 삶의 균형이 2위로 나타나 일과 생활의 균형에 대한 관심이 증가하고 있는 것을 알 수 있다.

유형 **01** 자기관리

📋 연속출제

H는 외국어능력을 키우기 위해서 영어학원에 등록을 했다. 그런데 몸이 안 좋거나 ⓐ 다른 약속이 생 ⓑ 겨서 뜻대로 참석하지 못하고 있다. H의 자기개발을 방해하는 요인과 비슷한 사례는 무엇인가?

① A는 외국계 회사로 이직했다. 이직 후 A는 이전과는 다른 회사 분위기에 적응하느라 2주째 동 호회에 나가지 못하고 있다.

② 신입사원 B는 직장 선배에게 회사일도 중요하지만 개인적인 능력개발도 중요하다는 이야기를 들었다. 하지만 B는 어디서부터 어떤 것을 시작해야 할지 혼란스럽다.

③ C는 주말마다 봉사활동을 다니고 있지만 잦은 회식과 과음으로 최근엔 봉사활동에 나가지 못 하고 있다. ──────→ 욕구, 감정

④ D는 입사한지 5년이 지났지만 아직 자신이 잘하는 일이 무엇인지 알 수 없어 고민이다.

⑤ E는 대기업에서 근무하고 있지만 하고 있는 업무가 적성에 맞지 않아 고민이다. 그렇다고 적 성에 맞는 일을 찾아 가기에는 너무 늦은 것 같다.

1) 질문의도
   : 자기개발 방해요인
     → 유사사례 찾기

2) 사례확인
   : ⓐ~ⓑ = 욕구, 감정

3) 선택지 확인

4) 정답도출

유형분석

- 자기관리(개발) 시, 자기개발을 방해하는 요인에 대한 이해를 묻는 문제이다.
- 지식을 단순히 암기만 하면 예가 제시되었을 때 헷갈리기 쉬우므로 꼭 해당 예를 같이 알아두도록 한다.
- ➕ 응용문제 : 자기개발의 필요성·목적 등을 묻는 문제가 출제되기도 하고, 자기개발을 효과적으로 하고 있는 예를 제시하고 그 이유가 무엇인지 묻기도 한다.

풀이전략

문제를 먼저 읽고 질문을 파악한 뒤 선택지에서 질문에 해당하는 예를 찾으면 된다. 해당하는 예를 찾는 문제, 특히 위에 제시된 문제처럼 비슷한 사례를 찾는 문제는 문제에서 제시된 사례가 무엇을 말하고 있는지를 파악하는 것이 핵심이다.

📋 연속출제

경력단계는 직업 선택, 조직 입사, 경력 초기, 경력 중기, 경력 말기로 구분된다. 경력단계 중 다음의 내용과 관련 있는 것은?

> 회사의 차장으로 재직 중인 45세 P 씨는 입사동기 대부분이 부장으로 승진하였거나 퇴사한 상태이다. 조금 있으면 후배 차장들이 승진할 차례이고, 점차 빠르게 변화해가는 조직에서 적응하기도 나름 힘들다는 걸 느끼고 있다. 퇴근 후에는 마음 놓고 속을 털어놓을 동료나 후배가 없어 혼자 포장마차에서 술을 마시고 퇴근하는 경우가 많다. 매일의 반복되는 생활 속에서 새로운 변화를 꿈꾸기도 하여 서점에서 도움이 될 만한 자격증 서적을 찾아서 구입하기도 한다.

ⓐ

1) 질문의도
   : 경력단계 확인

2) 지문파악
   : ⓐ ~ ⓒ
   → 경력 중기

ⓑ

ⓒ

☑ 그동안 성취한 것을 재평가하고 생산성을 그대로 유지하는 단계이다.

② 자신에게 적합한 직업이 무엇인지를 탐색하고 이를 선택한 후, 여기에 필요한 능력을 키우는 과정이다.

③ 자신이 선택한 조직에서 직무를 시작하는 과정이다.

④ 조직의 생산적인 기여자로 남고 자신의 가치를 지속적으로 유지하기 위하여 노력하며, 동시에 퇴직을 고려하게 되는 단계이다.

⑤ 자신이 맡은 업무 내용을 파악하고, 새로 들어간 조직의 규칙이나 규범, 분위기를 알아 가는 단계이다.

3) 정답도출
   : 직위, 변화부담,
   변화모색
   = 경력 중기

유형분석

• 경력단계에 대한 이해를 묻는 문제이다.

• 지문은 단계에 해당하는 사람의 상황이 제시된다.

• 특히 조직 입사와 경력 초기 단계가 헷갈리기 쉬우니 유의해야 한다. 상식으로 판단하기에는 어렵고 각 단계별 특징을 간단하게 알아두어야 한다.

풀이전략

지문이 어느 단계에 해당하는지 묻고 있기 때문에 지문을 먼저 읽고 내용을 파악해야 한다. 그리고 난 뒤 선택지에서 해당 단계의 설명을 찾으면 된다.

영역 6 조직이해능력 영역 소개

조직이해능력 출제비중

- 국제 감각 (10%)
- 조직체제 이해 (20%)
- 경영이해 (40%)
- 업무이해 (30%)

출제비중

조직이해능력 출제빈도

구분	중요도
국제감각	★★☆☆☆
조직체제이해	★★★☆☆
경영이해	★★★★☆
업무이해	★★★☆☆

조직이해능력은 업무를 원활하게 수행하기 위해 조직의 체제와 경영을 이해하고 국제적인 추세를 이해하는 능력이다. 현재 많은 공사·공단에서 출제 비중을 높이고 있는 영역이기 때문에 미리 대비하는 것이 중요하다. 실제 업무 능력에서 조직이해능력을 요구하기 때문에 중요도는 점점 높아 질 것이다.

국가직무능력표준에 따르면 조직이해능력의 세부 유형은 조직체제이해능력·경영이해능력·업무이해능력·국제감각으로 나눌 수 있다. 조직도를 제시하는 문제가 출제되거나 조직의 체계를 파악해 경영의 방향성을 예측하고, 업무의 우선순위를 파악하는 문제가 출제된다.

조직이해능력은 NCS 기반 채용을 진행한 기업 중 70% 정도가 다뤘으며, 문항 수는 전체에서 평균 5% 정도로 상대적으로 적게 출제되었다.

01 문제 속에 정답이 있다!

경력이 없는 경우 조직에 대한 이해가 낮을 수밖에 없다. 그러나 문제 자체가 실무적인 내용을 담고 있어도 문제 안에는 해결의 단서가 주어진다. 부담을 갖지 않고 접근하는 것이 중요하다.

02 경영·경제학원론 정도의 수준은 갖추도록 하라!

지원한 직군마다 차이는 있을 수 있으나, 경영·경제이론을 접목시킨 문제가 꾸준히 출제되고 있다. 따라서 기본적인 경영·경제이론은 익혀 둘 필요가 있다.

03 지원하는 공사·공단의 조직도를 파악하자!

출제되는 문제는 각 공사·공단의 세부내용일 경우가 많기 때문에 지원하는 공사·공단의 조직도를 파악해두어야 한다. 조직이 운영되는 방법과 전략을 이해하고, 조직을 구성하는 체제를 파악하고 간다면 조직이해능력영역에서 조직도가 나올 때 단시간에 문제를 풀 수 있을 것이다.

04 실제 업무에서도 요구되므로 이론을 익혀두자!

각 공사·공단의 직무 특성상 일부 영역에 중요도가 가중되는 경우가 있어서 많은 취업준비생들이 일부 영역에만 집중하지만. 실제 업무 능력에서 직업기초능력 10개 영역이 골고루 요구되는 경우가 많고, 현재는 필기시험에서도 조직이해능력을 출제하는 기관의 비중이 늘어나고 있기 때문에 미리 이론을 익혀 둔다면 모듈형 문제에서 고득점을 노릴 수 있다.

조직이해능력 영역 소개

국제감각
업무에 관한 국제적인 추세를 이해하는 능력

조직체제이해
조직의 체제를 이해하는 능력

경영이해
조직의 경영에 대해 이해하는 능력

업무이해
조직의 업무를 이해하는 능력

3일 차

조직이해능력 핵심이론

| 01 | 경영이해능력

(1) 의의

직업인이 자신이 속한 조직의 경영목표와 경영방법을 이해하는 능력

(2) 경영의 구성요소 : 경영목적, 인적자원, 자금, 전략

① 경영목적

　㉠ 조직의 목적을 어떤 과정과 방법을 택하여 수행할 것인가를 구체적으로 제시해준다.

　㉡ 경영자 평가 : 조직의 목적 달성 여부에 따라 경영자가 평가를 받게 된다.

② 인적자원

　㉠ 경영성과에 영향 : 조직의 구성원들이 가진 역량과 직무수행 결과에 따라 경영성과가 달라진다.

　㉡ 경영자 역할 : 경영자는 조직의 목적과 필요에 부합하는 인적자원을 채용하여 이를 적재적소에 배치·활용해야 한다.

③ 자금

　㉠ 경영활동에 사용할 수 있는 금전을 의미한다.

　㉡ 사기업에서 새로운 이윤을 창출하는 기초가 된다.

④ 전략

　㉠ 조직이 가지고 있는 자원의 효율적 운영을 통한 조직의 수행과제와 달성 목표를 제시해준다.

　㉡ 기업 내 모든 인적·물적 자원을 경영목적 달성을 위해 조직화하고, 이를 실행에 옮겨 경쟁우위를 달성하는 활동이다.

(3) 경영의 과정

① 경영자가 경영목표를 설정하고 경영자원을 조달·배분하여 경영활동을 실행하며, 이를 평가하는 일련의 과정

② 단계 : 경영계획 → 경영실행 → 경영평가

　㉠ 경영계획 : 조직의 미래상을 설정하여 이를 달성하기 위한 대안을 분석하고, 목표를 수립하여 실행방안을 선정

　㉡ 경영실행 : 조직목적을 달성하기 위한 활동과 조직구성원 관리

　㉢ 경영평가 : 수행결과를 감독·교정하여 다시 경영계획 단계로의 피드백

(4) 경영활동 유형

① 외부경영활동
  ㉠ 조직외부에서 조직의 효율성을 높이기 위해 이루어지는 활동
  ㉡ 대표적인 대외적 이윤추구활동 : 마케팅 활동
② 내부경영활동
  ㉠ 조직내부에서 인적·물적 자원 및 생산기술을 관리하는 활동
  ㉡ 인사관리, 재무관리, 생산관리 등이 해당

(5) 의사결정의 과정 : 점진적 의사결정 모형 활용

① 확인단계 : 의사결정이 필요한 문제를 인식·진단
  ㉠ 문제의 심각성에 따라 체계적 또는 비공식적으로 이루어진다.
  ㉡ 문제를 신속히 해결할 필요가 있는 경우에는 진단시간을 줄이는 즉각적인 대응이 필요하다.
② 개발단계 : 확인된 문제에 대한 해결방안 모색
  ㉠ 기존 해결방법 중에서 찾는 탐색과정 : 조직 내 관련자와의 대화나 공식적인 문서를 참고한다.
  ㉡ 이전에 없었던 새로운 문제의 해결안 설계 : 다양한 의사결정 기법을 통하여 시행착오 과정을 거치면서 적합한 해결방안을 찾는다.
③ 선택단계 : 한 사람의 의사결정권자의 판단에 의한 선택, 경영과학 기법과 같은 분석에 의한 선택, 이해관계집단의 토의와 교섭에 의한 선택

CHECK POINT

의사결정 과정의 순서를 알고 있는지 확인하는 문제가 주로 출제된다.

● 핵심예제 ●

의사결정과정에 대한 설명으로 옳은 것은?

① 확인단계는 의사결정이 필요한 문제를 인식하는 것으로, 외부환경의 변화나 내부에서 문제가 발생했을 시 이루어진다.
② 개발단계는 문제의 심각성에 따라 체계적으로 이루어지기도 하고 비공식적으로 이루어지기도 한다.
③ 진단단계는 기존 해결방법 중에서 새로운 문제의 해결방법을 찾는 탐색과정이다.
④ 선택단계는 의사결정자들이 모호한 해결방법만을 가지고 있기 때문에 다양한 의사결정기법을 통하여 시행착오 과정을 거치면서 적합한 해결방법을 찾아나가는 것이다.

● 예제풀이 ●

오답분석
② 확인단계에 대한 설명이다.
③ 개발단계는 확인된 문제에 대해 해결방안을 모색하는 단계로 새로운 문제의 해결방법을 찾는 탐색과정과 이전에 없었던 새로운 문제의 해결안을 설계하는 2가지 방식으로 이루어질 수 있다.
④ 개발단계에 대한 설명이다.

정답 ①

(6) 집단의사결정의 특징

① 한 사람이 가진 지식보다 집단이 가지고 있는 지식과 정보가 더 많아 효과적인 결정을 할 수 있다.
② 각자 다른 시각으로 문제를 바라봄에 따라 다양한 견해를 가지고 접근할 수 있다.
③ 장점 : 결정된 사항에 대해 의사결정에 참여한 사람들이 해결책을 수월하게 수용하고, 의사소통의 기회도 향상된다.

3일 차

④ 단점 : 의견이 불일치하는 경우 의사결정을 내리는 데 시간이 많이 소요되며, 특정 구성원에 의해 의사결정이 독점될 가능성이 있다.

(7) 브레인스토밍

① 여러 명이 한 가지의 문제를 놓고 아이디어를 비판 없이 제시하여 최선책을 찾아내는 방법

② 브레인스토밍의 규칙
　　㉠ 다른 사람의 아이디어에 대한 비판 자제
　　㉡ 문제에 대한 자유로운 제안
　　㉢ 가급적 많은 아이디어 제시
　　㉣ 제안된 아이디어를 결합하여 해결책 제시

(8) 경영전략의 추진과정

① 전략목표 설정 : 비전 설정, 미션 설정
② 환경 분석 : 내부환경 분석, 외부환경 분석(SWOT 분석기법)
③ 경영전략 도출 : 조직전략, 사업전략, 부문전략
④ 경영전략 실행 : 경영목적 달성
⑤ 평가 및 피드백 : 경영전략 결과 평가, 전략목표 및 경영전략 재조정

(9) 경영전략의 유형 : 마이클 포터(Michael E. Porter)의 본원적 경쟁전략

① **원가우위 전략** : 원가절감을 통해 해당 산업에서 우위를 점하는 전략
② **차별화 전략** : 생산품이나 서비스를 차별화하여 고객에게 가치 있고 독특하게 인식되도록 하는 전략
③ **집중화 전략** : 경쟁조직들이 소홀히 하는 한정된 시장을 집중적으로 공략하는 전략

(10) 경영참가제도

① **목적** : 경영의 민주성 제고
　　㉠ 노사 간의 세력 균형 : 근로자 또는 노동조합의 의사를 반영하여 공동으로 문제를 해결
　　㉡ 경영의 효율성 제고 : 근로자나 노동조합이 새로운 아이디어 제시, 현장에 적합한 개선방안 마련
② **유형**
　　㉠ 경영참가 : 경영자의 권한인 의사결정과정에 근로자 또는 노동조합이 참여하는 것
　　㉡ 이윤참가 : 조직의 경영성과를 근로자에게 배분하여 조직체에 대한 구성원의 몰입과 관심을 높이는 방법
　　㉢ 자본참가 : 근로자가 조직 재산의 소유에 참여하여 근로자들의 주인의식과 충성심, 성취동기를 유발하는 방법

③ 문제점
  ㉠ 경영능력이 부족한 근로자가 경영에 참여할 경우 신속하고 합리적인 의사결정이 어려워질 수 있다.
  ㉡ 대표로 참여하는 근로자가 조합원들의 권익을 지속적으로 보장할 수 있는지는 불투명하다.
  ㉢ 경영자의 고유한 권리인 경영권을 약화시킨다.
  ㉣ 노동조합의 단체교섭 기능이 약화될 수 있다.

● 핵심예제 ●

경영참가제도에 대한 설명으로 옳지 않은 것은?

① 목적은 경영의 민주성을 제고하는 것으로 근로자 또는 노동조합이 경영과정에 참여하여 자신의 의사를 반영함으로써 공동으로 문제를 해결하고, 노사 간의 세력 균형을 이루는 것이다.
② 유형으로는 경영참가, 이윤참가, 자본참가 등이 있다.
③ 경영자의 고유한 권리인 경영권을 강화시키고 분배문제를 해결함으로써 노동조합의 단체교섭 기능이 강화될 수 있다는 장점이 있다.
④ 대표로 참여하는 근로자가 조합원들의 권익을 지속적으로 보장할 수 있는가의 문제점이 있다.

● 예제풀이 ●

경영자의 고유한 권리인 경영권을 약화시키고, 오히려 경영참가제도를 통해 분배문제를 해결함으로써 노동조합의 단체교섭 기능이 약화될 수 있다.

정답 ③

| 02 | 체제이해능력

(1) 의의

조직의 구조와 목적, 체제 구성요소, 규칙, 규정 등을 이해하는 능력

(2) 조직목표의 기능 및 특징

① 기능
  ㉠ 조직이 존재하는 정당성과 합법성 제공
  ㉡ 조직이 나아갈 방향 제시
  ㉢ 조직구성원 의사결정의 기준
  ㉣ 조직구성원 행동수행의 동기유발
  ㉤ 수행평가 기준
  ㉥ 조직설계의 기준
② 특징
  ㉠ 공식적 목표와 실제적 목표가 상이할 수 있음
  ㉡ 다수의 조직목표 추구 가능
  ㉢ 조직목표 간 위계적 관계 존재
  ㉣ 가변적 속성
  ㉤ 조직의 구성요소와 상호관계를 가짐

● 예제풀이 ●

공식적 목표와 실제적 목표
가 다를 수 있으며 다수의 조
직목표를 추구할 수 있다.

정답 ②

● 핵심예제 ●

조직목표에 대한 설명으로 옳지 않은 것은?

① 조직이 달성하려는 장래의 상태로, 미래지향적이지만 현재의 조직행동의 방향을 결정해주는 역할을 한다.

② 조직의 단합을 위해 공식적 목표와 실제적 목표는 항상 일치해야 하며, 하나의 조직목표만을 추구해야 한다.

③ 조직목표들은 한번 수립하면 달성될 때까지 지속되는 것이 아니라 환경이나 조직 내의 다양한 원인들에 의하여 변동되거나 없어지고 새로운 목표로 대체되기도 한다.

④ 조직구성원들이 공통된 조직목표 아래서 소속감과 일체감을 느끼고 행동수행의 동기를 가지게 하며, 조직구성원들의 수행을 평가할 수 있는 기준이 된다.

(3) 조직목표의 분류

① 전체성과 : 조직의 성장목표
② 자원 목표 : 조직에 필요한 재료와 재무자원 획득
③ 시장 목표 : 시장점유율, 시장에서의 지위 향상
④ 인력개발 목표 : 교육훈련, 승진, 성장
⑤ 혁신과 변화 목표 : 환경변화에 대한 적응, 유연성 향상
⑥ 생산성 목표 : 투입된 자원 대비 산출량 증가

(4) 조직구조의 구분과 결정요인

조직구조 결정요인	조직구조 설계	결과
• 전략 • 규모 • 기술 • 환경	• 기계적 조직 • 유기적 조직	• 조직성과 • 만족

개인·조직 문화 특성

(5) 조직구조의 형태

① 기능적 조직구조 형태
  ㉠ CEO가 조직의 최상층이고 조직구성원들이 단계적으로 배열되는 구조이다.
  ㉡ 안정적인 환경이나 일상적인 기술 및 조직의 내부 효율성을 중요시하며, 기업의 규모가 작을 때 이루어지는 형태이다.

② 사업별 조직구조 형태
  ㉠ 제품에 따라 조직이 구성되며, 각 사업별 구조 아래 생산·판매·회계 등의 역할이 이루어진다.
  ㉡ 급변하는 환경 변화에 효과적으로 대응하고, 제품·지역·고객별 차이에 신속하게 적응하기 위한 분권화된 의사결정이 가능하다.

조직구조의 형태에 대한 설명으로 옳지 않은 것은?

① 조직도를 통해 조직 내적인 구조는 확인할 수 있지만, 구성원들의 임무, 수행하는 과업, 근무 장소 등과 같이 일하는 방식과 관련된 체계는 알 수 없다.

② 대부분의 소규모 조직은 CEO가 조직의 최상층에 있고, 조직 구성원들이 단계적으로 배열되는 구조를 가지고 있다.

③ 안정적인 환경, 일상적인 기술, 조직의 내부 효율성을 중요시하며 기업의 규모가 작을 때에는 업무의 내용이 유사하고 관련성이 있는 것들을 결합해서 기능적 조직구조 형태를 이룬다.

④ 급변하는 환경변화에 효과적으로 대응하고 제품·지역·고객별 차이에 신속하게 적응하기 위하여 분권화된 의사결정이 가능한 사업별 조직구조가 나타나게 되었다.

● 예제풀이 ●

조직도를 살펴보면 조직 내적인 구조는 볼 수 없지만, 구성원들의 임무, 수행하는 과업, 일하는 장소 등과 같은 일하는 방식과 관련된 체계를 알 수 있으므로 조직을 이해하는 데 유용하다.

정답 ①

(6) 조직문화의 기능

① 조직구성원들에게 일체감, 정체성 부여
② 조직몰입 향상
③ 조직구성원들의 행동지침
④ 조직의 안정성 유지

(7) 조직문화의 구성요소

피터(Peter)와 워터맨(Waterman)의 7S 모형에서 '7S'는 공유가치(Shared Value), 리더십 스타일(Style), 구성원(Staff), 시스템(System), 구조(Structure), 전략(Strategy), 관리기술(Skill)을 말한다.

(8) 집단의 유형

① **공식적인 집단** : 조직의 공식적인 목표를 추구하기 위해 의도적으로 만든 집단으로, 목표와 임무가 명확히 규정됨
② **비공식적인 집단** : 구성원들의 요구에 따라 자발적으로 형성된 집단으로, 스터디 모임, 봉사활동 동아리 등이 포함됨

(9) 집단 간 관계

집단 간 경쟁이 일어나면 집단 내부의 응집성이 강화되고 집단의 활동이 더욱 조직화되기도 하지만, 집단 간 과열된 경쟁은 자원 낭비, 업무 방해, 비능률 등의 문제를 초래

(10) 팀의 역할과 성공조건

① **팀의 역할** : 신속한 의사결정 등으로 생산성을 높이고, 구성원들의 다양한 창의성 향상 도모
② **성공 조건** : 조직 구성원들의 협력의지와 관리자층의 지지

| 03 | 업무이해능력

(1) 의의

직업인이 자신에게 주어진 업무의 성격과 내용을 알고 그에 필요한 지식·기술·행동을 확인하는 능력

(2) 업무의 종류

① 각 조직의 외부적인 상황, 오랜 세월에 걸쳐 형성된 특유의 조직문화와 내부권력구조, 성공여건 및 조직의 강점과 약점이 서로 다르므로 다양하게 구성될 수 있다.
② 대부분의 조직에서는 총무부, 인사부, 기획부, 회계부, 영업부로 나누어 업무를 담당한다.

(3) 업무의 특성

① 조직의 공통된 목적 지향
② 요구되는 지식·기술·도구의 다양성
③ 다른 업무와의 관계, 해당 업무의 독립성
④ 업무수행의 자율성, 재량권

● 핵심예제 ●

업무에 대한 설명으로 옳지 않은 것은?

① 보통 업무는 직업인들에게 부여되는 것이 아니라 개인이 선호하는 업무를 임의로 선택한다.
② 같은 규모의 조직이라 하더라도 업무의 종류와 범위가 다를 수 있다.
③ 상품이나 서비스를 창출하기 위한 생산적인 활동으로 조직의 목적을 달성하기 위해 업무는 중요한 근거가 된다.
④ 총무부 업무의 예로는 주주총회 및 이사회 개최 업무, 차량 및 통신시설의 운영 등이 있다.

(4) 업무수행의 절차

업무지침 확인	⇨	활용자원 확인	⇨	업무수행 시트 작성
• 조직의 업무지침 • 나의 업무지침		• 시간 • 예산 • 기술 • 인간관계		• 간트 차트 • 워크플로 시트 • 체크리스트

(5) 업무수행 방해요인의 통제와 관리

　① 시간 정하기

　　㉠ 인터넷 : 하루 일과 중 메일을 확인하는 시간을 3시간마다 10분 단위로 계획

　　㉡ 방문 및 메신저 : 외부 방문시간과 메신저 접속 시간 정하기

　　㉢ 전화 : 각 통화마다 3분 이내 통화원칙 세우기

　② 갈등관리

　　㉠ 갈등의 부정적 효과 : 업무시간 지체, 정신적 스트레스 발생

　　㉡ 갈등의 긍정적 효과 : 문제를 바라보는 새로운 시각 형성, 다른 업무에 대한 이해 증진, 조직의 침체 예방

　　㉢ 갈등관리의 효과적 방법 : 갈등 발생의 원인 파악, 장기적인 조직의 이익을 위한 해결책 고찰, 대화와 협상을 통한 의견일치

　③ 스트레스

　　㉠ 과중한 스트레스는 정신적 불안감을 조성하여 조직에 부정적인 결과를 초래한다.

　　㉡ 적정수준의 스트레스는 개인의 능력을 개선하고 최적의 성과를 내게 해주는 긍정적인 자극제이다.

　　㉢ 스트레스 관리 방법 : 시간 관리를 통한 업무과중 극복, 긍정적인 사고방식 함양, 신체적 운동, 전문가의 도움

| 04 | 국제감각

(1) 의의

　직장생활을 하는 동안에 다른 나라의 문화를 이해하고 국제적인 동향을 이해하는 능력

(2) 세계화

　① **세계화의 정의** : 활동범위가 세계로 확대되는 것

　② **국제경영의 중요성** : 다국적 내지 초국적 기업의 등장으로 인한 범지구적 시스템과 네트워크 안에서 이루어지는 기업 활동

　③ **세계화에 따른 변화**

　　㉠ 다국적 기업의 증가에 따른 세계적인 경제통합의 강화

　　㉡ 정치적인 전망이나 산업에 대한 조직들의 태도 변화

　　㉢ 국가적으로 운영·관리하던 공기업의 민영화 추세

(3) 국제적 식견과 능력의 필요성

　① 경쟁이 세계적인 수준에서 더욱 치열해짐으로써 국제적인 감각으로 세계화 대응전략 마련이 시급하다.

　② 조직구성원들도 다양한 문화의 사람들을 만나고 대화하며 거래 혹은 협상해야 할 일들이 증가한다.

　③ 조직의 시장이 세계로 확대되는 것에 맞춰 세계수준의 의식과 태도, 행동 함양의 노력이 필요하다.

(4) 다른 문화권에 대한 이해

① 문화충격
  ㉠ 한 문화권에 속한 사람이 다른 문화를 접했을 때 체험하게 되는 충격
  ㉡ 문화충격의 대비책 : 다른 문화에 대한 개방적인 태도 견지, 자신이 속한 문화를 기준으로 다른 문화의 평가 자제, 자신의 정체성을 유지한 상태에서 새로운 경험에 대해 적극적인 자세 취하기

② (이문화 커뮤니케이션)＝(언어적 커뮤니케이션)＋(비언어적 커뮤니케이션)
  ㉠ 언어적 커뮤니케이션 : 의사 전달과 직결된 외국어 사용능력
  ㉡ 비언어적 커뮤니케이션 : 상대국의 문화적 배경에 입각한 생활양식, 행동규범, 가치관 등

(5) 국제동향 파악 방법

① 관련 분야 해외사이트 방문을 통한 최신이슈 확인
② 매일 신문의 국제면 읽기
③ 업무와 관련된 분야의 국제잡지 정기 구독
④ 관련 사이트 방문을 통한 국제동향 확인
⑤ 국제학술대회 참석
⑥ 업무와 관련된 주요 용어의 외국어 습득
⑦ 해외서점 사이트 방문을 통해 최신 서적 목록과 주요 내용 파악
⑧ 외국인 친구와의 지속적인 소통

(6) 국제적인 법규나 규정 숙지의 필요성

① 업무와 관련된 국제적인 법규나 규정을 제대로 숙지해야 큰 피해를 방지할 수 있다.
② 각 나라마다 산업 활동을 규제해 놓은 법이 있기 때문에 우리나라에서는 합법적인 행동이 다른 나라에서는 불법일 수 있다.

(7) 글로벌 경쟁력을 갖추기 위한 국제매너

① 인사하는 법
  ㉠ 영미권에서의 악수 방법 : 상대방의 눈이나 얼굴을 보면서 오른손으로 상대방의 오른손을 잠시 힘주어서 잡았다가 놓아야 한다.
  ㉡ 미국에서의 대화법 : 이름이나 호칭을 어떻게 부를지 먼저 물어보는 것이 예의이며, 인사를 하거나 이야기할 때 상대방의 개인공간을 지켜줘야 한다.
  ㉢ 아프리카의 대화법 : 눈을 바라보며 대화하는 것은 실례이므로 코 끝 정도를 보면서 대화한다.
  ㉣ 영미권의 명함
    • 사교용과 업무용으로 나누어진다.
    • 업무용 명함
      – 악수를 한 후 교환한다.

      – 아랫사람이나 손님이 먼저 꺼내 오른손으로 상대방에게 주고, 받는 사람은 두 손으로 받는 것이 예의이다.

      – 받은 명함을 탁자 위에 보이게 놓은 채로 대화하거나 명함지갑에 넣어야 한다.

      – 명함을 구기거나 계속 만지는 것은 예의에 어긋난다.

② 시간약속 지키기

    ㉠ 미국 : 시간엄수를 매우 중요하게 생각한다.

    ㉡ 라틴아메리카·동부 유럽·아랍지역 : 시간 약속을 형식적으로 생각하여 상대방이 당연히 기다려줄 것으로 생각한다.

③ 식사예절

    ㉠ 수프는 소리 내면서 먹지 않는다.

    ㉡ 몸의 바깥쪽에 있는 포크나 나이프부터 사용한다.

    ㉢ 뜨거운 수프는 입으로 불어서 식히지 않고 숟가락으로 저어서 식혀야 한다.

    ㉣ 빵은 수프를 먹고 난 후부터 먹으며, 디저트 직전 식사가 끝날 때까지 먹을 수 있다.

    ㉤ 빵은 손으로 떼어 먹는다.

    ㉥ 생선요리는 뒤집어 먹지 않는다.

    ㉦ 스테이크는 잘라가면서 먹는 것이 좋다.

• 핵심예제 •

국제매너로 옳지 않은 것은?

① 명함을 구기거나 계속 만지는 것은 예의에 어긋나는 일이다.

② 러시아, 라틴아메리카 사람들과 포옹으로 인사하는 것은 예의에 어긋난다.

③ 동부 유럽 사람들은 약속 시간에 상대방이 늦으면 기다리는 것을 당연하게 여긴다.

④ 식사를 할 때, 수프는 소리 내며 먹지 않는다.

• 예제풀이 •

러시아, 라틴아메리카 사람들은 친밀감의 표시로 포옹을 하기 때문에 인사도 포옹으로 하는 경우가 많다.

정답 ②

유형 **01** 국제 감각

📋 연속출제

직장생활을 하면서 해외 바이어를 만나는 경우도 있다. 알아두고 있어야 할 국제매너로 옳지 않은 것은?

① 악수를 한 이후 명함을 건네는 것이 순서이다.

② 러시아, 라틴아메리카 사람들은 포옹으로 인사를 하는 경우가 많다.

③ 이라크 사람들은 상대방이 약속시간이 지나도 기다려 줄 것으로 생각한다.

☑️ 미국인들과 악수를 할 때에는 손끝만 살짝 잡아서 해야 한다.

1) 질문의도
  : 국제매너

2) 정답도출
  : 손끝만 X
    → 잠시 힘주어
      잡아야 함

🔹 유형분석

- 국제 예절에 대한 이해를 묻는 문제이다.
- 문제에서 별다른 단서가 주어지지 않고 국제 예절을 알고 있는지 직접적으로 묻기 때문에 정확한 정리가 필수이다.
- ➕ 응용문제 : 국제 공통 예절과 국가별 예절을 구분해서 알아야 하고, 특히 식사예절은 필수로 알아두어야 한다.

🔹 풀이전략

질문에서 무엇을 묻고 있는지(옳은, 옳지 않은)를 분명히 표시해 놓고 선택지를 읽어야 한다.

📋 연속출제

다음 중 경영의 4요소에 대한 설명으로 적절한 것을 모두 고르면?

┌───┐
│ ㄱ. 조직의 목적을 달성하기 위해 경영자가 수립하는 것으로 보다 구체적인 방법과 과정이 담겨
│   있다. ─────────────→ 경영목적
│ ㄴ. 조직에서 일하는 구성원으로, 경영은 이들의 직무수행에 기초하여 이루어지기 때문에 이것
│   의 배치 및 활용이 중요하다. ─────────────→ 인적자원
│ ㄷ. 생산자가 상품 또는 서비스를 소비자에게 유통시키는 데 관련된 모든 체계적 경영활동이다.
│ ㄹ. 특정의 경제적 실체에 관하여 이해관계를 이루는 사람들에게 합리적인 경제적 의사결정을
│   하는 데 있어 유용한 재무적 정보를 제공하기 위한 것으로, 이러한 일련의 과정 또는 체계를
│   뜻한다.
│ ㅁ. 경영을 하는 데 사용할 수 있는 돈으로 이것이 충분히 확보되는 정도에 따라 경영의 방향과
│   범위가 정해지게 된다. ─────────────→ 운영자금
│ ㅂ. 조직이 변화하는 환경에 적응하기 위하여 경영활동을 체계화하는 것으로, 목표달성을 위한
│   수단이다. ─────────────→ 경영전략
└───┘

① ㄱ, ㄴ, ㄷ, ㄹ
② ㄱ, ㄴ, ㄷ, ㅁ
❸ ㄱ, ㄴ, ㅁ, ㅂ
④ ㄴ, ㄷ, ㄹ, ㅂ
⑤ ㄷ, ㄹ, ㅁ, ㅂ

1) 질문의도
   : 경영의 4요소

2) 선택지 분석

3) 정답도출

유형분석

- 경영을 구성하는 요소에 대한 이해를 묻는 문제이다.
- 지식이 없으면 어려운 문제이다. 조직의 유지에는 경영이 필수이기 때문에 이 영역(조직이해)에서 경영 이론에 대한 기본적인 내용은 정리해두어야 한다.
- ➕ 응용문제 : 경영 단계와 그 특징에 관한 문제가 출제된다.

풀이전략

문제를 읽어 질문을 확인한 뒤 지문을 읽는다. 지문은 묻는 질문에 대한 진술과 아닌 진술이 섞여 있는 형태이므로 키워드를 표시하면서 걸러내야 한다.

영역 **7** 대인관계능력 영역 소개

대인관계능력은 직장생활에서 접촉하는 사람들과 원만한 관계를 유지하고 조직구성원들에게 도움을 줄 수 있으며 조직내부 및 외부의 갈등을 원만히 해결하고 고객의 요구를 충족시켜줄 수 있는 능력을 의미한다. 또한 직장 생활을 포함한 일상에서 스스로를 관리하고 개발하는 능력을 말한다.

국가직무능력표준에 따르면 대인관계능력의 세부 유형은 팀워크능력·갈등관리능력·협상능력·고객서비스능력으로 나눌 수 있다.

대인관계능력은 NCS 기반 채용을 진행한 기업 중 68% 정도가 다루었으며, 문항 수는 전체의 평균 4% 정도로 출제되었다.

대인관계능력 출제비중

대인관계능력 출제빈도

구분	중요도
팀워크	★★★☆☆
리더십	★★★☆☆
갈등관리	★★★★☆
협상	★★☆☆☆
고객서비스	★★★★☆

01 일반적인 수준에서 판단하라!

일상생활에서의 대인관계를 생각하면서 문제에 접근하면 어렵지 않게 풀 수 있다. 그러나 수험생들 입장에서 직장 속 상황, 특히 역할(직위)에 따른 대인관계를 묻는 문제는 까다롭게 느껴질 수 있고 일상과는 차이가 있을 수 있기 때문에 이런 유형에 대해서는 따로 알아둘 필요가 있다.

02 이론을 먼저 익혀라!

대인관계능력 이론을 접목한 문제가 종종 출제된다. 물론 상식수준에서도 풀 수 있지만 정확하고 신속하고 해결하기 위해서는 이론을 정독해야 한다. 하지만 이론 정독은 기본으로 해야 하며 자주 출제되는 부분들은 암기를 필수로 해야 한다. 리더십과 멤버십의 차이, 단계별 협상과정, 고객불만 처리 프로세스 등이 있다.

03 실제 업무에 대한 이해를 높여라!

출제되는 문제의 수는 많지 않으나, 직군 및 직무와 상관없이 모든 직업인에게 중요한 영역이다. 특히 고객과의 접점에 있는 서비스 직군 시험에 출제될 가능성이 높은 영역이다. 특히 상황 제시형 문제들이 많이 출제되므로 실제 업무에 대한 이해를 높여야 한다.

04 애매한 유형의 빈출 문제, 선택지를 파악하라!

대인관계능력의 출제 문제들을 보면 이것도 맞고, 저것도 맞는 것 같은 선택지가 많다. 하지만 정답은 하나이다. 출제자들은 대인관계능력이란 공부를 통해 얻는 것이 아닌 본인의 독립적인 성품으로부터 자연스럽게 나오는 것이라고 생각한다. 수험생들이 선택하는 보기로 그 수험생들을 파악한다. 그러므로 대인관계능력은 빈출 유형의 문제와 선택지를 파악하고 가는 것이 애매한 문제들의 정답률을 높이는 데 도움이 될 것이다. 내가 맞다고 생각하는 선택지가 답이 아닐 가능성이 있기 때문이다.

대인관계능력 영역 소개

팀워크
공동의 목표를 가지고 다양한 사람들과 업무를 수행하는 능력

리더십
업무를 수행하면서 팀 내의 다른 사람을 이끄는 능력

갈등관리
업무를 수행하면서 사람들 사이에 갈등이 발생하였을 경우 이를 원만히 해결하는 능력

협상
의견 대립이 있는 구성원 간에 의견을 조율하는 능력

고객서비스
고객의 요구를 만족시키는 자세로 업무를 수행하는 능력

영역 7 대인관계능력 핵심이론

| 01 | 대인관계능력

(1) 대인관계능력

① 직장생활에서 타인과 협조적인 관계를 유지하고, 조직 내부 및 외부의 갈등을 원만히 해결하며, 고객의 요구를 충족시켜줄 수 있는 능력이다.

② 인간관계를 형성할 때 무엇을 말하고 어떻게 행동하느냐보다 사람됨이 가장 중요한 요소이다.

③ 대인관계능력은 팀워크능력, 리더십능력, 갈등관리능력, 협상능력, 고객서비스능력 등으로 구분된다.

(2) 대인관계 향상 방법

① 상대방에 대한 이해와 양보

② 사소한 일에 대한 관심

③ 약속의 이행

④ 칭찬하고 감사하는 마음

⑤ 언행일치

⑥ 진지한 사과

● 예제풀이 ●

인간관계를 형성할 때 가장 중요한 요소는 무엇을 말하느냐, 어떻게 행동하느냐보다 사람됨이다. 다른 사람과의 인간관계를 형성하기 시작하는 출발점은 자신의 내면이고, 내적 성품이다.

정답 ④

● 핵심예제 ●

인간관계에 있어서 가장 중요한 요소는 무엇인가?

① 무엇을 말하는가 하는 것

② 어떻게 행동하느냐 하는 것

③ 피상적인 인간관계 기법

④ 내적 성품, 자신의 사람됨

| 02 | 팀워크능력

(1) 팀워크(Teamwork)

① 팀워크란 팀 구성원이 공동의 목적을 달성하기 위하여 서로 협력하여 업무를 수행하는 것을 말한다.

② 단순히 모이는 것만을 중요시하는 것이 아니라 공동의 목표를 세우고 힘을 모으는 것이다.

③ 팀워크의 유형은 협력·통제·자율의 3가지로 구분되는데, 조직이나 팀의 목적, 추구하는 사업 분야에 따라 서로 다른 유형의 팀워크가 필요하다.

● 핵심예제 ●

다음 중 팀워크에 대한 설명으로 옳지 않은 것은?

① 팀워크란 팀 구성원이 공동의 목적을 달성하기 위해 상호관계성을 가지고 협력하여 일을 해 나가는 것을 의미한다.

② 팀워크란 사람들로 하여금 집단에 머물도록 만들고, 그 집단의 멤버로서 계속 남아 있기를 원하게 만드는 힘을 의미한다.

③ 팀워크를 위해서는 공동의 목표의식과 상호 신뢰가 중요하다.

④ 효과적인 팀워크를 형성하기 위해서는 명확한 팀 비전과 목표설정을 공유하여야 한다.

● 예제풀이 ●

사람들로 하여금 집단에 머물도록 하고 계속 남아 있기를 원하게 만드는 힘은 응집력에 대한 설명이다.

정답 ②

(2) 효과적인 팀의 특성

① 명확하게 기술된 사명과 목표

② 창조적인 운영

③ 결과에 초점 맞추기

④ 역할과 책임의 명료화

⑤ 조직화

⑥ 개인의 강점 활용

⑦ 리더십 역량 공유

⑧ 팀 풍토 발전

⑨ 의견의 불일치를 건설적으로 해결

⑩ 개방적인 의사소통

⑪ 객관적인 의사결정

⑫ 팀 자체의 효과성 평가

(3) 팀의 발전과정

① **형성기(Forming)** : 팀 구축의 초기단계로서 팀원들은 팀에서 인정받기를 원하며, 다른 팀원들을 신뢰할 수 있는지 탐색한다.

② **격동기(Storming)** : 팀원 간에 과제를 수행하면서 마찰이 일어나고, 리더십이나 구조·권한·권위에 대한 문제 전반에 걸쳐서 경쟁심과 적대감이 나타난다.

③ **규범기(Norming)** : 팀원 간에 응집력이 생기고, 개인의 주장보다 공동체 형성과 팀의 문제해결에 더욱 집중한다.

④ **성취기(Performing)** : 팀원들은 사기충천하고, 팀에 대한 충성심이 높으며, 팀의 역량과 인간관계의 깊이를 확장함으로써 가장 생산적인 팀의 모습으로 비춰진다.

(4) 멤버십(Membership)

① 멤버십이란 조직의 구성원으로서의 자격과 지위를 갖는 것으로, 훌륭한 멤버십은 팔로워십의 역할을 충실하게 잘 수행하는 것이다.

② 리더십과 멤버십 두 개념은 상호보완적인 관계이다.

③ 멤버십 유형

　㉠ 소외형 : 자립적인 사람으로, 일부러 반대의견 제시

　㉡ 순응형 : 팀 플레이를 하며, 리더나 조직을 믿고 헌신함

　㉢ 실무형 : 조직의 운영방침에 민감하고, 사건을 균형잡힌 시각으로 봄

　㉣ 수동형 : 판단 및 사고를 리더에게만 의존하며, 지시가 있어야 행동함

　㉤ 주도형 : 가장 이상적인 멤버십 유형

(5) 팀워크 촉진 방법

① 동료 피드백 장려하기

② 갈등을 해결하기

③ 창의력 조성을 위해 협력하기

④ 참여적으로 의사결정하기

(6) 팀워크 개발의 3요소

① 신뢰 쌓기

② 참여하기

③ 성과 내기

|03| 리더십능력

(1) 리더십의 의미

리더십이란 조직의 공통된 목적을 달성하기 위하여 리더가 조직원들에게 행사하는 영향력이다.

(2) 리더와 관리자의 비교

리더(Leader)	관리자(Manager)
• 새로운 상황 창조자	• 상황에 수동적
• 혁신지향적	• 유지지향적
• 내일에 초점	• 오늘에 초점
• 사람의 마음에 불을 지핀다.	• 사람을 관리한다.
• 사람을 중시	• 체제나 기구를 중시
• 정신적	• 기계적
• 계산된 위험(Risk)을 취한다.	• 위험(Risk)을 회피한다.
• '무엇을 할까?'를 생각한다.	• '어떻게 할까?'를 생각한다.

● 핵심예제 ●

다음 중 리더십에 대한 설명으로 적절하지 않은 것은?

① 조직 구성원들로 하여금 조직목표를 위해 자발적으로 노력하도록 영향을 주는 행위
② 자신의 주장을 소신있게 나타내고 다른 사람들을 격려하는 힘
③ 모든 조직 구성원들에게 요구되는 역량
④ 상사가 하급자에게 발휘하는 형태만을 의미함

● 예제풀이 ●

상사가 하급자에게 발휘하는 형태뿐만 아니라 동료나 상사에게까지도 발휘하는 형태도 있다.

정답 ④

(3) 리더십 유형

① 독재자 유형
   ㉠ 통제 없이 방만한 상태 혹은 가시적인 성과물이 안 보일 때 효과적이다.
   ㉡ 특징 : 질문 금지, 모든 정보는 내 것이라는 생각, 실수를 용납하지 않음
② 민주주의에 근접한 유형
   ㉠ 혁신적이고 탁월한 부하직원들을 거느리고 있을 때 효과적이다.
   ㉡ 특징 : 참여·토론의 장려, 거부권
③ 파트너십 유형
   ㉠ 소규모 조직에서 경험과 재능을 소유한 조직원이 있을 때 효과적이다.
   ㉡ 특징 : 평등, 집단의 비전, 책임 공유
④ 변혁적 유형
   ㉠ 조직에 획기적인 변화가 요구될 때 효과적이다.
   ㉡ 특징 : 카리스마, 자기 확신, 존경심과 충성심, 풍부한 칭찬·감화

(4) 동기부여 방법

① 긍정적 강화법 활용

② 새로운 도전의 기회 부여

③ 창의적인 문제 해결법 찾기

④ 책임감으로 철저히 무장

⑤ 몇 가지 코칭을 하기

⑥ 변화를 두려워하지 않는 것

⑦ 지속적인 교육

(5) 코칭으로 구성원들의 리더십 역량 강화

① 코칭 활동은 직원들의 능력을 신뢰하며 확신하고 있다는 사실에 기초하며, 조직의 지속적인 성장과 성공을 만들어내는 리더의 능력이다.

② 직원들에게 질문을 던지는 한편, 직원들의 의견을 적극적으로 경청하고, 필요한 지원을 아끼지 않아 생산성을 높이고 기술 수준을 발전시키는 것이다.

③ 자기 향상을 도모하는 직원들에게 도움을 줌으로써 업무에 대한 만족감을 높이는 과정이라고 말할 수 있다.

● 예제풀이 ●

코칭의 기본원칙

1) 만병통치약이 아니다.

2) 권한을 위임한다.

3) 훌륭한 코치는 뛰어난 경청자이다.

4) 목표를 정하는 것이 가장 중요하다.

정답 ②

┌─ 핵심예제 ─

코칭의 기본원칙에 대한 설명으로 옳은 것은?

① 관리는 만병통치약과 같은 기능을 한다.

② 권한을 위임한다.

③ 코칭을 하는 동안 특별한 반응을 보여줘야 한다.

④ 리더가 각 직원들의 목표를 정해줄 필요는 없다.

(6) 임파워먼트(Empowerment)

① 조직 구성원들을 신뢰하고, 그들의 잠재력을 믿으며, 그 잠재력의 개발을 통해 고성과(High Performance) 조직이 되도록 하는 일련의 행위이다.

② **임파워먼트의 충족 기준** : 여건의 조성, 재능과 에너지의 극대화, 명확하고 의미있는 목적에 초점

| 04 | 갈등관리능력

(1) 갈등의 의미와 원인

① 갈등이란 조직을 구성하는 개인, 집단·조직 간에 잠재적 또는 현재적으로 대립하는 심리적 상태를 말한다.

② 갈등은 의견 차이가 생기기 때문에 발생하는데 항상 부정적인 것만은 아니다.

③ 갈등수준이 적절(X1)할 때는 조직 내부적으로 생동감이 넘치고, 변화지향적이며, 문제해결능력이 발휘된다.

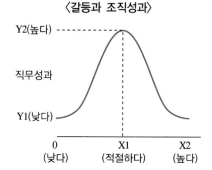

〈갈등과 조직성과〉

④ 갈등을 증폭시키는 원인에는 적대적 행동, 입장 고수, 감정적 관여 등이 있다.

(2) 갈등의 쟁점 및 유형

① 갈등의 두 가지 쟁점
- ㉠ 핵심 문제 : 역할 모호성, 방법·목표·절차·책임·가치·사실에 대한 불일치
- ㉡ 감정적 문제 : 공존할 수 없는 개인적 스타일, 통제나 권력 확보를 위한 싸움, 자존심에 대한 위협, 질투와 분노 등

② 갈등의 유형
- ㉠ 불필요한 갈등 : 개개인이 저마다 문제를 다르게 인식하거나 정보가 부족한 경우, 편견 때문에 발생한 의견 불일치로 적대적 감정이 생길 때 불필요한 갈등이 일어난다.
- ㉡ 해결할 수 있는 갈등 : 목표와 욕망, 가치, 문제를 바라보는 시각과 이해하는 시각이 다를 경우에 일어날 수 있는 갈등이다.

● 핵심예제 ●

갈등의 두 가지 쟁점 중 감정적 문제에 해당하지 않는 것은?

① 역할 모호성
② 질투와 분노
③ 자존심에 대한 위협
④ 통제나 권력 확보를 위한 싸움

● 예제풀이 ●

역할 모호성은 갈등의 두 가지 쟁점 중 핵심문제에 해당한다. 공존할 수 없는 개인적 스타일, 통제나 권력 확보를 위한 싸움, 자존심에 대한 위협, 질투와 분노 등이 감정적 문제에 해당한다.

정답 ①

---

(3) 갈등의 과정

의견불일치 → 대결 국면 → 격화 국면 → 진정 국면 → 갈등의 해소

(4) 갈등의 해결방법

① 회피형(Avoiding)

  ㉠ 자신과 상대방에 대한 관심이 모두 낮음

  ㉡ 나도 지고 너도 지는 방법(I Lose-You Lose)

② 경쟁형(Competing)= 지배형(Dominating)

  ㉠ 자신에 대한 관심은 높고, 상대방에 대한 관심은 낮음

  ㉡ 나는 이기고 너는 지는 방법(I Win-You Lose)

③ 수용형(Accommodating)

  ㉠ 자신에 대한 관심은 낮고, 상대방에 대한 관심은 높음

  ㉡ 나는 지고 너는 이기는 방법(I Lose-You Win)

④ 타협형(Compromising)

  ㉠ 자신에 대한 관심과 상대방에 대한 관심이 중간 정도

  ㉡ 서로가 타협적으로 주고받는 방식(Give and Take)

⑤ 통합형(Integrating)= 협력형(Collaborating)

  ㉠ 자신은 물론 상대방에 대한 관심이 모두 높음

  ㉡ 나도 이기고 너도 이기는 방법(I Win-You Win)

● 핵심예제 ●

다음이 설명하는 갈등해결 방법은 무엇인가?

- 자신에 대한 관심은 높고 상대방에 대한 관심은 낮은 경우
- 제로섬(Zero Sum) 개념

① 회피형(Avoiding)

② 경쟁형(Competing)

③ 수용형(Accommodating)

④ 통합형(Integrating)

(5) 윈-윈(Win-Win) 갈등 관리법

윈-윈(Win-Win) 관리법이란 갈등과 관련된 모든 사람으로부터 의견을 받아서 문제의 본질적인 해결책을 얻는 것을 의미한다.

| 05 | 협상능력

(1) 협상의 의미

협상이란 갈등상태에 있는 이해 당사자들이 대화를 통해 서로를 설득하여 문제를 해결하려는 의사결정과정이다.

(2) 협상의 과정

① 협상과정의 5단계

협상시작	• 협상 당사자들 사이에 상호 친근감을 쌓음 • 간접적인 방법으로 협상의사를 전달 • 상대방의 협상의지를 확인 • 협상진행을 위한 체제를 짬
상호이해	• 갈등문제의 진행상황과 현재의 상황을 점검 • 적극적으로 경청하고 자기주장을 제시 • 협상을 위한 협상대상 안건을 결정
실질이해	• 겉으로 주장하는 것과 실제로 원하는 것을 구분하여 실제로 원하는 바를 찾아 냄 • 분할과 통합 기법을 활용하여 이해관계를 분석
해결대안	• 협상 안건마다 대안들을 평가 • 개발한 대안들을 평가 • 최선의 대안에 대해서 합의하고 선택 • 대안 이행을 위한 실행계획 수립
합의문서	• 합의문 작성 • 합의문 상의 합의내용, 용어 등을 재점검 • 합의문에 서명

② 협상과정의 3단계

'협상 전' 단계	• 협상을 진행하기 위한 준비단계 • 협상기획 : 협상과정(준비, 집행, 평가 등)을 계획 • 협상준비 : 목표설정, 협상 환경분석, 협상 형태파악, 협상팀 선택과 정보수집, 자기분석, 상대방분석, 협상 전략과 전술수립, 협상 대표훈련
'협상 진행' 단계	• 협상이 실제로 진행되는 단계 • 협상진행 : 상호인사, 정보교환, 설득, 양보 등 협상전략과 전술구사 • 협상종결 : 합의 및 합의문 작성과 교환
'협상 후' 단계	• 합의된 내용을 집행하는 단계 • 협의내용 비준 • 협의내용 집행 : 실행 • 분석평가 : 평가와 피드백

협상의 과정에 대한 빈칸 채우기 형식의 문제가 자주 출제되며 업무 진행에 있어 필수적인 단계이므로 꼭 암기해야 한다.

3일 차

● 핵심예제 ●

다음은 협상과정의 어느 단계에 해당하는가?

• 갈등문제의 진행상황과 현재의 상황을 점검한다.
• 적극적으로 경청하고 자기주장을 제시한다.
• 협상을 위한 협상대상 안건을 결정한다.

① 상호이해   ② 실질이해
③ 해결대안   ④ 합의문서

● 예제풀이 ●

협상과정은 관점에 따라 다양한 형태로 언급될 수 있으며, 협상과정을 5단계로 설명할 경우, '협상시작 → 상호이해 → 실질이해 → 해결대안 → 합의문서'의 순서로 협상이 진행된다.

정답 ①

(3) 협상전략의 종류

① 협력전략(Cooperative Strategy) : I Win-You Win 전략
    ㉠ 협상 참여자들이 협동과 통합으로 문제를 해결하고자 하는 협력적 문제 해결 전략이다.
    ㉡ 문제를 해결하는 합의에 이르기 위해서 협상 당사자들이 서로 협력하는 것이다.
    ㉢ 전술 : 협동적 원인 탐색, 정보수집과 제공, 쟁점의 구체화, 대안 개발, 개발된 대안들에 대한 공동평가, 협동하여 최종안 선택 등

② 유화전략(Smoothing Strategy) : I Lose-You Win 전략
    ㉠ 양보전략, 순응전략, 화해전략, 수용전략, 굴복전략이다.
    ㉡ 상대방이 제시하는 것을 일방적으로 수용하여 협상의 가능성을 높이려는 전략이다.
    ㉢ 전술 : 유화, 양보, 순응, 수용, 굴복, 요구사항의 철회 등

③ 회피전략(Avoiding Strategy) : I Lose-You Lose 전략
    ㉠ 무행동전략, 협상 철수전략으로, 협상을 피하거나 잠정적으로 중단하거나 철수하는 전략이다.
    ㉡ 나도 손해보고 상대방도 피해를 입게 되어 모두가 손해를 보게 되는 전략이다.
    ㉢ 전술 : 협상을 회피・무시, 상대방의 도전에 대한 무반응, 협상안건을 타인에게 넘겨주기, 협상으로부터 철수 등

④ 강압전략(Forcing Strategy) : I Win-You Lose 전략
    ㉠ 자신이 상대방보다 힘에 있어서 우위를 점유하고 있을 때 자신의 이익을 극대화하기 위한 공격적・경쟁전략이다.
    ㉡ 인간관계를 중요하게 여기지 않고, 어떠한 수단과 방법을 동원해서라도 자신의 입장과 이익 극대화를 관철시키고자 한다.
    ㉢ 전술 : 위압적인 입장 천명, 협박과 위협, 협박적 설득, 확고한 입장에 대한 논쟁, 협박적 회유와 설득, 상대방 입장에 대한 강압적 설명 요청 등

● 예제풀이 ●

유화전략은 상대방이 제시하는 것을 일방적으로 수용하여 협상의 가능성을 높이려는 것으로서, 'Lose-Win' 전략이다.

정답 ②

● 핵심예제 ●

다음 중 협상전략과 그 내용에 대한 설명으로 옳지 않은 것은?

① 협력전략 – 협상 참여자들이 협동과 통합으로 문제를 해결하고자 하는 과정이다.
② 유화전략 – 'I Win-You Lose' 전략으로서 영합(Zero Sum)적인 결과가 산출될 수 있다.
③ 회피전략 – 상대방의 도전에 대한 무반응・무시, 협상안건을 타인에게 넘겨주기 등의 전술을 사용한다.
④ 강압전략 – 자신이 상대방보다 힘에 있어서 우위를 점유하고 있을 때 자신의 이익을 극대화하기 위한 공격적 전략이다.

(4) 상대방 설득방법

① **See-Feel-Change 전략** : 시각화하여 상대방에게 직접 보고 느끼게 함으로써 설득에 성공하는 전략

② **상대방 이해 전략** : 상대방에 대한 이해를 바탕으로 갈등해결을 용이하게 하는 전략

③ **호혜관계 형성 전략** : 호혜관계 형성을 통해 협상을 용이하게 하는 전략

④ **헌신과 일관성 전략** : 협상 당사자 간에 기대하는 바에 일관성있게 헌신적으로 부응하여 행동함으로써 협상을 용이하게 하는 전략

⑤ **사회적 입증 전략** : 과학적인 논리보다 동료나 사람들의 행동에 의해서 상대방을 설득하는 전략

⑥ **연결 전략** : 갈등문제와 갈등관리자를 연결시키는 것이 아니라 갈등을 야기한 사람과 관리자를 연결시킴으로써 협상을 용이하게 하는 전략

⑦ **권위 전략** : 직위나 전문성, 외모 등을 활용하여 협상을 용이하게 하는 전략

⑧ **희소성 해결 전략** : 인적·물적자원 등의 희소성을 해결함으로써 협상 과정상의 갈등 해결을 용이하게 하는 전략

⑨ **반항심 극복 전략** : 억압하면 할수록 더욱 반항하게 될 가능성이 높아지므로 이를 피함으로써 협상을 용이하게 하는 전략

| 06 | 고객서비스능력

(1) 고객서비스의 의미

고객서비스란 다양한 고객의 요구를 파악하고 적절한 대응법을 마련함으로써 고객에게 양질의 서비스를 제공하는 것을 말한다.

(2) 고객의 불만표현 유형 및 대응 방안

불만표현 유형	대응 방안
거만형	자신의 과시욕을 드러내고 싶어 하는 고객으로, 자신의 과시욕이 채워지도록 뽐내든 말든 내버려 두며, 정중하게 대한다.
의심형	직원의 설명이나 제품의 품질에 대해 의심을 많이 하는 고객으로, 분명한 증거나 근거를 제시하여 스스로 확신을 갖도록 유도하고, 때로는 책임자가 응대하는 것도 좋다.
트집형	사소한 것에 트집을 잡는 까다로운 고객으로, 이야기를 경청하고, 맞장구치고, 추켜세우고, 설득해 가는 방법이 효과적이다.
빨리빨리형	성격이 급하고 확신있는 말이 아니면 잘 믿지 않는 고객으로, "글쎄요?", "아마…" 등의 애매한 화법을 피하고, 시원스럽게 처리하는 모습을 보이면 응대하기 쉽다.

분명한 증거나 근거를 제시하여 확신을 갖도록 유도하는 방법은 의심형 고객에 대한 응대 방법에 해당된다.

정답 ②

트집형 고객에 대한 응대로 적절하지 않은 것은?

① 이야기를 경청하고 추켜세우며 설득한다.

② 분명한 증거나 근거를 제시하여 확신을 갖도록 유도한다.

③ 고객의 지적이 옳음을 표시하고 "저도 그렇게 생각하고 있습니다만…"하고 설득한다.

④ 잠자코 고객의 의견을 들어주고 사과를 하는 응대가 바람직하다.

(3) 고객불만 처리 프로세스 8단계

고객불만 처리 프로세스는 먼저 '불만사항에 대한 경청 → 감사와 공감표시 → 사과 → 해결약속 → 신속처리 → 처리확인 및 사과 → 피드백' 등의 절차로 이루어진다.

정답 ①

다음 중 고객불만 처리 프로세스가 바르게 제시된 것은?

① 경청 → 공감표시 → 사과 → 해결약속 → 신속처리 → 처리확인 → 피드백

② 공감표시 → 사과 → 경청 → 해결약속 → 신속처리 → 피드백 → 처리확인

③ 경청 → 공감표시 → 사과 → 해결약속 → 신속처리 → 피드백 → 처리확인

④ 공감표시 → 사과 → 경청 → 해결약속 → 신속처리 → 처리확인 → 피드백

(4) 고객만족 조사계획의 수행

① 조사분야 및 대상 설정

조사 분야와 대상을 명확히 설정해야만 정확한 조사가 이루어질 수 있다.

② 조사목적 설정

전체적 경향의 파악, 고객에 대한 개별대응 및 고객과의 관계유지 파악, 평가 및 개선 등의 목적이 있다.

③ 조사방법 및 횟수

설문조사와 심층면접법이 주로 활용되며, 1회 조사가 아닌 연속조사를 권장한다.

④ 조사결과 활용 계획

조사목적에 맞게 구체적인 활용 계획을 작성한다.

유형 01　팀워크

 연속출제

C대리는 2015년 10월, 이직에 성공하였다. C대리는 새로운 회사로 출근한 지 3주가 지났지만 팀원들이 C대리를 무시하고 선을 긋는 느낌을 받아 적응에 힘들어 하고 있다. 이런 상황에서 C대리가 취할 행동은?

☑ 팀장에게 면담을 신청해 자신이 느끼는 점을 이야기한다.

② 자신이 팀원들과 어울리지 않는 것이라고 생각한다.

③ 인사팀에 팀을 옮겨 달라고 한다.

④ 이전 회사 팀장님에게 다시 돌아가고 싶다고 말한다.

⑤ 그냥 지금 상태를 유지하기로 마음 먹는다.

1) 질문의도
　: 상황
　　→ 적절한 행동

2) 상황확인
　: 이직 → 적응 X

3) 정답도출
　: 상사에게 면담신청
　　→ 해결책 모색

유형분석

- 하나의 조직 안에서 구성원 간의 관계, 즉 '팀워크'에 관한 이해를 묻는 문제이다.
- 직장 내 상황 중에서도 주로 갈등 상황이 제시되고 그 속에서 구성원으로서 어떤 결정을 해야 하는지를 묻는다.
- 상식으로도 풀 수 있지만 개인의 가치가 개입될 가능성이 높기 때문에 자의적인 판단을 유의해야 한다.

풀이전략

질문으로 실제 회사에서 있음직한 상황이 제시된다. 자신이 문제 속의 입장이라고 생각하고 가장 모범적인 답이라고 생각되는 것을 찾아야 한다.

연속출제

갈등을 관리하고 해소하는 방법을 보다 잘 이해하기 위해서는 갈등을 증폭시키는 원인이 무엇인지 알 필요가 있다. 다음 중 조직에서 갈등을 증폭시키는 행위로 볼 수 없는 것은?

1) 질문의도
    : 갈등 증폭 행위 X

① 상대보다 더 높은 인사고과를 얻기 위해 팀원 간에 경쟁한다.

② 팀의 공동목표 달성보다 본인의 승진을 더 중요하게 생각한다.

③ 다른 팀원이 중요한 프로젝트를 맡은 경우, 자신이 알고 있는 노하우를 알려주지 않는다.

④ 갈등이 발견되면 문제를 즉각적으로 다루려고 한다.

⑤ 팀 내에 대립이 있을 때는 미리 정한 모델로 해결한다.

2) 정답도출
    : 빠른 처리
    → 갈등해소
      가능성↑

유형분석

• 조직 내 갈등을 심화하게 하는 요인에 대한 이해를 묻는 문제이다.

• 여러 사람이 협력해야 하는 직장에서 구성원 간의 갈등은 불가피하고 실제로 흔히 찾아볼 수 있기 때문에 갈등에 관한 문제는 출제 빈도가 높다.

• 크게 어렵지 않지만 자의적인 판단을 하지 않도록 유의해야 한다.

➕ 응용문제 : 갈등 발생 시 대처 방법에 대해서는 꼭 알아두도록 한다. 갈등의 개념 · 특징은 상식으로도 알 수 있지만 대처 방법은 정리해둘 필요가 있다.

풀이전략

제시된 문제의 질문이 옳은 것을 묻는지, 옳지 않은 것을 고르라는 것인지를 정확히 표시한 뒤 선택지를 확인하면 된다.

유형 **03** 협상

연속출제

다음의 사례와 관련이 있는 협상전략은?

A시에 쓰레기 소각장이 들어선다고 하자, 마을 주민과 환경단체들이 교육·주거 환경 악화 및 위험 요소 발생 등을 이유로 데모를 하기 시작하였다. 이에 정부에서는 주민들을 상대로 쓰레기 소각장 건설에 대한 프레젠테이션 및 선진국의 관련시설 탐방을 실시했다. 이를 통해 쓰레기 소각장이 혐오시설이 아님을 입증하였고, 결국 주민들의 동의를 얻어내었다.

① ✔ See-Feel-Change 전략　　② 상대방 이해 전략
③ 헌신과 일관성 전략　　　　　④ 사회적 입증 전략
⑤ 연결 전략

1) 질문의도
　: 사례+협상전략

2) 지문파악
　→ See
　→ Feel
　→ Change

3) 정답도출

유형분석

- 협상 전략에 대한 이해를 묻는 문제이다.
- 지문은 특징을 제시하고 이에 해당하는 협상이 무엇인지 묻는 단순한 형태도 나오지만 상황이 주어지는 경우가 더 많다. 예시 문제는 상황이 개념에 대한 분명한 이해가 없으면 오히려 더 혼동될 수 있기 때문에 유의해야 한다.
- ➕ 응용문제 : 전략 명칭과 각각의 예가 섞여서 선택지로 제시될 수도 있다.

풀이전략

사례를 읽으면서 키워드를 찾는다. 협상 전략마다 특징이 있기 때문에 어떤 예시든 그 안에 특징이 제시된다. 이를 바탕으로 적절한 협상 전략을 찾으면 된다.

📋 연속출제

※ 고객서비스의 향상을 위해서는 기업에 대한 고객의 불만을 해소하는 것이 매우 중요하다. 다음에서 제시된 상황을 읽고 이어지는 질문에 답하시오.

> 백화점 의류매장에 한 손님이 옷을 사기 위해 들렀다. 그는 매장에 진열된 옷들이 품위가 없다, 너무 싸구려 같다, 촌스럽고 유행에 뒤쳐져 보인다며 불평하면서 매장 직원에게 더 값비싸 보이고 고급스런 옷을 보여달라고 요청하였다.

2) 상황분석
  : 거만형 고객

01 백화점 매장을 찾은 손님은 어떤 불만유형에 해당하는가?

① 의심형
② 트집형
✔ 거만형
④ 빨리빨리형

1) 질문의도
  : 고객 불만 유형,
    응대 시 주의사항

3) 정답도출

02 위의 사례에 해당하는 불만족 고객의 유형을 응대하기 위해 백화점 매장 직원이 주의해야 할 사항으로 가장 적절하지 않은 것은?

① 정중하게 대하는 것이 좋다.
② 손님의 과시욕이 채워지도록 뽐내든 말든 내버려 둔다.
✔ 만사를 시원스럽게 처리하는 모습을 보이면 응대하기 쉽다. ──▶ 빨리빨리형 고객 응대 방법
④ 의외로 단순한 면이 있으므로 고객의 호감을 얻게 되면 여러 면에서 득이 될 수 있다.

유형분석

• 대인관계능력 중에서도 직업 상황의 특성이 가장 두드러지게 나타나는 문제 유형이다.
• 지문은 주로 상황이 제시되고 꼭 서비스 직종이 아니어도 알 수 있을 만한 수준의 문제이다.
➕ 응용문제 : 고객의 유형에 따른 응대 방법의 차이는 정리해서 알아둘 필요가 있다. 태도 차원에서 적절한 것을 찾는 것이 아니라 유형에 따라 적합한 것을 찾아야 하기 때문이다.

풀이전략

문제를 먼저 보고 지문으로 제시된 상황을 확인해도 되고, 상황을 빠르게 확인한 뒤 문제로 접근해도 큰 차이가 없다. 중요한 것은 고객이 어떤 유형에 해당하는지를 드러내는 키워드를 정확히 찾아내는 것이다.

4일 차

영역8 정보능력 영역 소개

정보능력 출제비중

출제비중
- 컴퓨터 활용 (60%)
- 정보처리 (40%)

정보능력 출제빈도

구분	중요도
컴퓨터 활용	★★★★☆
정보처리	★★★☆☆

정보능력은 업무를 수행함에 있어 기본적인 컴퓨터를 활용하여 필요한 정보를 수집, 분석, 활용하는 능력을 의미한다. 또한 업무와 관련된 정보를 수집하고, 이를 분석하여 의미있는 정보를 얻는 능력이다.

국가직무능력표준에 따르면 정보능력의 세부 유형은 컴퓨터 활용 능력·정보처리능력으로 나눌 수 있다.

정보능력은 NCS 기반 채용을 진행한 기업 중 52% 정도가 다뤘으며, 문항 수는 전체에서 평균 6% 정도 출제되었다.

01 평소에 컴퓨터 활용 스킬을 틈틈이 익혀라!

윈도우(OS)에서 어떠한 설정을 할 수 있는지, 응용프로그램(엑셀 등)에서 어떠한 기능을 활용할 수 있는지를 평소에 직접 사용해 본다면 문제를 보다 수월하게 해결할 수 있다. 여건이 된다면 컴퓨터활용능력에 관련된 자격증 공부를 하는 것도 이론과 실무를 익히는 데 도움이 될 것이다.

02 문제의 규칙을 찾는 연습을 하라!

일반적으로 코드체계나 시스템 논리체계를 제공하고 이를 분석하여 문제를 해결하는 유형이 출제된다. 이러한 문제는 문제해결능력과 같은 맥락으로 규칙을 파악하여 접근하는 방식으로 연습이 필요하다.

03 현재 보고 있는 그 문제에 집중하자!

정보능력의 모든 것을 공부하려고 한다면 양이 너무나 방대하다. 그렇기 때문에 수험서에서 본인이 현재 보고 있는 문제들을 집중적으로 공부하고 기억하려고 해야 한다. 그러나 엑셀의 함수 수식, 연산자 등 암기를 필요로 하는 부분들은 필수적으로 암기를 해서 출제가 되었을 때 오답률을 낮출 수 있도록 한다.

04 컴퓨터로 직접 확인해보자!

컴퓨터의 활용 능력을 파악하는 영역이다 보니 컴퓨터 속 옵션, 기능, 설정 등의 사진·그림이 문제에 같이 나오는 경우들이 있다. 그런 부분들은 직접 컴퓨터를 통해서 하나하나 확인을 하면서 공부한다면 더 기억에 잘 남게 된다. 조금 귀찮더라도 한 번씩 클릭하면서 확인을 해보도록 한다.

정보능력 영역 소개

컴퓨터 활용
업무와 관련된 정보를 수집·분석·조직·관리·활용하는 데 컴퓨터를 사용하는 능력

정보처리
업무와 관련된 정보를 수집하고 이를 분석하여 의미있는 정보를 찾아 내는 것, 더 나아가 찾아낸 정보를 업무 수행에 적절하도록 조직하고, 조직한 정보를 관리·활용하는 능력

영역 **8**

정보능력 핵심이론

| 01 | 정보능력

(1) 자료와 정보

① **자료(Data)** : 객관적 실제의 반영이며, 그것을 전달할 수 있도록 기호화한 것

　예 고객의 주소·성별·이름·나이, 스마트폰 기종, 스마트폰 활용 횟수 등

② **정보(Information)** : 자료를 특정한 목적과 문제해결에 도움이 되도록 가공한 것

　예 중년층의 스마트폰 기종, 중년층의 스마트폰 활용 횟수

③ **정보처리(Information Processing)** : 자료를 가공하여 이용 가능한 정보로 만드는 것, 자료처리(Data Processing)라고도 함

④ **지식(Knowledge)** : 정보를 집적하고 체계화하여 장래의 일반적인 사항에 대비해 보편성을 갖도록 한 것

　예 스마트폰 디자인에 대한 중년층의 취향, 중년층을 주요 타깃으로 신종 스마트폰 개발

(2) 정보화 사회

① **정보화 사회** : 정보가 사회의 중심이 되는 사회로 컴퓨터 기술과 정보통신 기술을 활용하여 사회 각 분야에서 필요로 하는 가치 있는 정보를 창출하고, 보다 유익하고 윤택한 생활을 영위하는 사회로 발전시켜 나가는 것

② **미래 사회**

　㉠ 부가가치 창출요인의 전환 : 토지, 자본, 노동 → 지식 및 정보 생산 요소

> **미래 사회의 6T**
> 정보기술(IT), 생명공학(BT), 나노기술(NT), 환경기술(ET), 문화산업(CT), 우주항공기술(ST)

　㉡ 세계화의 진전

　　예 WTO·FTA 등에 의한 무역 개방화, 국가 간의 전자 상거래(EC; Electronic Commerce), 가상은행, 사이버 백화점, 사이버 대학교, 한국 기업의 외국 공장 설립, 다국적 기업의 국내 설치 및 산업 연수생들의 국내산업체 근무, 외국 대학 및 학원의 국내 설치 등

　㉢ 지식의 폭발적인 증가

③ **정보화 사회에서 꼭 해야 할 일** : 정보검색, 정보관리, 정보전파

다음 중 산업 사회와 정보화 사회의 특징을 비교한 것으로 옳지 않은 것은?

구분	산업 사회	정보화 사회
①	아날로그 정보 신호 처리	디지털 정보 신호 처리
②	지역 분산형 정보 관리 서비스	중앙 집중형 정보 관리 서비스
③	소품종 대량 생산	다품종 소량 생산
④	하드웨어 중심의 기술 개발	소프트웨어 중심의 기술 개발

산업 사회는 중앙 집중형 정보 관리 서비스를, 정보화 사회는 지역 분산형 정보 관리 서비스 체계를 사용한다.

정답 ②

(3) 컴퓨터의 활용 분야

① **기업 경영 분야** : 생산에서부터 판매, 회계, 재무, 인사 및 조직관리는 물론 금융 업무까지 활용

　예 경영정보시스템(MIS; Management Information System), 의사결정지원시스템(DSS; Decision Support System), 사무자동화(OA; Office Automation), 전자상거래(EC; Electronic Commerce) 등

② **행정 분야** : 민원처리, 각종 행정 통계 등 여러 가지 행정에 관련된 정보를 데이터베이스로 구축하여 활용

　예 행정 업무의 사무자동화(OA; Office Automation), 정보통신망을 이용한 민원 서류의 원격지 발급, 가까운 은행에서의 세금 및 공과금 납부 등

③ **산업 분야** : 공업·상업 등 각 분야에서 널리 활용될 뿐만 아니라 중요한 역할을 담당

　예 컴퓨터 이용 설계(CAD; Computer Aided Design), 컴퓨터 이용 생산(CAM; Computer Aided Manufacturing), 산업용 로봇 등을 이용한 공장 자동화(FA; Factory Automation), 편의점이나 백화점 등의 상품 판매시점 관리(POS; Point Of Sales) 시스템, 농축산업 및 어업 등에도 다양하게 활용

④ **기타 분야** : 교육, 연구소, 출판, 가정, 도서관, 예술 분야 등에도 널리 활용

　예 교육 분야의 컴퓨터 보조 교육(CAI; Computer Assisted Instruction), 컴퓨터 관리 교육(CMI; Computer Managed Instruction)

공장 자동화(FA; Factory Automation)에 대한 설명으로 옳은 것은?

① 강의나 학습 등에 컴퓨터를 이용하는 것이다.
② 제어 시스템이나 생산 관리 등은 해당하지 않는다.
③ 각종 정보 기기와 컴퓨터 시스템이 유기적으로 연결된 구조이다.
④ 기계가 하던 자동화 시스템을 사람으로 대체해 가는 것이 목표이다.

공장 자동화(FA; Factory Automation)
모든 제품 공정 과정을 자동화하여 생산성 향상과 원가 절감, 불량품 감소 등 제품 경쟁력 향상에 활용한다.

오답분석
① 컴퓨터 보조 교육(CAI), 컴퓨터 관리 교육(CMI)

정답 ③

(4) 정보의 활용

① **정보의 기획** : 정보의 전략적 기획이란 정보활동의 가장 첫 단계로서 정보관리의 가장 중요한 단계이며 보통 5W 2H에 의해 기획한다.

> **5W 2H**
> - What(무엇을?) : 정보의 입수 대상을 명확히 한다.
> - Where(어디에서?) : 정보의 소스(정보원)를 파악한다.
> - When(언제까지?) : 정보의 요구(수집) 시점을 고려한다.
> - Why(왜?) : 정보의 필요 목적을 염두에 둔다.
> - Who(누가?) : 정보활동의 주체를 확정한다.
> - How(어떻게?) : 정보의 수집 방법을 검토한다.
> - How much(얼마나?) : 정보수집의 비용(효용성)을 중시한다.

② **정보의 수집** : 다양한 정보원으로부터 목적에 적합한 정보를 입수하는 것

③ **정보의 관리** : 수집된 다양한 형태의 정보(가공하지 않은 있는 그대로의 정보)를 어떤 문제해결이나 결론 도출에 사용하기 쉬운 형태로 바꾸는 일

> **정보관리의 3원칙**
> - 목적성 : 사용 목적을 명확히 설명해야 한다.
> - 용이성 : 쉽게 작업할 수 있어야 한다.
> - 유용성 : 즉시 사용할 수 있어야 한다.

④ **정보활용능력** : 정보기기에 대한 이해나 최신 정보기술이 제공하는 주요 기능, 특성에 대한 지식을 아는 능력

● 예제풀이 ●

정보관리의 3원칙
목적성, 용이성, 유용성

정답 ④

● **핵심예제** ●

정보관리의 3원칙이 아닌 것은?

① 목적성
② 용이성
③ 유용성
④ 상대성

(5) 인터넷의 역기능

① 인터넷의 역기능 : 불건전 정보의 유통, 개인 정보 유출, 사이버 성폭력, 사이버 언어폭력, 언어 훼손, 인터넷 중독, 불건전 교제, 저작권 침해, 컴퓨터 바이러스, 해킹 (Hacking), 스팸 메일(Spam Mail) 등

CHECK POINT
인터넷(사이버)상의 침해 사례 및 인터넷 예절을 꼭 알아두어야 한다.

> **컴퓨터 바이러스 예방법**
> 1. 출처가 불분명한 전자 우편의 첨부파일은 백신 프로그램으로 바이러스 검사 후 사용한다.
> 2. 실시간 감시 기능이 있는 백신 프로그램을 설치하고 정기적으로 업데이트한다.
> 3. 바이러스가 활동하는 날에는 시스템을 사전에 미리 검사한다.
> 4. 정품 소프트웨어를 구입하여 사용하는 습관을 들인다.
> 5. 중요한 파일은 습관적으로 별도의 보조 기억 장치에 미리 백업을 해 놓는다.
> 6. 프로그램을 복사할 때는 바이러스 감염 여부를 확인한다.

② 네티켓 : 사이버 공간에서 지켜야 할 예절

네트워크(Network) + 에티켓(Etiquette) = 네티켓(Netiquette)

㉠ 전자우편(E-mail)을 사용할 때의 네티켓
- 메시지는 가능한 짧게 요점만 작성한다.
- 메일을 보내기 전에 주소가 올바른지 다시 한번 확인한다.
- 제목은 메시지 내용을 함축해 간략하게 써야 한다.
- 가능한 한 메시지 끝에 Signature(성명, 직위, 단체명, 메일주소, 전화번호 등)를 포함시키되, 너무 길지 않도록 한다.
- 메일상에서 타인에 대해 말할 때는 정중함을 지켜야 한다. 메일은 쉽게 전파될 수 있기 때문이다.
- 타인에게 피해를 주는 언어(비방이나 욕설)는 쓰지 않는다.

㉡ 온라인 대화(채팅)를 할 때의 네티켓
- 마주 보고 이야기하는 마음가짐으로 임한다.
- 대화방에 들어가면 지금까지 진행된 대화의 내용과 분위기를 경청한다.
- 엔터키를 치기 전에 한번 더 생각한다.
- 광고, 홍보 등의 목적으로 악용하지 않는다.
- 유언비어·속어와 욕설 게재는 삼가고, 상호 비방의 내용은 금한다.

㉢ 게시판을 사용할 때의 네티켓
- 글의 내용은 간결하게 요점만 작성한다.
- 제목에는 글의 내용을 파악할 수 있는 함축된 단어를 쓴다.
- 글을 쓰기 전에 이미 같은 내용의 글이 없는지 확인한다.
- 글의 내용 중에 잘못된 점이 있으면 빨리 수정하거나 삭제한다.
- 게시판의 주제와 관련 없는 내용은 올리지 않는다.

ⓔ 공개 자료실에서의 네티켓
- 음란물을 올리지 않는다.
- 상업용 소프트웨어를 올리지 않는다.
- 공개 자료실에 등록한 자료는 가급적 압축한다.
- 프로그램을 올릴 때에는 사전에 바이러스 감염 여부를 점검한다.
- 유익한 자료를 받았을 때에는 올린 사람에게 감사의 편지를 보낸다.

ⓜ 인터넷 게임을 할 때의 네티켓
- 상대방에게 항상 경어를 사용한다.
- 인터넷 게임에 너무 집착하지 않는다.
- 온라인 게임은 온라인상의 오락으로 끝나야 한다.
- 게임 중에 일방적으로 퇴장하는 것은 무례한 일이다.
- 상대를 존중하는 것을 잊어서는 안 된다.
- 게이머도 일종의 스포츠맨이므로 스포츠맨십을 지켜야 한다.
- 이겼을 때는 상대를 위로하고, 졌을 때는 깨끗하게 물러서야 한다.

● 예제풀이 ●

오답분석
ㄴ. 출처가 불분명한 전자
우편의 첨부파일은 백
신 프로그램으로 바이
러스 검사 후 사용한다.
ㄹ. 공개 자료실은 자료의
변경, 침입 등에 취약
하다.

정답 ②

● 핵심예제 ●

컴퓨터 바이러스를 예방하는 방법으로 옳은 것을 〈보기〉에서 모두 고른 것은?

보기

ㄱ. 백신 프로그램을 설치하고 자주 업데이트한다.
ㄴ. 전자우편(E-mail)은 안전하므로 바로 열어서 확인한다.
ㄷ. 인터넷에서 자료를 받았을 때는 바이러스 검사 후에 사용한다.
ㄹ. 좋은 자료가 많은 폴더는 공개 자료실에 올려 서로 공유한다.

① ㄱ, ㄴ   ② ㄱ, ㄷ
③ ㄴ, ㄷ   ④ ㄷ, ㄹ

CHECK POINT

기업에서는 업무와 관련된
고객 등의 개인정보를 수집
한다. 이러한 개인정보 유출
로 인한 문제가 대두되면서
개인정보 보호에 많은 관심
이 기울여지고 있다.

(6) 개인정보

개인정보란 생존하는 개인에 관한 정보로서 정보에 포함되어 있는 성명, 주민등록번호 등의 사항에 의하여 개인을 식별할 수 있는 정보를 말한다.

① 개인정보의 종류

분류	내용
일반 정보	이름, 주민등록번호, 운전면허번호, 주소, 전화번호, 생년월일, 출생지, 본적지, 성별, 국적 등
가족 정보	가족의 이름, 직업, 생년월일, 주민등록번호, 출생지 등
교육 및 훈련 정보	최종학력, 성적, 기술자격증 / 전문면허증, 이수훈련 프로그램, 동아리 활동, 상벌사항, 성격 / 행태보고 등
병역 정보	군번 및 계급, 제대유형, 주특기, 근무부대 등

부동산 및 동산 정보	소유주택 및 토지, 자동차, 저축현황, 현금카드, 주식 및 채권, 수집품, 고가의 예술품, 보석 등
소득 정보	연봉, 소득의 원천, 소득세 지불 현황 등
기타 수익 정보	보험가입현황, 수익자, 회사의 판공비 등
신용 정보	대부상황, 저당, 신용카드, 담보설정 여부 등
고용 정보	고용주, 회사주소, 상관의 이름, 직무수행 평가 기록, 훈련기록, 상벌기록 등
법적 정보	전과기록, 구속기록, 이혼기록 등
의료 정보	가족병력기록, 과거 의료기록, 신체장애, 혈액형 등
조직 정보	노조가입, 정당가입, 클럽회원, 종교단체 활동 등
습관 및 취미 정보	흡연 / 음주량, 여가활동, 도박성향, 비디오 대여기록 등

② 개인정보 유출 방지 방법
    ㉠ 회원 가입 시 이용 약관 읽기
    ㉡ 이용 목적에 부합하는 정보를 요구하는지 확인하기
    ㉢ 비밀번호를 정기적으로 변경하기
    ㉣ 정체불명의 사이트는 멀리하기
    ㉤ 가입 해지 시 정보 파기 여부 확인하기
    ㉥ 뻔한 비밀번호 쓰지 않기

● 핵심예제 ●

개인정보의 유출을 방지하기 위한 방법이 아닌 것은?

① 정체불명의 사이트는 멀리하라.
② 비밀번호는 주기적으로 교체하라.
③ 회원 가입 시 이용 약관을 읽어라.
④ 비밀번호는 기억하기 쉬운 전화번호를 사용하라.

● 예제풀이 ●

전화번호, 생년월일 등 남들이 쉽게 유추할 수 있는 비밀번호는 사용하지 말아야 한다.

정답 ④

| 02 | 컴퓨터활용능력

(1) 인터넷 서비스

① 전자우편(E-mail 서비스)

전자우편의 주소

사용자 ID	@	도메인 이름

예 guest@daehan.hs.kr

② 인터넷 하드디스크(Internet Harddisk) : 웹 서버에 대용량의 저장 기능을 갖추고 사용자가 개인용 컴퓨터(PC)의 하드디스크와 같은 기능을 인터넷을 통하여 이용할 수 있게 하는 서비스

> 인터넷 하드디스크(Internet Harddisk), 웹 디스크(Web-disk), 웹 하드(Web Hard), 파일 박스, 피디 박스 등 다양한 용어 중 가장 많이 사용하는 용어는 웹 하드와 웹 디스크이다.

③ 메신저(Messenger) : 인터넷에서 실시간으로 메시지와 데이터를 주고 받을 수 있는 소프트웨어

CHECK POINT

클라우드 컴퓨팅과 같은 최신 인터넷 관련 기술을 알아두어야 한다.

④ 클라우드 컴퓨팅(Cloud Computing) : 사용자들이 복잡한 정보를 보관하기 위해 별도의 데이터 센터를 구축하지 않고도, 인터넷을 통해 제공되는 서버를 활용해 정보를 보관하고 있다가 필요할 때 꺼내 쓰는 기술

⑤ SNS(Social Networking Service) : 온라인 인맥 구축을 목적으로 개설된 커뮤니티형 웹사이트
예 미국의 트위터·마이스페이스·페이스북, 한국의 싸이월드 등

⑥ 전자상거래
㉠ 좁은 뜻 : 인터넷이라는 전자 매체를 통하여 상품을 사고 팔거나, 재화나 용역을 거래하는 사이버 비즈니스
㉡ 넓은 뜻 : 소비자와의 거래뿐만 아니라 거래와 관련된 공급자, 금융기관, 정부기관, 운송기관 등과 같이 거래에 관련된 모든 기관과의 관련행위를 포함

• 예제풀이 •

오답분석
ㄷ. 전자상거래는 거래에 관련된 모든 기관과의 관련행위를 포함한다.
ㄹ. 인터넷이라는 전자 매체를 이용한 재화 및 용역 거래는 전자상거래이다.

정답 ①

─ 핵심예제 ─

전자상거래(Electronic Commerce)에 관한 설명으로 옳은 것을 〈보기〉에서 모두 고른 것은?

보기
ㄱ. 내가 겪은 경험담도 전자상거래 상품이 될 수 있다.
ㄴ. 인터넷 서점, 홈쇼핑, 홈뱅킹 등도 전자상거래 유형이다.
ㄷ. 개인이 아닌 공공기관이나 정부는 전자상거래를 할 수 없다.
ㄹ. 팩스나 전자우편 등을 이용하면 전자상거래가 될 수 없다.

① ㄱ, ㄴ
② ㄱ, ㄷ
③ ㄴ, ㄷ
④ ㄷ, ㄹ

(2) 정보 검색

여러 곳에 분산되어 있는 수많은 정보 중에서 특정 목적에 적합한 정보만을 신속하고 정확하게 찾아내어 수집, 분류, 축적하는 과정

① **정보검색 단계** : 검색주제 선정 → 정보원 선택 → 검색식 작성 → 결과 출력

② **검색엔진의 유형**

　　㉠ 키워드 검색 방식 : 찾고자 하는 정보와 관련된 핵심 언어인 키워드를 직접 입력하여 이를 검색엔진에 보내 검색엔진이 키워드와 관련된 정보를 찾는 방식

　　㉡ 주제별 검색 방식 : 인터넷상에 존재하는 웹 문서들을 주제별·계층별로 정리하여 데이터베이스를 구축한 후 이용하는 방식

　　㉢ 자연어 검색 방식 : 검색엔진에서 문장 형태의 질의어를 형태소 분석을 거쳐 언제(When), 어디서(Where), 누가(Who), 무엇을(What), 왜(Why), 어떻게(How), 얼마나(How much)에 해당하는 5W 2H를 읽어내고 분석하여 각 질문에 대한 답이 들어 있는 사이트를 연결하는 방식

　　㉣ 통합형 검색 방식 : 사용자가 입력하는 검색어들이 연계된 다른 검색엔진에 보내지고, 이를 통하여 얻어진 검색 결과를 사용자에게 보여주는 방식

③ **정보검색 연산자** : 정보 검색 결과를 줄이기 위해 검색과 관련 있는 2개 이상의 단어를 연산자로 조합하여 키워드로 사용하는 것이 일반적이다. 연산자는 대·소문자의 구분이 없고, 앞뒤로 반드시 공백(Space)을 넣어주어야 한다.

〈공통적으로 사용하는 연산자의 종류와 검색 조건〉

기호	연산자	검색 조건
*, &	AND	두 단어가 모두 포함된 문서를 검색 예 인공위성 and 자동차, 인공위성 * 자동차
|	OR	두 단어가 모두 포함되거나, 두 단어 중에서 하나만 포함된 문서를 검색 예 인공위성 or 자동차, 인공위성 | 자동차
-, !	NOT	'-' 기호나 '!' 기호 다음에 오는 단어를 포함하지 않는 문서를 검색 예 인공위성 not 자동차, 인공위성 ! 자동차
&, near	인접 검색	앞뒤의 단어가 가깝게 인접해 있는 문서를 검색 예 인공위성 near 자동차

● 핵심예제 ●

검색엔진을 사용하여 인터넷에서 조선 중기의 유학자 이율곡의 어머니가 누구인지 알아보려고 한다. 키워드 검색방법을 사용할 때 가장 적절한 검색식은 무엇인가?

① 유학자 & 이율곡

② 유학자 ! 어머니

③ 이율곡 | 어머니

④ 이율곡 & 어머니

● 예제풀이 ●

중복으로 검색이 되어야 하기 때문에 AND 연산자가 적절하다. 즉, '조선 중기 & 유학자 & 이율곡 & 어머니'로 검색하면 가장 근접한 검색 결과가 나타날 것으로 예상되며, 그중 '이율곡 & 어머니'의 검색 결과가 상세 검색과 유사할 것으로 판단할 수 있다.

정답 ④

④ 검색엔진의 종류 및 특징
　　㉠ 검색엔진(Search Engine) : 인터넷상에 산재해 있는 정보를 수집한 후, 이를 체계적인 데이터베이스로 구축하여 사용자가 원하는 정보를 쉽게 찾을 수 있도록 도움을 주는 웹 사이트 또는 프로그램
　　㉡ 포털 사이트(Portal Site) : 사용자가 인터넷에서 어떤 정보를 찾으려고 할 때 가장 먼저 접속하는 사이트

> 최근 대부분의 포털 사이트에서는 정보 검색뿐만 아니라 카페, 뉴스, 웹 메일, 블로그, 미니홈피, 커뮤니티 형성 등 매우 다양한 인터넷 서비스를 제공하고 있다.

　　㉢ 국내 포털 사이트
　　　• 네이버(Naver) – http://www.naver.com/
　　　• 다음(Daum) – http://www.daum.net/
　　　• 네이트(Nate) – http://www.nate.com/
⑤ 인터넷 정보 검색 주의사항
　　㉠ 각각의 검색엔진 특징 파악
　　㉡ 데이터 특성에 따른 검색엔진 선택
　　㉢ 구체적이고 자세한 키워드 선택, 결과 내 재검색 기능 활용
　　㉣ 해당 검색엔진의 검색 연산자와 키워드 조합
　　㉤ 검색 속도가 느린 웹 브라우저에서는 그림 파일을 보이지 않게 설정
　　㉥ 웹 검색 외 각종 BBS, 뉴스 그룹, 메일링 리스트, 도서관 자료, 정보 소유자 요청 등 다른 방법들도 활용
　　㉦ 검색엔진이 제시하는 결과물은 정확하지 않을 수 있으므로 직접 보고 원하는 자료인지 판단해야 함

┌ 핵심예제 ┐

다음 중 정보를 검색할 때의 주의사항으로 옳지 않은 것은?

① BBS, 뉴스그룹, 메일링 리스트 등도 사용한다.
② 키워드의 선택이 중요하므로 검색어를 구체적으로 입력한다.
③ 검색 결과에 자료가 너무 많으면 결과 내 재검색 기능을 사용한다.
④ 검색한 모든 자료는 신뢰할 수 있으므로 자신의 자료로 계속 사용한다.

(3) 소프트웨어

컴퓨터를 이용하여 문제를 처리하는 프로그램 집단

① 워드 프로세서(Word Processor)

　㉠ 정의 : 여러 가지 형태의 문자와 그림·표·그래프 등을 활용한 문서를 작성·편집·저장·인쇄할 수 있는 프로그램

　㉡ 주요 기능

　　• 입력기능 : 키보드나 마우스를 통하여 한글·영문·한자 등 각국의 언어와 숫자·특수문자·그림·사진·도형 등을 입력할 수 있는 기능

　　• 표시기능 : 입력한 내용을 표시 장치를 통해 화면에 나타내주는 기능

　　• 저장기능 : 입력된 내용을 저장하여 필요할 때 사용할 수 있는 기능

　　• 편집기능 : 문서의 내용이나 형태 등을 변경해 새롭게 문서를 꾸미는 기능

　　• 인쇄기능 : 작성된 문서를 프린터로 출력하는 기능

② 스프레드 시트(Spread Sheet)

　㉠ 정의 : 워드프로세서와 같이 문서를 작성하고 편집하는 기능 이외에 수치나 공식을 입력하여 그 값을 계산해내고, 계산 결과를 차트로 표시할 수 있는 프로그램

　㉡ 구성단위 : 셀, 열, 행, 영역

③ 프레젠테이션(Presentation)

　㉠ 정의 : 컴퓨터나 기타 멀티미디어를 이용하여 그 속에 담겨 있는 각종 정보를 사용자 또는 대상자에게 전달하는 행위를 의미하며, 프레젠테이션 프로그램은 보고·회의·상담·교육 등에서 정보를 전달하는 데 주로 활용된다.

　㉡ 대표 프로그램 : 파워포인트, 프리랜스 그래픽스 등

④ 데이터베이스(Database)

　㉠ 정의 : 대량의 자료를 관리하고 내용을 구조화하여 검색이나 자료 관리 작업을 효과적으로 실행하는 프로그램

　㉡ 대표 프로그램 : 오라클(Oracle), 액세스(Access) 등

⑤ 그래픽 소프트웨어(Graphic Software)

　㉠ 정의 : 새로운 그림을 그리거나 그림 또는 사진 파일을 불러와 편집하는 프로그램

　㉡ 대표 프로그램 : 포토샵(Photoshop), 일러스트레이터(Illustrator), 3DS MAX, 코렐드로(CorelDRAW) 등

⑥ 유틸리티 프로그램

　㉠ 정의 : 사용자가 컴퓨터를 좀더 쉽게 사용할 수 있도록 도와주는 소프트웨어(프로그램)

　㉡ 프로그램의 종류 : 파일 압축 유틸리티, 바이러스 백신 프로그램, 화면 캡처 프로그램, 이미지 뷰어 프로그램, 동영상 재생 프로그램

● 핵심예제 ●

워드 프로세서에 대한 설명으로 옳지 않은 것은?

① 작성된 문서를 다양한 편집 형태로 출력할 수 있다.

② 새 창을 열지 않고 여러 개의 문서를 불러올 수 있다.

③ 한 줄 블록 설정은 가능하나 문서 전체를 블록 설정할 수는 없다.

④ 문서 안에 다른 프로그램을 연결한 문서를 삽입하여 기능을 확장시킬 수 있다.

(4) 데이터베이스

① 데이터베이스의 정의와 관리시스템

ⓒ 정의 : 대량의 자료를 구조화하여 검색이나 자료 관리 작업을 효과적으로 실행
하는 프로그램

ⓒ 데이터베이스 관리시스템(DBMS) : 데이터베이스와 사용자 사이를 연결해주는
프로그램으로, 저장한 데이터 내에서 필요한 자료를 찾을 수 있도록 하는 소프
트웨어

> 쿼리(질의)
> 저장한 데이터에서 사용자들이 필요로 하는 자료를 데이터베이스에 요청하
> 는 것

ⓒ 파일관리시스템 : 한 번에 한 개의 파일에 대해서 생성·유지·검색할 수 있는
소프트웨어

② 데이터베이스의 필요성

ⓒ 데이터 중복을 줄인다.

ⓒ 데이터의 무결성을 높인다.

ⓒ 검색을 쉽게 해준다.

ⓒ 데이터의 안정성을 높인다.

ⓒ 프로그램의 개발 기간을 단축한다.

③ 데이터베이스의 기능 : 입력 기능, 데이터의 검색 기능, 데이터의 일괄 관리, 보고
서 기능

④ 데이터베이스의 작업 순서

시작 → 데이터베이스 제작 → 자료 입력 → 저장 → 자료 검색 → 보고서 인쇄 → 종료

데이터베이스의 필요성에 관한 옳은 설명만을 〈보기〉에서 모두 고른 것은?

> **보기**
>
> ㄱ. 데이터의 중복을 줄이고 안정성을 높인다.
> ㄴ. 데이터의 양이 많아 검색이 어려워진다.
> ㄷ. 프로그램의 개발이 쉽고 개발 기간도 단축한다.
> ㄹ. 데이터가 한 곳에만 기록되어 있어 결함 없는 데이터를 유지하기 어려워진다.

① ㄱ, ㄴ   ② ㄱ, ㄷ
③ ㄴ, ㄷ   ④ ㄷ, ㄹ

오답분석
ㄴ. 데이터의 중복을 줄여주며, 검색을 쉽게 해준다.
ㄹ. 데이터의 무결성과 안정성을 높인다.

정답 ②

| 03 | 정보처리능력

(1) 정보수집

① **정보가 필요한 이유** : 의사결정을 하거나 문제의 답을 알아내고자 할 때 그 상황을 해결하기 위해 새로운 정보가 필요하다.

② **정보원(Sources)** : 필요한 정보를 수집할 수 있는 원천

　㉠ 1차 자료 : 원래의 연구 성과가 기록된 자료

　　예 단행본, 학술지와 학술지 논문, 학술회의자료, 연구보고서, 학위논문, 특허정보, 표준 및 규격자료, 레터, 출판 전 배포자료, 신문, 잡지, 웹 정보자원 등

　㉡ 2차 자료 : 1차 자료를 효과적으로 찾아보기 위한 자료 혹은 1차 자료에 포함되어 있는 정보를 압축·정리해서 읽기 쉬운 형태로 제공하는 자료

　　예 사전, 백과사전, 편람, 연감, 서지 데이터베이스 등

③ **효과적인 정보수집**

　㉠ 정보원 관리 : 중요한 정보는 신뢰관계가 전제되어야 수집이 가능하다.

　㉡ 인포메이션 VS 인텔리전스

　　• 인포메이션(Information) : 하나하나의 개별적인 정보

　　• 인텔리전스(Intelligence) : 사회의 많은 정보 중 몇 가지를 선별해 연결시켜 무언가를 판단하기 쉽게 도와주는 정보 덩어리

　㉢ 선수필승(先手必勝) : '공격은 최대의 방어', 즉 다른 사람보다 1초라도 빨리 정보를 쥔 사람이 우위에 선다.

　㉣ 머릿속에 서랍을 많이 만들자.

　㉤ 정보수집용 하드웨어 활용

(2) 정보분석

① 정보분석 : 여러 정보를 상호 관련지어 새로운 정보를 생성해내는 활동
② 정보분석의 절차

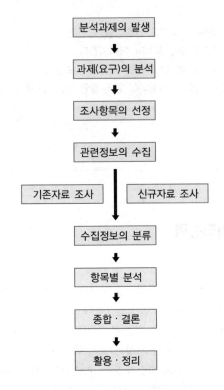

분석과제의 발생
↓
과제(요구)의 분석
↓
조사항목의 선정
↓
관련정보의 수집
↓
기존자료 조사 　　　 신규자료 조사
↓
수집정보의 분류
↓
항목별 분석
↓
종합 · 결론
↓
활용 · 정리

● 예제풀이 ●

좋은 자료가 있다고 해서 항상 훌륭한 분석이 되는 것은 아니다.

정답 ③

● 핵심예제 ●

우리 주위에는 수많은 정보가 있지만 그 자체로는 의미가 없으며 정보를 분석하고 가공하여야만 정보로서의 가치를 가질 수 있다. 정보분석에 대한 설명으로 옳지 않은 것은?

① 정보분석이란 여러 정보를 상호관련지어 새로운 정보를 생성해 내는 활동이다.
② 서로 상반되거나 큰 차이가 있는 정보의 내용을 판단해서 새로운 해석을 할 수 있다.
③ 좋은 자료는 항상 훌륭한 분석이 될 수 있다.
④ 한 개의 정보만으로 불분명한 사항을, 다른 정보로써 명백히 할 수 있다.

(3) 정보관리

어떤 정보를 언제 어떤 이유로 소장하게 되었는지 기록하거나 분류하면 필요 시 문제해결 및 새로운 지식 생산에 효율적으로 활용할 수 있다.

① 목록을 이용한 정보관리 : 정보에서 중요한 항목을 찾아 기술한 후 정리

② 색인을 이용한 정보관리 : 주요 키워드나 주제어를 가지고 소장하고 있는 정보원(Sources)을 관리

색인어 + 위치정보 = 색인

③ 분류를 이용한 정보관리 : 정보를 유사한 것끼리 모아 체계화하여 정리

기준	내용	예시
시간적 기준	정보의 발생 시간별로 분류	2015년 가을, 7월 등
주제적 기준	정보의 내용에 따라 분류	정보사회, 서울대학교 등
기능적·용도별 기준	정보가 이용되는 기능이나 용도에 따라 분류	참고자료용, 강의용, 보고서 작성용 등
유형적 기준	정보의 유형에 따라 분류	도서, 비디오, CD, 한글파일, 파워포인트 파일 등

(4) 정보활용

① 동적정보 : 시시각각으로 변화하는 정보 → 유효기간이 짧음

예 신문이나 텔레비전의 뉴스

② 정적정보(저장정보) : 보존되어 변화하지 않는 정보

예 잡지나 책에 들어 있는 정보, CD-ROM이나 비디오테이프 등에 수록되어 있는 영상정보

유형 01 컴퓨터 활용

연속출제

2020년에 출시될 음료 제품의 블라인드 테스트를 진행한 뒤, 설문 응답표를 엑셀 표로 정리하였다. 결과표를 만들고 싶을 때 필요한 엑셀 기능은?

1) 질문의도
: 응답표 → 결과표
=엑셀함수

설문지

문항 1. 음료를 개봉했을 때, 냄새가 바로 느껴지는가?
    1. 매우 그렇다.   2. 그렇다.   3. 보통이다.   4. 아니다.   5. 매우 아니다.

문항 2. 음료를 마신 후, 이전에 먹어본 비슷한 음료가 생각나는가?
    1. 매우 그렇다.   2. 그렇다.   3. 보통이다.   4. 아니다.   5. 매우 아니다.
    ...

2) 자료비교
: 조건+개수세기

	A	B	C	D	E	F	G
1				〈설문 응답표〉			
2		설문자A	설문자B	설문자C	설문자D	설문자E	...
3	문항1	1	2	3	4	5	...
4	문항2	5	4	3	2	1	...
5	문항3	1	1	1	1	1	...
6	문항4	2	2	2	3	3	...
7	문항5	4	4	5	1	2	...
8	...	...	...	...	...	...	...

설문자 명단별

응답번호별   3) 정답도출

	A	B	C	D	E	F	G
1				〈결과표〉			
2		매우 그렇다(1)	그렇다(2)	보통(3)	아니다(4)	매우 아니다(5)	...
3	문항1	1	1	1	1	1	...
4	문항2	1	1	1	1	1	...
5	문항3	5	0	0	0	0	...
6	문항4	0	3	2	0	0	...
7	문항5	1	1	0	2	1	...
8	...	...	...	...	...	...	...

✔ COUNTIF   ② COUNT
③ COUNTA   ④ DSUM
⑤ SUMIF

유형분석

- 문제에서 주어진 상황에서 사용할 적절한 엑셀함수가 무엇인지 묻는 문제이다.
- 주로 업무수행 중에 많이 활용되는 대표적인 엑셀함수가 많이 사용된다.
- ➕ 응용문제 : 엑셀시트를 제시하여 각 셀에 들어갈 함수식을 고르는 문제가 출제된다.

풀이전략

제시된 상황에서 사용할 엑셀함수가 무엇인지 파악한 후 선택지에서 적절한 함수식을 고른다. 대표적인 엑셀함수를 사전에 익혀 두면 풀이시간을 줄일 수 있다.

귀하는 전세버스 대여를 전문으로 하는 여행업체에 근무하고 있다. 지난 10년 동안 상당한 규모로 성장해온 자사는 현재 보유하고 있는 버스의 현황을 실시간으로 파악할 수 있도록 식별번호를 부여하였다. 다음은 총 20대의 전세버스 식별 코드이다. 식별 코드 부여 방식을 참고할 때, 다음 설명 중 올바르지 않은 것은?

1) 질문의도
   : 코드체계

〈식별 코드 부여 방식〉

[버스등급] – [승차인원] – [제조국가] – [모델 번호] – [제조연월]

버스등급	코드	제조국가	코드
대형버스	BX	한국	KOR
중형버스	MF	독일	DEU
소형버스	RT	미국	USA

3) 문제풀이
   : RT-5대,
   DEU-2대

Ex. BX-45-DEU-15-1510
    2015년 10월 독일에서 생산된 45인승 대형버스 15번 모델

〈자사보유 전세버스 현황〉

BX-28-DEU-24-1308	MF-35-DEU-15-0910	RT-23-KOR-07-0628
MF-35-KOR-15-1206	BX-45-USA-11-0712	BX-45-DEU-06-1105
MF-35-DEU-20-1110	BX-41-DEU-05-1408	RT-16-USA-09-0712
RT-25-KOR-18-0803	RT-25-DEU-12-0904	MF-35-KOR-17-0901
BX-28-USA-22-1404	BX-45-USA-19-1108	BX-28-USA-15-1012
RT-16-DEU-23-1501	MF-35-KOR-16-0804	BX-45-DEU-19-1312
MF-35-DEU-20-1005	BX-45-USA-14-1007	

① 보유 중인 대형버스는 전체의 40% 이상을 차지한다.

② 대형버스 중 28인승은 3대이나, 한국에서 생산된 차량은 없다.

③ 보유하고 있는 소형버스의 절반 이상은 독일에서 생산되었다.

④ 중형버스의 모델은 최소 3가지 이상이며, 모두 2013년 이전에 생산된 것들이다.

⑤ 2015년 3월 한국에서 생산된 16인승 리무진 소형버스 04번 모델은 RT-16-KOR-04-1503
   이라고 코드를 표시하여야 한다.

2) 선택지 키워드 찾기

4) 정답도출
   : 절반 이상
   독일 생산 X

유형분석

- 문제에서 제시한 코드체계를 파악한 후 이를 적용하여 풀어 가는 문제이다.
- 대체로 문제에서 코드번호(일련번호)가 생성되는 규칙을 제공하고 있으며 해당 규칙을 적용하여 새로운 코드번호를 만들거나 혹은 만들어진 코드번호를 해석하는 등의 문제가 출제된다.

풀이전략

문제에서 코드체계(번호체계 등)가 주어지면 먼저 선택지의 핵심 키워드를 확인한다. 각 선택지에서 요구하는 내용에 맞춰 코드체계를 대입하여 정답유무를 판단한다.

영역 9

기술능력 영역 소개

기술능력 출제비중

출제비중
- 기술이해 (25%)
- 기술선택 (30%)
- 기술적용 (45%)

기술능력 출제빈도

구분	중요도
기술이해	★★☆☆☆
기술선택	★★★☆☆
기술적용	★★★★☆

기술능력은 업무를 수행함에 있어 도구, 장치 등을 포함하여 필요한 기술에 어떠한 것들이 있는지 이해하고, 실제 업무를 수행함에 있어 적절한 기술을 선택하여 적용하는 능력이다. 사무직을 제외한 특수 직렬을 지원하는 수험생이라면 전공을 포함하여 반드시 준비해야 하는 영역이다.

국가직무능력표준에 따르면 기술능력의 세부 유형은 기술이해능력·기술선택능력·기술적용능력으로 나눌 수 있다. 제품설명서나 상황별 매뉴얼을 제시하는 문제나 명령어를 제시하고 규칙을 대입할 수 있는지 묻는 문제가 출제되기 때문에 이런 유형들을 공략할 수 있는 전략을 세워야 한다.

기술능력은 NCS 기반 채용을 진행한 기업 중 50% 정도가 다뤘으며, 문항 수는 전체에서 평균 2% 정도 출제되었다.

01 긴 지문이 출제될 때는 보기의 내용을 미리 보자!

기술능력에서 자주 출제되는 제품설명서나 상황별 매뉴얼을 제시하는 문제에서는 기술을 이해하고, 상황에 알맞은 원인 및 해결방안을 고르는 문제가 출제된다. 실제 시험장에서 문제를 풀 때, 시간적 여유가 없기 때문에 보기를 먼저 읽고, 그 다음 긴 지문을 보면서 동시에 보기와 일치하는 내용이 나오면 확인해 가면서 푸는 것이 좋다.

02 모듈형에 대비하라!

모듈형 문제의 비중이 늘어나는 추세이므로 2020년에 공기업을 준비하는 취업준비생이라면 모듈형 문제에 대비해야 한다. 기술능력의 모듈형 이론부분을 학습하고 모듈형 문제를 풀어본 후 다회독하여 이론을 확실히 익혀두면 실제 시험장에서 이론을 묻는 문제가 나왔을 때 단번에 답을 고를 수 있다.

03 전공이론도 익혀두자!

지원하는 직렬의 전공이론이 기술능력으로 출제되는 경우가 많기 때문에 전공이론을 익혀 두는 것이 좋다. 깊이 있는 지식을 묻는 문제가 아니더라도 출제되는 문제의 소재가 전공과 관련된 내용일 가능성이 크기 때문에 최소한 지원하는 직렬의 전공 용어는 확실히 익혀 두는 것이 좋다.

04 포기하지 말자!

직업기초능력에서 주요 영역이 아니면 소홀한 경우가 많다. 시험장에서 기술능력을 읽어보지도 않고 포기하는 경우가 많은데 차근차근 읽어보면 지문만 잘 읽어도 풀리는 문제들이 출제되는 경우가 있다. 이론을 모르더라도 풀 수 있는 문제인지 파악해보자.

기술능력 영역 소개

기술이해
업무수행에 필요한 기술적 원리를 올바르게 이해하는 능력

기술선택
도구·장치를 포함하여 업무수행에 필요한 기술을 선택하는 능력

기술적용
업무수행에 필요한 기술을 실제로 적용하는 능력

영역 9 기술능력 핵심이론

| 01 | 기술능력

(1) 기술능력

직업에 종사하기 위해 모든 사람들이 필요로 하는 능력이며, 기술을 이해하고 상황에 맞는 것을 선택하여 적용하는 능력이다.

(2) 기술능력이 뛰어난 사람

① 실질적 해결을 필요로 하는 문제를 인식한다.
② 인식된 문제를 위한 다양한 해결책을 개발하고 평가한다.
③ 실제적 문제를 해결하기 위해 지식이나 기타 자원을 선택·최적화시키며, 적용한다.
④ 주어진 한계 속에서, 그리고 제한된 자원을 가지고 일한다.
⑤ 기술적 해결에 대한 효용성을 평가한다.
⑥ 여러 상황 속에서 기술의 체계와 도구를 배워서 사용할 수 있다.

 예제풀이

기술적 해결에 대한 문제점을 평가하는 것이 아니라 효용성을 평가한다.

정답 ④

• 핵심예제 •

다음 중 기술능력이 뛰어난 사람의 특징으로 옳지 않은 것은?

① 실질적 해결을 필요로 하는 문제를 인식한다.
② 인식된 문제를 위한 다양한 해결책을 개발하고 평가한다.
③ 실제적 문제를 해결하기 위해 지식이나 기타 자원을 선택·최적화시키며, 적용한다.
④ 기술적 해결에 대한 문제점을 평가한다.

---

(3) 지속가능한 발전(Sustainable Development)

지금 우리의 현재 욕구를 충족시키면서, 동시에 후속 세대의 욕구 충족을 침해하지 않는 발전을 의미한다. 발전은 현재와 미래 세대의 발전과 환경적 요구를 충족하는 방향으로 이루어져야 하며, 그렇기 때문에 환경 보호가 발전의 중심적인 요소가 되어야 한다.

(4) 지속가능한 기술(Sustainable Technology)

지속가능한 발전을 가능하게 하는 기술을 말하며, 태양 에너지와 같이 고갈되지 않는 자연 에너지를 활용하며, 낭비적인 소비 형태를 지양하고, 기술적 효용뿐 아니라 환경 효용(Eco Efficiency)까지 고려한다.

• 핵심예제 •

다음 중 지속가능한 기술의 특징으로 옳지 않은 것은?

① 이용가능한 자원과 에너지를 고려하는 기술
② 자원이 사용되고 그것이 재생산되는 비율의 조화를 추구하는 기술
③ 자원의 질을 생각하는 기술
④ 석탄 에너지와 같이 고갈되는 자연 에너지를 활용하며, 낭비적인 소비 형태를 지양하고 기술적 효용만을 추구한다.

• 예제풀이 •

태양 에너지와 같이 고갈되지 않는 자연 에너지를 활용하며, 기술적 효용만이 아닌 환경 효용까지도 고려한다.

정답 ④

(5) 산업 재해

우리나라 산업 안전 보건법에서는 근로자가 업무에 관계되는 건설물·설비·원재료·가스·증기·분진 등에 의하거나, 직업과 관련된 기타 업무에 의하여 사망 또는 부상을 입거나 질병에 걸리게 되는 것을 산업 재해라 한다.

① 산업 재해의 원인

㉠ 기본적 원인

교육적 원인	안전 지식의 불충분, 안전 수칙의 오해, 경험이나 훈련의 불충분과 작업관리자의 작업 방법에 대한 교육 불충분, 유해 위험 작업 교육 불충분 등
기술적 원인	건물·기계 장치의 설계 불량, 구조물의 불안정, 재료의 부적합, 생산 공정의 부적당, 점검·정비·보존의 불량 등
작업 관리상 원인	안전 관리 조직의 결함, 안전 수칙 미제정, 작업 준비 불충분, 인원 배치 및 작업 지시 부적당 등

㉡ 직접적 원인

불안전한 행동	위험 장소 접근, 안전 장치 기능 제거, 보호 장비의 미착용 및 잘못 사용, 운전 중인 기계의 속도 조작, 기계·기구의 잘못된 사용, 위험물 취급 부주의, 불안전한 상태 방치, 불안전한 자세와 동작, 감독 및 연락 잘못 등
불안전한 상태	시설물 자체 결함, 전기 가설물의 누전, 구조물의 불안정, 소방기구의 미확보, 안전 보호 장치 결함, 복장·보호구의 결함, 시설물의 배치 및 장소 불량, 작업 환경 결함, 생산 공정의 결함, 경계 표시 설비의 결함 등

② 산업 재해가 개인과 기업에 끼치는 영향

개인	재해를 당한 본인 및 가족의 정신적·육체적 고통, 일시적 또는 영구적인 노동력 상실, 본인과 가족의 생계에 대한 막대한 손실
기업	재해를 당한 근로자의 보상 부담, 재해를 당한 노동 인력 결손으로 인한 작업 지연, 재해로 인한 건물·기계·기구 등의 파손, 재해로 인한 근로 의욕 침체와 생산성 저하

③ 산업 재해의 예방과 대책

1단계	안전 관리 조직	경영자는 사업장의 안전 목표를 설정하고, 안전 관리 책임자를 선정해야 하며, 안전 관리 책임자는 안전 계획을 수립하고, 이를 시행·후원·감독해야 한다.
2단계	사실의 발견	사고 조사, 안전 점검, 현장 분석, 작업자의 제안 및 여론 조사, 관찰 및 보고서 연구, 면담 등을 통하여 사실을 발견한다.
3단계	원인 분석	재해의 발생 장소, 재해 형태, 재해 정도, 관련 인원, 직원 감독의 적절성, 공구 및 장비의 상태 등을 정확히 분석한다.
4단계	시정책의 선정	원인 분석을 토대로 적절한 시정책, 즉 기술적 개선, 인사 조정 및 교체, 교육, 설득, 호소, 공학적 조치 등을 선정한다.
5단계	시정책 적용 및 뒤처리	안전에 대한 교육 및 훈련 실시, 안전 시설과 장비의 결함 개선, 안전 감독 실시 등의 선정된 시정책을 적용한다.

─── 핵심예제 ───

다음 중 산업 재해로 볼 수 없는 것은?

① 건설 공사장에서 근로자가 추락하는 벽돌에 맞아 부상당한 경우
② 아파트 건축 현장에서 근로자가 먼지 등에 의해 질병에 걸린 경우
③ 선반 작업 시 근로자의 손이 절단된 경우
④ 근로자가 휴가 중 교통사고에 의하여 부상당한 경우

| 02 | 기술이해능력

(1) 기술이해능력

기본적인 업무 수행에 필요한 기술의 원리 및 절차를 이해하는 능력이다.

(2) 기술 시스템(Technological System)

개별 기술을 네트워크로 결합해서 만드는 시스템으로, 인공물의 집합체만이 아니라 회사·투자 회사·법적 제도·정치·과학·자연자원을 모두 포함하는 것이다. 따라서 기술 시스템은 기술적인 것과 사회적인 것이 결합해서 공존하고 있다.

(3) 기술 시스템의 발전 단계

구분	발전 단계	과정	핵심 역할자
1단계	발명 · 개발 · 혁신의 단계	기술 시스템이 탄생하고 성장	기술자
2단계	기술 이전의 단계	성공적인 기술이 다른 지역으로 이동	
3단계	기술 경쟁의 단계	기술 시스템 사이의 경쟁	기업가
4단계	기술 공고화 단계	경쟁에서 승리한 기술 시스템의 관성화	자문 엔지니어 · 금융전문가

(4) 기술 혁신의 특성

① 과정 자체가 매우 불확실하고 장기간의 시간을 필요로 한다.

② 지식 집약적인 활동이다.

③ 혁신 과정의 불확실성과 모호함은 기업 내에서 많은 논쟁과 갈등을 유발할 수 있다.

④ 조직의 경계를 넘나든다.

● 핵심예제 ●

기술 혁신의 특성으로 옳지 않은 것은?

① 기술 혁신은 그 과정 자체가 매우 불확실하고 장기간의 시간을 필요로 한다.

② 기술 혁신은 노동 집약적인 활동이다.

③ 혁신 과정의 불확실성과 모호함은 기업 내에서 많은 논쟁과 갈등을 유발할 수 있다.

④ 기술 혁신은 조직의 경계를 넘나드는 특성을 갖고 있다.

● 예제풀이 ●

기술 혁신은 노동 집약적인 활동이라기보다는 지식 집약적인 활동이다.

정답 ②

(5) 기술 혁신의 과정과 역할

기술 혁신 과정	혁신 활동	필요한 자질과 능력
아이디어 창안 (Idea Generation)	• 아이디어를 창출하고 가능성을 검증 • 일을 수행하는 새로운 방법 고안 • 혁신적인 진보를 위한 탐색	• 각 분야의 전문지식 • 추상화와 개념화 능력 • 새로운 분야의 일을 즐김
챔피언 (Entrepreneuring or Championing)	• 아이디어의 전파 • 혁신을 위한 자원 확보 • 아이디어 실현을 위한 헌신	• 정력적이고 위험을 감수함 • 아이디어의 응용에 관심
프로젝트 관리 (Project Leading)	• 리더십 발휘 • 프로젝트의 기획 및 조직 • 프로젝트의 효과적인 진행 감독	• 의사결정 능력 • 업무 수행 방법에 대한 지식
정보 수문장 (Gate Keeping)	• 조직 외부의 정보를 내부 구성원들에게 전달 • 조직 내 정보원 기능	• 높은 수준의 기술적 역량 • 원만한 대인 관계 능력
후원 (Sponsoring or Coaching)	• 혁신에 대한 격려와 안내 • 불필요한 제약에서 프로젝트 보호 • 혁신에 대한 자원 획득 지원	• 조직의 주요 의사결정에 대한 영향력

| 03 | 기술선택능력

(1) 기술선택능력

기본적인 직장생활에 필요한 기술을 선택하는 능력이다.

(2) 기술선택을 위한 의사결정

① 상향식 기술선택(Bottom-up Approach)

기업 전체 차원에서 필요한 기술에 대한 체계적인 분석이나 검토 없이 연구자나 엔지니어들이 자율적으로 기술을 선택하는 것이다.

② 하향식 기술선택(Top-down Approach)

기술경영진과 기술기획담당자들에 의한 체계적인 분석을 통해 기업이 획득해야 하는 대상기술과 목표기술수준을 결정하는 것이다.

● 예제풀이 ●

오답분석
① 하향식 기술선택
③ · ④ 상향식 기술선택

정답 ②

● 핵심예제 ●

기술선택에 대한 설명으로 옳은 것은?

① 상향식 기술선택은 체계적인 분석을 통해 기업이 획득해야 하는 대상기술과 목표기술수준을 결정하는 것이다.

② 상향식 기술선택은 시장의 고객들이 요구하는 제품이나 서비스를 개발하는 데 부적합한 기술이 선택될 수 있다.

③ 하향식 기술선택은 체계적인 분석이나 검토 없이 연구자나 엔지니어들이 자율적으로 기술을 선택하는 것이다.

④ 하향식 기술선택은 기술 개발 실무를 담당하는 기술자들의 흥미를 유발할 수 있다.

(3) 기술선택을 위한 절차

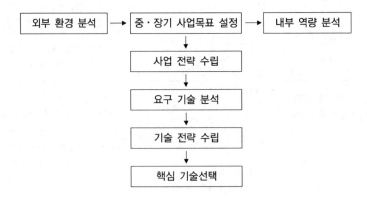

(4) 기술선택을 위한 우선순위 결정

① 제품의 성능이나 원가에 미치는 영향력이 큰 기술
② 기술을 활용한 제품의 매출과 이익 창출 잠재력이 큰 기술
③ 쉽게 구할 수 없는 기술
④ 기업 간에 모방이 어려운 기술
⑤ 기업이 생산하는 제품 및 서비스에 보다 광범위하게 활용할 수 있는 기술
⑥ 최신 기술로 진부화될 가능성이 적은 기술

• 핵심예제 •

기술선택을 위한 우선순위 결정요인이 아닌 것은?

① 성능이나 원가에 미치는 영향력이 큰 기술
② 쉽게 구할 수 있는 기술
③ 기업 간에 모방이 어려운 기술
④ 최신 기술로 진부화될 가능성이 적은 기술

• 예제풀이 •

쉽게 구할 수 없는 기술이 우선순위 결정요인이다.

정답 ②

(5) 벤치마킹

특정 분야에서 뛰어난 업체의 상품·기술·경영 방식 등을 배워 합법적으로 응용하는 것을 의미한다. 단순한 모방과는 달리 우수한 기업이나 성공한 상품·기술·경영 방식 등의 장점을 충분히 배우고 익힌 후 자사의 환경에 맞추어 재창조하는 것이다.

① 벤치마킹의 종류

　㉠ 비교대상에 따른 분류

내부 벤치마킹	• 비교 대상 : 같은 기업 내의 다른 지역, 타 부서, 국가 간의 유사한 활용 • 장점 : 자료 수집이 용이하며 다각화된 우량기업의 경우 효과가 큼 • 단점 : 관점이 제한적일 수 있고 편중된 내부 시각에 대한 우려가 있음
경쟁적 벤치마킹	• 비교 대상 : 동일 업종에서 고객을 직접적으로 공유하는 경쟁 기업 • 장점 : 경영 성과와 관련된 정보 입수가 가능하며, 업무·기술에 대한 비교가 가능 • 단점 : 윤리적인 문제가 발생할 소지가 있으며, 대상의 적대적 태도로 인해 자료 수집이 어려움
비경쟁적 벤치마킹	• 비교 대상 : 제품·서비스 및 프로세스의 단위 분야에 있어 가장 우수한 실무를 보이는 비경쟁적 기업 내 유사 분야 • 장점 : 혁신적인 아이디어의 창출 가능성이 높음 • 단점 : 다른 환경의 사례를 가공하지 않고 적용할 경우 효과를 보지 못할 가능성이 높음
글로벌 벤치마킹	• 비교 대상 : 프로세스에 있어 최고로 우수한 성과를 보유한 동일 업종의 비경쟁적 기업 • 장점 : 접근 및 자료 수집이 용이하고 비교 가능한 업무·기술 습득이 상대적으로 용이 • 단점 : 문화 및 제도적인 차이로 발생하는 효과에 대한 검토가 없을 경우, 잘못된 분석결과가 발생할 가능성이 높음

ⓒ 수행 방식에 따른 분류

직접적 벤치마킹	• 방법 : 벤치마킹 대상을 직접 방문하여 수행 • 장점 : 필요로 하는 정확한 자료의 입수 및 조사가 가능하며 연락 경로 (Contact Point)의 확보로 벤치마킹의 이후에도 계속적으로 자료의 입수 및 조사가 가능 • 단점 : 벤치마킹 수행과 관련된 비용 및 시간이 많이 소요되며, 적절한 벤치마킹 대상 선정에 한계가 있음
간접적 벤치마킹	• 방법 : 인터넷 및 문서 형태의 자료를 통해서 수행 • 장점 : 벤치마킹 대상의 수에 제한이 없고 다양하며, 비용 또는 시간적 측면에서 상대적으로 많이 절감할 수 있음 • 단점 : 벤치마킹 결과가 피상적이며 정확한 자료의 확보가 어렵고, 특히 핵심자료의 수집이 상대적으로 어려움

② 벤치마킹의 주요 단계

1단계 계획 단계	:	계획 단계에서 기업은 반드시 자사의 핵심 성공요인, 핵심 프로세 스, 핵심 역량 등을 파악해야 하고, 벤치마킹 되어야 할 프로세스는 문서화되어야 하며 특성이 기술되어져야 한다. 그리고 벤치마킹 파트너 선정에 필요한 요구조건도 작성되어야 한다.
2단계 자료수집 단계	:	벤치마킹 프로세스의 자료수집 단계에서는 내부 데이터 수집, 자 료 및 문헌조사, 외부 데이터 수집이 포함된다.
3단계 분석 단계	:	벤치마킹 프로세스 모델의 분석단계에서는 데이터 분석, 근본 원 인 분석(Root Cause Analysis), 결과 예측, 동인 판단 등의 업무 를 수행하여야 한다. 분석단계의 목적은 벤치마킹 수행을 위해 개 선 가능한 프로세스 동인들을 확인하기 위한 것이다.
4단계 개선 단계	:	개선 단계의 궁극적인 목표는 자사의 핵심 프로세스를 개선함으로 써 벤치마킹결과를 현실화 시키자는 것이다. 이 단계에서는 벤치 마킹 연구를 통해 얻은 정보를 활용함으로써 향상된 프로세스를 조직에 적응시켜 지속적인 향상을 유도하여야 한다.

• 예제풀이 •

벤치마킹 대상을 직접적으로 방문하여 수행하는 방법은 직접적 벤치마킹에 해당한다.

정답 ①

• 핵심예제 •

다음 중 간접적 벤치마킹의 특징으로 잘못 설명한 것은?

① 벤치마킹 대상을 직접 방문하여 수행하는 방법
② 인터넷 및 문서형태의 자료를 통해서 수행하는 방법
③ 벤치마킹 대상의 수에 제한이 없고 다양함
④ 비용 또는 시간적 측면에서 상대적으로 많이 절감됨

(6) 매뉴얼(Manual)

직장생활에 필요한 기술을 선택하고 적용하는 데 있어 가장 기본적으로 활용하는 것이다.

① 매뉴얼의 종류

　㉠ 제품 매뉴얼 : 사용자를 위해 제품의 특징이나 기능 설명, 사용방법과 고장 조치 방법, 유지 보수 및 A/S, 폐기까지 제품에 관련된 모든 서비스에 대해 소비자가 알아야 할 모든 정보를 제공하는 것

　㉡ 업무 매뉴얼 : 어떤 일의 진행 방식, 지켜야 할 규칙, 관리상의 절차 등을 일관성 있게 여러 사람이 보고 따라할 수 있도록 표준화하여 설명하는 지침서

② 매뉴얼 작성 요령

　㉠ 내용이 정확해야 한다.
　　• 가능한 한 단순하고 간결해야 하며, 비전문가도 쉽게 이해할 수 있어야 한다.
　　• 애매모호한 단어의 사용을 금지해야 하며, 추측성 기능의 내용 서술은 절대 금물이다.

　㉡ 사용자가 알기 쉽게 쉬운 문장으로 쓰여야 한다.
　　• 한 문장은 단 하나의 명령, 또는 밀접하게 관련된 몇 가지 명령만을 포함하여야 한다.
　　• 수동태보다는 능동태 동사를 사용하며, 명령을 사용함에 있어 단정적으로 표현하고, 추상적 명사보다는 행위동사를 사용한다.

　㉢ 사용자의 심리적 배려가 있어야 한다.
　　• 사용자의 질문을 예상하고 작성하여야 한다.
　　• 사용자가 한번 본 후 더 이상 매뉴얼이 필요하지 않도록 배려하여야 한다.

　㉣ 사용자가 찾고자 하는 정보를 쉽게 찾을 수 있어야 한다.
　　• 사용자가 필요한 정보를 빨리 찾기 쉽도록 구성해야 한다.
　　• 짧고 의미 있는 제목과 비고(Note)를 활용한다.

　㉤ 사용하기 쉬워야 한다.
　　• 사용자가 보기 불편하게 매뉴얼이 크거나 혹은 작거나, 복잡하지 않도록 제작한다.

● 핵심예제 ●

다음 중 매뉴얼 작성을 위한 방법으로 옳지 않은 것은?

① 내용이 정확해야 한다.

② 작성자가 알기 쉽게 쉬운 문장으로 쓰여야 한다.

③ 사용자의 심리적 배려가 있어야 한다.

④ 사용자가 찾고자 하는 정보를 쉽게 찾을 수 있어야 한다.

● 예제풀이 ●

매뉴얼은 작성자가 아닌 사용자가 알기 쉽도록 작성되어야 한다.

정답 ②

| 04 | 기술적용능력

(1) 기술적용능력

기본적인 직장생활에 필요한 기술을 실제로 적용하고 결과를 확인하는 능력이다.

① 기술적용 형태
　　㉠ 선택한 기술을 그대로 적용한다.
　　㉡ 불필요한 기술은 과감히 버린다.
　　㉢ 선택한 기술을 분석하고, 가공하여 활용한다.

② 기술적용 시 고려 사항
　　㉠ 기술 적용에 따른 비용이 많이 드는가?
　　㉡ 기술의 수명 주기는 어떻게 되는가?
　　㉢ 기술의 전략적 중요도는 어떻게 되는가?
　　㉣ 잠재적으로 응용 가능성이 있는가?

● 핵심예제 ●

기술을 적용하는 모습으로 가장 바람직한 것은?

① 외국 기업의 기술은 항상 좋은 것이기 때문에 있는 그대로 받아들인다.
② 항상 앞서가는 동료가 선택한 기술은 다 좋을 것이므로 따라서 선택한다.
③ 자신의 업무 환경, 발전 가능성, 업무의 효율성 증가, 성과 향상 등에 도움을 줄 수 있는 기술인지 판단해보고 선택한다.
④ 기술을 적용할 때 불필요한 부분이 있을 수 있지만 검증된 기술이라면 그대로 받아들인다.

---

(2) 네트워크 혁명

인터넷이 상용화된 1990년대 이후에 시작되었으며, 그 효과가 충분히 나타나기에는 아직 시간이 필요하다.

① 네트워크 혁명의 특징
　　㉠ 전 지구적인 영향력을 지닌다. 인터넷과 미디어는 전 세계의 정보와 지식을 거대한 하나의 네트로 연결하고 있다. 나의 지식과 활동이 지구 반대편에 있는 사람에게 미치는 영향의 범위와 정도가 증대되고, 반대로 지구 저쪽에서 내려진 결정이 내게 영향을 미칠 수 있는 가능성도 커졌다.
　　㉡ 네트워크 혁명의 사회는 연계와 상호의존적이다. 원자화된 개인주의나 협동을 배제한 경쟁만으로는 성공을 꿈꾸기 힘들기 때문이다.

② 네트워크 혁명의 3가지 법칙

　㉠ 무어의 법칙 : 컴퓨터의 파워가 18개월마다 2배씩 증가한다는 법칙으로, 인텔의 설립자 고든 무어(Gordon Moore)가 주장했다.

　㉡ 메트칼프의 법칙 : 네트워크의 가치는 사용자 수의 제곱에 비례한다는 법칙으로, 근거리 통신망 이더넷(Ethernet)의 창시자 로버트 메트칼프(Robert Metcalfe)가 주장했다.

　㉢ 카오의 법칙 : 창조성은 네트워크에 접속되어 있는 다양성의 지수함수에 비례한다는 법칙으로, 경영 컨설턴트 존 카오(John Kao)가 주장했다.

③ 네트워크 혁명의 역기능

　㉠ 디지털 격차(Digital Divide)

　㉡ 정보화에 따른 실업 문제

　㉢ 인터넷 게임과 채팅 중독

　㉣ 범죄 및 반사회적인 사이트의 활성화

　㉤ 정보기술을 이용한 감시

유형 **01** 기술이해

📋 **연속출제**

귀하는 반도체 회사의 기술연구팀에서 연구원으로 근무하고 있다. 하루는 인사팀에서 **기술능력이 뛰어난 신입사원** 한 명을 추천해달라는 요청을 받았다. 귀하는 추천에 앞서 먼저 해당 추천서에 필요한 평가 항목을 정하려 한다. 다음 중 **추천서의 평가 항목**으로 적절하지 **않은** 것은 무엇인가?

① 문제를 해결하기 위해 다양한 해결책을 개발하고 평가하려는 사람인가?

② 실질적 문제해결을 위해 필요한 지식이나 자원을 선택하고 적용할 줄 아는 사람인가?

✔③ 아무런 제약이 없다면 자신의 능력을 최대한 발휘할 수 있는 사람인가?

④ 처리하는 기술적 문제 사항이 실제 업무에 효용성이 있는가?

⑤ 해결에 필요한 문제를 예리하게 간파할 줄 아는 사람인가?

1) 질문의도
: 뛰어난 기술능력
→ 평가항목

2) 정답도출
: 제약하에서
최대 능력 발휘

유형분석
- NCS e-Book [기술능력]에서 설명하고 있는 이론을 토대로 출제된 문제이다.
- 특히 기술능력이 뛰어난 사람의 특징, 지속가능한 기술, 친환경 기술 등의 주제로 자주 출제되고 있다.

풀이전략
문제에서 묻고자 하는 바를 이해하고 선택지에서 정답을 고른다. 사전에 NCS e-book [기술능력]을 미리 학습해두면 풀이시간을 줄일 수 있다.

연속출제

※ P회사에서는 화장실의 청결을 위해 비데를 구매하였다. 또한 화장실과 가까운 팀들에게 비데를 설치하도록 지시하였다. 아래 내용은 비데를 설치하기 위해 참고할 제품 설명서의 일부 내용이다. 다음에 이어지는 질문에 답하시오.

〈A/S 신청 전 확인 사항〉

현상	원인	조치방법
물이 나오지 않을 경우	급수 밸브가 잠김	매뉴얼을 참고하여 급수밸브를 열어주세요
	정수필터가 막힘	매뉴얼을 참고하여 정수필터를 교체하여 주세요. (A/S상담실로 문의하세요)
	본체 급수호스 등이 동결	더운 물에 적신 천으로 급수호스 등의 동결부위를 녹여 주세요.
기능 동작이 되지 않을 경우	ⓐ 수도필터가 막힘	흐르는 물에 수도필터를 닦아 주세요.
	ⓑ 착좌센서 오류	착좌센서에서 의류, 물방울, 이물질 등을 치우세요.
수압이 약할 경우	수도필터에 이물질이 낌	흐르는 물에 수도필터를 닦아 주세요.
	본체의 호스가 꺾임	호스의 꺾인 부분을 펴 주세요.
노즐이 나오지 않을 경우	착좌센서 오류	착좌센서에서 의류, 물방울, 이물질을 치워 주세요.
본체가 흔들릴 경우	고정 볼트가 느슨해짐	고정 볼트를 다시 조여 주세요.
비데가 작동하지 않을 경우	급수밸브가 잠김	매뉴얼을 참고하여 급수밸브를 열어주세요.
	급수호스의 연결문제	급수호스의 연결상태를 확인해주세요. 계속 작동하지 않는다면 A/S상담실로 문의하세요.
변기의 물이 샐 경우	급수호스가 느슨해짐	급수호스 연결부분을 조여주세요. 계속 샐 경우 급수 밸브를 잠근 후 A/S상담실로 문의하세요.

3) 원인확인
: ⓐ~ⓑ

귀하는 지시에 따라 비데를 설치하였다. 일주일이 지난 뒤, 동료 K사원으로부터 비데의 기능이 작동하지 않는다는 사실을 접수하였다. 귀하는 해당 문제점에 대한 원인을 파악하기 위해 확인해야 할 사항으로 다음 중 올바른 것은?

① 급수밸브의 잠김 여부
② 수도필터의 청결 상태
③ 정수필터의 청결 상태
④ 급수밸브의 연결 상태
⑤ 비데의 고정 여부

1) 질문의도
: 원인 → 확인사항

2) 상황확인
: 비데 기능 작동 X

4) 정답도출

유형분석

- 제품설명서 등을 읽고 제시된 문제 상황에 적절한 해결책을 찾는 문제이다.
- 흔히 기업에서 사용하고 있는 제품이나 기계들의 설명서가 제시된다.
- 문제에서 제시하는 정보가 많고 길이가 긴 경우가 많아 실수를 하기 쉽다.

풀이전략

문제에서 의도한 바(문제원인, 조치사항 등)를 확인한 후, 이를 해결할 수 있는 정보를 찾아 문제를 풀어 간다.

영역 10 직업윤리 영역 소개

직업윤리 출제비중

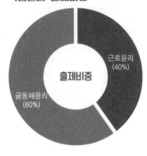

출제비중
- 근로윤리 (40%)
- 공동체윤리 (60%)

직업윤리 출제빈도

구분	중요도
근로윤리	★★★☆☆
공동체윤리	★★★★☆

직업윤리는 업무를 수행함에 있어 원만한 직업생활을 위해 필요한 태도, 매너, 올바른 직업관이다. 직업윤리는 필기시험뿐만 아니라 서류를 제출하면서 자기소개서를 작성할 때와 면접을 시행할 때도 포함되는 항목으로 들어가지 않는 공사·공단이 없을 정도로 필수 능력으로 꼽힌다.

국가직무능력표준에 따르면 직업윤리의 세부능력은 근로 윤리·공동체 윤리로 나눌 수 있다. 구체적인 문제 상황을 제시하여 해결하기 위해 어떤 대안을 선택해야 할지에 관한 문제들이 출제된다.

직업윤리는 NCS 기반 채용을 진행한 기업 중 74% 정도가 다뤘으며, 문항 수는 전체에서 평균 6% 정도로 상대적으로 적게 출제되었다.

01 오답을 통해 대비하라!

이론을 따로 정리하는 것보다는, 문제에서 본인이 생각하는 모범답안을 선택하고 틀렸을 경우 그 이유를 정리하는 방식으로 학습하는 것이 효율적이다. 암기하기 보다는 이해에 중점을 두고 자신의 상식으로 문제를 푸는 것이 아니라 해당 문제가 어느 영역 어떤 하위능력의 문제인지 파악하는 훈련을 한다면 답이 보일 것이다.

02 직업윤리와 일반윤리를 구분하라!

일반윤리와 구분되는 직업윤리의 특징을 이해해야 한다. 통념상 비윤리적이라고 일컬어지는 행동도 특정한 직업에서는 허용되는 경우가 있다. 그러므로 문제에서 주어진 상황을 판단할 때는 우선 직업의 특성을 고려해야 한다.

03 직업윤리의 하위능력을 파악해두자!

직업윤리의 경우 직장생활 경험이 없는 수험생들은 조직에서 일어날 수 있는 구체적인 직업윤리와 관련된 내용에 흥미가 없고 이를 이해하는 데 어려움이 있을 수 있다. 그러나 문제에서는 구체적인 상황·사례를 제시하는 문제가 나오기 때문에 직장에서의 예절을 정리하고 문제 상황에서 적절한 대처를 선택하는 연습을 하는 것이 중요하다.

04 면접에서도 유리하다!

많은 공사·공단에서 면접 시 직업윤리에 관련된 질문을 하는 경우가 많다. 직업윤리 이론 학습을 미리 해두면 본인의 가치관을 세우는 데 도움이 되고 이는 곧 기업의 인재상과도 연결되기 때문에 미리 준비해두면 필기시험에서 합격하고 면접을 준비할 때도 수월할 것이다.

직업윤리 영역 소개

근로윤리
일에 대한 존중을 바탕으로 성실하고 정직하게 업무에 임하는 자세

공동체윤리
인간 존중을 바탕으로 봉사정신과 책임감을 가지고 규칙을 준수하며 예의바른 태도로 업무에 임하는 자세

영역 10 직업윤리 핵심이론

| 01 | 직업윤리

(1) 윤리(倫理, Ethics)의 개념

① 윤리의 의미

⊙ 倫(윤) : '동료, 친구, 무리, 또래' 등의 인간집단 등을 뜻하기도 하고, '도리, 질서, 차례, 법(法)' 등을 뜻하기도 한다. 즉 '倫'이란 인간관계에 필요한 도리, 질서를 의미한다.

⊙ 理(리) : '옥을 다듬다.'라는 말에서 유래하며 '다스리다, 바르다, 원리, 이치, 가리다(판단), 밝히다, 명백하다'라는 의미가 있다.

⊙ 윤리(倫理)

• 사람이 지켜야 할 도리

• 실제 도덕규범이 되는 원리

• 인간과 인간 사이에서 지켜져야 할 도리를 바르게 하는 것

• 인간사회에 필요한 올바른 질서

② 윤리의 기능

⊙ 일상생활에서 무엇이 옳고 그른가, 또는 무엇이 좋고 나쁜가에 대해서 갈등을 느끼거나 타인과 의견대립 시 그것을 해결할 수 있는 기준을 제시해 준다.

⊙ 합리적으로 수정된 관습의 일반화된 모습으로 가장 근본적인 규범이다.

⊙ 사회적 평가과정에서 형성된 사회현상이다.

⊙ 문제 상황의 해결지침을 제공하는 삶의 지혜이다.

③ 윤리의 성격

⊙ 윤리는 한 개인이 행동을 결정할 때 고려하는 다른 요인보다 우선 고려하는 것이다.

⊙ 윤리는 보편적이다.

⊙ 윤리는 합리성에 기초한다.

⊙ 윤리는 명확한 내용을 가지고 있다.

⊙ 윤리는 해석을 필요로 한다.

④ 윤리적 가치의 중요성

⊙ 모든 사람이 윤리적 가치보다 자기이익을 우선하여 행동한다면 사회질서가 붕괴될 수 있다. 사람이 윤리적으로 살아야 하는 이유는 '윤리적으로 살 때 개인의 행복, 모든 사람의 행복을 보장'할 수 있기 때문이다.

⊙ 윤리적 규범을 지켜야 하는 이유는 어떻게 살 것인가 하는 가치관의 문제와도 관련이 있다. 눈에 보이는 경제적 이득과 육신의 안락만을 추구하는 것이 아니고, 삶의 본질적 가치와 도덕적 신념을 존중해야 하기 때문이다.

⑤ 윤리적 인간 : 공동의 이익을 추구하고, 도덕적 가치를 신념으로 삼는다.

〈윤리적 인간의 성립〉

⑥ 윤리규범의 형성

　㉠ 인간은 사회적이기 때문에 어느 한 개인의 욕구는 그 개인의 행동이 아니라, 다른 사람의 행동과 협력에 따라 충족여부가 결정된다.

　㉡ 사람들은 사회의 공동목표 달성과 모든 구성원의 욕구충족에 도움이 되는 행위는 찬성하고, 그렇지 않은 행위는 비난한다.

　㉢ 어떤 행위는 마땅히 해야 할 행위, 어떤 행위는 결코 해서는 안 될 행위로서 가치를 인정받게 되며, 모든 윤리적 가치는 시대와 사회 상황에 따라서 조금씩 다르게 변화된다.

　㉣ 공동생활과 협력을 필요로 하는 인간생활에서 형성되는 공동행동의 룰을 기반으로 윤리적 규범이 형성된다.

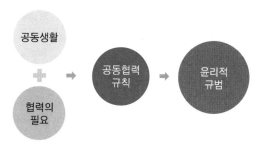

〈윤리적 규범의 형성〉

● 핵심예제 ●

다음 중 윤리적 인간에 대한 설명이 아닌 것은?

① 공동의 이익보다는 자신의 이익을 우선으로 행동하는 사람

② 다른 사람을 배려하면서 행동하는 사람

③ 삶의 본질적 가치와 도덕적 신념을 존중하는 사람

④ 인간은 결코 혼자 살아갈 수 없는 사회적 동물이기 때문에, 공동의 이익을 추구하는 사람

4일 차

● 예제풀이 ●

모든 사람이 윤리적 가치보다 자기이익을 우선하여 행동한다면 사회질서가 붕괴될 수도 있다.

정답 ①

(2) 직업의 개념

① 일과 인간의 삶의 관계

　㉠ 일은 사람이 살기 위해서 필요한 것이며, 인간의 삶을 풍부하고 행복하게 만들어 준다.

　㉡ 인간은 일을 통하여 경제적 욕구의 충족뿐만 아니라 자신을 규정하고 삶의 의미를 실현한다.

　㉢ 일은 인간으로서 의무인 측면도 있지만 동시에 권리이기도 하므로, 인간의 삶을 구성하는 가장 중요한 요소이다.

　㉣ 직업은 분업화된 사회에서 한 사람이 담당하는 체계화·전문화된 일의 영역을 가리킨다.

② **직업의 기능** : 사람은 직업을 통해서 생계를 유지하고 사회적 역할을 수행하며, 자아를 실현하게 된다.

생계유지	직업은 사람이 경제적으로 안정된 생활을 유지하는 데에 중요한 수단이 된다.
사회생활과 봉사	직업을 통해 사회 구성원의 필요를 충족시키며, 직업은 사회에 봉사할 수 있는 중요한 활동이 된다.
자아실현	자신의 능력·흥미·개성에 따라 직업을 선택하고, 이는 자아실현의 계기가 된다.

③ **직업의 특성**

　㉠ 계속성 : 직업은 일정 기간 계속 수행되어야 한다.

　㉡ 경제성 : 직업을 통하여 일정한 수입을 얻고, 경제발전에 기여하여야 한다.

　㉢ 사회성 : 직업을 통하여 사회에 봉사하게 된다.

④ **직업에 대한 직업관과 태도**

　㉠ 바람직한 직업관과 태도

　　• 항상 소명의식을 갖고 일하며, 자기의 직업을 천직으로 생각한다.

　　• 직업생활은 사회구성원으로서의 직분을 다하는 일이자 봉사하는 일이라고 생각한다.

　　• 자기 분야의 최고전문가(실력자)가 되겠다는 생각으로 최선을 다해 노력한다.

　㉡ 그릇된 직업관과 태도

　　• 직업을 생계를 유지하기 위한 수단으로만 본다.

　　• 직업생활의 최고목표를 높은 지위에 올라가는 것이라고 생각한다.

　　• 능력으로 인정받으려 노력하지 않고 학연과 지연에 의지한다.

　㉢ 건전한 직업생활 윤리와 예절

　　• 언제나 즐거운 마음으로 일에 임한다.

　　• 자기가 하는 일에 긍지를 가지고 정성을 다하여 일한다.

　　• 자기가 맡은 일은 스스로 책임지고 최선을 다하여 해낸다.

　　• 직장 안에서 예절을 잘 지킴으로써 원만한 인간관계를 맺는다.

　※ 우리나라의 직업관

　'입신출세론'으로 인해 각자의 분야에서 땀 흘리며 본분을 다하는 노동을 경시하고, 과정이나 절차보다는 결과만을 중시하는 경향이 있다.

다음 중 직업에 대한 설명으로 옳지 않은 것은?

① 생계 유지를 위한 활동이다.
② 사회 참여와 봉사의 기회를 제공한다.
③ 자아실현의 수단이다.
④ 가사 활동, 취미 활동, 봉사 활동도 포함한다.

취미, 가사 활동이나 배당, 연금, 재산수입 등은 어떤 일을 계속 수행하여 얻은 것이 아니므로 직업이 아니다.

정답 ④

(3) 직업윤리의 개념

① 개요
  ㉠ 직업기초능력으로서의 직업윤리 : 원만한 직업생활을 하기 위해 필요한 마음가짐과 태도 및 올바른 직업관을 의미한다.
  ㉡ 직업윤리의 구분
    • 근로윤리 : 일에 대한 존중을 바탕으로, 성실하며 정직하게 업무에 임하는 자세이다.
    • 공동체윤리 : 인간 존중을 바탕으로, 봉사하고 책임감을 지니며 규칙을 준수하면서도 예의바른 태도로 업무에 임하는 자세를 뜻한다.

② 직업윤리의 의미
  ㉠ 뜻 : 개인윤리를 바탕으로 각자가 직업에 종사하는 과정에서 요구되는 특수한 윤리규범이다.
  ㉡ 직업윤리가 강조되는 이유 : 직업적 활동이 개인 차원에만 머무르지 않고 사회 전체의 질서와 안정·발전에 매우 중요한 역할을 수행하기 때문이다.

③ 직업윤리의 성격
  ㉠ 일의 윤리 : 직업적 사명감과 장인정신의 윤리
  ㉡ 직장 내에서의 윤리 : 참여와 협동의 조직윤리
  ㉢ 고객에 대한 윤리 : 상도의와 서비스정신의 윤리
  ㉣ 직업조직 간의 윤리 : 공정한 경쟁의 시장원리
  ㉤ 공동체에 대한 직업윤리 : 공익정신과 공동체 의식의 윤리

④ 바람직한 직업윤리
  ㉠ 소명의식 : 자신이 맡은 일은 하늘의 부름을 받아 맡겨진 일이라고 생각하는 태도
  ㉡ 천직의식 : 자신의 일이 자신의 능력과 적성에 꼭 맞는다고 여기며, 그 일에 열성을 가지고 성실히 임하는 태도
  ㉢ 직분의식 : 자신이 하고 있는 일이 사회나 기업 그 밖의 타인을 위해 중요한 역할을 한다고 믿고 자신의 활동을 수행하는 의식

② 책임의식 : 직업에 대한 사회적 역할과 책무를 충실히 수행하고 책임을 다하는 태도

⑩ 전문가의식 : 자신의 일이 어떤 사람이든지 아무런 교육이나 지식없이 할 수 있는 일이 아니라, 그 분야의 지식과 교육을 밑바탕으로 성실히 수행해야만 해낼 수 있는 일이라고 믿고 직업을 수행하는 태도

⑪ 봉사의식 : 직업활동을 통해 다른 사람과 공동체에 봉사하는 정신을 갖추고 실천하는 태도

※ 현대 사회에서의 바람직한 직업윤리
  • 자신의 일에 책임을 지며, 자신의 직업에 긍지를 가지고 성실히 임한다.
  • 직장 동료, 상사와 부하 직원과 협력한다.
  • 직무 수행에 필요한 지식과 기술을 지속적으로 습득하고 익힌다.

⑤ 개인윤리와 직업윤리의 조화

㉠ 업무상 개인의 판단과 행동은 사회적 영향력이 큰 기업시스템을 통하여 다수의 이해관계자와 관련된다.

㉡ 수많은 사람이 관련되어 고도화된 공동의 협력을 요구하므로 맡은 역할에 대한 책임 완수가 필요하고, 정확하고 투명한 일 처리가 필요하다.

㉢ 규모가 큰 공동의 재산·정보 등을 개인의 권한 하에 위임·관리하므로 높은 윤리의식이 요구된다.

㉣ 직장이라는 특수 상황에서 맺는 집단적 인간관계는 가족관계, 개인적 선호에 의한 친분 관계와는 다른 측면의 배려가 요구된다.

㉤ 기업은 경쟁을 통하여 사회적 책임을 다하고, 보다 강한 경쟁력을 키우기 위하여 조직원 개개인의 역할과 능력이 경쟁상황에서 적절하고 꾸준하게 향상되어야 한다.

㉥ 각각의 직무에서 발생하는 특수한 상황은 개인적 덕목차원의 일반 상식과 기준으로는 규제할 수 없는 경우가 많다.

⑥ 직업윤리의 5대 기본원칙

㉠ 객관성의 원칙 : 업무의 공공성을 바탕으로 공사구분을 명확히 하고, 모든 것을 숨김없이 투명하게 처리하는 것

㉡ 고객중심의 원칙 : 고객에 대한 봉사를 최우선으로 생각하고 현장중심·실천중심으로 일하는 것

㉢ 전문성의 원칙 : 자기업무에 전문가로서의 능력과 의식을 가지고 책임을 다하며, 능력을 연마하는 것

㉣ 정직과 신용의 원칙 : 업무와 관련된 모든 것을 정직하게 수행하고, 본분과 약속을 지켜 신뢰를 유지하는 것

㉤ 공정경쟁의 원칙 : 법규를 준수하고, 경쟁원리에 따라 공정하게 행동하는 것

다음 중 직업윤리에 대한 설명으로 옳지 않은 것은?

① 직업을 가진 사람이라면 반드시 지켜야 할 공통적인 윤리규범이다.

② 공사의 구분, 동료와의 협조, 전문성, 책임감 등이 포함된다.

③ '○○' 회사 내에서 직원들에게 적용되는 특수한 윤리이다.

④ 자신이 맡은 일은 하늘의 부름을 받아 맡겨진 일이라고 생각하는 태도이다.

직장윤리에 대한 설명이다.

정답 ③

|02| 근로윤리

(1) 근면한 태도

① **근면의 의미** : 근면이란 게으르지 않고 부지런한 것을 말한다. 근면한 것만으로 성공할 수는 없지만 근면한 것이 성공을 위한 기본 조건임은 분명하다.

② **근면의 종류**

　㉠ 외부로부터 강요당한 근면 : 삶을 유지하기 위해 필요에 의해서 강요된 근면이다.

　㉡ 스스로 자진해서 하는 근면 : 능동적이며 적극적인 태도가 필수이고, 시간의 흐름에 따라 자아를 확립해 간다.

③ **근면에 필요한 자세** : 근면하기 위해서는 일을 할 때 '적극적이고 능동적인 자세'가 필요하다.

④ **직장에서의 근면한 생활**

　㉠ 출근 시간을 엄수한다.

　㉡ 업무 시간에는 개인적인 일을 하지 않는다.

　㉢ 일이 남았으면 퇴근 후에도 일을 한다.

　㉣ 항상 일을 배우는 자세로 임하여 열심히 한다.

　㉤ 술자리를 적당히 절제하여, 다음 날 업무에 지장이 없도록 한다.

　㉥ 일에 지장이 없도록 항상 건강관리에 유의한다.

　㉦ 오늘 할 일을 내일로 미루지 않는다.

　㉧ 주어진 시간 내에 최선을 다한다.

　㉨ 사무실 내에서 메신저 등을 통해 사적인 대화를 나누지 않는다.

　㉩ 회사에서 정한 시간(점심시간 등)을 지킨다.

(2) 정직한 행동

① 정직의 의미

  ㉠ 정직은 신뢰를 형성하고 유지하는 데 가장 기본적이고 필수적인 규범이다.

  ㉡ 사람과 사람 사이에 함께 살아가는 사회시스템이 유지되려면 정직에 기반을 둔 신뢰가 있어야 한다.

  ※ 우리 사회의 정직성 수준

    우리 사회의 정직성은 아직까지 완벽하지 못하다. 아직도 원칙보다는 집단 내의 정과 의리를 소중히 하는 문화적 정서가 그 원인이라 할 수 있다. 또한 부정직한 사람이 사회적으로 성공하기도 하는 이상한 현상으로 인하여 정직한 사람이 손해를 본다는 생각도 만연하다. 국가 경쟁력을 높이기 위해서는 개개인은 물론 사회 시스템 전반의 정직성이 확보되어야 한다.

② 정직과 신용을 구축하기 위한 4가지 지침

  ㉠ 정직과 신뢰의 자산을 매일 조금씩 축적하자.

  ㉡ 잘못된 것, 실패한 것, 실수한 것에 대하여 정직하게 인정하고 밝히자.

  ㉢ 개인적인 인정에 치우쳐 정직하지 못한 일에 눈을 감아 주거나 타협하지 말자.

  ㉣ 부정직한 관행은 인정하지 말자.

③ 직장에서의 정직한 생활

  ㉠ 용건이 사적이라면 회사 전화를 쓰지 않는다.

  ㉡ 장기적으로 생각하여, 나에게 이익이 되는 일보다는 옳은 일을 한다.

  ㉢ 근무시간에 거짓말을 하고 개인적인 용무를 보지 않는다.

  ㉣ 비록 실수를 하였더라도, 정직하게 밝히고, 그에 상응하는 대가를 치른다.

  ㉤ 부정에 타협하지 않고, 눈감아 주지 않는다.

  ㉥ 부정직한 관행을 인정하지 않고, 고치도록 노력한다.

  ㉦ 직장 외에서도 음주운전 혹은 교통위반 등을 하지 않는다.

  ㉧ 나의 입장과 처지를 보호하기 위한 거짓말도 하지 않는다.

  ㉨ '남들도 다 하는 것이다.'라는 부정직한 관행을 따르지 않는다.

• 핵심예제 •

정직에 대한 설명 중 옳지 않은 것은?

① 정직은 신뢰를 형성하고 유지하는 데 가장 기본적이고 필수적인 규범이다.

② 정직한 것은 성공을 이루는 기본 조건이다.

③ 정직과 신용을 구축하기 위해 부정직한 관행은 인정하지 말아야 한다.

④ 다른 사람이 전하는 말이나 행동이 사실과 부합한다는 신뢰가 없어도 사회생활을 하는 데 별로 지장이 없다.

(3) 성실한 자세

① 성실의 의미
  ㉠ 성실은 리더가 조직 구성원에게 원하는 첫째 요건이며, 조직생활의 가장 큰 무기이기도 하다.
  ㉡ 성실은 일관하는 마음과 정성의 덕이다.
  ※ '정성스러움'의 의미
    • 진실하여 전연 흠이 없는 완전한 상태에 도달하고자 하는 사람이 선을 택하여 노력하는 태도
    • 지성(至誠)이면 감천(感天)이다.
    • 진인사대천명(盡人事待天命)
② 성실한 사람과 성실하지 못한 사람의 차이
  ㉠ 성실한 사람과 성실하지 않은 사람의 차이는 돈벌이가 쉬운가 아니면 쉽지 않은가의 경우에서 발생한다.
  ㉡ 단시간에 돈을 벌기 위해서 성실하지 않은 태도로 임하는 경우가 많은데, 장기적으로 볼 때 성실한 사람이 결국 성공한다.

| 03 | 공동체윤리

(1) 봉사(서비스)의 의미

① 봉사의 사전적 의미 : 나라나 사회 또는 남을 위하여 자신의 이해를 돌보지 않고 몸과 마음을 다하여 일하는 것이다.
② 직업인에게 봉사의 의미 : 자신보다는 고객의 가치를 최우선으로 하는 서비스 개념이다.
③ 기업에 봉사의 의미
  ㉠ 고객은 회사의 영속발전을 도와주는 기반이다.
  ㉡ 고객의 소리를 경청하고 요구사항을 파악하는 것은 좋은 상품을 만드는 바탕이 되며, 좋은 서비스를 제공하기 위한 시발점이 된다.
④ 'SERVICE'의 의미
  ㉠ S(Smile & Speed) : 서비스는 미소와 함께 신속하게 하는 것
  ㉡ E(Emotion) : 서비스는 감동을 주는 것
  ㉢ R(Respect) : 서비스는 고객을 존중하는 것
  ㉣ V(Value) : 서비스는 고객에게 가치를 제공하는 것
  ㉤ I(Image) : 서비스는 고객에게 좋은 이미지를 심어 주는 것
  ㉥ C(Courtesy) : 서비스는 예의를 갖추고 정중하게 하는 것
  ㉦ E(Excellence) : 서비스는 고객에게 탁월하게 제공되어야 하는 것

⑤ 고객접점 서비스 : 고객과 서비스 요원 사이에서 15초 동안의 짧은 순간에 이루어지는 서비스로서 '진실의 순간(MOT; Moments Of Truth)' 또는 '결정적 순간'이라고 한다.

※ 진실의 순간(MOT; Moments of Truth)

고객접점 서비스 즉, 결정적 순간 또는 진실의 순간이라는 용어를 최초로 주창한 사람은 스웨덴의 경제학자 리차드 노먼(Richard Norman)이며, 이 개념을 도입하여 성공을 거둔 사람은 스칸디나비아 에어라인 시스템 항공사(SAS)의 사장 얀 칼슨(Jan Carlzon)이다. 이들의 주장에 의하면 고객접점 서비스란, 고객과 서비스 요원 사이에서 15초 동안 이루어지는 짧은 순간의 서비스로서 이 순간을 진실의 순간(MOT; Moments Of Truth) 또는 결정적 순간이라고 한다. 이 15초 동안 고객접점에 있는 서비스 요원이 책임과 권한을 가지고 우리 회사를 선택한 것이 가장 좋은 선택이었다는 사실을 고객에게 입증해야 한다는 것이다. 즉, '결정의 순간'이란 고객이 기업조직의 한 측면과 접촉하는 시간이며, 그 서비스의 품질에 관하여 무언가 인상을 얻을 수 있는 시간이다.

⑥ 고객서비스 시 금지행위

　　㉠ 개인 용무의 전화 통화를 하는 행위

　　㉡ 큰소리를 내는 행위

　　㉢ 고객을 방치한 채 업무자끼리 대화하는 행위

　　㉣ 고객 앞에서 음식물을 먹는 행위

　　㉤ 요란한 구두 소리를 내며 걷는 행위

　　㉥ 옷을 벗거나 부채질을 하는 행위

　　㉦ 고객이 있는데 화장을 하거나 고치는 행위

　　㉧ 고객 앞에서 서류를 정리하는 행위

　　㉨ 고객이 보이는 곳에서 흡연을 하는 행위

　　㉩ 이어폰을 꽂고 음악을 듣는 행위

● 예제풀이 ●

고객은 윗사람에게 결재할 여유를 주지 않을 뿐만 아니라 기다리지도 않는다.

정답 ③

─ 핵심예제 ─

다음 중 MOT(Moments Of Truth)에 대한 설명으로 가장 거리가 먼 것은?

① 고객접점 서비스란 고객과 서비스 요원 사이에서 15초 동안 이루어지는 짧은 순간의 서비스를 일컫는 말이다.

② 고객이 조직의 어떤 일면과 접촉하는 일로 비롯되며, 조직의 서비스 품질에 대하여 어떤 인상을 얻을 수 있는 순간이라 할 수 있다.

③ 소비자들은 서비스 요원이 윗사람에게 결재할 시간을 충분히 주고, 여유있게 기다려 준다.

④ 고객과 서비스 요원 사이의 15초 동안, 고객접점에 있는 최일선 서비스 요원은 책임과 권한을 가지고 우리 기업을 선택한 것이 가장 좋은 선택이었다는 사실을 고객에게 입증시켜야 한다.

(2) 책임의 의미

① 책임이란 '모든 결과는 나의 선택으로 말미암아 일어난 것'이라는 태도를 말한다.

② 책임에 필요한 자세

　㉠ 어떤 일에 있어서 책임의식을 갖는 태도는 인생을 지배하는 능력을 최대화하는 데 긍정적인 역할을 한다.

　㉡ 일반적으로 책임감이 없는 사람은 회사에서 불필요한 사람이라는 인식을 받기 쉽고, 반대로 자기 일에 대한 사명감과 책임감이 투철한 사람은 조직에서 꼭 필요한 사람으로 인식되는 경우가 많다.

③ 직장에서의 책임 있는 생활

　㉠ 내가 해야 할 일이라면, 개인적인 일을 포기하고 먼저 한다.

　㉡ 주어진 상황에서 나의 역할을 명확히 파악한다.

　㉢ 잘못을 저질렀을 때에도, 끝까지 책임지려고 한다.

　㉣ 나 자신뿐만 아니라 나의 부서의 일은 내 책임이라고 생각한다.

　㉤ 몸이 아프더라도, 맡겨진 임무는 다하려고 한다.

　㉥ 내가 수행중인 일을 중간에 그만두지 않는다.

　㉦ 아주 사소한 일이라도 나에게 주어진 일이라면 최선을 다한다.

　㉧ 미리 계획하여, 책임질 수 있는 범위의 일을 맡는다.

　㉨ 나의 책임 하에 벌어진 일이라면, 과감히 희생할 수 있다.

　㉩ 나쁜 상황이 나에게 일어났을 때, "왜 이런 일이 나에게 일어났어?"라는 피해의식보다는 "이것은 내가 선택한 행동의 결과야."라고 수용한다.

(3) 준법의 의미

① 준법이란 민주 시민으로서 기본적으로 지켜야 하는 의무이며 생활 자세를 말한다.

② 민주 사회의 법과 규칙을 준수하는 것은 시민으로서의 자신의 권리를 보장받고, 다른 사람의 권리를 보호해 주며 사회 질서를 유지하는 역할을 한다.

• 핵심예제 •

다음 중 준법정신에 맞는 경우를 고른 것은?

① 화장실이 너무 급하여 무단 횡단을 하였다.

② 심야 시간에 한적한 도로에서는 보행자의 왕래가 없어서 신호를 무시하였다.

③ 공공 장소에서는 시끄럽게 떠들거나 큰 소리로 전화를 받아도 된다.

④ 사람이 없었지만 금연 장소에서 흡연을 하지 않았다.

• 예제풀이 •

준법정신은 누가 보든 안 보든 민주시민으로서 기본적으로 지켜야 할 의무이며 생활자세이다.

정답 ④

(4) 직장에서의 예절

① 예절의 의미

　㉠ 뜻 : 예절이란 일정한 생활문화권에서 오랜 생활습관을 통해 하나의 공통된 생활방법으로 정립되어 관습적으로 행해지는 사회계약적인 생활규범이다.

　㉡ 예절(에티켓)의 본질
- 남에게 폐를 끼치지 않는다.
- 남에게 호감을 주어야 한다.
- 남을 존경한다.

　※ 에티켓과 매너의 차이

　　매너는 보통 생활 속에서의 관습이나 몸가짐 등 일반적인 룰을 말하고, 에티켓은 보다 고도의 규칙·예법·의례 등 신사·숙녀가 지켜야 할 범절들로서 요구도(要求度)가 높은 것을 말한다.

② 예절의 특성

　㉠ 같은 생활문화권에 사는 사람들이 가장 편리하고 바람직한 방법이라 여겨 모두 그렇게 행하는 생활방법이다.

　㉡ 예절은 언어문화권과 밀접한 관계가 있다. 즉, 민족과 나라에 따라 언어가 다르듯이 예절도 국가와 겨레에 따라 다르다.

③ 인사 예절

　㉠ 인사의 정의 : 인사란 예절의 기본이며 가장 기본이 되는 자기표현으로서 마음속으로부터 우러나오는 존경심을 외부로 표현하는 수단이다. 고객에 대한 인사는 서비스의 표시로서 좋은 인상을 심어주어 밝은 인간관계를 형성하는 외향적 존경심의 표출이다.

　㉡ 첫 인사 예절 : 인사는 상대의 입장을 존중하는 예의이다. 직장에서 직원끼리 주고받는 인사는 서로 업무를 잘해나가자는 의욕의 표현이다. 무엇보다 인사는 인간관계를 형성하는 기본이다.
- 상대보다 먼저 인사한다.
- 타이밍을 맞추어 적절히 응답한다.
- 명랑하고 활기차게 인사한다.
- 사람에 따라 인사법이 다르면 안 된다.
- 기분에 따라 인사의 자세가 다르면 안 된다.

● 예제풀이 ●

상대의 '입'이 아니라 '눈'을 바라보고 하는 것이 원칙이다.

[정답] ③

● 핵심예제 ●

다음 중 올바른 인사 예절에 대한 설명으로 적절하지 않는 것은?

① 상대에게 맞는 인사를 전한다.
② 인사는 내가 먼저 한다.
③ 상대의 입을 바라보고 하는 것이 원칙이다.
④ 인사말을 크게 소리 내어 전한다.

ⓒ 악수 예절

- 악수는 오른손으로 하는 것이 원칙이다.
- 상대가 악수를 청할 때 남성은 반드시 일어서며, 여성은 앉아서 해도 무방하나 상대의 나이 등을 감안해서 행동한다.
- 악수는 우정의 표시인 만큼 적당한 악력으로 손을 잡고 적당한 높이로 흔들되, 여성과 악수할 때는 세게 쥐거나 흔들지 않는다.
- 악수를 할 때 남성은 장갑을 벗어야 한다. 여성의 경우는 장갑을 벗지 않아도 된다.
- 여성의 경우 먼저 악수를 청하는 것이 에티켓이다.
- 상대의 눈을 보지 않고 하는 악수는 실례이다.
- 오른손에 가방을 들고 있다면 악수에 대비해서 왼손으로 바꿔 든다.
- 손을 너무 세게 쥐거나 손끝만 내밀어 악수하지 않는다.

ⓔ 소개 예절

- 소개는 인간관계 형성의 첫 순서이다.
- 서로가 처음 만나는 사이이기 때문에 예의바른 행동을 보여야 하며, 특히 좋은 인상을 상대에게 전달하는 것이 중요하다.
- 소개는 두 사람이 처음 만났을 때 두 사람이 보다 편하게 느낄 수 있도록 도와주는 친절 행위이다.
- 소개의 순서 (서열과 직위를 고려)
  - 나이 어린 사람을 연장자에게 소개한다.
  - 내가 속해 있는 회사의 관계자를 타 회사의 관계자에게 소개한다.
  - 신참자를 고참자에게 소개한다.
  - 동료 임원을 고객, 손님에게 소개한다.
  - 소개받는 사람의 별칭은 그 이름이 비즈니스에서 사용되는 것이 아니라면 사용하지 않는다.
  - 반드시 성과 이름을 함께 말한다.
  - 상대방이 항상 사용하는 경우라면, Dr. 또는 Ph.D. 등의 칭호를 함께 언급한다.
  - 정부 고관의 직급명은 퇴직한 경우라도 항상 사용한다.
  - 천천히 그리고 명확하게 말한다.
  - 각자의 관심사와 최근의 성과에 대하여 간단히 언급한다.

사회적 지위나 연령 차이가 있는 경우에는 성별과 관계 없이 지위나 연령이 낮은 사람을 먼저 소개한다.

정답 ④

다음 중 바람직한 소개 예절과 가장 거리가 먼 것은?

① 직위가 낮은 사람을 윗사람에게 먼저 소개한 다음에 윗사람을 아랫사람에게 소개한다.

② 소개할 때는 소속, 성과 이름, 직책명 등을 포함한다.

③ 한 사람을 여러 사람에게 소개할 때는 그 한 사람을 먼저 여러 사람에게 소개하고 그 후에 각각 소개한다.

④ 사회적 지위나 연령 차이가 있더라도 남자를 여자에게 먼저 소개하는 것이 적절하다.

ⓜ 명함 교환 예절

명함을 줄 때	• 상의에서 꺼내며 아랫사람이 손윗사람에게 먼저 건네는 것이 예의이다. • 소개의 경우에는 소개받은 사람부터 먼저 건넨다. • 방문한 곳에서는 상대방보다 먼저 명함을 건네도록 한다. • 명함은 선 자세로 교환하는 것이 예의이고 테이블 위에 놓고서 손으로 밀거나 서류봉투 위에 놓아서 건네는 것은 좋지 않다. • 명함을 내밀 때는 정중하게 인사를 하고 나서 회사명과 이름을 밝히고 두 손으로 건네도록 한다. • 명함은 왼손을 받쳐서 오른손으로 건네되 자기의 성명이 상대방 쪽에서 바르게 보이게끔 한다. • 한 쪽 손으로 자기의 명함을 주면서 다른 쪽 손으로 상대의 명함을 받는 동시교환은 부득이한 경우가 아니면 실례이다.
명함을 받을 때	• 상대의 명함을 받으면 반드시 자신의 명함을 주어야 한다. • 상대에게 받은 명함은 공손히 받쳐 들고 상세히 살핀 다음 그 자리에서 보고 읽기 어려운 글자가 있으면 바로 물어본다. • 명함을 받으면 그대로 집어넣지 말고 명함에 관해서 한두 마디 대화를 건네 본다. • 상대가 보는 앞에서 즉시 명함꽂이에 꽂는다든가 아무데나 방치해 두는 것은 실례이다. • 명함을 건넬 때와 마찬가지로 받을 때도 일어선 채로 두 손으로 받는다.

④ 직장에서의 전화 예절

ⓐ 전화받기

왼손으로 수화기를 즉시 든다.	• 적어도 벨이 세 번 울리기 전에 받는다.
인사 및 소속과 이름을 밝힌다.	• "안녕하십니까?" • "○○ 부의 ○○○입니다."
상대방을 확인한 후 인사한다.	• "실례지만, 어디십니까?" • "그동안 안녕하셨습니까?"
용건을 들으며 메모한다.	• "전하실 말씀이 있으십니까?" • 언제나 메시지를 받아 적을 수 있도록 준비한다.
통화 내용을 요약, 복창한다.	• "전하실 용건은 ~에 관한 것 맞습니까?"
끝맺음 인사를 한 후 수화기를 내려 놓는다.	• "감사합니다. 안녕히 계십시오." • 상대방이 놓은 뒤에 조용히 놓는다.

ⓛ 전화걸기

• 전화걸기 전의 준비

  – 상대의 상황을 예측해 본다.

  – 상대의 전화번호, 소속과 성명을 확인한다.

  – 통화하고자 하는 용건을 정리한다.

  – 통화 중 필요한 서류와 자료를 준비한다.

• 전화 거는 요령

용건, 순서를 메모한다.	• 용건을 5W1H로 정리한다. • 서류, 자료를 갖춰둔다. • 상대방 번호를 확인한다.
T.P.O.를 고려한 후 버튼을 누른다.	• 시간(Time), 장소(Place), 상황(Occasion)
상대방이 받으면 자신을 밝히고 상대방을 확인한다.	• "안녕하십니까? 한국회사 총무실의 김○○입니다. 김 부장님이시죠?"
간단한 인사말을 한 후 용건을 말한다.	• "사장님께서 김 이사님과 통화를 원하십니다." • "다름이 아니오라, 휴대폰 수출 건에 관한 것입니다."
통화하고 싶은 사람과 통화를 못하면 조치를 취한다.	• "메모를 부탁드려도 되겠습니까?"
끝맺음 인사를 한 후 수화기를 내려놓는다.	• "감사합니다. 안녕히 계십시오."

ⓒ 휴대전화 예절

• 운전 중에는 스마트 폰을 사용하지 않는다.

• 지나친 SNS의 사용은 업무에 지장을 주므로 휴식시간을 이용한다.

• 집 밖에서는 벨소리를 진동으로 하고 통화 시에는 주위에 방해가 되지 않도록 조용한 소리로 짧게 통화한다.

• 상대방에게 통화를 강요하지 않고, 온라인상에서 예절을 지킨다.

• 공공장소, 특히 항공기와 주유소, 병원에서는 휴대전화를 사용하지 않는다. 버스나 전철, 기차 등 대중교통 수단을 이용할 때도 휴대전화를 사용하지 않는 것이 원칙이다.

● 핵심예제 ●

다음 중 전화응대의 기본예절로 부적절한 것은?

① 인사나 필요한 농담이라도 길어지지 않도록 한다.

② 상대가 누구이건 차별하지 말고 경어를 쓰도록 한다.

③ 되도록 출근 직후나 퇴근 직전에 전화를 한다.

④ 상대가 이해하지 못할 전문용어나 틀리기 쉬운 단어는 사용하지 않는다.

● 예제풀이 ●

출근 직후나 퇴근 직전, 점심시간 전후 등 바쁜 시간은 피한다.

정답 ③

⑤ 직장에서의 E-mail 예절

　㉠ E-mail 보내기

　　• 내용을 보낼 때는 용건을 간단히 하여 보낸다.

　　• 용량이 큰 파일은 반드시 압축하여 첨부한다.

　　• 주소가 정확한지 다시 확인하고 발송한다.

　　• 보내는 사람이 누구인지 정확히 밝힌다.

　　• 내용을 쉽게 알 수 있도록 적당한 제목을 붙인다.

　　• 올바른 철자와 문법을 사용한다.

　　• 욕설이나 험담이 담긴 메일을 보내지 않는다.

　㉡ E-mail 답하기

　　• 받은 E-mail의 내용과 관련된 일관성 있는 답을 하도록 한다.

　　• 다른 비즈니스 서신에서와 마찬가지로 화가 난 감정의 표현을 보내는 것은 피한다.

　　• 답장을 어디로, 누구에게로 보내는지 주의한다.

• 예제풀이 •

올바른 철자와 문법을 사용한다.

　　　　정답 ④

• 핵심예제 •

이메일(E-mail)을 보낼 때의 에티켓으로 잘못 설명한 것은?

① 내용을 보낼 때는 용건을 간단히 하여 보낸다.

② 용량이 큰 파일은 압축하여 첨부한다.

③ 주소가 정확한지 다시 확인하고 발송하도록 한다.

④ 온라인상에서 사용되는 함축어나 이모티콘 등을 활용한다.

---

(5) 성예절의 의미

① 성희롱의 법적 정의 : '성희롱'이란 업무·고용 그 밖의 관계에서 국가기관 등의 종사자·사용자 또는 근로자가 다음의 어느 하나에 해당하는 행위를 하는 경우를 말한다(양성평등기본법 제3조 제2호).

　㉠ 지위를 이용하거나 업무 등과 관련하여 성적 언동 등으로 상대방에게 성적 굴욕감 및 혐오감을 느끼게 하는 행위

　㉡ 상대방이 성적 언동 그 밖의 요구 등에 따르지 아니하였다는 이유로 고용상의 불이익을 주는 행위

② 직장 내에서 발생하는 성희롱의 유형

　㉠ 육체적 행위

　　• 입맞춤·포옹·뒤에서 껴안기 등의 원하지 않는 신체적 접촉

　　• 가슴·엉덩이 등 특정 신체부위를 만지는 행위(어깨를 잡고 밀착하는 행위)

　　• 안마나 애무를 강요하는 행위

○ 언어적 행위
- 음란한 농담이나 음담패설, 외모에 대한 성적인 비유나 평가
- 성적 사실관계를 묻거나 성적인 내용의 정보를 의도적으로 유포하는 행위
- 성적관계를 강요하거나 회유하는 행위, 음란한 내용의 전화통화
- 회식자리 등에서 술을 따르도록 강요하는 행위
© 시각적 행위
- 외설적인 사진·그림·낙서·음란 출판물 등을 게시하거나 보여주는 행위
- 직접 또는 팩스나 컴퓨터 등을 통하여 음란한 편지, 사진, 그림을 보내는 행위
- 성과 관련된 자신의 특정 신체부위를 고의적으로 노출하거나 만지는 행위
③ 성희롱의 대처
㉠ 개인적 대응
- 중지할 것을 요구한다.
- 증거자료의 수집과 공식적인 처리의 준비를 한다.
- 상사나 노동조합 등 내부기관에 도움을 요청한다.
- 여성단체나 성폭력 상담기관 등 외부기관에 도움을 요청한다.
㉡ 직장에서의 대응
- 회사 내부의 소속직원이나 외부의 전문가를 상담요원으로 지정하여 공정하게 처리한다.
- 제기된 사안에 대해 신속하고 공정하게 조사, 처리하고 개인정보의 유출을 방지한다.
- 가해자에 대해 공개사과·각서 쓰기·정직·경고·견책·휴직·감봉·대기발령·해고 등 피해자가 납득할 만한 조치를 취한다.
- 처리 후, 반드시 피해자에게 그 결과를 통보한다.
※ 직장 내 이성과의 관계
- 남녀 모두를 공평하게 대우한다.
- 타인의 용모를 비판하지 않는다.
- 자신에게 호의적인 이성 직원의 심리와 태도를 간파하여 이용하지 않는다.
- 특정 이성 사원만을 칭찬해서는 안 된다.
- 상사를 보좌함에 있어 성별에 따른 구분을 두지 않는다.
- 직장 내에서의 남녀관계는 신중을 기해야 한다.
- 이성 직원과는 실력과 업적으로 선의의 경쟁을 한다.
- 상대방을 항상 정중한 말과 행동으로 대한다.
- 이성 직원과 개인적으로 만나게 되는 경우, 오해받기 쉬운 일은 피한다.
- 이성 간의 단편적인 친절과 호의를 진심으로 간주하지 않는다.
- 근무 장소 이외에서 가급적 이성을 만나지 않도록 한다.

④ 사례를 통한 성희롱 개념 이해

Q. A는 사무실에서 매우 재미있는 사람으로 통해 직원들 사이에 인기가 높다. 그런데 그의 재담은 주로 성을 소재로 한 이야기가 주제였다. 여직원 B는 A의 이러한 농담이 부담스러웠지만 부서에서 여자는 자신 혼자뿐이었기 때문에 같이 어울릴 수밖에 없는 처지였다.

[설명]
비록 특정인을 염두에 두지 않고 재미로 이야기 했다고 하더라도 이러한 언동이 직장 내에서 상대방에게 성적으로 불쾌감과 거부감을 느끼게 하였다면 성희롱이 성립될 소지가 있다.

Q. 가인 씨는 몇 명의 남자직원들과 함께 근무하는 팀의 홍일점 여직원이다. 그런데 오 대리가 일을 시킬 때면 지나칠 정도로 가인 씨에게 근접하면서 신체 일부를 접촉하는 자세를 취하곤 한다. 특히 가인 씨가 책상에 앉아 타이핑할 때면 격려한다는 명목으로 그녀의 어깨와 손을 은근히 건드리곤 한다. 싫은 표정을 여러 번 지었지만 모르는 척하는 것 같다.

[설명]
불필요하게 가까이 서 있는 행위로 가인 씨가 성적 수치심을 받고 있고, 가인 씨의 신체를 반복적으로 접촉한 것, 업무와 관련하여 발생한 점, 거부의 의사 표시를 묵시적으로 했다는 점에 비추어 명백한 성희롱 행위이다.

Q. 강남 씨는 모든 사람에게 인사 잘하기로 유명한 직원이다. 그는 자주 같이 일하는 동료 여직원에게 다음과 같이 인사를 잘 한다.
"오늘은 대단히 멋있어 보이는데? 옷이 대단히 잘 어울려. 특히 미은 씨는 파란색을 입으면 대단히 잘 어울린단 말이야." 미은 씨는 기분이 좋으면서도 어떨 때는 조금 부끄러운 기분이 들 때도 있다.

[설명]
이런 상황은 사회적으로 수용 가능하며, 어떤 성적인 상황을 포함하지 않았으므로 성희롱으로 보기 어렵다.

최근 직장에서는 성희롱과 같은 문제가 이슈화되고 있다. 다음 중 성희롱 예방을 위한 상사의 태도로 가장 부적절하다고 생각되는 것은?

① 부하직원을 칭찬하거나 쓰다듬는 행위는 부하직원에 대한 애정으로 받아들일 수 있다.

② 중재·경고·징계 등의 조치 이후 가해자가 보복이나 앙갚음을 하지 않도록 주시한다.

③ 성희롱을 당하면서도 거부하지 못하는 피해자가 있다는 것을 알면 중지시켜야 한다.

④ 자신이 관리하는 영역에서 성희롱이 일어나지 않도록 예방에 힘쓰며, 일단 성희롱이 발생하면 그 행동을 중지시켜야 한다.

부하직원을 칭찬할 때 쓰다듬거나 가볍게 치는 행위도 성희롱으로 오해받을 소지가 있으므로 그런 행동은 신중을 기해야 한다.

정답 ①

유형 **01** 근로 윤리

📋 연속출제

다음 중 근면에 대한 특성 중 다른 한 가지는?

① 회사는 매달 말 영어시험을 시행한다. 점수가 낮으면 승진에 불이익이 있다. A는 승진을 위해 매일 학원에 간다.

② C는 중국으로 여행을 갈 계획을 짜고 있다. 즐거운 여행을 위해 중국어 학원에서 중국어를 배우고 있다.

☞ D는 퇴근 전 상사가 내일 오전까지 완료해야 하는 업무를 주었기 때문에 늦은 시간까지 근무를 하였다. ┗→ 외부요인

④ 사장은 매주 일요일마다 등산을 간다. 직원 중 등산을 좋아하는 사람이 있으면 같이 가자고 하는데 B는 등산이 건강에도 좋고 자주 했었기 때문에 사장과 함께 등산을 자주 간다.

1) 질문의도
: 근면의 특성

2) 선택지 분석
①
② ─ 스스로 근면
④
③ - 외부요인으로
인한 근면

3) 정답도출

유형분석

- 직업인으로서 갖춰야 할 덕목에 대한 이해를 묻는 유형이다.
- 쉬운 편에 속하지만, 방심해서 실수로 틀릴 가능성이 높기 때문에 주의해야 한다.

풀이전략

개념이 어렵지 않지만 실수하기 쉬운 영역이다. 가장 먼저, 문제에서 무엇을 묻는지 확인하고 선택지를 확인해야 한다. 선택지를 먼저 확인하면 자신만의 기준으로 판단하는 오류를 범할 수 있기 때문이다.

유형 02 공동체 윤리

📋 **연속출제**

다음은 직장 내 성희롱과 관련된 사례들이다. 이 중 성희롱에 해당되지 않는 것은?

① 홍 부장은 사무실에서 매우 재미있는 사람으로 주로 성을 소재로 한 이야기를 시도 때도 없이 한다. 여직원 김 씨는 홍 부장의 이러한 농담이 부담스러웠지만 부서에서 여자는 자신 혼자뿐이었기 때문에 같이 어울릴 수밖에 없는 처지이다.

② 여직원 박 씨는 몇 명의 남자직원들과 함께 근무하는 팀의 홍일점이다. 그런데 박 씨에게 관심 있는 강 대리는 일을 시킬 때면 박 씨의 어깨와 손을 은근히 건드리곤 한다.

③ 최 대리는 모든 사람에게 인사 잘하기로 유명한 남직원이다. 그는 동료 여직원인 정 씨에게 "오늘은 대단히 멋있어 보이는데요? 정 씨는 파란색을 입으면 대단히 잘 어울린단 말이야." 하고 말한다. → 칭찬

④ 박 부장은 회식에 가면 옆에 앉은 여직원에게 술을 따르라고 하면서 "이런 것은 아무래도 여자가 해야 술맛이 나지, 분위기 좀 살려봐."라고 한다.

⑤ 박 과장은 이 씨를 아래위로 훑어보며 "나 보라고 그렇게 짧게 입은 거야?"라는 식의 농담을 자주 던지곤 한다.

1) 질문의도
   : 직장 내 성희롱

2) 선택지 분석

3) 정답도출
   : ③-칭찬하는 말

유형분석

- 근로 윤리와 마찬가지로 직업인으로서 갖춰야 할 덕목에 대한 이해를 묻는 문제이다.
- 근로 윤리가 개인적인 차원에서 바람직한 태도에 대한 이해를 묻는다면, 이 유형은 집단 속에서 구성원으로서 지켜야 할 도리에 대한 이해를 묻는다.
- 윤리 영역이기 때문에 좋은 말 혹은 바람직하지 않은 말만 찾아도 문제를 푸는 데 큰 무리가 없지만, 직장 내 성희롱에 대해서는 관련 지식을 필수로 알아두어야 한다.

풀이전략

성희롱에 관련된 지식을 머릿속에 상기하면서 선택지에서 키워드를 찾아야 한다. 그렇지 않으면 자의적인 판단을 할 가능성이 높기 때문이다.

5일 차

일반상식

최신상식용어

>> 필터버블(Filter Bubble)

인터넷 정보 제공자가 맞춤형 정보를 이용자에게 제공함으로써 이용자가 걸러진 정보만을 접하게 되는 현상을 말한다. 미국 정치 참여 시민단체 '무브온'의 이사장인 엘리 프레이저가 자신의 저서 『생각 조종자들』에서 처음 제시한 개념이다.

>> 방사포(Multiple Rocket Launcher)

동시에 많은 로켓 탄두를 발사할 수 있는 장치로, 다연장 로켓포라고 부른다. 북한과 과거 공산권 국가에서 운용하는 경우가 많으며 열압력탄이나 고폭탄을 탄두로 사용할 수 있어 치명적인 살상무기로 평가된다.

>> 구독경제(Subscription Economy)

다양한 재화와 서비스를 정기적으로 공급받는 생활방식으로, 신문을 구독하듯 정기적으로 돈을 지급하고 다양한 재화와 서비스를 공급받는 소비행위·생활방식을 말한다.

>> 드라이브 스루(Drive Through)

운전자가 차량에 탑승한 채로 음식 등을 구매하는 방식으로, 패스트푸드 음식점이나 프랜차이즈 커피전문점에서 차에 탄 채로 주문하고 음식을 받을 수 있는 방식을 말한다.

>> 팃포탯(Tit For Tat)

맞받아치기 형식의 상대 반응에 따른 대응 전략으로, '때리면 나도 받아친다.', '눈에는 눈 이에는 이' 방식으로 상호주의에 입각해 보복하거나 상대방의 행동을 똑같이 따라하는 것을 말한다.

>> 워킹그룹(Working Group)

정해진 주제나 목적에 맞는 실무를 논의하는 협의체로, 상위 조직에서 정한 주제나 목적에 따라 실제적이고 구체적인 업무를 논의하는 협의단을 말한다. 실무회의를 진행하는 전문가 그룹을 지칭한다고 볼 수 있으며, 국가 간에 자유무역협정(FTA) 체결을 위한 협상 과정에서 워킹그룹을 따로 결성하기도 하지만 한 국가 내에서도 의회 등에서 실무적 논의를 위해 설치되는 등 다양한 주제를 놓고 다방면에 걸쳐 활용되고 있다.

>> 공매도(空賣渡 : Short Stock Selling)

주식시장에서 자주 쓰이는 말로, 주식을 보유하지 않은 상태에서 매도 주문을 내는 것, 즉 주식을 가지고 있지 않은 상태에서 매도 주문을 내는 것을 가리킨다. 주가 하락이 예상되는 종목의 주식을 빌려서 판 뒤 실제로 주가가 내려가면 싼값에 다시 사들여 빌린 주식을 갚아 차익을 남기는 투자 기법이다.

▶▶ 라임병(Lyme Disease)

사람이 진드기에 물려 일으키는 감염질환으로, 미국과 유럽에서 많이 발견된다. 감염 초기에는 인플루엔자와 유사한 증세를 나타내며 치료하지 않으면 혈액을 타고 다른 부위에 퍼져 만성적인 관절염과 심장질환, 신경계 이상을 일으킬 수 있다.

▶▶ 콤부차(Kombucha)

홍차 또는 녹차에 설탕과 균·효모를 가미해 만든 발효 음료로, 몽골과 시베리아 지방에서 전통적으로 마시던 것이다. 달콤·새콤하고 발효 과정에서 탄산이 생겨 청량감이 느껴진다. 폴리페놀 성분이 들어 있어 노화 예방을 시켜주고 프로바이오틱스가 많이 들어 있어 소화기 건강에 좋다.

▶▶ 밈(Meme)

문화양식이 인터넷상에서 유전 혹은 복제되는 현상으로, 한 사람이나 집단에서 다른 집단으로 전달되는, 모방 가능한 문화 정보의 단위를 말한다. 사람들의 두뇌를 감염시키고, 그들의 태도를 바꿈으로써 자신을 복제하는 정보구조를 뜻하며 새로운 복제자로도 불린다.

▶▶ 팬데믹(Pandemic)

여러 대륙 국가들에서 감염병이 동시에 대유행하는 현상을 가리킨다. 세계보건기구(WHO)는 전염병의 위험도에 따라 경보 수준을 1~6단계로 나누는데, 이 가운데 경계수준이 가장 높은 6단계를 의미한다.

▶▶ 우키시마호 침몰 사건

일본 강제징용 조선인 노동자들의 귀국선이 폭침된 사건으로, 세계 2차 대전 종전 직후인 1945년 8월 22일 일본 아오모리(靑森)현 군사 시설에서 강제 노동을 했던 조선인 노동자와 가족을 태우고 한국으로 향하던 해군 수송선 우키시마호가 24일 교토 인근의 마이즈루(舞鶴)항에 입항하려는 순간 원인 모를 폭발로 침몰해 수많은 사상자를 낸 비극적 사건이다.

▶▶ 서킷브레이커(Circuit Breakers)

주가가 급락할 때 주식 매매를 일시 중지하는 제도로, 지수가 직전 매매 거래일의 최종가보다 10% 이상 하락하는 상황이 1분간 지속될 경우 20분간 모든 종목의 거래를 중지시키는 제도이다. 전기기구에 누전 등으로 전기가 과도하게 흐르면 자동으로 회로를 끊어 화재를 방지하는 부품인 '서킷브레이커'에서 나온 말로, 증시에서는 투자자들에게 주가 급락에 대해 판단할 수 있는 시간을 제공해 시장에 주는 충격을 완화하기 위해 고안됐다.

▶▶ 통화스와프(Currency Swaps)

자국 통화를 맡기고 상대국 통화를 빌려오는 것으로, 양 국가가 자국 통화를 상대방의 통화와 교환하고, 일정 기간이 지나고 나서 최초 계약 때 정한 환율에 따라 원금을 재교환하는 것을 의미한다. 가계로 따지면 마이너스 통장과 같지만 국가 차원에서는 외환이 부족해질 때 상대국의 외환을 들여와 외환위기를 넘길 수 있으며 환율 안정도 꾀할 수 있다. 정책 조율 등 엄격한 요구조건이 없이 외화 유동성을 확보할 수 있다는 점이 국제통화기금(IMF)의 구제금융과 다른 점이다.

▶▶ 양적완화(Quantitative Easing)

중앙은행이 국채 매입 등의 방법으로 통화량을 늘리는 것으로, 정책금리 인하를 통한 통화정책으로는 좀처럼 경기침체에서 벗어나지 못할 때 발권력(채권이나 은행권 등을 발행할 수 있는 힘)을 가진 중앙은행이 시중에 직접 통화를 공급하는 정책을 말한다.

▶▶ 극자외선 웨이퍼 형성 공정(EUV Photo Lithography)

극자외선을 활용한 반도체 IC회로 형성법으로, 반도체 제조 과정 중 포토리소그래피(Photo Lithography) 과정에서 극자외선(EUV; Extreme Ultra-Violet)을 사용하는 것이다. 포토리소그래피란 아직 IC회로가 형성되지 않은 베어웨이퍼(Bare Wafer)에 회로를 그려 넣는 방법 중의 하나이다.

▶▶ 이슈크라시(Issue Cracy)

전문가와 대중이 함께 사회적 이슈를 다루는 것으로, 이슈(Issue)와 민주주의를 뜻하는 데모크라시(Democracy)의 합성어로, 사회적 이슈에 대해 전문가와 대중이 함께 정보를 공유하고 대책을 마련하는 것을 의미한다. 데모크라시가 국민이 권력을 가짐과 동시에 스스로 권리를 행사하는 정치 형태로 본다는 점에 착안해 새롭게 등장한 개념이라고 할 수 있다.

▶▶ 호흡기세포융합바이러스(RSV)

생후 1년 내 영아들이 잘 걸리는 감염성 호흡기 질환으로, 영어로 'Respiratory Syncytial Virus'로 쓰이며, 이에 감염되면 코막힘 또는 콧물, 기침 등 일반적으로 보통 내지 중증 감기와 비슷한 증상을 보인다. 전체 영아 중 50 ~ 70%가 생후 1년 이내에 감염되며 성인에게는 가벼운 감기로 나타나는 경우가 많지만 면역력이 떨어진 사람이나 노년층에서는 중증 감염을 유발할 수도 있다.

▶▶ 기저효과(Base Effect)

기준과 비교시점의 상대적 수치로 결과가 왜곡되는 현상으로, 어떤 지표를 평가하는 과정에서 기준시점과 비교시점의 상대적 수치에 따라 그 결과값이 실제보다 왜곡돼 나타나는 현상을 말한다.

▶▶ 시노포비아(Sino Phobia)

중국에 대한 막연한 두려움의 총체적 표현으로, 라틴어에서 유래한 '중국(과)의'라는 뜻의 '시노(Sino-)'와 '공포증'을 의미하는 '포비아(Phobia)'의 합성어로, 중국 공포증을 말한다. 19세기 아편전쟁 등에서 서양 국가들이 중국을 '미개한 나라' 등으로 부르며 혐오 정서를 부추길 때 등장한 것으로 알려졌다.

▶▶ 인포데믹(Infodemic)

잘못된 정보나 괴담 등이 빠르게 확산하는 현상으로, '정보'와 '감염병 확산'을 뜻하는 영어 단어 '인포메이션(Information)'과 '에피데믹(Epidemic)'을 합친 신조어로, 정확하지 않은 정보나 악성 루머 등이 미디어를 통하거나 인터넷상에서 한꺼번에 급속도로 퍼지는 현상을 말한다. 이른바 정보 감염증으로 불린다.

▶▶ 린치핀(Linchpin)

외교적으로 동반자적 지위를 갖는 핵심적 관계로, 마차, 수레, 자동차 등 이동수단의 바퀴를 굴대에 고정시키는 핀을 가리킨다. 비유적으로는 중핵을 이루는 중요한 인물이나 급소를 뜻한다. 특히 외교·안보 분야에서는 바퀴가 빠지지 않게 중심을 잡아주는 역할을 하는, 핵심축 내지 구심점이라는 의미로 쓰인다.

>> 컨센서스(Consensus)

시장 참여자들이 동의하는 기업의 실적 전망치로, 공동체 구성원의 일반적인 동의, 즉 '총의(總意)'를 뜻하며 기업의 실적과 관련한 경제용어로 자주 쓰인다. 시장에서 컨센서스라고 하면 상장사들의 실적 추정치 평균을 의미한다.

>> 네이팜탄(Napalm Bomb)

젤리화한 혼합물인 네이팜을 연료로 하는 화염 무기로, 알루미늄, 비누, 팜유, 휘발유 등을 혼합해 젤리 모양으로 만든 네이팜을 연료로 하는 화염 무기이다. 3,000℃의 고열을 내며 반경 30m 이내를 불바다로 만드는 강력한 살상 무기로, 6·25 전쟁, 베트남전, 이라크전 때 미군이 사용해 논란이 되기도 했다.

>> 에어로졸(Aerosol)

공기 중에 떠 있는 고체 또는 액체 미립자로, 연기나 안개처럼 기체 내에서 미세한 형태로 균일하게 부유하고 있는 고체 또는 액체의 미립자를 말한다. 졸(Sol)은 액체 속에 고체가 콜로이드(Colloid : 균일 혼합물인 용액 중에 녹아 있는 입자 중 비교적 큰 것) 모양으로 분산돼 있는 상태를 뜻한다.

>> 웨어러블(Wearable)

IT 기술이 접목돼 만들어진 착용형 기기로, 사전적 의미는 '입을 수 있는', '착용하기 알맞은' 등이지만 요즘 현실에서는 옷이나 시계, 안경처럼 자유롭게 몸에 착용하고 다닐 수 있는 기기를 뜻하는 말로 쓰인다. 초소형 부품과 초박막형의 휘는(플렉서블) 디스플레이, 스마트 센서, 모바일 운영 체제 등 정보통신(IT) 기술의 발달과 함께 새롭게 등장한 착용형 기기를 지칭한다.

>> 천산갑

아시아와 아프리카 열대지역에 서식하는 포유동물로, '산을 뚫는 갑옷'이라는 의미의 천산갑(穿山甲)은 주로 아시아와 아프리카의 열대지역에 서식하는 포유류 동물이다. 중국을 비롯해 아시아 지역에서 약재와 정력제로 수요가 높아 밀렵꾼들의 표적이 돼왔고, 이로 인해 멸종위기종으로 분류된다.

>> 추가경정예산(추경)

국회를 통과한 본예산에 추가 또는 변경을 가하는 예산으로, 정부가 1년 단위로 편성한 국가 예산안이 국회에서 의결된 이후 새로운 사정으로 인해 소요경비에 과부족이 생길 때 본예산에 추가 또는 변경을 가하는 예산을 말한다. 국가재정법은 '전쟁이나 대규모 재해가 발생한 경우'와 '경기침체, 대량실업, 남북관계의 변화, 경제협력과 같은 대내·외 여건에 중대한 변화가 발생하였거나 발생할 우려가 있는 경우' 등을 추경을 편성할 수 있는 사유로 규정하고 있다.

>> 코호트 격리(Cohort Isolation)

특정 질병에 같이 노출된 사람을 동일 집단(코호트)으로 묶어 격리하는 조치로, 코호트는 '동일 집단', '지지자'의 뜻으로 사회학에서는 같은 특색이나 행동 양식을 공유하는 그룹을 말한다. 의학에서 코호트는 특정 공간에 있는 특정 질병 감염자나 의료진 모두를 외부와 물리적으로 단절시키고 질병 확산을 막는 것을 말한다.

▶▶ 그린 스완(Green Swan)

기후변화로 인한 금융위기 가능성을 뜻하며, 서브프라임 모기지 사태를 예언했던 나심 탈레브 미국 월가 투자전문가의 저서 『검은 백조(The Black Swan)』에서 인용했다. 검은 색깔 백조의 존재가 거의 불가능한 것처럼 도저히 일어날 것 같지 않은 일, 실제로 존재가 사실로 드러난다면 극심한 충격을 동반하는 위험을 의미하는 블랙스완과는 달리, 그린 스완은 '나타날 것이 확실시 되지만, 언제 어떻게 전개될지 예측불가능하고 발생 시 인류에 실제적인 위협을 초래할 수 있는 위험'을 뜻한다.

▶▶ 중간광고(Commercial Break)

한 편의 방송 프로그램이 전파를 타는 중에 나오는 광고로, 방송 프로그램이 전파를 타는 중간에 나오는 광고를 말한다. 드라마를 포함해 방송 콘텐츠가 클라이맥스에 치달을 때 편성해 광고효과를 극대화하기 위해 쓰인다.

▶▶ 클라우드(Cloud)

인터넷 접속으로 많은 양의 데이터를 활용하는 서비스로, 데이터를 인터넷과 연결된 중앙컴퓨터에 저장해 인터넷에 접속하기만 하면 언제 어디서든 방대한 데이터를 분석·관리할 수 있게 하는 첨단기술이다. 사물인터넷·빅데이터·인공지능(AI) 등 4차 산업혁명시대의 핵심 기반이다.

▶▶ 딥러닝(Deep Learning)

인간 두뇌를 모방한 소프트웨어를 이용하는 기술로, 방대한 자료에서 패턴을 감지하고 학습하며 더 복잡한 패턴을 찾아내는 인공신경망으로 인간의 신경시스템을 모방한 알고리즘이다. 데이터에 기반을 두고 예측을 하는 기술로, 얼굴 인식·자연어 처리·번역·추천 알고리즘 등 기술 발전의 바탕이 된다.

▶▶ 바이럴 마케팅(Viral Marketing)

소비자들이 자발적으로 제품을 알리는 온라인 마케팅으로, 바이럴(Viral)은 바이러스(Virus)와 오럴(Oral)이 합쳐진 말로, 입을 통해 바이러스처럼 퍼져나간다는 뜻이다. 이를 마케팅 기법으로 삼아 네티즌들이 이메일이나 다른 전파 가능한 매체를 통해 자발적으로 제품을 홍보하도록 하는 것이 바로 바이럴 마케팅이다.

▶▶ 하준이법

어린이 교통사고 예방을 위한 주차장 안전 기준 강화 법안으로, 주차장 안전관리 강화를 위한 주차장법 개정안을 이른다. 2017년 10월 놀이공원 주차장에 세워둔 차량이 굴러오는 사고로 숨진 고(故) 최하준 군의 사례를 계기로 법안이 발의됐다.

▶▶ 티핑 포인트(Tipping Point)

작은 변화들이 쌓여 큰 변화가 일어나게 되는 결정적 순간을 뜻한다. '1만 시간의 법칙'으로 유명한 워싱턴포스트(WP) 기자 출신 말콤 글래드웰이 『티핑 포인트(2000)』란 저서에서 제시한 개념으로, 균형이 무너지면서 어느 한쪽으로 기울어지는(tipping) 현상이 나타나기 시작하는 시점(Point)을 뜻한다.

▶▶ 뉴트로(New-tro)

복고를 현대적으로 새롭게(New) 재해석해 즐기는 문화 트렌드로, 중장년층에는 추억과 향수를, 젊은 세대에는 새로움과 재미를 안겨 주는 것이 특징이다. 기성의 것들을 토대로 새로운 것을 재창조하는 측면이 있다.

▶▶ 에어 프라이어(Air Fryer)

고온의 공기로 식재료를 익혀주는 조리 기구로, 기름을 사용하지 않고 고온의 뜨거운 공기를 빠른 속도로 순환시켜 바삭한 튀김 요리를 할 수 있는 새로운 개념의 주방 가전이다. 조리 과정에서 지방이 감소되는 효과를 볼 수 있고, 조리 속도가 빠르며 기름이 튀지 않아 위생적이고 깔끔하다.

▶▶ 나스닥(NASDAQ; National Association of Securities Dealers Automated Quotation)

벤처기업들이 자금 조달을 하는 미국의 장외 주식시장으로, 전미(全美) 증권협회가 운영하는 거래 정보 시스템 및 장외 주식 시장을 말한다. 자본력이 부족한 비상장벤처기업들이 저리(低利)로 자금을 조달하는 창구로 활용하고 있다.

▶▶ 제로 레이팅(Zero Rating)

특정 콘텐츠에 대한 데이터 요금을 면제해주는 제도로, 콘텐츠 사업자가 망 사업자 즉, 통신사와의 제휴로 이용자가 특정 콘텐츠를 사용할 때 발생하는 데이터 이용료를 면제 또는 할인해주는 제도이다. 사용자는 통신비 절감 효과를 얻고 통신사 입장에서는 데이터 이용료를 사용자에게 받지 않는 대신 콘텐츠 사업자로부터 받으므로 손해가 없으며, 콘텐츠 사업자는 가입자를 더 확보할 수 있다는 장점이 있다.

▶▶ 레거시 미디어(Legacy Media)

TV, 라디오, 신문 등의 전통적인 언론 매체를 의미한다. 소셜 네트워크 서비스(SNS), 유튜브 등으로 상징되는 이른바 '뉴미디어'에 대비되는 개념으로, 기성 언론 혹은 정통 언론 등으로 불리기도 한다. 정보 시스템 분야에서는 과거에 개발된 오래된 하드웨어나 소프트웨어를 이르는 말이다.

▶▶ 유니콘(Unicorn) 기업

기업 가치가 10억 달러를 넘어서는 스타트업을 의미한다. 설립한 지 10년 이하이면서 뛰어난 기술력과 시장지배력으로 10억 달러(약 1조 원) 이상의 기업 가치를 인정받는 비상장 벤처기업을 말한다. 유니콘(Unicorn)은 이마에 뿔이 하나 달린 전설상의 동물로, 기업 가치가 10억 달러를 넘어서는 것을 마치 유니콘처럼 상상 속에서나 존재할 수 있는, 엄청난 일로 받아들인다는 차원에서 이름 지어졌다.

▶▶ 데이터 3법

통계・연구 목적의 개인정보 활용을 위한 관련 법률 개정법으로, 2020년 1월 국회를 통과한 정보통신망법, 신용정보법, 개인정보보호법 3개의 개정법을 말한다. 4차산업혁명 시대의 핵심 자원인 데이터의 축적과 연구를 진행하기 위해, 개인정보를 '가명정보' 상태에서 다룰 수 있도록 하는 것을 골자로 한다.

▶▶ 스윙스테이트(Swing State)

미국 대통령 선거의 키를 쥐는 미국의 주(州)를 의미한다. 정치적 성향이 뚜렷하지 않아 그때그때 대통령 선거의 승자를 결정짓는 역할을 하는 미국의 주(州)들을 가리키는 용어이다.

▶▶ 투자자-국가 간 소송(ISD)

해외 투자자가 투자국을 국제기관에 제소하는 것으로, 투자한 국가에서 갑작스러운 정책 변경 등으로 이익을 침해당했을 때 기업이 해당 국가를 상대로 국제 민간 중재 기구에 중재를 신청해 손해배상을 받을 수 있도록 하는 제도다. 국가가 자유무역협정(FTA) 같은 양국 간 투자협정 규정을 어기고 부당하게 개입해 상대국 투자자가 손해를 입었을 때 활용된다.

>> **풍선효과(Balloon Effect)**

하나의 문제를 해결하면 또 다른 문제가 발생하는 현상으로, 어떤 문제를 해결하기 위해 정책을 실시하여 그 문제가 해결되고 나면 그로 말미암아 다른 곳에서 또 다른 문제가 발생하는 현상을 말한다. 마치 풍선의 한 쪽을 누르면 다른 쪽이 부풀어 오르는 모습과 같다고 하여 붙여진 말이다.

>> **파생결합펀드(DLF; Derivative Linked Fund)**

파생결합증권(DLS)을 투자의 대상으로 삼는 펀드로, 금리·환율·통화·금·원유 등 다양한 기초자산의 가치에 연동되는 파생결합증권(DLS)을 담은 펀드이다. 상품 만기일에 기초자산의 가격이 일정 수준 이상이면 수익을 내지만 원금 손실기준 아래로 떨어지면 손실이 눈덩이처럼 커지면서 원금을 잃게 되는 구조를 가진 고위험 상품이다.

>> **필리버스터(Filibuster)**

거대 정당의 일방적 안건 처리를 막기 위한 무제한 토론을 의미한다. 국회의원들이 안건에 대해 무제한 토론에 나서는 것으로, 국회법에 명시된 합법적 의사진행 방해를 뜻한다. 소수당이 다수당의 독주를 막기 위해 활용하는 제도라고 할 수 있다. 한국에서는 지난 1973년 폐지됐다가 2012년 일명 국회선진화법으로 불리는 국회법 개정안이 통과되면서 부활했다.

>> **글로벌 호크(Global Hawk)**

첩보위성 수준의 정찰 기능을 보유한 고고도 무인기로, 20km 상공에서 특수 고성능레이더와 적외선 탐지 장비 등을 통해 지상 0.3m 크기의 물체까지 식별할 수 있다. 한번 떠서 최대 42시간 작전 비행을 할 수 있으며, 작전 반경이 3,000km에 달해 한반도 밖까지 감시할 수 있다.

>> **플렉스(Flex)**

젊은층에서 부를 과시한다는 의미로 유행하는 말로, 최근에 미디어와 소셜네트워크서비스(SNS) 등에서 '과시하다'는 뜻으로 널리 사용되고 있다. 과거 1990년대 미국 힙합 문화에서 주로 '금전을 뽐내거나 자랑하다.'는 의미의 속어로 쓰이던 것이 변형된 것으로 보고 있다.

>> **솔로몬로파크**

체험 및 연수 프로그램으로 운영되는 법 교육 시설로, 청소년 및 성인들에게 법의 가치와 기능, 체계 등을 교육하기 위해 법무부가 조성한 테마파크이다. 쉽고 재미있는 체험을 통해 법을 배울 수 있으며, 현재 충청권의 대전과 영남권의 부산에서 운영되고 있다.

>> **예비타당성조사제도**

대규모 국책 사업의 경제적 타당성을 조사하는 제도로, 사회간접자본(SOC) 사업 등 대규모 국책 사업에 대해 우선순위, 적정 투자시기, 재원 조달방법 등 타당성을 검증함으로써 재정투자의 효율성을 높이기 위한 제도이다.

>> **글루타민(Glutamine)**

인체에 에너지를 공급하는 단백질의 주요 구성 물질이며, 단백질을 구성하는 기본 단위인 아미노산의 일종으로, 신장 등에서 글루탐산과 암모니아로부터 합성된다. 인체에 에너지를 공급하고 장(腸) 건강을 유지시켜주며, 항(抗) 바이러스 면역반응을 활성화시킨다.

>> 엘로 레이팅(Elo Rating)

게임 등의 실력을 측정하거나 평가하는 방식으로, 미국 물리학자 아르파드 엘로가 고안한 것이다. 체스 등 2명이 벌이는 게임에서 실력 측정 및 평가 산출 방법으로 널리 쓰이고 있으며, 상대적 우열관계에서 자신보다 실력이 높은 상대를 이기면 많은 포인트를 얻고, 실력이 낮은 상대에게 패하면 점수가 크게 깎이는 구조이다.

>> 신 파일러(Thin Filer)

신용을 평가할 금융 거래 정보가 거의 없는 사람으로, 영어로 얇다는 뜻의 Thin, 서류라는 뜻의 File, '~하는 사람'이라는 의미를 가진 접미사 -er이 합쳐져 만들어진 용어로, 서류가 얇은 사람을 말한다. 이는 신용을 평가할 수 없을 정도로 금융거래 정보가 거의 없는 사람을 지칭한다.

>> 쿠싱증후군(Cushing's Syndrome)

얼굴이 달처럼 둥근 모양으로 변하는 호르몬계 질환으로, 우리 몸에서 당류코르티코이드라는 스테로이드 호르몬이 과다하게 분비될 때 생기는 질환이다. 이 병에 걸리면 얼굴이 달덩이처럼 둥글게 되고, 비정상적으로 목과 배에 지방이 축적되는 반면 팔다리는 가늘어지는 중심성 비만 증상이 나타난다.

>> 카운터파트(Counterpart)

비슷한 지위를 가진 대화 상대방을 의미하는 말로, 사전적으로는 다른 장소나 상황에서 어떤 사람·사물과 동일한 지위나 기능을 갖는 상대, 즉 서로 비슷한 사람 혹은 사물을 뜻한다. 대개 현실에서는 협상이나 대화의 상대방을 가리키는 용어로 쓰인다.

>> 블랙 아이스(Black Ice)

도로 위에 형성되는 얇은 얼음층을 의미한다. 눈 또는 비가 내린 뒤 도로가 얇게 얼어 빙판을 이루는 것으로, 도로결빙이라고도 부른다. 아스팔트 색깔이 투영돼 검은 얼음처럼 보인다고 해서 붙여진 이름이다. 추운 겨울 그늘진 도로나 터널의 출입구, 산모퉁이 음지, 온도가 낮은 다리 위 등에 주로 생긴다.

>> 숨서울 프로젝트(SUM Seoul Project)

서울시에서 시행하는 공기 정화 프로그램으로, 'SUM'은 'Smart Urban air quality Management'의 줄임말로 '숨쉬기 편한 서울 만들기'를 말한다. 서울시에서 고농도 미세먼지 공기에 대한 대책으로 시행하는 정책이다.

>> 근원물가

일시적 외부 충격의 영향을 반영하지 않은 물가로, 외부 환경에 민감하지 않은 품목을 기준으로 산출하는 물가를 의미한다. 장마나 가뭄과 같은 계절적 요인에 영향을 받는 농산물이나 일시적인 외부 충격으로 급격하게 가격이 오르내리는 석유류 등을 제외하고 난 후 산출한다.

>> 단말기 완전자급제

휴대전화(스마트폰) 단말기 구입과 이동통신 가입을 완전히 분리하는 것으로, 단말기 구매는 제조사에서, 통신서비스 가입은 이동 통신사에서 별도로 하는 것을 의미한다. 이동통신사 대리점에서 단말기 판매를 금지함으로써 단말기 구매와 개통을 완전히 분리하는 제도이다.

≫ 의무송출제도

케이블TV, 인터넷(IP)TV, 위성방송 등 유료방송 사업자가 시청자의 권익 보호, 민주적 여론 형성 및 국민 문화 향상, 공공복리 증진 등 방송의 공익성 제고를 위해 특정 채널을 의무적으로 송신하는 것을 말한다. 이는 방송법 제70조(채널의 구성과 운용)와 제78조(재송신), 동법 시행령 제53조 등에 근거한 것으로, 의무전송채널제도로도 불린다.

≫ 한미 방위비분담금특별협정

주한미군에 대해 한미 양국이 지출할 운용비를 책정하는 협상으로, 한반도에 미국이 군대를 주둔시킴으로써 얻는 안보적 이득에 대한 대가로, 한국이 미국에 지급하는 미군의 운용·주둔비용 지원금에 대한 협상을 말한다.

≫ 디지털세(Digital Tax)

구글이나 페이스북, 아마존과 같이 국경을 초월해 사업하는 인터넷 기반 글로벌 기업에 물리는 세금을 지칭한다. 유럽연합(EU)이 2018월 3월 디지털세를 공동으로 도입하는 방안을 제안했지만 합의가 이뤄지지 않자 회원국인 프랑스가 2019년 7월 독자적으로 부과하기로 했다.

≫ 도시공원일몰제

장기간 공원 조성 사업에 착수하지 못한 부지를 공원용도에서 자동 해제하는 제도로, 정부나 지방자치단체가 공원 설립을 위해 토지를 도시계획시설로 지정해놓고도 20년이 지나도록 공원조성을 하지 않았을 경우 자동으로 지정이 해제되는 제도를 말한다.

≫ 트리비아(Trivia)

중요하지 않지만 흥미를 돋우는 사소한 지식을 의미하는 말로, 단편적이고 체계적이지 않은 실용·흥미 위주의 잡다한 지식을 가리키는 말이다. 라틴어로 'Tri'는 '3'을 'Via'는 '길'을 의미하여 '삼거리'라는 의미로 사용되던 단어인데, 로마 시대에 도시 어디에서나 삼거리를 찾아볼 수 있었다는 점에서, '어디에나 있는 시시한 것'이라는 뜻으로 단어의 의미가 전이되어 사용되었다. 현대에는 각종 퀴즈 소재로 활용되기 쉬운 상식, 체계적으로 전달하기 어려운 여담 등을 가리킬 때 사용한다.

≫ 푸스카스상

국제축구연맹(FIFA)이 한 시즌 동안 가장 뛰어난 골을 기록한 선수에게 수여하는 상으로, 국제대회나 A매치, 그리고 각국의 프로리그에서 나온 멋진 골을 대상으로 한다. 2009년 10월 20일 제정되었으며, 1950년대 헝가리의 레전드인 푸슈카시 페렌츠에서 이름을 빌려왔다.

≫ 민식이법

2019년 9월 충남 아산에서 차량에 치어 사망한 9세 김민식 군의 사고 이후 재발 방지를 막기 위해 마련된 법안이다. 어린이보호구역(스쿨존) 내 신호등과 과속단속카메라 설치 의무화, 어린이보호구역 내 교통사고 사망 사고 발생 시 3년 이상 징역 부과, 음주운전·중앙선 침범 등 12대 중과실 교통사고 사망 발생 시 최대 무기징역까지 부과하는 내용 등이 담겨 있다.

▶▶ 업글인간

성공보다 성장을 추구하는 새로운 자기계발형 인간으로, 2020년의 트렌드를 예측하는 〈2020 트렌드 코리아〉에서 제시된 개념이다. '업글인간'은 타인과 경쟁하고 승리하기 위한 단순한 스펙이 아닌 삶 전체의 질적 변화를 추구하고자 하는 현대인의 가치관의 변화를 반영한다. 스펙은 타인 지향적이고 업무관련성이 높지만 업그레이드는 '어제의 나보다 내가 나아졌는가.'에 관심을 두는 것으로, 이는 업무와 무관하며 인간으로 내가 얼마나 성장하고 있는가를 매우 중요시한다.

▶▶ 타운홀미팅(Town Hall Meeting)

열린 공간에서 제약 없이 모인 참가자들이 자유롭게 의견을 주고받는 회의 진행방식이다. 미국 식민지 개척 시대 뉴잉글랜드 지역의 주민이 마을의 대소사를 해결하기 위해 주민 전체가 타운홀(Town Hall : 중앙광장)에 모여 토론을 한 후 투표하는 방식으로 의사를 결정하던 전통에서 유래했다.

▶▶ BIS 비율(BIS Ratio)

은행의 자기자본비율 권고 수치로, 스위스 바젤의 국제결제은행(BIS)이 일반은행에게 권고하는 자기자본비율 수치를 의미한다. 자기자본비율이란 은행의 위험가중자산(투자 자산, 대출・여신) 대비 보유한 자기자산(은행 자본금, 이익잉여금)의 비율을 말한다.

▶▶ 하얀 코끼리

겉은 화려하지만 쓸모 없고 유지비용도 많이 드는 자산으로, 겉보기에는 화려하지만 쓸모가 적은 것을 뜻한다. 올림픽 경기 개최를 위해 막대한 비용을 들여 인프라와 경기장을 건설했지만 경기 종료 후 쓸모가 없어진 시설들이 대표적이다. 고대 태국의 왕이 마음에 들지 않는 신하에게 하얀 코끼리를 선물한 데서 유래했다. 신하는 왕이 선물한 하얀 코끼리에게 일을 시킬 수 없고 죽게 할 수도 없었기에 막대한 사료비를 지출해야 했다.

▶▶ 로맨스 스캠(Romance Scam)

웹상에서 연애 감정을 빌미로 돈을 갈취하는 사기수법으로, 웹상에서 접촉하여 신뢰 관계를 형성한 후 피해자에게 연애 감정을 심어주어 돈을 갈취하는 행위를 가리키는 말이다. 연인관계가 될 것이나 결혼을 약속하여 급전이 필요함을 어필하여 돈을 갈취하는 기존의 '연애사기'가 인터넷상에서 벌어지는 사건을 가리키는 용어로 사용된다.

▶▶ 고교학점제

고교의 이수 과목을 학생들의 선택에 맞기는 교과 방식으로, 교육부에서 발표한 고교 교육 전면 개편안이다. 대학교에서 강의수강을 하는 것처럼 학생들이 자신들의 진로 계획에 따라 수강하고 싶은 과목을 학기초에 선택해 수강하는 방식으로 진행된다. 현재 시범학교로 선정된 학교에서 다양하게 고교학점제가 운영되고 있다. 교육부는 2022년 고교학점제를 전국 학교에 전면 시행하겠다고 발표했다.

>> 프런티어 분자궤도 이론(Frontier Molecular Orbital Theory)

전자의 궤도와 분자의 특성에 관한 이론으로, 1981년 노벨화학상을 수상한 일본의 물리학자 후쿠이 켄이치(福井謙一)가 주창한 전자의 궤도와 분자의 특성에 관한 이론이다. 모든 분자는 원자의 결합과 그 주위를 도는 전자들로 이뤄져 있는데, 전자는 각각 에너지의 크기에 따라 분자를 중심으로 다른 궤도를 보이고 에너지가 클수록 큰 궤도를 그려 바깥에 위치한다. 이때 분자궤도 중 가장 바깥쪽 전자의 궤도와, 그보다 1단계 안쪽 전자의 궤도를 '프런티어 궤도'라 한다. 분자의 화학적 성질은 이 두 전자의 궤도가 보이는 움직임에 의해 결정되며 서로 다른 분자들끼리 보이는 반응 또한 이 전자의 움직임에 의해 계산 가능하다는 이론이다.

>> 연동형 비례대표제

지역구 의석 확보에 실패할 경우 전국구 의석으로 보전받는 총선제도로, 유권자들이 지역구 선거에 한 표, 전국구 선거에 한 표를 행사하되, 정당이 전국구 선거 득표율보다 많은 의석을 지역구에서 확보할 경우 한 석도 얻지 못하고 반대로 지역구에서 확보한 의석 비율이 전국구 선거 득표율보다 낮을 경우 비례대표로 보전받는 투표제도이다.

>> 인터라인(Interline)

다수의 운항사가 여정을 한 티켓(예약)에 묶는 것으로, 복수의 항공사가 제휴를 맺고 각각 운항하는 노선을 연계해 티켓을 한데 묶어 판매하는 협력 형태이다. 이미 취항 중인 업체 간 이뤄지는 협약이기 때문에 항공사로서는 비용절감 효과를 누리면서 동시에 노선 확대를 꾀할 수 있다.

>> NetzDG(소셜 네트워크상의 법 집행 개선에 관한 법률)

인터넷 매체상의 허위 뉴스 처벌을 규정하는 독일의 법률로, 독일에서 입법화된 인터넷상에서의 거짓정보 주장자에 대한 처벌에 관한 법률이다. 또한, SNS 서비스 제공자에게 사용자들이 업로드 한 각종 정보에 대한 책임을 지우는 조항이 있다. SNS 서비스 제공자는 위법정 정보를 차단하기 위한 노력을 했음을 나타내는 보고서를 의무적으로 제출해야 하며, 해당 보고서대로 이행하지 않았을 경우 최대 500만 유로의 과태료를 부과받는다.

6일 차

모의고사

01 직업기초능력평가 모의고사

정답 및 해설 p. 010

01 다음은 기안문 작성 시 유의해야 할 사항에 관한 자료이다. 다음 (가) ~ (라)에 대한 유의사항을 〈보기〉에서 찾아 바르게 연결한 것은?

〈기안문 작성 시 유의사항〉

올바른 문서 작성은 정확한 의사소통을 위하여 필요할 뿐만 아니라 문서 자체의 품격을 높이고, 그 기관의 대외적인 권위와 신뢰도를 높여준다. 문서의 올바른 작성을 위하여 다음과 같은 사항에 유의할 필요가 있다.

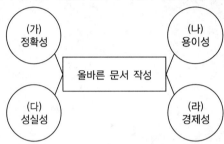

보기
㉠ 서식을 통일하여 규정된 서식을 사용하는 것이 경제적이다.
㉡ 상대방의 입장에서 이해하기 쉽게 작성한다.
㉢ 애매모호하거나 과장된 표현에 의하여 사실이 왜곡되지 않도록 한다.
㉣ 감정적이고 위압적인 표현을 쓰지 않는다.

	(가)	(나)	(다)	(라)
①	㉠	㉡	㉢	㉣
②	㉠	㉢	㉣	㉡
③	㉡	㉢	㉠	㉣
④	㉢	㉡	㉣	㉠
⑤	㉢	㉣	㉡	㉠

02 다음 글을 읽고 추론할 수 있는 기술혁신의 특성으로 옳은 것은?

> 인간의 개별적인 지능과 창의성, 상호학습을 통해 발생하는 새로운 지식과 경험은 빠른 속도로 축적되고 학습되지만, 이러한 지식은 문서화되기 어렵기 때문에 다른 사람들에게 쉽게 전파될 수 없다. 따라서 연구개발에 참가한 연구원과 엔지니어들이 그 기업을 떠나는 경우 기술과 지식의 손실이 크게 발생하여 기술 개발을 지속할 수 없는 경우가 종종 발생한다.

① 기술혁신은 그 과정 자체가 매우 불확실하다.
② 기술혁신은 장기간의 시간을 필요로 한다.
③ 기술혁신은 지식 집약적인 활동이다.
④ 기술혁신 과정의 불확실성과 모호함은 기업 내에서 많은 갈등을 유발할 수 있다.
⑤ 기술혁신은 조직의 경계를 넘나든다.

03 다음은 발명 기법인 SCAMPER 발상법의 7단계이다. 〈보기〉와 같은 사례는 어느 단계에 속하는가?

〈SCAMPER〉						
S	C	A	M	P	E	R
대체하기	결합하기	조절하기	수정·확대·축소하기	용도 바꾸기	제거하기	역발상·재정리하기

> **보기**
>
> ㉠ 짚신 → 고무신 → 구두
> ㉡ 스마트폰＝컴퓨터＋휴대폰＋카메라
> ㉢ 화약 : 폭죽 → 총

	㉠	㉡	㉢
①	A	E	E
②	S	C	P
③	M	C	C
④	A	P	P
⑤	S	R	S

04 다음은 부서별로 핵심역량가치 중요도를 정리한 표와 신입사원들의 핵심역량평가 결과표이다. 결과표를 바탕으로 C사원과 E사원의 부서배치로 올바른 것은?(단, '-'는 중요도가 상관없다는 표시이다)

〈핵심역량가치 중요도〉

구분	창의성	혁신성	친화력	책임감	윤리성
영업팀	-	중	상	중	-
개발팀	상	상	하	중	상
지원팀	-	중	-	상	하

〈핵심역량평가 결과표〉

구분	창의성	혁신성	친화력	책임감	윤리성
A사원	상	하	중	상	상
B사원	중	중	하	중	상
C사원	하	상	상	중	하
D사원	하	하	상	하	중
E사원	상	중	중	상	하

	C사원	E사원			C사원	E사원
①	개발팀	지원팀		②	영업팀	지원팀
③	개발팀	영업팀		④	지원팀	개발팀
⑤	지원팀	영업팀				

05 조각 케이크 1조각을 정가로 팔면 3,000원의 이익을 얻는다. 장사가 되지 않아 정가에 20%를 할인하여 5개 팔았을 때 순이익과 조각 케이크 1개당 정가에서 2,000원씩 할인하여 4개를 팔았을 때의 매출액이 같다면 이 상품의 정가는 얼마인가?

① 4,000원
② 4,100원
③ 4,300원
④ 4,400원
⑤ 4,600원

06 다음 대화의 ㉠과 ㉡에 들어갈 말을 가장 적절하게 나열한 것은?

> 갑 : A와 B 모두 회의에 참석한다면, C도 참석해.
>
> 을 : C는 회의 기간 중 해외 출장이라 참석하지 못해.
>
> 갑 : 그럼 A와 B 중 적어도 한 사람은 참석하지 못하겠네.
>
> 을 : 그래도 A와 D 중 적어도 한 사람은 참석해.
>
> 갑 : 그럼 A는 회의에 반드시 참석하겠군.
>
> 을 : 너는 _____㉠_____
>
> 갑 : 맞아. 그리고 우리 생각이 모두 참이라면, E와 F 모두 참석해.
>
> 을 : 그래. 그 까닭은 _____㉡_____

① ㉠ : B가 회의에 참석한다고 생각하고 있구나?
　 ㉡ : E와 F 모두 회의에 참석한다면 B는 불참하기 때문이지.

② ㉠ : B가 회의에 참석한다고 생각하고 있구나?
　 ㉡ : E와 F가 모두 회의에 참석하면 B도 참석하기 때문이지.

③ ㉠ : B가 회의에 참석한다고 생각하고 있구나?
　 ㉡ : B가 회의에 참석하면 E와 F도 모두 참석하기 때문이지.

④ ㉠ : D가 회의에 불참한다고 생각하고 있구나?
　 ㉡ : B가 회의에 불참한다면 E와 F 모두 참석하기 때문이지.

⑤ ㉠ : D가 회의에 불참한다고 생각하고 있구나?
　 ㉡ : E와 F 모두 회의에 참석하면 B도 참석하기 때문이지.

07 A사의 총무팀에서 근무 중인 B대리는 회사의 예산을 관리하는 업무를 담당하고 있다. 각 팀에서 지출한 비용을 처리하기 위해 B대리에게 요청한 내역이 다음과 같을 때, B대리가 직접비용으로 처리할 내역은 모두 몇 개인가?

> • 영업팀 : 지난달 출장 교통비
> • 관리팀 : 신입사원 컴퓨터 구입에 사용된 금액
> • 홍보팀 : 자사 홍보용 책자 제작에 사용된 금액
> • 인사팀 : 신입사원 교육으로 초청한 강사에게 지급한 금액

① 0개　　　　　　　　　　② 1개
③ 2개　　　　　　　　　　④ 3개
⑤ 4개

08 D사 영업부에 근무 중인 C사원은 영업부 사원들의 월별 매출을 다음과 같이 함수를 이용해 만 단위로 나타내려고 한다. 다음 중 [B9] 셀에 입력된 함수로 적절한 것은?

	A	B	C	D	E	F
1	구분	1월	2월	3월	5월	6월
2	A대리	1,252,340	1,345,620	1,568,670	1,321,670	1,563,850
3	B주임	1,689,320	1,859,460	1,546,210	1,689,250	1,123,960
4	C사원	1,432,670	1,965,230	1,532,460	1,326,030	1,659,210
5	D주임	1,235,640	1,635,420	1,236,950	1,468,210	1,246,180
6	E사원	1,743,560	1,325,470	1,125,350	1,856,920	1,216,530
7						
8	구분	1월	2월	3월	5월	6월
9	A대리	1,260,000	1,350,000	1,570,000	1,330,000	1,570,000
10	B주임	1,690,000	1,860,000	1,550,000	1,690,000	1,130,000
11	C사원	1,440,000	1,970,000	1,540,000	1,330,000	1,660,000
12	D주임	1,240,000	1,640,000	1,240,000	1,470,000	1,250,000
13	E사원	1,750,000	1,330,000	1,130,000	1,860,000	1,220,000

① =ROUND(B2, −3)
② =ROUND(B2, −4)
③ =ROUNDUP(B2, −3)
④ =ROUNDUP(B2, −4)
⑤ =ROUNDDOWN(B2, −4)

09 다음 중 거래적 리더십과 변혁적 리더십의 차이점에 대한 설명으로 옳지 않은 것은?

거래적 리더십은 '규칙을 따르는' 의무에 관계되어 있기 때문에 거래적 리더들은 변화를 촉진하기보다 조직의 안정을 유지하는 것을 중시한다. 그리고 거래적 리더십에는 리더의 요구에 부하가 순응하는 결과를 가져오는 교환과정이 포함되지만, 조직원들이 과업목표에 대해 열의와 몰입까지는 발생시키지 않는 것이 일반적이다.
변혁적 리더십은 거래적 리더십 내용에 대조적이다. 리더가 조직원들에게 장기적 비전을 제시하고 그 비전을 향해 매진하도록 조직원들로 하여금 자신의 정서·가치관·행동 등을 바꾸어 목표달성을 위한 성취의지와 자신감을 고취시킨다.
즉 거래적 리더십은 교환에 초점을 맞춰 단기적 목표를 달성하고 이에 따른 보상을 받고, 변혁적 리더십은 장기적으로 성장과 발전을 도모하며 조직원들이 소속감, 몰입감, 응집력, 직무만족 등을 발생시킨다.

① 거래적 리더십의 보상체계는 규정에 맞게 성과 달성 시 인센티브와 보상이 주어진다.
② 변혁적 리더십은 기계적 관료제에 적합하고, 거래적 리더십은 단순구조나 임시조직에 적합하다.
③ 거래적 리더십은 안전을 지향하고 폐쇄적인 성격을 가지고 있다.
④ 변혁적 리더십은 공동목표를 추구하고 리더가 교육적 역할을 담당한다.
⑤ 변혁적 리더십은 업무 등의 과제의 가치와 당위성을 주시하여 성공에 대한 기대를 제공한다.

10 A와 B는 각각 해외에서 직구로 물품을 구매하였다. 해외 관세율이 다음과 같을 때, A와 B 중 어떤 사람이 더 관세를 많이 냈으며 그 금액은 얼마인가?

〈해외 관세율〉

(단위 : %)

품목	관세	부가세
책	5	5
유모차, 보행기	5	10
노트북	8	10
스킨, 로션 등 화장품	6.5	10
골프용품, 스포츠용 헬멧	8	10
향수	7	10
커튼	13	10
카메라	8	10
신발	13	10
TV	8	10
휴대폰	8	10

※ 향수 화장품의 경우 개별소비세 7%, 농어촌특별세 10%, 교육세 30%가 추가된다.
※ 100만 원 이상 전자제품(TV, 노트북, 카메라, 핸드폰 등)은 개별소비세 20%, 교육세 30%가 추가된다.

〈구매 품목〉

A : TV(110만 원), 화장품(5만 원), 휴대폰(60만 원), 스포츠용 헬멧(10만 원)
B : 책(10만 원), 카메라(80만 원), 노트북(110만 원), 신발(10만 원)

① A, 91.5만 원　　　　　　② B, 90.5만 원
③ A, 94.5만 원　　　　　　④ B, 92.5만 원
⑤ B, 93.5만 원

11 다음 빈칸에 공통으로 들어갈 용어로 옳은 것은?

_____은/는 '언제 어디에나 존재한다.'는 뜻의 라틴어로, 사용자가 컴퓨터나 네트워크를 의식하지 않고 장소에 상관없이 자유롭게 네트워크에 접속할 수 있는 환경을 말한다. 그리고 컴퓨터 관련 기술이 생활 구석구석에 스며들어 있음을 뜻하는 '퍼베이시브 컴퓨팅(Pervasive Computing)'과 같은 개념이다.
_____화가 이루어지면 가정·자동차는 물론, 심지어 산 꼭대기에서도 정보기술을 활용할 수 있고, 네트워크에 연결되는 컴퓨터 사용자의 수도 늘어나 정보기술산업의 규모와 범위도 그만큼 커지게 된다. 그러나 _____ 네트워크가 이루어지기 위해서는 광대역통신과 컨버전스 기술의 일반화, 정보기술 기기의 저가격화 등 정보기술의 고도화가 전제되어야 한다. 그러나 _____은/는 휴대성과 편의성뿐 아니라 시간과 장소에 구애받지 않고도 네트워크에 접속할 수 있는 장점 때문에 현재 세계적인 개발 경쟁이 일고 있다.

① 유비쿼터스(Ubiquitous)　　　　② AI(Artificial Intelligence)
③ 딥 러닝(Deep Learning)　　　　④ 블록체인(Block Chain)
⑤ P2P(Peer to Peer)

12 자기관리는 자신을 이해하고, 목표를 성취하기 위해 자신의 행동 및 업무수행을 관리하고 조정하는 것이다. 다음은 자기관리의 과정을 5단계로 나타낸 것이다. 각 단계에 대한 설명으로 옳지 않은 것은?

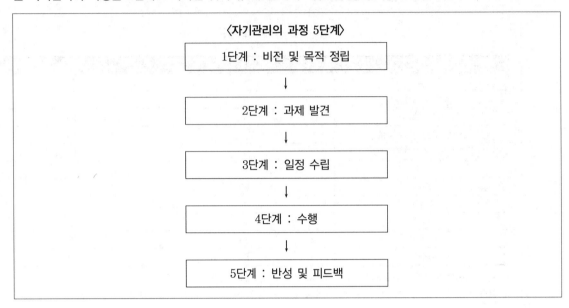

〈자기관리의 과정 5단계〉

1단계 : 비전 및 목적 정립

↓

2단계 : 과제 발견

↓

3단계 : 일정 수립

↓

4단계 : 수행

↓

5단계 : 반성 및 피드백

① 1단계 : 비전과 목적을 정립하기 위해 '나에게 가장 중요한 것은 무엇인가?', '내 삶의 목적은 어디에 있는가?' 등의 질문을 스스로 해볼 수 있다.

② 2단계 : 자신의 활동목표를 설정하게 되며, 활동목표는 성취 가능성 이상으로 크게 설정하는 것이 중요하다.

③ 3단계 : 일의 우선순위에 따라 일정을 수립하게 되며, 빨리 해결해야 될 긴급한 문제라고 하여 우선순위를 높게 잡고 이를 중심으로 계획을 세우게 된다면, 오히려 중요한 일을 놓치게 되는 잘못을 저지를 수 있다.

④ 4단계 : 지금 내가 하려고 하는 일은 무엇인지, 이 일에 영향을 미치는 요소들은 무엇인지, 이를 관리하기 위한 방법은 어떤 방법이 있는지를 찾아 계획대로 수행하도록 한다.

⑤ 5단계 : '어떤 목표를 성취하였는가?', '일을 수행하는 동안 어떤 문제에 직면했는가?' 등의 질문으로 결과를 피드백하는 것이다.

13 다음 글을 읽고 '한국인의 수면 시간'과 관련된 글을 쓴다고 할 때, 글의 주제로 가장 적절하지 않은 것은?

인간은 평생 3분의 1 정도를 잠으로 보낸다. 잠은 낮에 사용한 에너지를 보충하고, 피로를 회복하는 중요한 과정이다. 하지만 한국인은 잠이 부족하다. 한국인의 수면 시간은 7시간 41분밖에 되지 않으며, 2016년 기준 경제협력개발기구(OECD) 회원국 가운데 꼴찌를 차지했다. 한 조사에 따르면, 전 국민의 17% 정도가 주 3회 이상 불면 증상을 갖고 있으며, 이는 연령이 높아짐에 따라 늘어났다.

이에 따라 불면증, 기면증, 수면무호흡증 등 수면장애로 병원을 찾는 사람은 2016년 기준 291만 8,976명으로 5년 새 13% 증가했다. 수면장애를 방치하면 삶의 질 저하는 물론 만성 두통, 심혈관계질환 등이 발생할 수 있다. 불면증은 수면 질환의 대명사로, 가장 흔하고 복합적인 질환이다. 불면증은 면역기능 저하, 인지감퇴뿐만 아니라 일상생활에 장애를 초래할 수 있으며, 우울증, 인지장애 등을 유발할 수 있다.

코를 골며 자다가 몇 초에서 몇 분 동안 호흡을 멈추는 수면무호흡증도 있다. 이 역시 인지기능 저하와 심혈관계질환 등 합병증을 일으킨다. 특히 수면무호흡증은 비만과 관계가 깊고, 졸음운전의 원인이 되기도 한다.

최근 고령 인구 증가로 뇌 퇴행성 질환인 렘수면 행동장애(RBD; Rem Sleep Behavior Disorder)도 늘고 있다. 이 병은 잠자는 동안 악몽을 꾸면서 소리를 지르고, 팔다리를 움직이고, 벽을 치고, 침대에서 뛰어내리는 등 난폭한 행동을 한다. 이 병을 앓는 상당수는 파킨슨병, 치매 환자로 이어진다. 또한, 잠들기 전에 다리에 이상 감각이나 통증이 생기는 하지불안증후군도 수면의 질을 떨어뜨리는 병이다. 낮 동안 졸리는 기면증(嗜眠症) 역시 일상생활에 심각한 장애를 초래한다.

한 정신건강의학과 교수는 "수면 문제는 결국 심혈관계질환, 치매와 파킨슨병 등의 퇴행성 질환, 우울증, 졸음운전의 원인이 되므로 전문적인 치료를 받아야 한다."고 했다.

① 한국인의 부족한 수면 시간
② 수면 마취제의 부작용
③ 수면장애의 종류
④ 수면장애의 심각성
⑤ 전문 치료가 필요한 수면장애

〈목적지별 거리〉

목적지	거리
본사 – A사	25km
A사 – B사	30km
B사 – C사	25km
C사 – D사	40km
D사 – E사	30km
E사 – F사	50km

〈차종별 연비〉

차종	연비
001	20km/L
002	15km/L
003	15km/L
004	10km/L
005	10km/L
006	25km/L

※ (유류비)=(총 주행거리)÷(차종별 연비)×(분기별 연료공급가)

〈분기별 리터당 연료공급가〉

(단위 : 원)

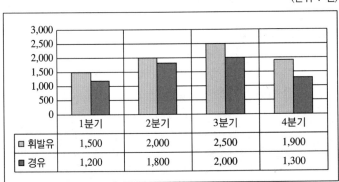

	1분기	2분기	3분기	4분기
☐ 휘발유	1,500	2,000	2,500	1,900
■ 경유	1,200	1,800	2,000	1,300

14 1분기에 본사에서 F사까지 차례대로 순회할 때 003 차종(휘발유)을 이용했다면 유류비는 얼마인가?

① 12,000원　　　　　　　② 15,000원
③ 17,000원　　　　　　　④ 20,000원
⑤ 23,000원

15 3분기에 006 차종(경유)으로 거래처를 순회한다면 10만 원의 예산으로 주행할 수 있는 총 주행가능거리는 몇 km인가?

① 1,210km

② 1,220km

③ 1,230km

④ 1,240km

⑤ 1,250km

16 X사에서 승진대상자 중 2명을 승진시키려고 한다. 승진의 조건은 동료평가에서 '하'를 받지 않고 합산점수가 높은 순이다. 합산점수는 100점 만점의 점수로 환산한 승진시험 성적, 영어 성적, 성과 평가의 수치를 합산한다. 승진시험의 만점은 100점, 영어 성적의 만점은 500점, 성과 평가의 만점은 200점이라고 할 때, 승진 대상자 2명은 누구인가?

구분	승진시험 성적	영어 성적	동료 평가	성과 평가
A	80	400	중	120
B	80	350	상	150
C	65	500	상	120
D	70	400	중	100
E	95	450	하	185
F	75	400	중	160
G	80	350	중	190
H	70	300	상	180
I	100	400	하	160
J	75	400	상	140
K	90	250	중	180

① B, K

② A, C

③ E, I

④ F, G

⑤ H, D

17 다음은 매뉴얼 작성 규칙과 해외여행 중 자연재해에 대한 행동 매뉴얼을 나타낸 것이다. (A) ~ (E) 중 매뉴얼 작성 규칙에 위배되는 것은?

〈매뉴얼 작성 규칙〉

• 매뉴얼의 서술은 가능한 한 단순하고 간결해야 하며, 비전문가도 쉽게 이해할 수 있어야 한다.
• 매뉴얼 내용 서술에 애매모호한 단어 사용을 금지해야 한다.
• 매뉴얼 있어 추측성의 내용 서술은 금물이다.
• 이용자로 하여금 알기 쉬운 문장으로 쓰여야 한다.

〈해외여행 중 자연재해 행동 매뉴얼〉

• (A) 재외공관에 연락하여 본인의 소재지 및 여행 동행자의 정보를 남기고, 공관의 안내에 따라 신속히 현장을 빠져나와야 합니다.
• (B) 지진이 일어났을 경우, 비교적 안전한 위치에서 자세를 낮추고 머리 등 신체 주요부위를 보호합니다. 그리고 엘리베이터 대신 가급적 계단을 이용해야 하며, 엘리베이터 이용 중 지진이 일어난 경우에는 가까운 층을 눌러 대피합니다.
• (C) 해일이 발생할 경우, 가능한 높은 지대로 이동합니다. 이때 목조건물로 대피할 경우 급류에 쓸려갈 수 있으므로 가능한 철근콘크리트 건물로 이동해야 합니다.
• (D) 태풍·호우 시 큰 나무를 피하고, 고압선 가로등 등을 피해야 감전의 위험을 줄일 수 있을 것입니다.
• (E) 자연재해 발생 시 TV·라디오 등을 켜두어 중앙행정기관에서 발표하는 위기대처방법을 숙지합니다.

① (A)
② (B)
③ (C)
④ (D)
⑤ (E)

18 다음은 시간계획을 작성하는 데 필요한 항목들이다. 〈보기〉에서 효율적인 시간계획을 작성하는 순서로 옳은 것은?

보기

(가) 일의 우선순위 정하기
(나) 명확한 목표를 설정하기
(다) 시간 계획서 작성하기
(라) 예상 소요시간 결정하기

① (가) - (나) - (다) - (라)
② (나) - (가) - (라) - (다)
③ (다) - (라) - (나) - (가)
④ (가) - (라) - (다) - (나)
⑤ (나) - (다) - (가) - (라)

19 다음 글에 나타난 '벤야민'의 주된 논지에 대한 비판으로 가장 적절한 것은?

오늘날 영화 한 편에 천만 명의 관객이 몰릴 정도로 영화는 우리 시대의 대표적인 예술 장르로 인정받고 있다. 그런데 영화 초창기인 1930년대에 발터 벤야민(W. Benjamin)이 영화를 비판적으로 조망하고 있어 흥미롭다. 그에 따르면 영화는 전통적인 예술 작품이 지니는 아우라(Aura)를 상실하고 있다는 것이다.

아우라는 비인간화되고 사물화된 의식과 태도를 버리고, 영혼의 시선으로 대상과 교감할 때 경험할 수 있는 아름다운 향기 내지 살아 숨 쉬는 듯한 생명력과 같은 것이다. 그것은 우리들 가까이 있으면서도 저 멀리 있는데, 대상과 영혼의 교감을 통해 몰입할 때, 그때 어느 한 순간 일회적으로 나타난다. 예술 작품은 심연에 있는 아우라를 불러내는 것이고, 수용자는 그런 예술 작품과의 교감을 통해 아우라를 경험한다. 그런데 사진이나 카메라 등과 같은 기계적·기술적 장치들이 예술의 영역에 침투하면서 예술 작품의 아우라는 파괴되는데, 벤야민은 그 대표적인 예로 영화를 든다.

벤야민은 영화의 가장 중요한 특징으로 관객의 자리에 카메라가 대신 들어선다는 점을 지적하고 있다. 연극의 경우 배우와 관객은 직접적으로 교감하면서, 배우는 자기 자신이 아닌 다른 인물을 연출해 보이고 관중의 호흡에 맞추어 연기를 할 수 있다. 관객은 연극의 주인공을 둘러싸고 있는 아우라를 그 주인공 역할을 하는 배우를 통해 경험할 수 있다. 그러나 영화의 경우 배우와 관객 사이에 카메라가 개입된다. 배우는 카메라 앞에서 연기를 하지만, 카메라라는 기계가 갖는 비인간적 요소로 인해 시선의 교감을 나눌 수 없게 된다. 관객은 스크린에 비친 영상만을 접하기 때문에 배우와 교감할 수 없고, 다만 카메라와 일치감을 느낄 때만 배우와 일치감을 느낄 수 있다. 이로 인해, 관객은 카메라처럼 배우를 시각적으로 시험하고 비평하는 태도를 취한다. 그 결과 배우는 모든 교감의 관계가 차단된 유배지 같은 곳에서 카메라를 앞에 두고 재주를 부리는 것으로 만족해야 한다. 배우를 감싸고 있는 아우라도, 배우가 그려내는 인물의 아우라도 사라질 수밖에 없다.

영화배우의 연기는 하나의 통일된 작업이 아니라 여러 개의 개별적 작업이 합쳐져서 이루어진다. 이는 연기자의 연기를 일련의 조립할 수 있는 에피소드로 쪼개어 놓는 카메라의 특성에서 비롯된다. 카메라에 의해 여러 측면에서 촬영되고 편집된 한 편의 완성된 영화에 담긴 동작의 순간들은 카메라 자체의 그것일 뿐이다. 영화배우는 각 동작의 순간순간에 선별적으로 배치된 여러 소도구 중의 하나에 불과하다. 따라서 카메라에 의해 조립된 영상들에 아우라가 개입할 여지는 없다.

이런 점들을 들어, 벤야민은 전통적인 예술이 피어날 수 있는 유일한 영역으로 간주되어 온 아름다운 가상(假像)의 왕국으로부터 예술과 그 수용층이 멀어지고 있음을 영화가 가장 극명하게 보여 준다고 비판한다. 영화 초창기에 대두된 벤야민의 이러한 비판이 오늘날 문화의 총아로 각광받는 영화에 전면적으로 적용될 수 있을지는 미지수이다.

① 요즘 좋은 영화가 매우 많다. 화려하면서도 눈부신 영상미는 영화만이 갖는 큰 강점이다.

② 벤야민이 살던 시대의 영화배우들은 연기를 못했던 것 같다. 요즘 영화배우들은 연기를 정말 잘한다.

③ 우리나라 영화 규모는 매우 증가했다. 제작비만 하더라도 몇 십억 원이 든다. 그리고 영화관에 몰리는 관객 수도 매우 많다.

④ 요즘 카메라 촬영 기법이 아주 좋아졌다. 배우들의 섬세한 표정은 물론이고 세밀한 행동 하나하나를 그대로 화면으로 옮겨 놓는다.

⑤ 영화를 두고 예술인지 아닌지를 가르는 기준이 하나만 있는 것은 아니다. 사람에 따라 여러 가지가 있을 수 있다. 그리고 시대가 변하면 기준도 변한다.

※ 다음은 2019년 주당 근무시간이다. 자료를 읽고 이어지는 질문에 답하시오. [20~21]

⟨2019년 주당 근무시간⟩

(단위 : %)

특성별		사례 수(명)	주 40시간 이하	주 41 ~ 52시간 이하	주 53시간 이상
전체	소계	50,091	52.3	27.2	20.5
성별	남성	28,612	48.1	28.7	23.2
	여성	21,478	58.0	25.0	17.0
종사상 지위별	고용원이 없는 자영업자	7,677	27.6	26.0	46.4
	고용원이 있는 자영업자 / 사업주	2,993	28.3	30.0	41.7
	임금근로자	37,073	59.7	27.4	12.9
	무급가족종사자	2,149	46.0	24.0	30.0
	그외종사자	200	61.6	19.8	18.6
직업별	관리자	291	63.6	30.1	6.3
	전문가 및 관련종사자	10,017	64.5	26.5	9.0
	사무종사자	9,486	70.8	25.0	4.2
	서비스종사자	6,003	39.6	21.9	38.5
	판매종사자	6,602	34.7	29.1	36.2
	농림어업 숙련종사자	2,710	54.8	24.5	20.7
	기능원 및 관련기능종사자	4,853	35.1	37.1	27.8
	장치,기계조작 및 조립종사자	5,369	41.8	32.2	26.0
	단순노무종사자	4,642	57.4	21.9	20.7
	군인	118	71.9	23.8	4.3

20 다음 ⟨보기⟩의 설명 중 자료에 대한 설명으로 옳지 않은 것을 모두 고른 것은?

보기

ㄱ. 판매종사자 중 주 52시간 이하로 근무하는 비율은 60%를 넘는다.
ㄴ. 남성과 여성 모두 주 41 ~ 52시간 이하로 근무하는 비율이 가장 높다.
ㄷ. 응답자 중 무급가족종사자의 절반 이상은 주 40시간 이하로 근무한다.
ㄹ. 농림어업 숙련종사자 중 주 40시간 이하로 근무하는 응답자의 수는 1,000명이 넘는다.

① ㄱ, ㄴ ② ㄱ, ㄷ
③ ㄴ, ㄷ ④ ㄴ, ㄹ
⑤ ㄷ, ㄹ

21 다음 중 고용원이 없는 자영업자와 고용원이 있는 자영업자 / 사업주에서 주 40시간 이하로 근무하는 응답자의 비율의 합으로 옳은 것은?

① 0.7%p

② 37.6%p

③ 54.9%p

④ 55.9%p

⑤ 58.0%p

22 다음은 기획부의 김 대리가 업무를 효과적으로 수행하기 위해 작성한 업무 수행 시트이다. 다음 중 김 대리가 작성한 업무 수행 시트에 대한 설명으로 적절하지 않은 것은?

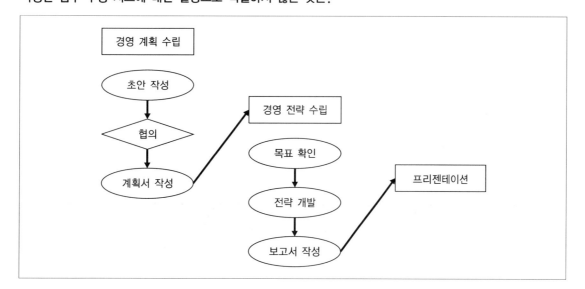

① 김 대리가 수행할 업무의 흐름을 동적으로 보여준다.

② 단계별로 소요되는 시간을 확인할 수 있다.

③ 사각형의 업무는 김 대리의 주요 업무를 나타낸다.

④ 타원형의 업무는 주요 업무의 세부 절차를 나타낸다.

⑤ 김 대리는 구체적인 수행 계획을 세우기 위해 워크 플로 시트를 활용하였다.

23 다음은 성희롱과 관련된 용어들에 대해 사원들이 대화를 나누는 모습이다. 대화 내용이 옳지 않은 사원은?

A사원 : 성희롱, 성추행, 성폭행은 모두 성폭력의 개념에 포함된다고 볼 수 있어.
B사원 : 성희롱은 피해자가 가해자에 대한 부서전환, 징계 등의 조치를 요구할 수 있고, 피해자가 원할 경우 형사
처벌의 대상도 될 수 있어.
C사원 : 성추행과 성폭행은 성폭력의 정도가 성희롱을 넘어 범죄로 처벌되는 것으로 볼 수 있어. 즉 강제추행과
강간으로 말할 수 있지.
D사원 : 일방적으로 전화를 하거나 쫓아다니는 스토킹(Stalking)도 넓은 의미로 보면 성폭력에 포함시킬 수 있어.
E사원 : 인터넷을 통해 음란물을 보내는 행위도 성폭력에 해당돼.

① A사원 ② B사원
③ C사원 ④ D사원
⑤ E사원

24 다음은 우리나라의 주요 수출 품목의 수출액 및 증감을 나타낸 자료이다. 경공업제품의 2015년 대비 2018년의
수출액 증감률은 얼마인가?(단, 소수점 이하 둘째 자리에서 반올림한다)

〈주요 수출 품목의 수출액 및 증감〉

(단위 : 백만 달러, %)

품목명	2015년		2016년		2017년		2018년		2019년	
	수출액	증감률	수출액	증감률	수출액	증감률	수출액	증감률	수출액	증감률
중화학제품	425,490	28.8	505,289	18.8	497,882	-1.5	510,687	2.6	523,189	2.4
반도체	50,707	63.4	50,146	-1.1	50,430	0.6	57,143	13.3	62,647	9.6
자동차	35,411	39.4	45,312	28.0	47,201	4.2	48,635	3.0	48,924	0.6
일반기계	36,103	34.5	45,817	26.9	47,914	4.6	46,415	-3.1	48,403	4.3
무선통신	27,621	-10.9	27,325	-1.1	22,751	-16.7	27,578	21.2	29,573	7.2
석유화학	35,715	30.0	45,587	27.6	45,882	0.6	48,377	5.4	48,214	-0.3
선박	49,112	8.8	56,588	15.2	39,753	-29.8	37,168	-6.5	39,886	7.3
철강제품	28,875	25.4	38,484	33.3	36,971	-3.9	32,497	-12.1	35,543	9.4
컴퓨터	9,116	13.8	9,156	0.4	8,462	-7.6	7,763	-8.3	7,714	-0.6
가정용전자	12,816	27.4	13,328	4.0	12,635	-5.2	14,884	17.8	14,839	-0.3
경공업제품	29,397	23.5	34,200	16.3	35,311	3.2	36,829	4.3	36,631	-0.5
섬유직물	8,464	18.9	9,683	14.4	9,292	-4.0	9,369	0.8	9,262	-1.1
섬유제품	2,747	7.8	3,025	10.2	3,173	4.9	3,428	8.0	3,617	5.5
타이어	3,335	28.4	4,206	26.1	4,573	8.7	4,198	-8.2	4,063	-3.2

① 20.2% ② 21.3%
③ 23.4% ④ 24.7%
⑤ 25.3%

25 다음 팔로워십의 유형에 대한 설명을 보고 〈보기〉에서 알 수 있는 A와 B의 팔로워십 유형은?

ㄱ. 수동형
　– 의존적이고 비판적이지 않지만 임무 역시 열심히 참여하지 않는다.
　– 책임감이 결여되어 지시하지 않으면 임무를 수행하지 않는다.
ㄴ. 소외형
　– 개성이 강한 사람으로 조직에 대해 독립적이고 비판적인 의견을 내며, 임무 수행에서는 소극적이다.
　– 리더의 노력을 비판하면서 스스로는 노력하지 않거나 불만스런 침묵으로 일관한다.
ㄷ. 모범형
　– 스스로 생각하고 행동하며, 집단과 리더를 도와준다.
　– 독립심이 강하고 헌신적이며 건설적인 비판을 한다.
ㄹ. 실무형
　– 비판적이지 않으며 리더의 지시에 의문이 생겨도 적극적으로 대립하지 않는다.
　– 지시한 일은 잘 수행하지만 그 이상을 하지 않는 등 개인의 이익을 따진다.
ㅁ. 순응형
　– 독립적 비판적인 사고는 부족하지만 자신의 임수를 수행한다.
　– 리더의 지시나 판단에 지나치게 의존하는 경향이 있다.

> **보기**
> • 팀장은 평소 일에 대한 책임감이 적은 A에게 무엇을 시켜야 하는지, 어떻게 말해야 되는지 매일 생각하고 있다. A는 스스로 무엇을 할지 생각하지 않고, 해야 될 것을 알려달라고 하며 맡은 일을 제대로 하지 못해 감독이 필요하다.
> • B는 사람들 사이에서 잔머리를 굴릴 줄 안다고 얘기된다. B는 평소 업무를 수행하면서 가지고 있는 불만을 표현하지 않고 모두 수행하지만 더 능력이 있음에도 더 노력하지 않는다.

	A	B
①	수동형	실무형
②	소외형	순응형
③	모범형	수동형
④	실무형	소외형
⑤	순응형	모범형

26 10% 설탕물 480g에 20% 설탕물 120g을 섞었다. 이 설탕물에서 한 컵의 설탕물을 퍼내고, 퍼낸 설탕물의 양만큼 다시 물을 부었더니 11%의 설탕물 600g이 되었다. 이때 컵으로 퍼낸 설탕물의 양은?

① 30g
② 50g
③ 60g
④ 90g
⑤ 100g

27 다음 중 SWOT 분석에 대한 설명으로 적절하지 않은 것은?

<SWOT 분석>

강점, 약점, 기회, 위협요인을 분석·평가하고 이들을 서로 연관 지어 전략을 개발하고 문제해결 방안을 개발하는 방법이다.

	강점 (Strengths)	약점 (Weaknesses)
기회 (Opportunities)	SO	WO
위협 (Threats)	ST	WT

① 강점과 약점은 외부 환경요인에 해당하며, 기회와 위협은 내부 환경요인에 해당한다.
② SO전략은 강점을 살려 기회를 포착하는 전략을 의미한다.
③ ST전략은 강점을 살려 위협을 회피하는 전략을 의미한다.
④ WO전략은 약점을 보완하여 기회를 포착하는 전략을 의미한다.
⑤ WT전략은 약점을 보완하여 위협을 회피하는 전략을 의미한다.

28 다음은 합리적인 의사결정의 과정을 순서와 상관없이 나열한 과정이다. 다음 과정을 옳은 순서대로 나열한 것은?

(가) 가능한 모든 대안을 탐색한다.
(나) 의사결정 기준과 가중치를 정한다.
(다) 의사결정 결과를 평가하고 피드백한다.
(라) 최적안을 선택한다.
(마) 문제의 근원을 파악한다.
(바) 각 대안을 분석 및 평가한다.
(사) 의사결정에 필요한 정보를 수집한다.

① (마) → (라) → (사) → (나) → (바) → (가) → (다)
② (마) → (라) → (가) → (사) → (바) → (나) → (다)
③ (마) → (사) → (다) → (바) → (나) → (가) → (라)
④ (마) → (나) → (바) → (가) → (다) → (라) → (사)
⑤ (마) → (나) → (사) → (가) → (바) → (라) → (다)

29 B공사에서 근무하는 K사원은 새로 도입되는 교통관련 정책 홍보자료를 만들어서 배포하려고 한다. 다음 중 가장 저렴한 비용으로 인쇄할 수 있는 업체로 옳은 것은?

<표>

〈인쇄업체별 비용 견적〉

(단위 : 원)

업체명	페이지당 비용	표지 가격		권당 제본비용	할인
		유광	무광		
A인쇄소	50	500	400	1,500	−
B인쇄소	70	300	250	1,300	−
C인쇄소	70	500	450	1,000	100부 초과 시 초과 부수만 총비용에서 5% 할인
D인쇄소	60	300	200	1,000	−
E인쇄소	100	200	150	1,000	총 인쇄 페이지 5,000페이지 초과 시 총비용에서 20% 할인

※ 홍보자료는 관내 20개 지점에 배포하고, 각 지점마다 10부씩 배포한다.
※ 홍보자료는 30페이지 분량으로 제본하며, 표지는 유광표지로 한다.

① A인쇄소   ② B인쇄소
③ C인쇄소   ④ D인쇄소
⑤ E인쇄소

30 슬기와 경서는 꽁꽁 언 강 위에서 각각 다른 일정한 속력으로 썰매를 타고 있다. 경서는 슬기의 출발선보다 1.2m 앞에서 동시에 출발하여 슬기가 따라잡기로 하였다. 경서의 속력은 0.6m/s이며, 슬기가 출발하고 6초 후 경서를 따라잡았다고 할 때, 슬기의 속력은 몇 m/s인가?

① 0.8m/s   ② 1.0m/s
③ 1.2m/s   ④ 1.4m/s
⑤ 1.6m/s

※ 다음은 철도안전법 제2장 철도안전관리체계의 내용이다. 다음을 읽고 이어지는 질문에 답하시오. [31~32]

제7조(안전관리체계의 승인)

① 철도운영자등(전용철도의 운영자는 제외한다. 이하 이 조 및 제8조에서 같다)은 철도운영을 하거나 철도시설을 관리하려는 경우에는 인력, 시설, 차량, 장비, 운영절차, 교육훈련 및 비상대응계획 등 철도 및 철도시설의 안전관리에 관한 유기적 체계(이하 "안전관리체계"라 한다)를 갖추어 국토교통부장관의 승인을 받아야 한다. 〈개정 2013. 3. 23., 2015. 1. 6.〉

② 전용철도의 운영자는 자체적으로 안전관리체계를 갖추고 지속적으로 유지하여야 한다.

③ 철도운영자등은 제1항에 따라 승인받은 안전관리체계를 변경(제5항에 따른 안전관리기준의 변경에 따른 안전관리체계의 변경을 포함한다. 이하 이 조에서 같다)하려는 경우에는 국토교통부장관의 변경승인을 받아야 한다. 다만, 국토교통부령으로 정하는 경미한 사항을 변경하려는 경우에는 국토교통부장관에게 신고하여야 한다. 〈개정 2013. 3. 23.〉

④ 국토교통부장관은 제1항 또는 제3항 본문에 따른 안전관리체계의 승인 또는 변경승인의 신청을 받은 경우에는 해당 안전관리체계가 제5항에 따른 안전관리기준에 적합한지를 검사한 후 승인 여부를 결정하여야 한다. 〈개정 2013. 3. 23.〉

⑤ 국토교통부장관은 철도안전경영, 위험관리, 사고 조사 및 보고, 내부점검, 비상대응계획, 비상대응훈련, 교육훈련, 안전정보관리, 운행안전관리, 차량·시설의 유지관리(차량의 기대수명에 관한 사항을 포함한다) 등 철도운영 및 철도시설의 안전관리에 필요한 기술기준을 정하여 고시하여야 한다. 〈개정 2013. 3. 23., 2015. 1. 6.〉

⑥ 제1항부터 제5항까지의 규정에 따른 승인절차, 승인방법, 검사기준, 검사방법, 신고절차 및 고시방법 등에 관하여 필요한 사항은 국토교통부령으로 정한다. 〈개정 2013. 3. 23.〉

제8조(안전관리체계의 유지 등)

① 철도운영자등은 철도운영을 하거나 철도시설을 관리하는 경우에는 제7조에 따라 승인받은 안전관리체계를 지속적으로 유지하여야 한다.

② 국토교통부장관은 철도운영자등이 제1항에 따른 안전관리체계를 지속적으로 유지하는지를 점검·확인하기 위하여 국토교통부령으로 정하는 바에 따라 정기 또는 수시로 검사할 수 있다. 〈개정 2013. 3. 23.〉

③ 국토교통부장관은 제2항에 따른 검사 결과 안전관리체계가 지속적으로 유지되지 아니하거나 그 밖에 철도안전을 위하여 긴급히 필요하다고 인정하는 경우에는 국토교통부령으로 정하는 바에 따라 시정조치를 명할 수 있다. 〈개정 2013. 3. 23.〉

제9조(승인의 취소 등)

① 국토교통부장관은 안전관리체계의 승인을 받은 철도운영자등이 다음 각 호의 어느 하나에 해당하는 경우에는 그 승인을 취소하거나 6개월 이내의 기간을 정하여 업무의 제한이나 정지를 명할 수 있다. 다만, 제1호에 해당하는 경우에는 그 승인을 취소하여야 한다. 〈개정 2013. 3. 23.〉

1. 거짓이나 그 밖의 부정한 방법으로 승인을 받은 경우
2. 제7조 제3항을 위반하여 변경승인을 받지 아니하거나 변경신고를 하지 아니하고 안전관리체계를 변경한 경우
3. 제8조 제1항을 위반하여 안전관리체계를 지속적으로 유지하지 아니하여 철도운영이나 철도시설의 관리에 중대한 지장을 초래한 경우
4. 제8조 제3항에 따른 시정조치명령을 정당한 사유 없이 이행하지 아니한 경우

② 제1항에 따른 승인 취소, 업무의 제한 또는 정지의 기준 및 절차 등에 관하여 필요한 사항은 국토교통부령으로 정한다. 〈개정 2013. 3. 23.〉

31 다음 중 철도안전관리체계의 승인이 취소되거나 업무의 제한·정지를 받을 수 있는 경우가 아닌 것은?

① 거짓이나 그 밖의 부정한 방법으로 승인을 받은 경우
② 국토교통부장관에게 변경승인을 받지 아니하거나 변경신고를 하지 아니하고 안전관리체계를 변경한 경우
③ 안전관리체계가 지속적으로 유지되지 않아 내려진 시정조치명령을 이행하지 않은 경우
④ 철도종사자가 승인받은 철도안전관리체계를 지속적으로 유지하지 않아 철도운영에 지장을 초래한 경우
⑤ 철도안전을 위해 긴급히 필요하여 국토교통부령으로 시정조치를 명한 경우

32 철도안전법은 2012년 6월 1일 전문개정되었다. 전문개정된 이후 일부 조항이 개정되었을 때, 다음 중 전문개정 이후 개정된 조항으로만 묶인 것은?

① 제7조 제5항, 제8조 제1항, 제9조 1항 제2호
② 제7조 제4항, 제8조 제1항, 제9조 제2항
③ 제7조 제3항, 제8조 제2항, 제9조 제2항
④ 제7조 제2항, 7조 제4항, 제8조 제2항
⑤ 제7조 제2항, 제8조 제3항, 제9조 제2항

33 B공사에서는 인건비를 줄이기 위해 다양한 방식을 고민하고 있다. 다음 〈정보〉를 참고하여 다음 중 가장 적절한 방법은 무엇인가?(단, 한 달은 4주이다)

〈정보〉

• 정직원은 오전 8시부터 오후 7시까지 평일·주말 상관없이 주 6일 근무하며, 1인당 월 급여는 220만 원이다.
• 계약직원은 오전 8시부터 오후 7시까지 평일·주말 상관없이 주 5일 근무하며, 1인당 월 급여는 180만 원이다.
• 아르바이트생은 평일 3일, 주말 2일로 하루 9시간씩 근무하며, 평일은 시급 9,000원, 주말은 시급 12,000원이다.
• 현재 정직원 5명, 계약직원 3명, 아르바이트생 3명이 근무 중이며 전체 인원을 줄일 수는 없다.

---

① 계약직원을 정직원으로 전환한다.
② 계약직원을 아르바이트생으로 전환한다.
③ 아르바이트생을 정직원으로 전환한다.
④ 아르바이트생을 계약직원으로 전환한다.
⑤ 직원을 더 이상 채용하지 않고 아르바이트생만 채용한다.

34 B교통공사의 K사원은 문서 편집 중 아래와 같은 문단을 〈보기〉와 같이 수정하려고 한다. 문단 모양 설정창이 그림과 같을 때, K사원이 문단 수정을 위해서 문단 모양 설정창에서 수정해야 하는 기능으로 적절한 것은?

• 인권이란 대한민국 헌법, 법률에서 보장하거나 대한민국이 가입, 비준한 국제인권조약과 국제관습법이 인정하는 인간으로서의 존엄과 가치 및 자유와 권리를 말합니다.
• 구제 대상 인권침해행위의 범위
  − 행정에 의한 인권 침해 : 공사의 정책 집행, 제도시행, 서비스 제공 등 임직원의 직무상 행위에서 발생한 인권 침해
  − 차별행위에 의한 인권 침해 : 법률 및 공사 인권 관련 지침에서 규정한 차별금지 행위를 위반한 차별 행위

⇩

> **보기**

• 인권이란 대한민국 헌법, 법률에서 보장하거나 대한민국이 가입, 비준한 국제인권조약과 국제관습법이 인정하는 인간으로서의 존엄과 가치 및 자유와 권리를 말합니다.
• 구제 대상 인권침해행위의 범위
  − 행정에 의한 인권 침해 : 공사의 정책 집행, 제도시행, 서비스 제공 등 임직원의 직무상 행위에서 발생한 인권 침해
  − 차별행위에 의한 인권 침해 : 법률 및 공사 인권 관련 지침에서 규정한 차별금지 행위를 위반한 차별 행위

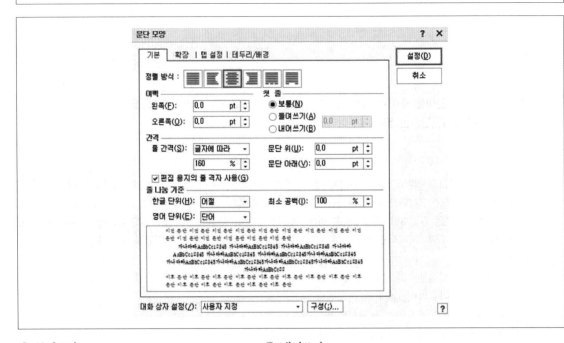

① 들여쓰기
② 내어쓰기
③ 줄 간격
④ 왼쪽 여백
⑤ 오른쪽 여백

35 N의류회사는 제품의 판매촉진을 위해 TV광고를 기획하고 있는데, 다음은 광고모델 후보 5명에 대한 자료이다. 이를 토대로 향후 1년 동안 광고효과가 가장 클 것으로 예상되는 모델은 누구인가?

<표>

〈광고모델별 1년 계약금 및 광고 1회당 광고효과〉

(단위 : 천 원)

모델	1년 계약금	1회당 광고비	1회당 광고효과(예상)	
			수익 증대 효과	브랜드 가치 증대 효과
A	120,000		140,000	130,000
B	80,000		80,000	110,000
C	100,000	2,500	100,000	120,000
D	90,000		80,000	90,000
E	70,000		60,000	80,000
비고	• (총 광고효과)=(1회당 광고효과)×(1년 광고횟수) • (1회당 광고효과)=(1회당 수익 증대 효과)+(1회당 브랜드 가치 증대 효과) • (1년 광고횟수)=(1년 광고비)÷(1회당 광고비) • (1년 광고비)=1억 8천만 원-(1년 계약금)			

① A ② B

③ C ④ D

⑤ E

36 다음 사례를 읽고 C가 A와 B에게 해줄 수 있는 조언으로 옳지 않은 것은?

같은 제약회사에서 일하는 A, B, C 세 사람은 열심히 일을 하고 있다. 요즘 들어 업무량이 많아졌기 때문에, 세 사람 모두 하루 종일 열심히 일을 해도 배당되는 업무량을 달성하기가 쉽지 않다. 그러나 일을 하는 태도에 있어서는 차이를 보이고 있다.

A의 경우는 오늘도 불평이다. "왜 이렇게 더워?", "도대체 집에는 언제 가면되는 거야?", "뭐야? 몇 번이나 실험을 해야 돼?", "정말 내가 그만두지 못해서 다닌다. 다녀."

B의 경우는 묵묵히 자신의 일을 하지만 그렇게 즐거워 보이지는 않는다. "회사는 돈을 버는 수단이지. 열심히 일해서 돈을 많이 벌고, 그 돈을 여가생활에 쓰면 되는 거 아냐?", "나는 주말만 기다려. 주말에는 수상스키를 타러 가야지."

C의 경우는 뭐가 그렇게 좋은지 오늘도 싱글벙글이다. "이번 신상품 개발에 내가 낸 제안이 받아들여졌어. 너무 신나지 않아?", "아. 이렇게 하면 졸리지 않은 코감기 약이 나올 수 있겠는걸? 한 번 더 실험해 봐야겠다." 이처럼 매사에 긍정적인 C는 A와 B에게 흥미나 적성도 노력을 통해 개발될 수 있음을 알려주고 싶어 한다.

① 마인드컨트롤을 통해 자신을 의식적으로 관리해보는 건 어때?

② 자신이 수행한 결과물을 점검해보면 자신이 성취한 일에 대한 자긍심이 생길거야.

③ 현재 기업의 문화와 풍토가 자신에게 어떠한 영향을 주고 있는지 확인해보는 게 어때?

④ 자기 스스로 이 일을 잘 할 수 있다고 생각하는 자신감을 꾸준히 가질 필요가 있어.

⑤ 무엇보다 일을 할 때에는 작은 단위보다 큰 단위로 수행하는 것이 좋아.

37 다음 중 글의 내용과 일치하지 않는 것은?

시간 예술이라고 지칭되는 음악에서 템포의 완급은 대단히 중요하다. 동일곡이지만 템포의 기준을 어떻게 잡아서 재현해 내느냐에 따라서 그 음악의 악상은 달라진다. 그런데 이처럼 중요한 템포의 인지 감각도 문화권에 따라, 혹은 민족에 따라서 상이할 수 있으니, 동일한 속도의 음악을 듣고도 누구는 빠르게 느끼는 데 비해서 누구는 느린 것으로 인지하는 것이다. 결국 문화권에 따라서 템포의 인지 감각이 다를 수도 있다는 사실은 바꿔 말해서 서로 문화적 배경이 다르면 사람에 따라 적절하다고 생각하는 모데라토의 템포도 큰 차이가 있을 수 있다는 말과 같다. 한국의 전통 음악은 서양 고전 음악에 비해서 비교적 속도가 느린 것이 분명하다. 대표적 정악곡(正樂曲)인 '수제천(壽齊天)'이나 '상령산(上靈山)' 등의 음악을 들어보면 수긍할 것이다. 또한, 이 같은 구체적인 음악의 예가 아니더라도 국악의 첫인상을 일단 '느리다.'고 간주해 버리는 일반의 통념을 보더라도 전래의 한국 음악이 보편적인 서구 음악에 비해서 느린 것은 틀림없다고 하겠다.

그런데 한국의 전통 음악이 서구 음악에 비해서 상대적으로 속도가 느린 이유는 무엇일까? 이에 대한 해답도 여러 가지 문화적 혹은 민족적인 특질과 연결해서 생각할 때 결코 간단한 문제가 아니겠지만, 여기서는 일단 템포의 계량적 단위인 박(Beat)의 준거를 어디에 두느냐에 따라서 템포 관념의 차등이 생겼다는 가설 하에 설명을 하기로 한다. 한국의 전통 문화를 보면 그 저변의 잠재의식 속에는 호흡을 중시하는 징후가 역력함을 알 수 있는데, 이 점은 심장의 고동을 중시하는 서양과는 상당히 다른 특성이다. 우리의 문화 속에는 호흡에 얽힌 생활 용어가 한두 가지가 아니다. 숨을 한 번 내쉬고 들이마시는 동안을 하나의 시간 단위로 설정하여 일식간(一息間) 혹은 이식간(二息間)이니 하는 양식척(量息尺)을 써 왔다. 그리고 감정이 격양되었을 때는 긴 호흡을 해서 감정을 누그러뜨리거나 건강을 위해 단전 호흡법을 수련한다. 이것은 모두 호흡을 중시하고 호흡에 뿌리를 둔 문화 양식의 예들이다. 더욱이 심장의 정지를 사망으로 단정하는 서양과는 달리 우리의 경우에는 '숨이 끊어졌다.'는 말로 유명을 달리했음을 표현한다. 이와 같이 확실히 호흡의 문제는 모든 생리 현상에서부터 문화 현상에 이르기까지 우리의 의식 저변에 두루 퍼져있는 민족의 공통적 문화소가 아닐 수 없다.

이와 같은 동서양 간의 상호 이질적인 의식 성향을 염두에 두고 각자의 음악을 관찰해 보면, 서양의 템포 개념은 맥박, 곧 심장의 고동에 기준을 두고 있으며, 우리의 그것은 호흡의 주기, 즉 폐부의 운동에 뿌리를 두고 있음을 알 수 있다. 서양의 경우 박자의 단위인 박을 비트(Beat), 혹은 펄스(Pulse)라고 한다. 펄스라는 말이 곧 인체의 맥박을 의미하듯이 서양음악은 원초적으로 심장을 기준으로 출발한 것이다. 이에 비해 한국의 전통 음악은 모음 변화를 일으켜 가면서까지 길게 끌며 호흡의 리듬을 타고 있음을 볼 때, 근원적으로 호흡에 뿌리를 둔 음악임을 알 수 있다. 결국 한국음악에서 안온한 마음을 느낄 수 있는 모데라토의 기준 속도는, 1분간의 심장의 박동 수와 호흡의 주기와의 차이처럼, 서양 음악의 그것에 비하면 무려 3배쯤 느린 것임을 알 수 있다.

① 각 민족의 문화에는 민족의식이 반영되어 있다.
② 서양 음악은 심장 박동 수를 박자의 준거로 삼았다.
③ 템포의 완급을 바꾸어도 악상은 변하지 않는다.
④ 우리 음악은 서양 음악에 비해 상대적으로 느리다.
⑤ 우리 음악의 박자는 호흡 주기에 뿌리를 두고 있다.

38 B공사에 근무하는 A대리는 국내 자율주행자동차 산업에 대한 SWOT 분석결과에 따라 국내 자율주행자동차 산업 발달을 위한 방안을 고안하는 중이다. A대리가 SWOT 분석에 의한 경영전략에 따라 판단하였다고 할 때, 다음 〈보기〉의 설명 중 SWOT 분석에 의한 경영전략에 맞춘 판단으로 적절하지 않은 것을 모두 고르면?

〈국내 자율주행자동차 산업에 대한 SWOT 분석결과〉

구분	분석 결과
강점(Strength)	• 민간 자율주행기술 R&D지원을 위한 대규모 예산 확보 • 국내외에서 우수한 평가를 받는 국내 자동차기업 존재
약점(Weakness)	• 국내 민간기업의 자율주행기술 투자 미비 • 기술적 안전성 확보 미비
기회(Opportunity)	• 국가의 지속적 자율주행자동차 R&D 지원법안 본회의 통과 • 완성도 있는 자율주행기술을 갖춘 외국 기업들의 등장
위협(Threat)	• 자율주행차에 대한 국민들의 심리적 거부감 • 자율주행차에 대한 국가의 과도한 규제

〈SWOT 분석에 의한 경영전략〉

• SO전략 : 기회를 이용해 강점을 활용하는 전략
• ST전략 : 강점을 활용하여 위협을 최소화하거나 극복하는 전략
• WO전략 : 기회를 활용하여 약점을 보완하는 전략
• WT전략 : 약점을 최소화하고 위협을 회피하는 전략

> **보기**
>
> ㄱ. 자율주행기술 수준이 우수한 외국 기업과의 기술이전협약을 통해 국내 우수 자동차기업들의 자율주행기술 연구 및 상용화 수준을 향상시키려는 전략은 SO전략에 해당한다.
> ㄴ. 민간의 자율주행기술 R&D를 적극 지원하여 자율주행기술의 안전성을 높이려는 전략은 ST전략에 해당한다.
> ㄷ. 자율주행자동차 R&D를 지원하는 법률을 토대로 국내 기업의 기술개발을 적극 지원하여 안전성을 확보하려는 전략은 WO전략에 해당한다.
> ㄹ. 자율주행기술개발에 대한 국내기업의 투자가 부족하므로 국가기관이 주도하여 기술개발을 추진하는 전략은 WT전략에 해당한다.

① ㄱ, ㄴ
② ㄱ, ㄷ
③ ㄴ, ㄷ
④ ㄴ, ㄹ
⑤ ㄱ, ㄴ, ㄷ

39 다음은 Tuckman 팀 발달 모형이다. 〈보기〉 중 격동기에 해당하는 것은?

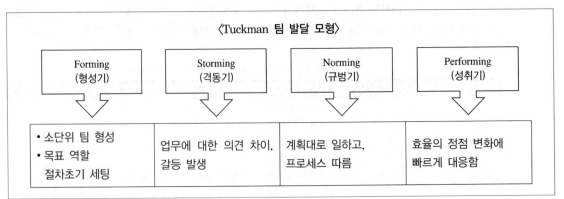

〈Tuckman 팀 발달 모형〉

Forming (형성기)	Storming (격동기)	Norming (규범기)	Performing (성취기)
• 소단위 팀 형성 • 목표 역할 절차초기 세팅	업무에 대한 의견 차이, 갈등 발생	계획대로 일하고, 프로세스 따름	효율의 정점 변화에 빠르게 대응함

보기

(가) 팀원 간의 마찰이 그룹의 문제로 표면화될 수 있고 아닐 수도 있지만, 그것은 존재하기 마련이다. 어떤 일에 대한 책임을 누가 질 것인지, 규칙은 무엇인지, 보상체계는 어떠한지, 그리고 평가기준은 어떻게 되는지에 대한 질문들이 제기될 것이다. 따라서 리더십, 구조, 권한, 권위에 대한 문제 전반에 걸쳐서 경쟁심과 적대감이 나타난다.

(나) 팀원들은 팀에서 인정받기를 원하며, 다른 팀원들을 신뢰할 수 있는지 확인하고 싶어 한다. 그들은 팀에 대한 기대를 형성하면서 팀원들 사이의 유사성과 논쟁을 피하기 위해 단순하게 유지되며, 심각한 주제들과 생각들에 대한 논의는 회피된다. 팀원들은 서로에게 뿐만 아니라 과제에 몰두하기 위해 노력한다. 논의는 주로 과제의 범위를 정하고, 그것에 접근하는 방법에 집중하여 이루어진다.

(다) 팀원들이 스스로 책임을 지게 되고, 전체의 인정을 받으려는 욕구는 더 이상 중요하게 생각되지 않는다. 팀원들은 대단히 과제지향적이자 인간지향적이며, 조화를 이루고 사기충천하며, 팀으로서의 충성심을 보여준다. 전체적인 목표는 문제해결과 일을 통한 생산성이며, 이는 팀이 이룰 수 있는 최적의 단계로 이끌어진다.

(라) 다른 팀원들과 의견이 엇갈릴 때는 개인적인 사심 또는 고집을 버리고 적극적으로 논의하며, 리더십이 공유되고 파벌이 사라지기 시작한다. 팀원들이 서로를 알게 되고 파악하기 시작하면 신뢰수준이 향상되고, 이는 단결력을 심화시켜 준다. 팀원들은 상호 간의 마찰을 해결함에서 얻는 만족감과 공동체 의식을 경험하기 시작한다.

(마) 팀원들이 활동을 정리하고 최종적인 성취에 대해서 평가하고 만족감을 다진다. 목표를 성취했기 때문에 해산을 준비한다.

① (가)   ② (나)

③ (다)   ④ (라)

⑤ (마)

40 과제 선정 단계에서의 과제안에 대한 평가기준은 과제해결의 중요성, 과제착수의 긴급성, 과제해결의 용이성을 고려하여 여러 개의 평가기준을 동시에 설정하는 것이 바람직하다. 과제안 평가기준을 다음과 같이 나타냈을 때, 빈칸에 들어갈 말이 바르게 연결된 것은?

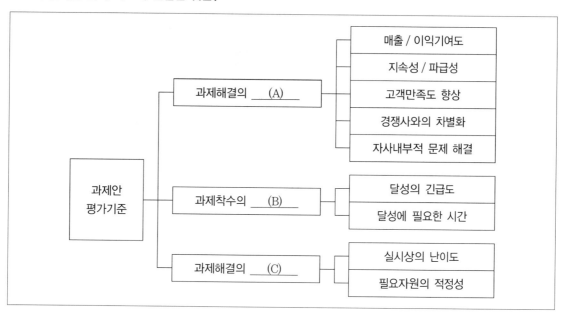

	(A)	(B)	(C)
①	용이성	긴급성	중요성
②	용이성	중요성	긴급성
③	중요성	용이성	긴급성
④	중요성	긴급성	용이성
⑤	긴급성	중요성	용이성

41 다음은 Y회사 영업부에서 작년 분기별 영업 실적을 나타낸 그래프이다. 다음 중 작년 전체 실적에서 1~2분기와 3~4분기가 각각 차지하는 비중을 바르게 나열한 것은?(단, 비중은 소수점 이하 둘째 자리에서 반올림한다)

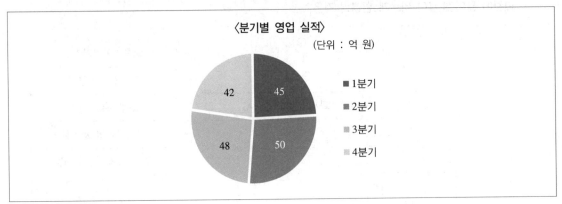

	1~2분기	3~4분기
①	48.6%	51.4%
②	50.1%	46.8%
③	51.4%	48.6%
④	46.8%	50.1%
⑤	50.0%	50.0%

42 A사원은 직장 내에서의 의사소통능력 향상 방법에 대한 강연을 들으면서 다음과 같이 메모하였다. 다음 중 A사원이 잘못 작성한 내용은 모두 몇 개인가?

〈2020년 4월 10일 의사소통능력 향상 방법 강연을 듣고...〉

• 의사소통의 저해 요인

… 중략 …

• 의사소통에 있어 자신이나 타인의 느낌을 건설적으로 처리하는 방법
  ㉠ 얼굴을 붉히는 것과 같은 간접적 표현을 피한다.
  ㉡ 자신의 감정을 주체하지 못하고 과격한 행동을 하지 않는다.
  ㉢ 자신의 감정 상태에 대한 책임을 타인에게 전가하지 않는다.
  ㉣ 자신의 감정을 조절하기 위하여 상대방으로 하여금 그의 행동을 변하도록 강요하지 않는다.
  ㉤ 자신의 감정을 명확하게 하지 못할 경우라도 즉각적인 의사소통이 될 수 있도록 노력한다.

① 1개 ② 2개
③ 3개 ④ 4개
⑤ 5개

43 다음은 C회사 신제품 개발1팀의 하루 업무 스케줄에 관한 자료이다. 신입사원 A씨는 스케줄을 바탕으로 금일 회의 시간을 정하려고 한다. 1시간 동안 진행될 팀 회의의 가장 적절한 시간대는 언제인가?

〈C사 신제품 개발1팀 스케줄〉

시간	직급별 스케줄				
	부장	차장	과장	대리	사원
09:00 ~ 10:00	업무회의				
10:00 ~ 11:00					비품요청
11:00 ~ 12:00			시장조사	시장조사	시장조사
12:00 ~ 13:00			점심식사		
13:00 ~ 14:00	개발전략수립		시장조사	시장조사	시장조사
14:00 ~ 15:00		샘플검수	제품구상	제품구상	제품구상
15:00 ~ 16:00			제품개발	제품개발	제품개발
16:00 ~ 17:00					
17:00 ~ 18:00			결과보고	결과보고	

① 09:00 ~ 10:00
② 10:00 ~ 11:00
③ 14:00 ~ 15:00
④ 16:00 ~ 17:00
⑤ 17:00 ~ 18:00

44 다음은 벤치마킹을 수행 방식에 따라 분류한 자료이다. (A) ~ (E)에 들어갈 내용으로 적절하지 않은 것은?

〈벤치마킹의 수행 방식에 따른 분류〉

구분	직접적 벤치마킹	간접적 벤치마킹
정의	벤치마킹 대상을 직접 방문하여 조사·분석하는 방법	벤치마킹 대상을 인터넷 및 문서형태의 자료 등을 통해서 간접적으로 조사·분석하는 방법
장점	• 필요로 하는 정확한 자료의 입수 및 조사가 가능하다. • _____(A)_____	• 벤치마킹 대상의 수에 제한이 없고 다양하다. • _____(C)_____
단점	• 벤치마킹 수행과 관련된 비용 및 시간이 많이 소요된다. • _____(B)_____	• _____(D)_____ • _____(E)_____

① (A) : 벤치마킹의 이후에도 계속적으로 자료의 입수 및 조사가 가능하다.
② (B) : 벤치마킹 결과가 피상적일 수 있다.
③ (C) : 비용과 시간을 상대적으로 많이 절감할 수 있다.
④ (D) : 핵심자료의 수집이 상대적으로 어렵다.
⑤ (E) : 정확한 자료 확보가 어렵다.

※ K공단에서 발전소를 만들어 전기를 생산하고자 한다. 다음은 정부에서 전기요금 누진제 개편안과 공단에서 제시한 요금제에 대한 자료이다. 다음 자료를 보고 이어지는 질문에 답하시오. **[45~46]**

〈개편 후 주택용 요금표〉

	구간	기본요금(원/호)	전력량 요금(원/kWh)
1	300kWh 이하	910	93.3
2	500kWh 이하	1,600	187.9
3	500kWh 초과	7,300	280.6

〈K공단 예상 주택용 요금표〉

	구간	기본요금(원/호)	전력량 요금(원/kWh)
1	200kWh 이하	800	85.0
2	400kWh 이하	( )	170.2
3	400kWh 초과	7,000	300.6

※ 기본요금은 해당되는 구간의 금액 한 번만 적용한다.

45 A씨는 한 달 동안 전기량 350kWh를 사용했고, 정부에서 제시한 개편 후 주택용 요금표를 적용할 때와 K공단 예상 주택용 요금표를 적용할 때 금액의 차이가 4,845원이었다. 이때, K공단 예상 주택용 요금표의 빈칸에 들어갈 수로 옳은 것은?

① 1,100
② 1,250
③ 1,300
④ 1,350
⑤ 1,400

46 K공단에서 예상 요금표가 비싸다고 생각하여 '구간'을 정부 개편안과 같게 수정하였다. 사용한 전기량이 500kWh 초과일 때, 개편 후 주택용 요금표에 따른 비용보다 저렴한 전기량 범위는 몇 kWh 미만인가?

〈수정된 K공단 예상 주택용 요금표〉

	구간	기본요금(원/호)	전력량 요금(원/kWh)
1	300kWh 이하	800	85.0
2	500kWh 이하	1,300	170.2
3	500kWh 초과	7,000	300.6

① 815.7kWh 미만
② 816.5kWh 미만
③ 817.0kWh 미만
④ 820.7kWh 미만
⑤ 821.5kWh 미만

47 다음 중 밑줄 친 ㉠에 해당하는 내용으로 적절하지 않은 것은?

기술이 빠르게 발전하는 상황에 내 직업은 언제까지 유지될 것인가? '4차 산업혁명'이 세계적인 화두로 등장한 이래, 일하는 모든 사람은 스스로에게 이러한 질문을 던져 보았을 것이다. 일자리의 미래에 대해서는 다양한 의견이 존재하지만, 새로운 기술이 일하는 방식에 영향을 미칠 것은 확실하다. 우리가 새로운 기술로 떠올리는 인공지능(AI), 사물인터넷(IoT), 빅데이터 분석 등의 기술은 이미 실생활에서도 광범위하게 사용되고 있다. 이러한 배경에서 신산업·신기술에 대한 직업훈련이 필요하다는 사회적 요구가 크다. 구직자·재직자 모두 새로운 기술을 습득해 고용 가능성을 높일 수 있고, 기업도 신기술을 보유한 인재가 있어야 신산업을 개척해 나갈 수 있기 때문이다. 직업훈련의 내용·방식·인프라를 4차 산업혁명에 적합한 형태로 전환해야 하지만, 우리나라 직업훈련 시장은 산업화 시대의 필요에 의해 확대된 제조업 분야 기능인력 양성 중심의 직업훈련 시스템에 머물고 있는 것이 현실이다. 이에 정부는 작년부터 ㉠ 4차 산업혁명에 대비한 인력 양성 정책 대안을 모색하고 있다. 폴리텍 대학의 IoT정보보안, VR 콘텐츠 제작 등 미래 유망분야 중심과정을 신설·확산해 나가는 등 공공부문의 테스트베드 역할을 강화하고, 신산업 분야를 선도하고 있는 대학 등 우수 민간기관을 훈련기관으로 선정해 '4차 산업혁명 선도 인력 양성훈련'을 운영 중이다. 이러한 훈련과정은 기업과 협약을 맺어 현장성 높은 훈련을 제공하는 것이 특징이다. 훈련 참여자들은 협약 기업에서 일하는 현장전문가들의 지도를 받으면서 프로젝트 기반의 실습을 진행하고 있다. 기술과 거리가 먼 경영학을 전공한 한 취업 준비생은 8개 신산업 분야 중 하나인 정보보안 훈련을 받으면서 오픈스택과 랜섬웨어를 다루는 프로젝트에 열정적으로 참여하여 프로젝트를 진행한 협약 기업에 취업해 근무하고 있다는 좋은 소식을 전해오기도 했다. 훈련과정에 도움을 준 협약 기업도 스마트팩토리를 도입하고자 하는 산업현장의 관심은 폭발적임에도 전문인력이 부족한 상황에서 우수인재를 확보할 수 있는 좋은 기회가 되었다고 평가한다. 참여자들의 긍정적인 반응에 힘입어 정부는 내년에는 더 많은 청년에게 훈련 기회를 제공할 계획이다. 뿐만 아니라 정부는 산업 인력 수요에 대응하기 위해 미래 유망분야의 새로운 직업과 관련된 자격 종목도 신속하게 신설하고 있다. 작년 말에는 '3D 프린터', 올해에는 '로봇'과 관련한 국가기술자격의 신설이 확정되었다. 이르면 올 연말부터는 '3D 프린터 개발산업기사', '3D 프린팅 전문응용기능사' 자격증 취득에 도전할 수 있다. 직업훈련 방식도 변화를 준비하고 있다. 정부는 현재 온라인을 통해 언제 어디서나 직업훈련에 접근할 수 있도록 스마트 직업훈련 플랫폼을 구축하고 있다. 이를 통해 강의실에서 수업을 하고, 집에서 과제를 하는 전통적인 진행방식에서 벗어나 사전에 학습하고 강의실에서는 토론, 문제 풀이 등을 하는 '역진행 수업(Flipped Learning)', 초단기·선택 학습이 가능한 '한입크기 훈련(Mirco Learning)', VR·AR 기술을 활용한 가상훈련 등을 확산해 나갈 계획이다

정부는 매년 9월을 직업능력의 달로 정하여 기념하고 있다. 올해의 슬로건 '직업능력 개발! 우리의 미래를 밝힙니다.'처럼 모든 국민이 직업능력 개발로 현재 직장에서의 적응 가능성을 높이고 100세 시대 평생고용 가능성을 높일 수 있도록 지속적인 혁신을 추가할 계획이다.

① 대학 등 우수 민간 기관을 훈련기관으로 선정하여 인력 양성훈련 과정을 운영한다.
② 폴리텍 대학의 미래 유망분야 중심과정을 신설하고 이를 확산해 나가고 있다.
③ 인력 양성훈련 과정 참여자들의 관련 기업에 대한 취업을 알선해 주고 있다.
④ '3D 프린터', '로봇' 등과 미래 유망분야의 새로운 직업과 관련된 자격 종목을 신설하고 있다.
⑤ 스마트 직업훈련 플랫폼 구축을 통해 직업훈련 방식의 변화를 준비하고 있다.

48 다음은 정직과 신용을 구축하기 위한 4가지 지침을 나타낸 것이다. 다음 지침을 읽고, 이에 위배되는 사례를 고른 것은?

〈정직과 신용을 구축하기 위한 4가지 지침〉

1. 정직과 신뢰의 자산을 매일 조금씩 쌓아가자.
2. 잘못된 것도 정직하게 밝히자.
3. 타협하거나 부정직을 눈감아 주지 말자.
4. 부정직한 관행은 인정하지 말자.

---

① A대리는 업무를 잘 끝마쳤지만 한 가지 실수를 저질렀던 점이 마음에 걸려, 팀장에게 자신의 실수를 알렸다.
② B대리는 승진과 함께 사무실 청소 당번에서 제외되었으나, 동료들과 함께 청소 당번에 계속 참여하기로 하였다.
③ C교사는 학교 주변에서 담배를 피고 있는 고등학생을 발견하였고, 학생을 붙잡아 학교에 알렸다.
④ D교관은 불법적으로 술을 소지하고 있던 교육생에게 중징계 대신, 앞으로 다시는 규율을 어기지 않겠다는 다짐을 받아냈다.
⑤ E바리스타는 하루도 빠지지 않고 매일 아침 일찍 일어나, 출근하는 고객들을 위해 커피를 로스팅하고 있다.

49 예산을 직접비용과 간접비용으로 구분한다고 할 때, 다음 〈보기〉에서 직접비용과 간접비용에 해당하는 것을 바르게 구분한 것은?

보기

㉠ 재료비   ㉡ 원료와 장비 구입비
㉢ 광고비   ㉣ 보험료
㉤ 인건비   ㉥ 출장비

	직접비용	간접비용
①	㉠, ㉡, ㉤	㉢, ㉣, ㉥
②	㉠, ㉡, ㉥	㉢, ㉣, ㉤
③	㉠, ㉡, ㉢, ㉣	㉤, ㉥
④	㉠, ㉡, ㉣, ㉥	㉢, ㉤
⑤	㉠, ㉡, ㉤, ㉥	㉢, ㉣

50 다음 업무수행 시트에서 볼 수 있는 고유한 특징으로 가장 적절한 것은?

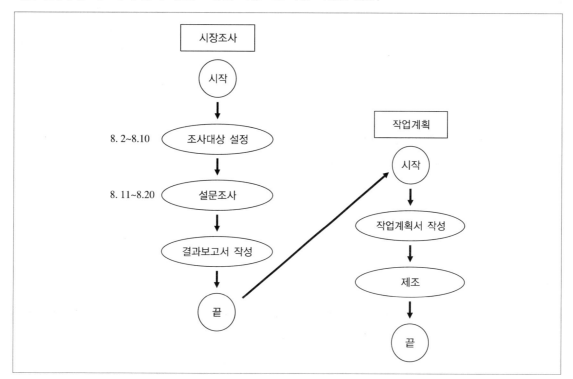

① 관찰도구나 질문지로 활용되기 용이하다.
② 작업 목적에 부합하는 항목들로 구성되어야 한다.
③ 주된 작업과 부차적인 작업을 구분해서 표현할 수 있다.
④ 특별한 이유가 없다면 중복되는 내용이 없도록 항목을 배타적으로 구성해야 한다.
⑤ 각 활동별로 수행수준을 달성했는지 확인하는 데 효과적이다.

02 일반상식 모의고사

정답 및 해설 p. 020

01 고객 동의 없이 요금변경을 해 불공정약관 논란이 일었던 N사는 글로벌 인터넷 영상 서비스 사업자이다. 이러한 인터넷 영상 서비스를 뜻하는 약자로 옳은 것은?

① CDN
② CP
③ CSP
④ ISP
⑤ OTT

02 2019년 중국 후베이성 우한시에서 유행하기 시작해 전 세계적으로 10만 명 이상의 감염자를 발생시킨 질환과 관련 있는 감기 바이러스로 옳은 것은?

① 코로나 바이러스
② 리노 바이러스
③ 인플루엔자 바이러스
④ 아데노 바이러스
⑤ 에볼라 바이러스

03 보안이 걸려 있는 시스템을 해킹한 뒤 언제든지 공격자가 쉽게 시스템에 접속하게끔 심어 두는 프로그램으로 옳은 것은?

① 스파이웨어
② 디도스
③ 루트킷
④ 랜섬웨어
⑤ 애드웨어

04 빙하로 인해 만들어진 U자형 협곡에 바닷물이 들어찬 지형으로, '협만(峽灣)'이라 하는 노르웨이어 명칭으로 옳은 것은?

① 메사
② 칼데라
③ 드럼린
④ 피오르
⑤ 리아스

05 선출직 공무원이 공직선거법 위반으로 처벌받을 경우, 징역 혹은 '얼마' 이상의 벌금을 받아야 당선 무효가 되는지 고르면?

① 50만 원
② 100만 원
③ 200만 원
④ 300만 원
⑤ 500만 원

06 다음 중 4차 산업혁명으로 인한 부정적 영향이 아닌 것은?

① 무한경쟁의 가속화
② 승자독식 구조로 인한 경제적 양극화
③ 실시간 정보수집으로 인한 사생활 침해
④ 기존 일자리 상실
⑤ 신기술 관련 분쟁에 대한 새로운 법 확립의 필요성 증대

07 다음 중 경제적·정신적으로 자립심이 부족해 계속적으로 부모에게만 의존하려는 젊은 세대를 가리키는 말은?

① 프리터족
② 장미족
③ 리터루족
④ 캥거루족
⑤ 딩크족

08 다음 중 직접세가 아닌 것은?

① 소득세
② 증여세
③ 법인세
④ 인지세
⑤ 상속세

09 다음 중 드론을 활용한 사례로 가장 적절하지 않은 것은?

① 군사용 무인항공기에 이용
② 가상 수술 연습에 활용
③ 사람이 직접 촬영하기 어려운 장소의 촬영
④ 인터넷쇼핑몰 무인 택배 서비스에 활용
⑤ 방범 순찰 공객기에 활용

10 다음 중 생후 4주 내 맞아야 하는 BCG 백신이 예방할 수 있는 질병으로 옳은 것은?

① 결핵
② 뇌수막염
③ 홍역
④ 파상풍
⑤ 폐렴

11 다음 중 2019년 칸 영화제에서 최우수작품상을 받은 영화로 옳은 것은?

① 『리틀 조』
② 『기생충』
③ 『페이 앤 글로리』
④ 『원스 어폰 어 타임 인 할리우드』
⑤ 『에브리바디 노우즈』

12 다음 중 DLS 상품의 수익 여부 기준이 되는 파생상품에 포함되는 개념으로 옳지 않은 것은?

① 주가지수
② 유가지수
③ 환율
④ 채권
⑤ 원자재지수

13 다음 정부 주요인사 중 국회의 인사청문회 대상이 아닌 것은?

① 합참의장
② 감사원장
③ 국세청장
④ 비서실장
⑤ 헌법재판소장

14 다음 중 고소득층의 소득 증대가 소비 및 투자 확대로 이어져 궁극적으로 저소득층의 소득도 증가하게 되는 효과를 의미하는 말로 옳은 것은?

① 낙수효과
② 분수효과
③ 풍선효과
④ 기저효과
⑤ 샤워효과

15 다음 중 인공지능(AI), 사물인터넷(IoT), 빅데이터 등 첨단기술을 농산물의 파종부터 수확까지 전 과정에 적용하는 기술은?

① 푸드테크　　　　　　　　　　② 헙테크
③ 애그테크　　　　　　　　　　④ 콜드체인
⑤ 가든테크

16 다음 중 세계 최대 희토류 생산국으로 옳은 곳은?

① 일본　　　　　　　　　　　　② 중국
③ 베트남　　　　　　　　　　　④ 멕시코
⑤ 한국

17 다음 중 서울 버스의 노선 색으로 옳지 않은 것은?

① 파란색　　　　　　　　　　　② 초록색
③ 노란색　　　　　　　　　　　④ 보라색
⑤ 빨간색

18 데이터 3법은 개인정보보호에 관한 법이 소관 부처별로 나뉘어 있기 때문에 생기는 불필요한 중복 규제를 없애 4차 산업 혁명의 도래에 맞춰 개인과 기업이 정보를 활용할 수 있는 폭을 넓히자는 취지로 마련되었다. 다음 중 데이터 3법에 해당되는 것을 바르게 나열한 것은?

① 개인정보 보호법, 정보통신망법, 신용정보법
② 개인정보 보호법, 신용정보법, 컴퓨터프로그램보호법
③ 개인정보 보호법, 정보통신망법, 컴퓨터프로그램보호법
④ 정보통신망법, 신용정보법, 컴퓨터프로그램보호법
⑤ 정보통신망법, 신용정보법, 사회보호법

19 다음 중 충분한 능력을 갖춘 구성원, 특히 여성이 조직 내의 일정 서열 이상으로 오르지 못하게 하는 '보이지 않는 장벽'을 은유적으로 표현하는 말로 옳은 것은?

① 유리벽
② 유리블록
③ 유리바닥
④ 유리천장
⑤ 유리문

20 다음 중 레스토랑 가이드북이 아닌 것은?

① 『블루리본 서베이(Blue Riband Survey)』
② 『감베로 로쏘(Gambero Rosso)』
③ 『베이지북(Beige Book)』
④ 『자갓 서베이(Zagat Survey)』
⑤ 『미슐랭 가이드(Michelin Guide)』

21 4차 산업혁명의 핵심내용인 빅데이터에 대한 설명으로 옳지 않은 것은?

① 빅데이터란 과거에 비해 규모가 크고, 주기가 짧고, 수치뿐 아니라 문자와 영상 등의 데이터를 포함하는 대규모 데이터를 말한다.
② 빅데이터는 크게 데이터의 양, 속도, 형태의 다양성으로 요약되어진다.
③ 빅데이터 기술을 활용하면 과거에 비해 빠른 시간 안에 분석하는 것이 가능하다.
④ 기존에는 비정형의 데이터를 분석했다면, 빅데이터 환경에서는 정형화된 데이터를 분석하는 데 중점을 둔다.
⑤ 과거 기술에 비해 빅테이터 기술은 예측력이 뛰어나다.

22 다음 중 대통령이 국회의 동의 없이 임명할 수 있는 공무원은?

① 대법관
② 감사원장
③ 대법원장
④ 국무총리
⑤ 헌법재판관

23 다음 중 2019년 12월을 기준으로 반환이 결정된 미군 기지로 옳지 않은 것은?

① 강원도 원주 캠프 롱
② 강원도 원주 캠프 이글
③ 인천광역시 부평구 캠프 마켓
④ 경기도 의정부 캠프 잭슨
⑤ 경기도 동두천 캠프 호비 쉐아사격장

24 다음 중 강사법(개정 고등교육법)과 관련한 내용을 옳지 않은 것은?

① 강사를 2년 이상 고용해야 한다.
② 강사에게 대학 교원의 지위를 부여한다.
③ 강사에게 3년까지 재임용 절차를 보장한다.
④ 강사에게는 방학 동안에도 임금을 지급한다.
⑤ 사이버대학을 제외한 원격대학의 강사는 1년 미만으로 임용할 수 있다.

25 다음 중 한국에서 유치했던 국제 스포츠가 아닌 것은?

① 럭비 월드컵
② 세계수영선수권 대회
③ 세계육상선수권 대회
④ 하계 유니버시아드 대회
⑤ 동계 유니버시아드 대회

26 다음 중 이란, 이라크, 시리아, 레바논 등의 이슬람 국가를 통틀어 이르는 용어로 옳은 것은?

① 핫 벨트
② 블루 벨트
③ 시아파 벨트
④ 베세토 벨트
⑤ 쿨 벨트

27 다음 중 독자의 관심을 끌기 위해 흥미 위주의 저속하고 선정적인 기사를 주로 보도하는 신문 또는 그런 신문 논조를 뜻하는 용어는?

① 블랙 저널리즘(Black Journalism)
② 드론 저널리즘(Drone Journalism)
③ 옐로 저널리즘(Yellow Journalism)
④ 그래프 저널리즘(Graph Journalism)
⑤ 제록스 저널리즘(Xerox Journalism)

28 다음 중 양자 역학에 기반을 둔 독특한 논리 연산 방법을 도입해 기존의 것보다 처리속도를 높인 컴퓨터로 옳은 것은?

① 바이오 컴퓨터
② 뉴로 컴퓨터
③ 탠덤 컴퓨터
④ 양자 컴퓨터
⑤ 하이브리드 컴퓨터

29 다음 중 비트코인 이외의 암호화폐(가상화폐)를 통틀어 부르는 용어로 옳은 것은?

① 리플(Ripple)
② 알트코인(Alt Coin)
③ 이더리움(Ethereum)
④ 라이트코인(Lite Coin)
⑤ 블랙코인(Black Coin)

30 다음 중 중국에서 최대 규모로 온라인 쇼핑이 이루어지는 '광군제(光棍節)' 날짜로 옳은 것은?

① 11월 1일
② 11월 5일
③ 11월 9일
④ 11월 11일
⑤ 11월 30일

31 다음 중 국외로 진출한 자국 기업을 각종 세제 혜택과 규제 완화 등을 통해 자국으로 불러 들이는 정책을 의미하는 용어로 옳은 것은?

① 리쇼어링(Reshoring)
② 오프쇼어링(Off Shoring)
③ 홈쇼어링(home Shoring)
④ 니어쇼어링(Near Shoring)
⑤ 라이트쇼어링(Right Shoring)

32 다음 중 시·도지사가 미세먼지(PM – 10) 주의보를 발령하는 기준으로 옳은 것은?

① $100\mu g/\mathrm{m}^3$ ② $125\mu g/\mathrm{m}^3$

③ $150\mu g/\mathrm{m}^3$ ④ $175\mu g/\mathrm{m}^3$

⑤ $200\mu g/\mathrm{m}^3$

33 다음 중 2019년 하반기 현재 MERCOSUR 공동시장이사회(CMC)의 의장국을 맡고 있는 국가로 옳은 것은?

① 브라질   ② 우루과이

③ 파라과이   ④ 베네수엘라

⑤ 아르헨티나

34 다음 중 정부 차원에서 소상공인의 부담을 줄이기 위해 '연매출 8억 원 이하 결제액 판매자는 수수료 0%'를 혜택으로 내놓은 간편 결제 표준은 무엇인가?

① 토스   ② 페이코

③ 뱅크월렛   ④ 제로페이

⑤ 서울페이

35 다음 중 경영난에도 불구하고 피고용인의 고용 상태를 유지하려는 기업을 정부가 지원하는 고용유지지원금의 최장 지급 기간은 얼마인가?

① 3개월   ② 6개월

③ 9개월   ④ 12개월

⑤ 15개월

36 다음 중 플라스틱에 대한 설명으로 옳지 않은 것은?

① 미세플라스틱은 크기가 5mm 미만인 플라스틱을 뜻한다.

② 미세플라스틱은 치약과 세정제 속에 포함되기도 했다.

③ 미세플라스틱은 2017년 1월부터 화장품 등에 사용금지되었다.

④ 미세플라스틱은 인체로 들어가면 심장질환을 일으킬 위험이 있다.

⑤ 북태평양에는 플라스틱 쓰레기가 밀집해 섬처럼 보이는 곳도 있다.

37 다음 중 월트디즈니사(社)가 인수하지 않은 기업은?

① 픽사(Pixar)

② 마블(Marvel)

③ 넷플릭스(Netflx)

④ 20세기 폭스(Fox)

⑤ ABC(American Broadcasting Company)

38 플라스틱을 부드럽게 하기 위해 각종 PVC 제품 등에 광범위하게 사용되었으나, 현재는 환경호르몬 추정물질로 구분하여 사용이 금지된 화학 첨가제는?

① TCDD

② 라돈(Radon)

③ 비스페놀 A(Bisphenol-A)

④ 벤조피렌(Benzopyrene)

⑤ 프탈레이트(Phthalate)

39 다음 중 시노드(Synod)에 대한 설명으로 옳지 않은 것은?

① 카톨릭에서 당면한 문제를 해결하기 위해 개최하는 회의이다.

② 크게 교구 시노드와 주교 시노드로 나눌 수 있다.

③ 교구 시노드에는 사제와 수도자 외 일반 신자는 참여할 수 없다.

④ 자문기구로써 참여자는 의결 투표권이 아닌 건의 투표권만을 가진다.

⑤ 교구의 자율적인 판단에 의해 개최된다.

40 다음 중 TV, 라디오, 신문 등의 기존 전달 매체에 얽매이지 않는 새로운 쌍방향 소통의 플랫폼 형식 미디어는?

① 뉴미디어

② 매스미디어

③ 핫미디어

④ 쿨미디어

⑤ 레거시 미디어

41 다음 빈칸에 들어갈 국가와 제천행사로 옳은 것은?

> "___㉠___ 나라 읍락(邑落)의 남녀들이 밤에 모여 서로 노래와 놀이를 즐기며 10월에 제천을 하면서 국중대회를 여는데 그 이름을 ___㉡___ 이라 한다."

	㉠	㉡
①	고구려	동맹
②	동예	무천
③	부여	영고
④	삼한	수릿날
⑤	옥저	계절제

42 다음 중 삼국의 항쟁을 시기순으로 바르게 나열한 것은?

> ㄱ. 신라가 한강 유역과 함경도 일부 지역까지 영토를 확장하였다.
> ㄴ. 백제가 마한의 잔여 세력을 복속시키고 전라도 지역 전체를 확보하였다.
> ㄷ. 백제가 신라의 대야성을 비롯한 40여 성을 빼앗았다.
> ㄹ. 고구려가 남한강 유역까지 진출하면서 중원고구려비를 세웠다.

① ㄴ – ㄷ – ㄹ – ㄱ
② ㄴ – ㄹ – ㄱ – ㄷ
③ ㄹ – ㄱ – ㄴ – ㄷ
④ ㄹ – ㄴ – ㄱ – ㄷ
⑤ ㄹ – ㄷ – ㄴ – ㄱ

43 다음 중 (가)에 해당하는 민족과 관련된 사실로 옳은 것은?

> 서희가 소손녕에게 말하기를 "우리는 고구려의 후손이라는 뜻에서 나라 이름도 고려라 하였다. 만일 국경을 논한다면 너희 나라 수도인 동경도 우리 땅에 있는 것이니 오히려 당신들이 우리나라를 침략한 것이다."
> 서희는 ___(가)___ 과/와 송나라가 전쟁 중인 관계를 이용하여 교류를 약속하고 압록강 동쪽 280리를 돌려받았다. 고려는 이 지역에 강동 6주를 설치하고 약속과 달리 ___(가)___ 에 사신을 보내지 않았다. ___(가)___ 은/는 뒤늦게 이 지역이 중요한 군사지역인 것을 알고 되돌려 달라고 하였으나 고려는 이를 거부하였다.

① 여진을 물리치고 김종서가 4군 6진을 설치하였다.
② 을지문덕이 수나라 군대를 살수에서 크게 격파하였다.
③ 삼별초가 몽골을 상대로 진도와 제주도에서 항쟁하였다.
④ 윤관이 별무관을 설치하고 여진과의 전쟁에 대비하였다.
⑤ 강감찬이 귀주에서 거란의 소배압을 상대로 승리를 거두었다.

44 다음 자료에서 주장하고 있는 것은?

> 신하들은 마땅히 왕을 하늘처럼 섬겨야 하지만, 왕도 항상 백성을 위한 정치를 해야 하고 이를 위해서는 민심을 잘 아는 재상을 찾아 그에게 정치를 맡겨야 한다.

① 경제 발전
② 문화 정치
③ 유교 보급
④ 국왕의 독점적 지배
⑤ 왕권과 신권의 조화

45 다음 중 정치기구와 역할을 바르게 연결한 것은?

① 교정도감 : 관리 비위의 규찰, 인사 행정 및 조세 징수권까지 장악하여 재정권까지 담당하는 고려 후기 최고의 권력기관
② 변정도감 : 법제 및 격식 제정에 관한 문제를 의논한 재신과 추신의 회의기관
③ 식목도감 : 불법으로 빼앗은 노비를 환원시키거나 노비의 신분·상속관계가 잘못된 것을 바로잡아 주는 일을 담당한 임시 관청
④ 도병마사 : 일본 원정을 위한 전방사령부로서 고려에 설치되었던 관서
⑤ 정동행성 : 국방회의 기구로 국가의 군기 및 국방상 중요한 일을 의정하던 합의기관

46 다음 빈칸에 들어갈 정부 기관에 대한 설명으로 옳지 않은 것은?

> 대사성 김익희가 상소하였다. "…(중략)… 그런데, 오늘에 와서는 큰일이건 작은 일이건 중요한 것으로 취급되지 않는 것이 없는데, 정부는 한갓 헛이름만 지니고 육조는 모두 그 직임을 상실하였습니다. 명칭은 '변방의 방비를 담당하는 것'이라고 하면서 과거에 대한 판하나 비빈을 간택하는 등의 일까지도 모두 여기를 경유하여 나옵니다. 명분이 바르지 못하고 말이 순하지 않음이 이보다 심할 수가 없습니다. 신의 어리석은 소견으로는 _____ 을/를 혁파하여 정당으로 개칭하는 것이 상책이라 생각합니다."

① 명종 때 을묘왜변을 계기로 처음 설치되었다.
② 19세기에는 세도 정치의 중심 기구가 되었다.
③ 의정부와 6조의 기능을 약화시켰다.
④ 흥선대원군에 의해 사실상 폐지되었다.
⑤ 조선 후기 문·무고관의 최고 합의기구이다.

47 다음 교서가 내려진 당시의 사회 모습에 대한 적절한 설명을 〈보기〉에서 고른 것은?

> 만일 지금 재가를 금지하는 법령을 세우지 않는다면 음란한 행동을 막기 어렵다. 이제부터 재가한 여자의 자손은 관료가 되지 못하게 하여 풍속을 바르게 하라.

보기
ㄱ. 혼인 후 곧바로 남자 집에서 생활하는 경우가 일반화되었다.
ㄴ. 부계 위주의 족보 편찬이 일반화되었다.
ㄷ. 여성들의 재혼이 어느 정도 자유로웠다.
ㄹ. 부인의 덕을 지키지 못한 여자의 자손에게 벼슬을 제한하는 법도 만들었다.

① ㄱ, ㄴ
② ㄴ, ㄷ
③ ㄷ, ㄹ
④ ㄱ, ㄴ, ㄹ
⑤ ㄱ, ㄷ, ㄹ

48 다음 밑줄 친 인물과 관련된 설명으로 옳지 않은 것은?

> 서원의 철폐령이 내려지자 각지의 유생들은 분개하여 맹렬히 반대 운동을 전개하여, 유생 대표가 궐문 앞에서 시위하고 탄원하며 호소하였다.
> 대원군이 크게 노하여 "백성을 해치는 자는 공자가 다시 살아난다 하여도 내가 용서 못한다. 하물며 서원은 우리나라의 선유를 제사지내는 곳인데 어찌 이런 곳이 도적이 숨는 곳이 되겠느냐?"하며 군졸들로 하여금 유생들을 해산시키고 한강 건너로 축출하였다.

① 대전회통, 육전조례 등의 법전을 편찬하였다.
② 원납전을 징수하고, 당백전을 발행하였다.
③ 비변사를 폐지하였다.
④ 통상 개화를 주장하였다.
⑤ 호포제를 시행하였다.

49 다음은 19세기에 있었던 사건들이다. 이 사건들을 순서대로 나열한 것은?

> ㄱ. 강화도 조약
> ㄴ. 병인박해
> ㄷ. 운요호 사건
> ㄹ. 병인양요
> ㅁ. 오페르트 도굴 미수 사건

① ㄹ - ㄴ - ㅁ - ㄷ - ㄱ
② ㄴ - ㅁ - ㄹ - ㄷ - ㄱ
③ ㄴ - ㄹ - ㅁ - ㄷ - ㄱ
④ ㄴ - ㄹ - ㅁ - ㄱ - ㄷ
⑤ ㄹ - ㄴ - ㄱ - ㅁ - ㄷ

50 다음 자료에서 설명하고 있는 신문으로 옳은 것은?

- 최초의 민간 신문이다.
- 한글과 영문으로 발행하였다.
- 일반 대중에게 근대적 지식과 국권·민권 사상을 고취시켰다.

①

②

③

④

⑤

Day 7

7일 차

인성검사 / 면접

01 인성검사 소개 및 모의테스트

| 01 | 인성검사 유형

인성검사는 지원자의 성격특성을 객관적으로 파악하고 그것이 각 기업에서 필요로 하는 인재상과 가치에 부합하는가를 평가하기 위한 검사입니다. 대표적으로 KPDI(한국인재개발진흥원), K-SAD(한국사회적성개발원), KIRBS(한국행동과학연구소), SHR(에스에이치알) 등의 전문기관을 통해 각 기업의 특성에 맞는 검사를 선택하여 실시합니다. 대표적인 인성검사의 유형에는 크게 다음과 같은 세 가지가 있으며, 채용 대행업체에 따라 달라집니다.

1. KPDI 검사

조직적응성과 직무적합성을 알아보기 위한 검사로, 인성역량검사, 인성검사, 인적성검사, 직종별 인적성검사 등의 다양한 검사 도구를 구현합니다. KPDI 인성검사는 성격을 파악하고 정신건강 상태 등을 측정하고, 직무검사는 해당 직무를 수행하기 위해 기본적으로 갖추어야 할 인지적 능력을 측정합니다. 역량검사는 특정 직무 역할을 효과적으로 수행하는 데 직접적으로 관련 있는 개인의 행동, 지식, 스킬, 가치관 등을 측정합니다.

2. KAD(Korea Aptitude Development) 검사

K-SAD(한국사회적성개발원)에서 실시하는 적성검사 프로그램입니다. 개인의 성향, 지적 능력, 기호, 관심, 흥미도를 종합적으로 분석하여 적성에 맞는 업무가 무엇인가 파악하고, 직무수행에 있어서 요구되는 기초능력과 실무능력을 분석합니다.

3. SHR 직무적성검사

직무수행에 필요한 다양한 사고 능력을 다양한 적성검사(Paper and Pencil Test)로 평가합니다. SHR의 모든 직무능력검사는 표준화 검사입니다. 표준화 검사는 표본집단의 점수를 기초로 규준이 만들어진 검사이므로 개인의 점수를 규준에 맞추어 해석·비교하는 것이 가능합니다. S(Standardized Tests), H(Hundreds of Version), R(Reliable Norm Data)을 특징으로 하며, 직군·직급별 특성과 선발 수준에 맞추어 검사를 적용할 수 있습니다.

| 02 | 인성검사와 면접

인성검사는 특히 면접질문과 관련성이 높습니다. 면접관은 지원자의 인성검사 결과를 토대로 질문을 하기 때문입니다. 일관적이고 이상적인 답변을 하는 것이 가장 좋지만, 실제 시험은 매우 복잡하여 전문가라 해도 일정 성격을 유지하면서 답변을 하는 것이 힘듭니다. 또한, 인성검사에는 라이 스케일 설문이 전체 설문 속에 교묘하게 섞여 들어가 있으므로 겉치레적인 답을 하게 되면 회답태도의 허위성이 그대로 드러나게 됩니다. 예를 들어 '거짓말을 한 적이 한 번도 없다.'에 '예'로 답하고, '때로는 거짓말을 하기도 한다.'에 '예'라고 답하여 라이 스케일의 득점이 올라가게 되면 모든 회답의 신빙성이 사라지고 '자신을 돋보이게 하려는 사람'이라는 평가를 받을 수 있으므로 주의해야 합니다. 따라서 모의테스트를 통해 인성검사의 유형과 실제 시험 시 어떻게 문제를 풀어야 하는지 연습해 보고 체크한 부분 중 자신의 단점과 연결되는 부분은 면접에서 질문이 들어왔을 때 어떻게 대처해야 하는지 생각해 보는 것이 좋습니다.

| 03 | 유의사항

1. 기업의 인재상을 파악하라!

인성검사를 통해 개인의 성격특성을 파악하고 그것이 기업의 인재상과 가치에 부합하는지를 평가하는 시험이기 때문에 해당 기업의 인재상을 먼저 파악하고 시험에 임하는 것이 좋습니다. 모의테스트에서 인재상에 맞는 가상의 인물을 설정하고 문제에 답해 보는 것도 많은 도움이 됩니다.

2. 일관성 있는 대답을 하라!

짧은 시간 안에 다양한 질문에 답을 해야 하는데, 그 안에는 중복되는 질문이 여러 번 나옵니다. 이때 앞서 자신이 체크했던 대답을 잘 기억해뒀다가 일관성 있는 답을 하는 것이 중요합니다.

3. 모든 문항에 대답하라!

많은 문제를 짧은 시간 안에 풀려다 보니 다 못 푸는 경우도 종종 생깁니다. 하지만 대답을 누락하거나 끝까지 다 못 했을 경우 안 좋은 결과를 가져올 수도 있으니 최대한 주어진 시간 안에 모든 문항에 답할 수 있도록 해야 합니다.

※ 모의테스트는 질문 및 답변 유형 연습을 위한 것으로 실제 시험과 다를 수 있습니다.

번호	내용	예	아니오
001	나는 솔직한 편이다.	☐	☐
002	나는 리드하는 것을 좋아한다.	☐	☐
003	법을 어겨서 말썽이 된 적이 한 번도 없다.	☐	☐
004	거짓말을 한 번도 한 적이 없다.	☐	☐
005	나는 눈치가 빠르다.	☐	☐
006	나는 일을 주도하기보다는 뒤에서 지원하는 것을 선호한다.	☐	☐
007	앞일은 알 수 없기 때문에 계획은 필요하지 않다.	☐	☐
008	거짓말도 때로는 방편이라고 생각한다.	☐	☐
009	사람이 많은 술자리를 좋아한다.	☐	☐
010	걱정이 지나치게 많다.	☐	☐
011	일을 시작하기 전 재고하는 경향이 있다.	☐	☐
012	불의를 참지 못한다.	☐	☐
013	처음 만나는 사람과도 이야기를 잘 한다.	☐	☐
014	때로는 변화가 두렵다.	☐	☐
015	나는 모든 사람에게 친절하다.	☐	☐
016	힘든 일이 있을 때 술은 위로가 되지 않는다.	☐	☐
017	결정을 빨리 내리지 못해 손해를 본 경험이 있다.	☐	☐
018	기회를 잡을 준비가 되어 있다.	☐	☐
019	때로는 내가 정말 쓸모없는 사람이라고 느낀다.	☐	☐
020	누군가 나를 챙겨주는 것이 좋다.	☐	☐
021	자주 가슴이 답답하다.	☐	☐
022	나는 내가 자랑스럽다.	☐	☐
023	경험이 중요하다고 생각한다.	☐	☐
024	전자기기를 분해하고 다시 조립하는 것을 좋아한다.	☐	☐
025	감시받고 있다는 느낌이 든다.	☐	☐

번호	내용	예	아니오
026	난처한 상황에 놓이면 그 순간을 피하고 싶다.	☐	☐
027	세상엔 믿을 사람이 없다.	☐	☐
028	잘못을 빨리 인정하는 편이다.	☐	☐
029	지도를 보고 길을 잘 찾아간다.	☐	☐
030	귓속말을 하는 사람을 보면 날 비난하고 있는 것 같다.	☐	☐
031	막무가내라는 말을 들을 때가 있다.	☐	☐
032	장래의 일을 생각하면 불안하다.	☐	☐
033	결과보다 과정이 중요하다고 생각한다.	☐	☐
034	운동은 그다지 할 필요가 없다고 생각한다.	☐	☐
035	새로운 일을 시작할 때 좀처럼 한 발을 떼지 못한다.	☐	☐
036	기분 상하는 일이 있더라도 참는 편이다.	☐	☐
037	업무능력은 성과로 평가받아야 한다고 생각한다.	☐	☐
038	머리가 맑지 못하고 무거운 느낌이 든다.	☐	☐
039	가끔 이상한 소리가 들린다.	☐	☐
040	타인이 내게 자주 고민상담을 하는 편이다.	☐	☐

| 05 | SHR 모의테스트

※ 모의테스트는 질문 및 답변 유형 연습을 위한 것으로 실제 시험과 다를 수 있습니다.

※ 이 성격검사의 각 문항에는 서로 다른 행동을 나타내는 네 개의 문장이 제시되어 있습니다. 이 문장들을 비교하여, 자신의 평소 행동과 가장 가까운 문장을 'ㄱ'열에 표기하고, 가장 먼 문장을 'ㅁ'열에 표기하십시오.

01 나는 _____

	ㄱ	ㅁ
A. 실용적인 해결책을 찾는다.	☐	☐
B. 다른 사람을 돕는 것을 좋아한다.	☐	☐
C. 세부 사항을 잘 챙긴다.	☐	☐
D. 상대의 주장에서 허점을 잘 찾는다.	☐	☐

02 나는 _____

	ㄱ	ㅁ
A. 매사에 적극적으로 임한다.	☐	☐
B. 즉흥적인 편이다.	☐	☐
C. 관찰력이 있다.	☐	☐
D. 임기응변에 강하다.	☐	☐

03 나는 _____

	ㄱ	ㅁ
A. 무서운 영화를 잘 본다.	☐	☐
B. 조용한 곳이 좋다.	☐	☐
C. 가끔 울고 싶다.	☐	☐
D. 집중력이 좋다.	☐	☐

04 나는 _____

	ㄱ	ㅁ
A. 기계를 조립하는 것을 좋아한다.	☐	☐
B. 집단에서 리드하는 역할을 맡는다.	☐	☐
C. 호기심이 많다.	☐	☐
D. 음악을 듣는 것을 좋아한다.	☐	☐

05 나는 _____

	ㄱ	ㅁ
A. 타인을 늘 배려한다.	☐	☐
B. 감수성이 예민하다.	☐	☐
C. 즐겨하는 운동이 있다.	☐	☐
D. 일을 시작하기 전에 계획을 세운다.	☐	☐

06 나는 _____

	ㄱ	ㅁ
A. 타인에게 설명하는 것을 좋아한다.	☐	☐
B. 여행을 좋아한다.	☐	☐
C. 정적인 것이 좋다.	☐	☐
D. 남을 돕는 것에 보람을 느낀다.	☐	☐

07 나는 _____

	ㄱ	ㅁ
A. 기계를 능숙하게 다룬다.	☐	☐
B. 밤에 잠이 잘 오지 않는다.	☐	☐
C. 한 번 간 길을 잘 기억한다.	☐	☐
D. 불의를 보면 참을 수 없다.	☐	☐

08 나는 _____

	ㄱ	ㅁ
A. 종일 말을 하지 않을 때가 있다.	☐	☐
B. 사람이 많은 곳을 좋아한다.	☐	☐
C. 술을 좋아한다.	☐	☐
D. 휴양지에서 편하게 쉬고 싶다.	☐	☐

09 나는 _____

	ㄱ	ㅁ
A. 뉴스보다는 드라마를 좋아한다.	☐	☐
B. 길을 잘 찾는다.	☐	☐
C. 주말엔 집에서 쉬는 것이 좋다.	☐	☐
D. 아침에 일어나는 것이 힘들다.	☐	☐

10 나는 _____

	ㄱ	ㅁ
A. 이성적이다.	☐	☐
B. 할 일을 종종 미룬다.	☐	☐
C. 어른을 대하는 게 힘들다.	☐	☐
D. 불을 보면 매혹을 느낀다.	☐	☐

11 나는 _____

	ㄱ	ㅁ
A. 상상력이 풍부하다.	☐	☐
B. 예의 바르다는 소리를 자주 듣는다.	☐	☐
C. 사람들 앞에 서면 긴장한다.	☐	☐
D. 친구를 자주 만난다.	☐	☐

12 나는 _____

	ㄱ	ㅁ
A. 나만의 스트레스 해소 방법이 있다.	☐	☐
B. 친구가 많다.	☐	☐
C. 책을 자주 읽는다.	☐	☐
D. 활동적이다.	☐	☐

02 면접전형 가이드

| 01 | 면접전형 소개

1. 소개

- NCS 면접전형은 업무를 수행하는 데 있어 꼭 필요한 역량(지식, 기술, 태도, 인성)을 갖추고 있는지, 갖추고 있다면 기업(관)에 입사하여 발휘될 수 있는지를 평가하는 절차입니다.
- 면접전형에서는 면접관이 서류나 필기 전형에서 볼 수 없었던 행동에 대해 면접자를 평가할 수 있으며, 이전 과정을 통해 생긴 궁금한 부분을 직접 확인하고 지원자를 심층적으로 파악하기가 쉽습니다. 또한, 의사소통방식 및 언어적 특성(습관)에 대한 정보를 얻을 수 있습니다.
- 평가 방법은 구조화 면접의 성격으로 사전에 필요한 기본 질문 및 추가 질문을 계획해 놓고 역량 검증에 집중한 면접 방식으로 진행되고 있습니다.

2. 면접전형의 구성

NCS 직업기초능력면접		NCS 직무능력면접
• 해당 직무수행 시 요구하는 직업기초능력(기초 소양)을 평가하기 위한 과정입니다. • 직무기술서에 언급된 직업기초능력을 검증하기 위한 문항을 개발하고 객관적으로 평가할 수 있는 문항으로 구성됩니다.		• 실제 직무수행과 관련한 지식, 기술, 태도를 객관적으로 평가할 수 있는 평가 문항들로 구성됩니다. • 실질적인 업무 능력 파악을 위해 가지고 있는 능력(지식, 기술, 태도)을 업무수행 중 적용할 수 있는지를 평가하기 위한 내용으로 구성되어 있습니다.

| 02 | NCS 구조화 면접 유형 소개

1. 경험면접

- 방식
  해당 역량의 발휘가 요구되는 일반적인 상황을 제시하고, 그러한 상황에서 어떻게 행동했었는지(과거경험)를 파악
- 판단기준
  해당 역량의 수준, 경험 자체의 구체성, 진실성 등
- 특징
  추상적인 생각이나 의견 제시가 아닌 과거 경험 및 행동 중심의 질의가 이루어지므로 지원자는 사전에 본인의 과거 경험 및 사례를 정리하는 것이 필요

Tip

답변을 통해 알고자 하는 역량이 명확하게 정해져 있으며 답변의 질에 따라 평가 기준이 확실한 것이 구조화 면접의 특징입니다. 면접자는 해당 역량이 돋보일 수 있는 답변 프로세스를 구축하는 것이 좋습니다.
- 답변 프로세스 구축 팁 : 상황 및 문제점 제시 → 자신의 행동 → 결과 → 결론

2. 발표(프레젠테이션)면접

- 방식
  지원자가 특정 주제와 관련된 자료를 검토하고, 그에 관한 자신의 생각을 면접관 앞에서 발표하며, 질의응답을 함
- 판단기준
  지원자의 사고력, 논리력, 문제해결능력 등
- 특징
  - 과제를 부여한 후, 지원자들이 과제를 수행하는 과정과 결과를 관찰·평가
  - 과제수행의 결과뿐 아니라, 과제수행 과정에서의 행동을 모두 평가

Tip

자료 분석부터 발표까지 일련의 과정으로 준비해야 합니다.
- 발표면접 팁
 ① 모든 기준을 지켜야 한다.
    이미 알고 있던 지식, 정보를 총망라해서 만드는 것이 아닌 제공된 과제 자료를 활용해야 함을 명심하시기 바랍니다. 또한, 발표 시간을 지키는 것도 기억해야 합니다. 면접도 순서가 있고 정해진 시간이 있으므로 다른 면접자에게 피해를 줄 수 있는 행동은 금해야 합니다.
 ② 질문을 예상해야 한다.
    발표가 끝나면 통상적으로 질의응답이 이뤄지게 됩니다. 이때 예상 질문을 생각해 보고 답변을 준비하는 것이 좋고, 발표 시간을 고려하여 주요 내용을 질의할 수 있게 유도하는 것도 좋은 방법이 됩니다.

3. 토론면접

- 방식

  상호갈등적 요소를 가진 과제 또는 공통의 과제를 해결하는 내용의 토론 과제 제시, 그 과정에서의 개인 간의 상호작용 행동 관찰
- 판단기준

  팀워크, 갈등 조정, 의사소통능력 등
- 특징

  면접에서 최종안을 도출하는 것도 중요하나 주장의 옳고 그름이 아닌 결론을 도출하는 과정과 말하는 자세 등도 중요

Tip

- 토론면접 핵심 3요소
  ① 배려심 : 말이 겹쳤을 시 타인에게 발언권을 양보하거나 대화에 참여하지 못하는 지원자에게 발언 기회를 준다면 타인에 대한 배려심을 보여줄 수 있습니다.
  ② 경청의 자세 : 타인이 말을 할 때 허공을 바라보거나 땅을 보는 것보다, 고개를 끄덕이고 중요한 것은 메모하며 적극적으로 타인의 이야기를 듣고 있다는 표현을 한다면 경청의 자세를 보여줄 수 있습니다.
  ③ 논리정연 : 주장에 대한 근거가 없다면? 타인의 생각과 다른데 자신의 주장이 없다면? 장황하게 말이 늘어진다면? 자기 생각을 잘 정리하여 근거와 함께 이야기하는 것이 중요합니다.

4. 상황면접

- 방식

  직무수행 시 접할 수 있는 상황들을 제시하고, 그러한 상황에서 어떻게 행동할 것인지(행동의도)를 파악
- 판단기준

  해당 상황에 맞는 해당 역량의 구체적 행동지표
- 특징

  지원자의 가치관, 태도, 사고방식 등의 요소를 평가하는 데 용이

Tip

바로 해결책을 제시하려는 다급함이 아닌 상황을 인지하고 어떻게 대처해야 할지 인식하려는 노력이 중요합니다.

|03| NCS 구조화 면접 예시

1. 경험면접 질문 예시

- 학창시절 리더로서 이끌어간 경험이 있는가?
- 행사준비 과정에서 어려움이 있을 때 어떻게 극복했는가? (총무 – 행사지원 – 행사운영)

직무수행능력 평가요소	수행태도	직업기초능력 평가요소	문제해결능력

- 취업준비를 하며 정보를 검색하고 수집한 내용을 쉽게 찾기 위해 관리한 방법이 있다면 무엇인가?
  (사무행정 – 문서관리 – 문서 수·발신)

직무수행능력 평가요소	업무역량, 전문지식	직업기초능력 평가요소	자원관리능력

- 다른 사람과 갈등이 생기는 상황을 어떻게 해결했고 느낀 점은 무엇인가? (직업기초 – 대인관계 – 갈등관리능력)

직무수행능력 평가요소	수행태도	직업기초능력 평가요소	대인관계능력

2. 상황면접 질문 예시

- 금주 금요일 창립기념일 행사 예정인데 수요일 현재 30% 정도만이 참여 의사를 밝혔다면, 참여를 독려하기 위한 방법은 어떤 것이 있는가? (총무 – 행사지원 – 행사운영)

직무수행능력 평가요소	업무역량	직업기초능력 평가요소	조직이해능력, 문제해결능력

- 회사 내 많은 공문서를 효율적으로 관리하고 쉽게 찾는 방법에는 어떤 것이 있는가?
  (사무행정 – 문서관리 – 문서 수·발신)

직무수행능력 평가요소	업무역량, 전문지식	직업기초능력 평가요소	자원관리능력

- 워크숍 진행 중 약속된 강사가 갑작스러운 사정으로 강의를 진행하지 못하게 되었을 때 어떻게 대처하겠는가?
  (직업기초 – 문제해결능력 – 문제처리능력)

직무수행능력 평가요소	업무역량, 수행태도	직업기초능력 평가요소	문제해결능력

03 부산교통공사 면접 기출질문

부산교통공사는 2019년에 채용을 진행하지 않았다. 따라서 2018년 채용을 근거로 살펴보면 다음과 같다. 2018년 상반기 부산교통공사의 면접은 1차 면접과 2차 면접으로 진행되었으나, 2018년 하반기 부산교통공사의 면접은 1차 면접으로 진행되었다. 면접은 토론면접과 인성면접으로 약 50 ~ 60분가량 多대多 방식으로 진행되었다. 토론면접은 대체로 직무와 관련된 주제로 출제되었고, 전공질문의 비율이 높은 편이었다. 또한, 평가요소로는 '직원으로서의 정신자세', '전공지식의 수준 및 그 응용능력', '의사발표의 정확성과 논리성', '품행, 성실성, 적응성, 어학능력', '창의력, 의지력, 기타 발전 가능성'의 5가지를 각 3점씩 15점 만점으로 평가한다. 따라서 자기소개서 내용에 대한 숙지와 함께 평가요소에 대하여 부산교통공사의 핵심가치를 반영한 답변을 준비할 필요가 있다.

1. 토론면접

- 철도운행 중 정전이 된다면 어떻게 대응할 것인가?
- 20대의 지하철 불만률이 높은데 그 이유와 개선방법을 논의하시오.
- 업무 수행 시 매뉴얼과 유연성 중 중요한 것이 무엇이라 생각하는가?
- 최근 중요하게 생각되는 워라밸이 지켜지려면 어떻게 해야 하는가?
- 데이터 구조의 종류와 차이점을 말해 보시오.
- 교통카드의 원리를 설명해 보시오.
- 최저시급을 1만 원으로 인상하는 것에 대한 사회·경제적 영향을 논의하시오.
- 저출산에 따른 문제점을 제시하고, 이에 대한 해결방안을 제시해 보시오.
- 부산교통공사에서 신재생에너지를 어떻게 활용할 수 있을지 논의하시오.
- 전기세를 줄이는 방안을 제시해 보시오.
- (반부패에 대한 주제로 발표 진행) 만약 선배가 로비를 받는 것을 목격했다면 어떻게 대처할 것인가?
- 지하철 이용률을 증가시킬 방안을 발표해 보시오.

2. 개별면접

- 구조물의 지점과 반력 세 가지를 말해 보시오.
- IoT에 관해 설명해 보시오.
- 전차선 설비에 대해 말해 보시오.
- 귀선에 대해 말해 보시오.
- 카테너리 조가방식과 가공강체가선방식의 차이점을 말해 보시오.
- 전식에 대해 설명해 보시오.
- 부산교통공사 노조에 대해 얼마나 알고 있는가?
- 최근 부산교통공사 기사 중 기억에 남는 것이 있는가?
- 최근 근로기준법 개정 사항에 대해 아는가?
- 관광학과 수업을 많이 들었던데 관광객 유치를 위해 어떻게 할 것인가?
- 기업분석 공모전 경험이 있는데 어떤 부분을 분석했는가?
- 콜센터 봉사활동 경험이 있는데 그때 받은 스트레스를 어떻게 해소했는가?
- 다른 기업에 지원한 적이 있는가?
- 이전 회사에서 왜 퇴사하였는가?
- 역사 내 안전사고가 일어난다면 누구의 책임인지 말해 보시오.
- 지원자가 운영직일 때, 사고 발생 시 어떻게 대처할 것인가?
- 늦은 시간에 긴급출동을 해야 한다면 어떻게 할 것인가?
- 회사와 노조의 불화가 빈번하다면 어떻게 해결할 수 있겠는가?
- 선배보다 먼저 진급하게 되자 선배가 언짢은 태도를 보인다. 어떻게 하겠는가?
- 정규직인 지원자의 입장에서 비정규직을 전부 정규직으로 전환하는 것을 어떻게 생각하는가?
- 파업에 대한 자신의 생각을 말해 보시오.
- KBS, MBC 파업의 이유를 설명해 보시오.
- 부산교통공사의 시설물을 이용하는 고객의 만족을 높이기 위해 어떤 노력을 할 수 있는지 말해 보시오.
- 자신이 채용되어야 하는 이유를 설명해 보시오.
- 옆 지원자를 칭찬해 보시오.
- 자신을 3가지 명사로 표현해 보시오.
- 원만한 인간관계를 위해 무엇이 필요하다고 생각하는가?
- 약간의 군대 문화가 남아있는데 잘 적응할 수 있는가?

3. 전공면접

- DC(직류)를 AC(교류)로 변환하는 방법을 설명해 보시오.
- 변류기에 대하여 설명해 보시오.
- 사이리스터 정류와 다이오드 정류의 차이점에 대하여 설명해 보시오.
- 부산교통공사가 개선해야 할 점을 말해 보시오.
- 서울 지하철을 타본 경험이 있는가? 타봤다면 서울 지하철과 부산 지하철의 차이점을 말해 보시오.
- 부산교통공사의 경영가치 5-UP을 재배치하고 그 이유를 설명해 보시오.
- 이어폰마다 소리가 잘 들리는 것과 잘 들리지 않는 것이 있는데 이를 회로·통신설비와 관련하여 설명해 보시오.
- IPv4와 IPv6의 차이를 말해 보시오.
- 등화기에 관해 설명해 보시오.
- 나이퀴스트에 대해 설명해 보시오.
- 차단기와 단로기에 대해 아는 것을 설명해 보시오.
- 역률에 관해 설명해 보시오.
- 변압기의 원리를 설명해 보시오.
- 통신직 근무자에게 필요한 소양은 무엇인가?
- UPS에 관해 설명해 보시오.
- 직류전차선과 교류전차선의 차이를 설명해 보시오.
- 우리나라의 전력계통을 설명해 보시오.
- 발전원에 관해 설명해 보시오.
- 변전소에 관해 설명해 보시오.
- 변전소 설비에 대해 설명해 보시오.
- 전차선의 종류와 특징을 설명해 보시오.
- 다이오드와 더블 컨버터를 설명해 보시오.
- 케이블 열화현상을 설명해 보시오.
- 쵸퍼 제어방식과 wwF 제어방식에 대해 설명해 보시오.
- 안전사고와 재난사고의 차이를 설명해 보시오.
- 폭우 시 역사근무요원의 역할을 설명해 보시오.
- 활선 점검 시 점검 방법에 관해 설명해 보시오.

4. 인성면접

- 지원자만의 비전은 무엇인가?
- 우리 공사에 지원하게 된 동기가 무엇인가?
- 입사 후 부산교통공사의 발전을 위해 어떤 노력을 할 수 있는가?
- 부산교통공사하면 떠오르는 것은 무엇인가?
- '안전경영품질'로 육행시를 지어 보시오.
- '선진도시철도'로 육행시를 지어 보시오.
- 개인의 목표와 공동의 목표 중 어떤 것이 더 중요한가?
- 친구와의 약속과 회사 일 중 어느 것이 더 중요한가?
- 사람을 두 그룹으로 분류해 보시오.
- 자신을 사물로 표현해 보시오.
- 가장 자신 있는 질문과 그에 대한 답변을 해 보시오.
- 자신에게 가장 소중한 물건 하나를 말해 보시오.
- 자신보다 일을 잘하지 못하는 상사와 일할 때 어떻게 대처할 것인가?
- 자신이 팀장일 때, 일을 안 하는 후임을 어떻게 할 것인가?
- 원치 않는 일을 배정받는다면 어떻게 할 것인가?
- 첫 월급을 타면 무엇을 할 것인가?
- 어머니를 생각했을 때 떠오르는 말은 무엇인가?
- 인생의 좌우명을 말해 보시오.
- 자신의 단점을 말해 보시오.
- 화가 났던 일과 그에 대한 대처방법을 말해 보시오.
- 입사 관련 일은 제외하고 최근 고민거리가 무엇인가?
- 자신만의 스트레스 해소법은 어떤 것이 있는가?
- 사람들이 보는 나와 자신이 보는 나의 차이점을 말해 보시오.
- 자신의 특성을 한마디로 정의해 보시오.
- 주말에 하는 여가활동에는 어떤 것이 있는가?
- 소통에 대한 자신의 생각을 말해 보시오.
- 상사와 트러블이 있을 경우 어떻게 대처하겠는가?
- 직장에서 신뢰를 얻는 방법에는 어떤 것이 있겠는가?

정답 및 해설

정답 및 해설

1일차 의사소통능력 · 수리능력

1 ▶ 의사소통능력

유형 01   정답 ③

핵심인력이 만기공제금 수령 시 소득세의 50%를 감면해주는 제도가 세법개정(안)에 반영된다는 내용을 마지막 문단에서 확인할 수 있다.

오답분석

① 5년간 매월 일정금액을 공동으로 적립하고 만기까지 재직할 경우 공동적립금을 지급받을 수 있다.
② 공제부금은 기업주와 핵심인력이 공동으로 5년 동안 적립해야 한다.
④ 핵심인력은 매달 최소 10만 원 이상, 기업은 매달 최소 20만 원 이상 적립가능하다.
⑤ 내일채움공제는 중소기업 핵심인력의 인력난을 해소하고, 장기재직을 유도하기 위해 중진공에서 공식출범한 공제 사업이다.

유형 02   정답 ①

육아휴직 대체충원이 기업의 이미지에 도움을 준다는 내용은 자료에 없다.

오답분석

② ⓒ ~ ⓔ에서 확인할 수 있다.
③ ⓑ의 제목에서 유추할 수 있다.
④ ⓒ에서 확인할 수 있다.
⑤ ⓛ에서 확인할 수 있다.

유형 03   정답 ④

• 상토적인 → 상투적인
• 다드머 → 다듬어
• 줄림말 → 줄임말
• 호웅하는가 → 호응하는가
• 베열되어 → 배열되어
• 전걔되는가 → 전개되는가

유형 04   정답 ④

중요한 내용을 두괄식으로 작성함으로써 보고받은 자가 해당 문서를 신속하게 이해하고 의사결정하는 데 도움을 주는 것이 중요하다.

유형 05   정답 ③

원활한 의사소통을 위해서는 상대방의 이야기를 끝까지 경청하는 자세가 필요하다. 하지만 A팀장은 상대방의 이야기가 끝나기도 전에 이야기를 가로막으며 자신의 이야기만 하는 태도를 보이고 있다. 그러므로 A팀장이 가져야 경청 방법은 상대방의 말을 가로막지 않는 것이다.

유형 06   정답 ①

설득해야 할 때는 상대방의 사정을 우선시한 다음, 응하기 쉽게 먼저 양보해서 이익을 공유하겠다는 의지를 보여주어야 한다.

2 수리능력

유형 01 정답 ②

2의 배수를 홀수 번째 자리에는 더하고 짝수 번째 자리에는 빼는 규칙을 가졌다.

$\therefore 26+10=36$

유형 02 정답 ①

사은품 구성 물품과 수량이 1개라도 부족해서는 안 되므로, 각 물품마다 몇 명분이 나오는지 먼저 산출한 뒤 사은품을 줄 수 있는 최대 인원을 결정한다. 각티슈는 1개씩 들어가므로 200명분, 위생장갑은 1pack씩 들어가므로 250명분, 롤팩은 3개씩 들어가므로 200명분, 물티슈는 2개씩 들어가므로 200명분, 머그컵은 1개씩 들어가므로 150명분이 된다. 따라서 사은품을 줄 수 있는 최대 인원은 150명이다.

유형 03 정답 ④

각 고속버스의 배차간격이 12분, 18분, 24분이므로 10시에 동시 출발한 이후, 다시 동시에 출발하는 시간은 최소공배수 개념으로 도출할 수 있다.

```
6 ) 12  18  24
2 )  2   3   4
     1   3   2  →  6×2×3×2=72
```

즉, 3개의 시로 가는 고속버스가 10시를 기준으로 72분마다 동시에 출발한다. 그러므로 11시 12분, 12시 24분에 출발하는 고속버스를 이용할 수 있다. 현재시간은 1시간 전이 10시라고 하였으므로 11시이고, 회사에서 고속버스 터미널까지 이동시간이 20분이 걸리므로 12시 24분 고속버스를 이용하는 것이 적절하다. 화물 택배 의뢰 업무가 20분이 걸린다고 하였으므로, 최소 12시 4분 전까지는 도착하여야 한다.

유형 04 정답 ⑤

'매우 불만족'으로 평가한 고객 수는 전체 150명 중 15명이므로 전체 10%의 비율을 차지한다. 따라서 10분의 1이 '매우 불만족'으로 평가했다는 것을 알 수 있다.

오답분석

① 응답자의 합계를 확인하면 150명이므로 올바른 설명이다.
② '매우 만족'이라고 평가한 응답자의 비율이 20%이므로, 150×0.2=30명이다.
③ '보통'이라고 평가한 응답자의 수를 역산하여 구하면 48명이고, 비율은 32%이다. 따라서 약 3분의 1이라고 볼 수 있다.
④ '불만족' 이하 구간은 '불만족' 16%와 '매우 불만족' 10%의 합인 26%이다.

유형 05 정답 ②

㉠ 유로화가 달러화 대비 약세가 심화되고 있는 부분은 첫 번째 그래프에서 달러/유로 환율 추이를 통해 알 수 있다. 2018년 9월까지 1유로당 1.3 ~ 1.4달러 사이에서 유지하다가 그 이후부터 하락하기 시작하여 2019년에 들어와서 1유로당 1.1달러 내외인 것을 확인할 수 있다. 따라서 유로화는 달러화 대비 약세를 보이고 있다는 것은 옳은 내용이다.

㉣ 원/엔 환율 추이를 통해 2019년 원/엔 환율이 전반적으로 900원선에서 상회하고 있다는 것을 확인할 수 있다. 해당 보기에서 '2019년 상반기'라는 말이 언급되지 않더라도 해당 문제가 2019년 상반기 환율변동에 대해서 분석하는 것이므로 이를 감안하고 분석 내용을 이해하여야 한다.

오답분석

㉡ 엔화는 달러화에 대해 전반적으로 전년 대비 약세를 보이고 있는데, 이는 첫 번째 그래프에서 엔/달러 환율 추이를 통해 확인할 수 있다. 2018년에는 1달러당 100엔 근처에서 형성되었으나, 2019년에 와서 1달러당 120엔을 넘었다. 즉, 1달러당 지불해야할 엔화가 늘어난 것으로 달러는 강세, 엔화는 약세로 해석할 수 있다.

㉢ 두 번째 그래프에서 원/달러 환율 추이를 통해 원/달러 환율이 전년 대비 상승했다는 것을 확인할 수 있다. 그러나 원/달러 환율이 1,000원대가 아닌 1,100원대에서 형성되어 있다. 따라서 1,000원을 중심으로 등락하고 있다는 설명은 옳지 않다.

유형 06 정답 ②

주어진 자료에서 1988년의 강수량이 895mm로 1천mm 미만인데, 보기의 그래프에서는 1988년이 1천mm 이상에 위치하고 있으므로 적절하지 않다.

2일차 문제해결능력 · 자원관리능력

3 문제해결능력

유형 01 　정답　②

명랑한 사람 → 마라톤을 좋아함 → 체력이 좋고, 인내심도 있음'이므로 명랑한 사람은 인내심이 있다. 이것의 대우 명제는 '인내심이 없는 사람은 명랑하지 않다.'이다.

유형 02 　정답　②

주어진 문제에 대해서 계속해서 원인을 물어 가장 근본이 되는 원인을 찾는 5Why의 사고법을 활용하여 푸는 문제이다. 주어진 내용을 토대로 인과관계를 고려하여 나열하면, 신입사원이 결혼을 못하는 원인은 배우자를 만날 시간이 없는 것이며, 이는 매일 늦게 퇴근하기 때문이다. 또한, 늦게 퇴근하는 원인은 업무를 제때 못 마치기 때문이며, 이는 신입사원이어서 업무에 대해 잘 모르기 때문이다. 따라서 그 해결방안으로 업무에 대한 OJT나 업무 매뉴얼을 활용하여 업무시간을 줄이도록 할 수 있다.

유형 03 　정답　③

질문에서 당사의 해결해야 할 전략 과제를 고르는 문제이다. 때론 자사의 강점을 활용하는 것도 전략 과제로 삼을 수 있지만, 일반적으로 전략 과제라 함은 자사의 부족한 부분 혹은 취약한 부분에 대해 보완해야 할 과제로 본다. 따라서 자사에서 확보하고 있는 우수한 고객서비스 부문을 강화한다는 것은 전략 과제로 삼기에 적절하지 않다.

오답분석

① 해외 판매망이 취약하다고 분석되었으므로 중국 시장의 판매유통망을 구축하는 전략 과제를 삼는 것은 적절하다.
② 중국 시장에서의 ○○○제품의 구매 방식이 대부분 온라인으로 이루어지는 데 반해, 자사의 온라인 구매시스템이 미흡하다는 자료를 통해서 온라인 구매시스템을 강화한다는 전략 과제는 적절하다.
④ ○○○제품에 대한 중국 시장의 가격경쟁력 심화와 이를 생산하는 데 있어 자사의 높은 생산원가 구조라는 자료를 통해서 원가 절감을 통한 가격경쟁력을 강화시키는 전략 과제는 적절하다.
⑤ 중국 시장에서 인간공학이 적용된 제품을 지향하고 있으므로, 인간공학을 기반으로 한 제품 개발을 강화하는 것은 적절한 전략 과제이다.

유형 04 　정답　⑤

현수막의 기본 크기는 $1m \times 3m(3m^2)$이고 5,000원이다. 그리고 $1m^2$만큼 추가될 때 3,000원씩 비용이 추가된다. 상사가 추가로 요청한 현수막을 살펴보면 '$3m \times 8m$' 2개, '$1m \times 4m$' 1개이다.
'$3m \times 8m$'는 $24m^2$로 기본금 $5,000+(24-3) \times 3,000=68,000$원이다.
'$1m \times 4m$'는 $4m^2$로 기본금 $5,000+(4-3) \times 3,000=8,000$원이다.
따라서 현수막 설치 총비용은 $68,000 \times 2+8,000=144,000$원이다.

유형 01 　정답 ③

회사에서 김포공항까지 40분, 김포공항에서 울산공항까지 1시간, 울산공항에서 택시를 타고 공장까지 30분이 걸리므로 비행기와 택시를 이용하면 총 2시간 10분이 소요된다. 회사에서 오후 12시에 출발한다면 김포공항에서는 30분 간격으로 비행기를 탈 수 있으므로 오후 1시에 출발하여 오후 2시 30분에 공장에 도착한다. 그러므로 비행기와 택시를 사용하는 것이 가장 적절하다.

오답분석

① 회사에서 서울역까지 30분, 서울역에서 울산역까지 2시간 15분, 울산역에서 택시를 타고 공장까지 15분이 걸리므로 KTX와 택시를 이용하면 총 3시간이 소요된다. 낮 12시에 회사에서 출발하면 서울역에서 오후 1시 열차를 탈 수 있으며, 공장에는 오후 3시 30분에 도착하므로 적절하지 않다.

② 회사에서 서울역까지 30분, 서울역에서 울산역까지 2시간 15분, 울산역에서 버스를 타고 공장까지 1시간 20분이 걸리므로 KTX와 버스를 이용하면 이동시간만 총 4시간 5분이 소요된다. 오후 3시까지 도착하려면 적어도 오전 10시 55분 이전에는 출발해야 하므로 적절하지 않다.

④ 회사에서 김포공항까지 40분, 김포공항에서 울산공항까지 60분, 울산공항에서 공항 리무진 버스를 타고 공장까지 65분이 걸리므로 비행기와 공항 리무진 버스를 이용하면 총 2시간 45분이 소요된다. 회사에서 낮 12시에 출발해 김포공항에 오후 12시 40분에 도착하면 오후 1시에 비행기를 탈 수 있다. 울산공항 도착시간은 오후 2시이며, 공장에는 오후 3시 5분에 도착하므로 적절하지 않다.

⑤ 고속버스는 일주일에 세 번, 월·수·금요일에만 운행하므로 목요일에 이용해야 하는 L씨에게는 적절하지 않다.

유형 02 　정답 ⑤

3분기에 경유는 리터당 2,000원이므로 10만 원의 예산 내 사용할 수 있는 연료량은 50L이다. 연비가 가장 좋은 차종은 006이므로 주행가능한 거리는 $50 \times 25 = 1,250$km가 된다.

유형 03 　정답 ②

- 양면 스캔 가능 여부 − Q·T·G스캐너
- 카드 크기부터 계약서 크기 스캔 지원 − G스캐너
- 50매 이상 연속 스캔 가능 여부 − Q·G스캐너
- A/S 1년 이상 보장 − Q·T·G스캐너
- 예산 4,200,000원까지 가능 − Q·T·G스캐너
- 기울기 자동 보정 여부 − Q·T·G스캐너

모두 부합하는 G스캐너가 가장 우선시되고, 그 다음은 Q스캐너, 그리고 T스캐너로 순위가 결정된다.

유형 04 　정답 ①

12/5(토)에 근무하기로 예정된 1팀 차도선이 가족여행으로 근무일자를 대체하려고 할 경우, 그 주에 근무가 없는 3팀의 한 명과 대체하여야 한다. 대체근무자인 하선오는 3팀에 소속된 인원이긴 하나, 12/12(토)에 차도선이 대체근무를 하게 될 경우, 12/13(일)에도 1팀이 근무하는 날이기 때문에 주말근무 규정에 어긋나 적절하지 않다.

5 ▶ 자기개발능력

유형 01 정답 ③

자기개발을 방해하는 장애요인은 다음과 같다.
• 우리의 욕구와 감정이 작용하기 때문이다.
• 제한적으로 사고하기 때문이다.
• 문화적인 장애에 부딪히기 때문이다.
• 자기개발 방법을 잘 모르기 때문이다.
H의 자기개발을 방해하는 장애요인은 욕구와 감정이다. 이와 비슷한 사례는 회식과 과음으로 인해 자기개발을 못한 C이다.

유형 02 정답 ①

P는 경력 중기에 해당하는 위치에 있다. 경력 중기는 자신이 그동안 성취한 것을 재평가하고, 생산성을 그대로 유지하는 단계이다. 그러나 경력 중기에 이르면 직업 및 조직에서 어느 정도 입지를 굳히게 되어 더 이상 수직적인 승진 가능성이 적은 경력 정체 시기에 이르게 되며, 새로운 환경의 변화(과학기술, 관리방법의 변화 등)에 직면하게 되어 생산성을 유지하는 데 어려움을 겪기도 한다. 또한 개인적으로 현 직업이나 라이프스타일에 대한 불만을 느끼며, 매일의 반복적인 일상에 따분함을 느끼기도 한다.

오답분석
② 직업 선택의 단계에 해당한다.
③ 조직 입사의 단계에 해당한다.
④ 경력 말기의 단계에 해당한다.
⑤ 경력 초기의 단계에 해당한다.

6 ▶ 조직이해능력

유형 01 정답 ④

미국인들과 악수를 할 때에는 손끝만 살짝 잡아서는 안되며 오른손으로 상대방의 오른손을 잠시 힘주어서 잡아야 한다.

유형 02 정답 ③

경영은 경영목적, 인적자원, 자금, 전략의 4요소로 구성된다.
ㄱ. 경영목적
ㄴ. 인적자원
ㄷ. 마케팅
ㄹ. 회계
ㅁ. 자금
ㅂ. 전략

7 ▶ 대인관계능력

유형 01 　정답 ①

팀장에게 현재 자신의 문제점을 이야기하며 함께 해결책을 찾아보는
것이 가장 바람직하다.

오답분석

② 팀원들과 멀어지려고 하는 자세는 좋지 않다.
③ 경력직으로 이직한 상황에서 부서 이동은 힘들다.
④ 이직한 지 3주밖에 되지 않았으므로 조금 더 노력하려고 해야 한다.
⑤ 다른 팀원들과 함께 하지 못하면 업무 진행에 차질이 있을 수 있다.

유형 02 　정답 ④

갈등을 즉각적으로 다루지 않으면 결국 팀 성공을 저해하는 심각한 장
애물이 될 수 있다. 갈등이 존재한다는 사실을 인정하고 해결을 위한
조치를 적극적으로 취한다면, 갈등을 성공을 위한 하나의 기회로 전환
시킬 수 있을 것이다.

유형 03 　정답 ①

사례에서의 정부의 협상전략은 John Kotter의 'See-Feel-Change'
전략에 해당한다. 'See-Feel-Change' 전략은 우선 협상의 추상적인
내용을 시각화하여 이해시키는 1단계(See), 1단계에서 자신이 직접 본
것으로 스스로 느끼고 감동을 받게 하는 2단계(Feel), 마음과 행동의
변화를 이끌어 설득이 성공적으로 이루어지는 3단계(Change)로 구분
할 수 있다.

오답분석

② 상대방 이해 전략이란 협상과정상의 갈등 해결을 위해서 상대방에
　대한 이해가 선행되어 있으면 갈등 해결이 용이하다는 것이다. 예
　컨대, 상사가 부하를 설득하기 위해서는 부하에 대한 이해가 선행
　되어야 한다. 사용자가 노동자들을 설득하기 위해서는 노동자들에
　대한 이해가 선행되어야 하며, 부처 간의 갈등에 있어서도 상대방
　부처를 설득하기 위해서는 상대방 부처에 대한 이해가 선행되어야
　한다.
③ 헌신과 일관성 전략이란 협상 당사자 간에 기대하는 바에 일관성
　있게 헌신적으로 부응하여 행동하게 되면 협상과정상의 갈등 해결
　이 용이하다는 것이다.
④ 사회적 입증 전략이란 어떤 과학적인 논리보다도 동료나 사람들의
　행동에 의해서 상대방 설득을 진행하는 것이 협상과정상의 갈등 해
　결이 더 쉽다는 것이다.
⑤ 연결 전략이란 갈등 문제와 갈등관리자를 연결시키는 것이 아니라
　갈등을 야기한 사람과 관리자를 연결시킴으로써 협상을 용이하게
　하는 전략을 말한다.

유형 04

01 　정답 ③

불만을 표현하는 유형에는 거만형, 의심형, 트집형, 빨리빨리형 등이
있는데, 제시된 사례에 해당하는 손님의 경우는 자신의 과시욕을 드러내
고 싶어 하는 사람으로, 보통 제품을 폄하하는 거만형 고객에 해당한다.

02 　정답 ③

고객의 불만표현 유형 및 대응 방안

유형	대응 방안
거만형	• 정중하게 대하는 것이 좋다. • 자신의 과시욕이 채워지도록 뽐내든 말든 내버려 둔다. • 의외로 단순한 면이 있으므로 일단 그의 호감을 얻게 되면 여러 면으로 득이 될 경우가 많다.
의심형	• 분명한 증거나 근거를 제시하여 스스로 확신을 갖도록 유도한다. • 때로는 책임자가 응대하는 것도 좋다.
트집형	• 이야기를 경청하고 맞장구치면서 추켜세우는 설득 방법이 효과적이다. • '손님의 말씀이 맞습니다. 역시 손님께서 정확하십니다.'하고 고객의 지적이 옳음을 표시한 후 '저도 그렇게 생각하고 있습니다만…'하는 식으로 설득한다. • 잠자코 고객의 의견을 경청하고 사과를 하는 응대가 적절하다.
빨리빨리형	• "글쎄요?", "아마…", "저…" 등의 애매한 화법을 사용하면 고객은 더욱 신경이 날카롭게 곤두서게 된다. • 만사를 시원스럽게 처리하는 모습을 보이면 응대하기 쉽다.

8 ▶ 정보능력

유형 01 　정답 ①

문제에서 제시한 엑셀시트 중 결과표와 같은 값을 얻으려면 COUNTIF 함수를 사용하면 된다. 함수식은 「=COUNTIF(참조영역, 찾는값)」이며, 결과표 각 셀에 「=COUNTIF(〈설문 응답표〉'문항1'열,응답번호)」를 입력한 후 '문항1'행을 드래그하여 아래로 내리면 값들이 채워진다.

유형 02 　정답 ③

소형버스인 RT 코드를 모두 찾으면 다음과 같다.
RT – 25 – KOR – 18 – 0803
RT – 16 – DEU – 23 – 1501
RT – 25 – DEU – 12 – 0904
RT – 23 – KOR – 07 – 0628
RT – 16 – USA – 09 – 0712
총 5대이며, 이 중 독일(DEU)에서 생산된 것은 2대이다.
따라서 소형버스 전체의 40%를 차지하므로 ③의 설명은 옳지 않다.

오답분석

① 대형버스는 BX 코드로 분류되어 있으며 총 9대이다. 따라서 대형 버스의 비중은 $\frac{9}{20} \times 100 = 45\%$이다.

② 대형버스 중 28인승은 'BX–28'로 시작하는 식별 코드를 가지고 있으며, 그 현황은 다음과 같다.
　BX – 28 – DEU – 24 – 1308
　BX – 28 – USA – 22 – 1404
　BX – 28 – USA – 15 – 1012
　총 3대이며, 이 중 한국(KOR)에서 생산된 것은 없다.

④ 중형버스인 MF 코드를 모두 찾으면 다음과 같다.
　MF – 35 – KOR – 15 – 1206
　MF – 35 – DEU – 20 – 1110
　MF – 35 – DEU – 20 – 1005
　MF – 35 – DEU – 15 – 0910
　MF – 35 – KOR – 16 – 0804
　MF – 35 – KOR – 17 – 0901
　총 6대이며, 이 중 모델 번호는 15, 16, 17, 20으로 4가지이다.
　또한 생산년도를 살펴보면 모두 2013년 이전에 생산되었다.

⑤ 식별 코드 부여 방식에 따라 코드를 부여하면 다음과 같다.
　• 소형버스 – RT
　• 16인승 – 16
　• 한국 – KOR
　• 04번 모델 – 04
　• 2015년 3월 – 1503
　따라서 식별 코드는 RT – 16 – KOR – 04 – 1503이다.

유형 01 　정답 ③

기술능력이 뛰어난 사람은 한계가 주어지더라도 문제를 잘 해결할 줄 아는 사람이다. 그러므로 기술능력이 뛰어난 신입사원을 평가하는 항목에서 아무런 제약이 없을 때의 가능성을 묻는 ③과 같은 질문은 적절하지 않다.

기술능력이 뛰어난 사람

- 실질적 해결을 필요로 하는 문제를 인식할 줄 아는 사람
- 인식한 문제를 위해 여러 해결책을 개발할 줄 아는 사람
- 문제 해결을 위해 지식이나 자원 등의 사항들을 선택하여 적용할 줄 아는 사람
- 한계가 주어지거나 자원이 제한적이더라도 일할 줄 아는 사람
- 효용적으로 기술적 해결이 가능한 사람
- 다양한 상황 속에서도 기술적 체계와 도구를 사용하고 배울 줄 아는 사람

유형 02 　정답 ②

제품설명서 중 A/S 신청 전 확인 사항을 살펴보면, 비데 기능이 작동하지 않을 경우 수도필터가 막혔거나 혹은 착좌센서 오류가 원인이라고 제시되어 있다. 따라서 K사원으로부터 접수받은 현상(문제점)의 원인을 파악하려면 수도필터의 청결 상태를 확인하거나 혹은 비데의 착좌센서의 오류여부를 확인해야 한다. 따라서 ②가 가장 적절하다.

유형 01 　정답 ③

③은 외부로부터 강요당한 근면이다.

오답분석

①·②·④ 스스로 자진해서 하는 근면

유형 02 　정답 ③

③의 경우 사회적으로 수용가능하며 어떤 성적인 상황을 포함하지 않고 있으므로 성희롱으로 보기 어렵다.

6일차 모의고사

|01| 직업기초능력평가

01	02	03	04	05	06	07	08	09	10	11	12	13	14	15	16	17	18	19	20
④	③	②	②	⑤	④	④	④	②	④	①	②	②	④	⑤	④	④	②	⑤	③
21	22	23	24	25	26	27	28	29	30	31	32	33	34	35	36	37	38	39	40
④	②	②	⑤	①	②	①	⑤	④	①	⑤	③	④	②	②	⑤	③	④	①	④
41	42	43	44	45	46	47	48	49	50										
③	①	④	②	③	②	③	④	⑤	③										

01 정답 ④

기안문 작성 시 유의사항

(가) 정확성(바른 글)
- 필요한 내용을 빠뜨리지 않고, 잘못된 표현이 없도록 문서를 작성한다.
- 의미전달에 혼동을 일으키지 않도록 정확한 용어를 사용하고 문법에 맞게 문장을 구성한다.
- 애매모호하거나 과장된 표현에 의하여 사실이 왜곡되지 않도록 한다.

(나) 용이성(쉬운 글)
- 상대방의 입장에서 이해하기 쉽게 작성한다.
- 추상적이고 일반적인 용어보다는 구체적이고 개별적인 용어를 쓴다.

(다) 성실성(호감 가는 글)
- 문서는 성의 있고 진실하게 작성한다.
- 감정적이고 위압적인 표현을 쓰지 않는다.

(라) 경제성(효율적으로 작성하는 글)
- 용지의 규격·지질을 표준화한다.
- 서식을 통일하여 규정된 서식을 사용하는 것이 경제적이다.

02 정답 ③

연구개발에 참가한 연구원과 엔지니어들이 그 기업을 떠나는 경우 기술과 지식의 손실이 크게 발생하는 점을 볼 때, 기술혁신은 새로운 지식과 경험의 축적으로 나타나는 지식 집약적인 활동으로 볼 수 있다.

기술혁신의 특성
- 기술혁신은 그 과정 자체가 매우 불확실하고 장기간의 시간을 필요로 한다.
- 기술혁신은 지식 집약적인 활동이다.
- 기술혁신 과정의 불확실성과 모호함은 기업 내에서 많은 논쟁과 갈등을 유발할 수 있다.
- 기술혁신은 조직의 경계를 넘나든다.

03 정답 ②

㉠은 다른 재료로 대체한 S에 해당되고, ㉡은 서로 다른 물건이나 아이디어를 결합한 C에 해당되고, ㉢은 형태, 모양 등을 다른 용도로 사용한 P에 해당된다. A에는 우엉씨 → 벨크로(찍찍이), M에는 둥근 지우개 → 네모 지우개, E에는 자동차 → 오픈카, R에는 스캐너 → 양면 스캐너 등이 있다.

04 정답 ②

- C사원 : 혁신성, 친화력, 책임감이 '상 – 상 – 중'으로 영업팀의 중요도에 적합하며 창의성과 윤리성은 '하'이지만 영업팀에서 중요하게 생각하지 않는 역량이므로 영업팀으로의 부서배치가 적절하다.
- E사원 : 혁신성, 책임감, 윤리성이 '중 – 상 – 하'로 지원팀의 핵심역량가치에 부합하므로 지원팀으로의 부서배치가 적절하다.

05 정답 ⑤

원가를 x원이라고 하면 정가는 $(x+3,000)$원이다.
정가에 20%를 할인하여 5개 팔았을 때 순이익과 조각 케이크 1개당 정가에서 2,000원씩 할인하여 4개를 팔았을 때의 매출액은 같으므로
$5\times[0.8\times(x+3,000)-x]=4\times[(x+3,000)-2,000] \rightarrow 5(-0.2x+2,400)=4x+4,000 \rightarrow 5x=8,000 \rightarrow x=1,600$
따라서 정가는 $1,600+3,000=4,600$원이다.

06 정답 ④

- ㉠ : A와 B 중 한 사람만 참석하고, A와 D 중 적어도 한 사람은 참석한다. '갑'은 이 상황을 인지한 후에 'A는 회의에 반드시 참석한다.'는 결론을 내린다. 이때, 'D가 회의에 불참한다.'면 A와 D 중 A만 참석하게 되고 A와 B 중에서도 A만 참석한다는 결론을 내릴 수 있다. 따라서 ㉠에는 'D가 회의에 불참한다.'는 말이 들어가야 한다.
- ㉡ : 갑이 '우리 생각이 모두 참이라면, E와 F 모두 참석한다.'고 하였다. B와 D가 회의에 참석하지 않는다는 생각이 참이라는 가정하에 갑의 결론이 나오려면 ㉡에 'B가 회의에 불참한다면 E와 F 모두 참석하기 때문이다.'는 말이 들어가야 한다.

07 정답 ④

직접비용은 제품 또는 서비스를 창출하기 위해 직접 소비된 것으로 여겨지는 비용으로, 영업팀의 출장 교통비와 관리팀의 컴퓨터 구입비, 인사팀의 강사에게 지급한 비용이 이에 해당한다.

오답분석

홍보팀의 자사 홍보를 위한 책자 제작에 사용된 금액은 생산에 직접 관련되지 않은 비용이므로 간접비용에 해당한다.

08 정답 ④

ROUND 함수, ROUNDUP 함수, ROUNDDOWN 함수의 기능은 다음과 같다.
- ROUND(인수, 자릿수) 함수 : 인수를 지정한 자릿수로 반올림한 값을 구한다.
- ROUNDUP(인수, 자릿수) 함수 : 인수를 지정한 자릿수로 올림한 값을 구한다.
- ROUNDDOWN(인수, 자릿수) 함수 : 인수를 지정한 자릿수로 내림한 값을 구한다.
함수에서 각 단위별 자릿수는 다음과 같다.

만 단위	천 단위	백 단위	십 단위	일 단위	소수점 첫째 자리	소수점 둘째 자리	소수점 셋째 자리
-4	-3	-2	-1	0	1	2	3

[B9] 셀에 입력된 1,260,000 값은 [B2] 셀에 입력된 1,252,340의 값을 만 단위로 올림하여 나타낸 것임을 알 수 있다. 따라서 [B9] 셀에 입력된 함수는 ROUNDUP 함수로 볼 수 있으며, 만 위를 나타내는 자릿수는 -4이므로 함수는 ④가 적절하다.

09 정답 ②

거래적 리더십은 기계적 관료제에 적합하고, 변혁적 리더십은 단순구조나 임시조직, 경제적응적 구조에 적합하다.
• 거래적 리더십 : 리더와 조직원들이 이해타산적 관계에 의해 규정에 따르며, 합리적인 사고를 중시하고 보강으로 동기를 유발한다.
• 변혁적 리더십 : 리더와 조직원들이 장기적 목표 달성을 추구하고, 리더는 조직원의 변화를 통해 동기를 부여하고자 한다.

10 정답 ④

전자제품의 경우 관세와 부가세가 모두 동일하며, 전자제품의 가격이 다른 가격보다 월등하게 높기 때문에 대소비교는 전자제품만 비교해도 된다.
이 중 A의 TV와 B의 노트북은 가격이 동일하기 때문에 굳이 계산할 필요가 없고 TV와 노트북을 제외한 휴대폰과 카메라만 비교하면 된다. B의
카메라가 A의 휴대폰보다 비싸기 때문에 B가 더 많은 관세를 낸다.

구분	전자제품	전자제품 외
A	TV(110만), 휴대폰(60만)	화장품(5만), 스포츠용 헬멧(10만)
B	노트북(110만), 카메라(80만)	책(10만), 신발(10만)

B가 내야할 세금을 계산해보면, 우선 카메라와 노트북의 관세율은 18%로, $190 \times 0.18 = 34.2$만 원이다. 이때, 노트북은 100만 원을 초과하므로
특별과세 $110 \times 0.5 = 55$만 원이 더 과세된다. 나머지 품목들의 세금은 책이 $10 \times 0.1 = 1$만 원, 신발이 $10 \times 0.23 = 2.3$만이다. 따라서 B가 내야 할
관세 총액은 $34.2 + 55 + 1 + 2.3 = 92.5$만 원이다.

11 정답 ①

유비쿼터스(Ubiquitous)에 대한 설명이다.

오답분석
② AI(Artificial Intelligence) : 컴퓨터에서 인간과 같이 사고하고, 생각하고, 학습하고, 판단하는 논리적인 방식을 사용하는 인간지능을 본 딴
   고급 컴퓨터프로그램을 말한다.
③ 딥 러닝(Deep Learning) : 컴퓨터가 여러 데이터를 이용해 마치 사람처럼 스스로 학습할 수 있게 하기 위해 인공 신경망(ANN; Artificial Neural
   Network)을 기반으로 구축한 기계 학습 기술을 의미한다.
④ 블록체인(Block Chain) : 누구나 열람할 수 있는 장부에 거래 내역을 투명하게 기록하고, 여러 대의 컴퓨터에 이를 복제해 저장하는 분산형
   데이터 저장기술이다.
⑤ P2P(Peer to Peer) : 기존의 서버와 클라이언트 개념이나 공급자와 소비자 개념에서 벗어나 개인 컴퓨터끼리 직접 연결하고 검색함으로써 모든
   참여자가 공급자인 동시에 수요자가 되는 형태이다.

12 정답 ②

활동목표는 실제적이고 성취 가능한 목표를 설정하는 것이 적절하다. '자신이 현재 수행하고 있는 역할과 능력은 무엇인지.', '역할들 간에 상충되는
것은 없는지.', '현재 변화되어야 할 것은 없는지.'와 같은 질문을 통해 역할들에 상응하는 활동목표를 설정해야 한다.

13 정답 ②

제시문에서는 OECD 회원국 가운데 꼴찌를 차지한 한국인의 부족한 수면 시간에 대해 언급하며, 이로 인해 수면장애 환자가 늘어나고 있음을 설명하고
있다. 또한 불면증, 수면무호흡증, 렘수면 행동장애 등 다양한 수면장애를 설명하며, 이러한 수면장애들이 심혈관계질환, 치매, 우울증 등의 원인이
될 수 있다는 점을 통해 심각성을 이야기한다. 마지막으로 이러한 수면장애를 방치해서는 안 되며, 전문적인 치료가 필요하다고 제시하고 있다. 따라서
이 글을 바탕으로 '한국인의 수면 시간'과 관련된 글을 쓴다고 할 때, 글의 주제로 가장 적절하지 않은 것은 수면 마취제와 관련된 내용인 ②이다.

14 정답 ④

본사부터 F사까지의 총 주행거리는 200km이고, 휘발유는 1분기에 1,500원이므로 유류비는 $200 \div 15 \times 1,500 = 20,000$원이다.

15 　정답 ⑤

3분기에 경유는 리터당 2,000원에 공급되고 있으므로 10만 원의 예산으로 사용할 수 있는 연료량은 50L이다. 006 차종의 총 주행가능거리는 50×25 =1,250km이다.

16 　정답 ④

승진시험 성적은 100점 만점이므로 제시된 점수를 그대로 반영하고 영어 성적은 5를 나누어서 반영한다. 성과 평가의 경우는 2를 나누어서 합산해, 그 합산점수가 가장 큰 사람을 선발한다. 합산점수는 다음과 같이 나온다.

구분	A	B	C	D	E	F	G	H	I	J	K
합산점수	220	225	225	200	277.5	235	245	220	260	225	230

이때, 합산점수가 높은 E와 I는 동료평가에서 하를 받았으므로 승진대상에서 제외된다. 따라서 다음 순위자인 F, G가 승진대상자가 된다.

17 　정답 ④

(D)의 경우 추측성 내용의 서술로 작성되었음을 알 수 있다. 매뉴얼에 따르면 추측성 내용의 서술은 금물이다. 추측성 설명은 문장을 애매모호하게 만들 뿐만 아니라 사용자에게 사고를 유발시켜 신체적·재산적 손실을 가져다 줄 수 있다.

18 　정답 ②

시간계획을 세울 때 한정된 시간을 효율적으로 활용하기 위해서는 명확한 목표를 설정하는 것이다. 명확한 목표를 설정하면 일이 가진 중요성과 긴급성을 바탕으로 일의 우선순위를 정하고, 그 일들의 예상 소요시간을 적어본다. 그리고 시간 계획서를 작성하면 보다 효율적인 시간계획으로 일을 처리할 수 있다. 따라서 순서는 (나) → (가) → (라) → (다)이다.

19 　정답 ⑤

영화가 전통적인 예술이 지니는 아우라를 상실했다며 벤야민은 영화를 진정한 예술로 간주하지 않았다. 그러나 제시된 글에서는 영화가 우리 시대의 대표적인 예술 장르로 인정받고 있으며, 오늘날 문화의 총아로 각광받는 영화에 벤야민이 말한 아우라를 전면적으로 적용할 수 있을지는 미지수라고 지적한다. 따라서 벤야민의 견해에 대한 비판으로 ⑤처럼 예술에 대한 기준에는 벤야민이 제시한 아우라뿐만 아니라 여러 가지가 있을 수 있으며, 예술에 대한 기준도 시대에 따라 변한다는 사실을 들 수 있다.

오답분석
①·②·③·④ 벤야민은 카메라의 개입이 있는 영화라는 장르 자체는 어떤 변화가 있어도 아우라의 체험을 얻을 수 없다고 비판한다. 그러므로 ①의 영상미, ②의 영화배우의 연기, ③의 영화 규모, ④의 카메라 촬영 기법 등에서의 변화는 벤야민의 견해를 비판하는 근거가 될 수 없다.

20 　정답 ③

ㄴ. 남성과 여성 모두 주 40시간 이하로 근무하는 비율이 가장 높다.
ㄷ. 응답자 중 무급가족종사자의 46.0%가 주 40시간 이하로 근무하므로 절반 미만이다.

오답분석
ㄱ. 판매종사자 중 주 52시간 이하로 근무하는 비율은 주 40시간 이하로 근무하는 비율과 주 41～52시간 이하로 근무하는 비율의 합인 34.7+29.1 =63.8%로 60%를 넘는다.
ㄹ. 농림어업 숙련종사자 중 주 40시간 이하로 근무하는 응답자의 수는 2,710×0.548=1,485.08명으로 1,000명이 넘는다.

21 정답 ④

고용원이 없는 자영업자 중 주 40시간 이하로 근무하는 응답자의 비율은 27.6%, 고용원이 있는 사업주 중 주 40시간 이하로 근무하는 응답자의 비율은 28.3%로 합은 27.6+28.3=55.9%p이다.

22 정답 ②

김 대리가 작성한 업무 수행 시트는 워크 플로 시트로, 일의 흐름을 동적으로 보여주는 데 효과적이다. 워크 플로 시트에서는 도형을 다르게 표현함으로써 주된 작업과 부차적인 작업, 혼자 처리할 수 있는 일과 다른 사람의 협조를 필요로 하는 일 등을 구분해서 표현할 수 있는데, 김 대리가 작성한 업무 수행 시트의 경우 사각형은 주요 업무를, 타원형은 세부 절차를, 마름모형은 다른 사람과의 협업을 나타낸다. 한편, 김 대리의 워크 플로 시트에는 각 활동별 소요 시간이 별도로 기재되어 있지 않으므로 업무 단계별로 소요되는 시간을 확인할 수 없으며, 단계별 소요 시간을 나타낼 때는 주로 간트 차트를 사용한다.

23 정답 ②

성희롱은 피해자가 사업주에게 가해자에 대한 부서전환과 징계 등의 조치를 요구할 수 있으나, 형사처벌 대상은 아니다.

24 정답 ⑤

$\left(\dfrac{36,829-29,397}{29,397}\right)\times100 ≒ 25.3\%$

25 정답 ①

• A : 일에 대한 책임감이 결여되어 있고, 스스로 일에 열심히 참여하지 않는다. 팀장이 지시하지 않으면 임무를 수행하지 않기 때문에 수동형 유형이다.
• B : 앞장서지는 않지만 맡은 일은 잘 하며, 일에 불만을 가지고 있어도 이를 표현해서 대립하지 않는다. 또한, 지시한 일 이상을 할 수 있음에도 노력하지 않는 실무형 유형이다.

26 정답 ②

• 10% 설탕물에 들어있는 설탕의 양 : $\dfrac{10}{100}\times480=48$g

• 20% 설탕물에 들어있는 설탕의 양 : $\dfrac{20}{100}\times120=24$g

• 두 설탕물을 섞었을 때의 농도 : $\dfrac{48+24}{480+120}\times100=12\%$

• 컵으로 퍼낸 설탕의 양은 $\dfrac{12}{100}x(x$: 컵으로 퍼낸 설탕물의 양)

컵으로 퍼낸 만큼 물을 부었을 때의 농도는 $\dfrac{(48+24)-\dfrac{12}{100}x}{600-x+x}\times100=11$이므로 $\dfrac{\left(72-\dfrac{12}{100}x\right)\times100}{600}=11 \rightarrow 7,200-12x=600\times11$

$\rightarrow 12x=600$

$\therefore x=50$

27 정답 ①

SWOT 분석은 내부 환경요인과 외부 환경요인의 2개의 축으로 구성되어 있다. 내부 환경요인은 자사 내부의 환경을 분석하는 것으로, 자사의 강점과 약점으로 분석된다. 외부 환경요인은 자사 외부의 환경을 분석하는 것으로, 기회와 위협으로 구분된다.

28 정답 ⑤

합리적인 의사결정 과정은 다음과 같다. 먼저, 의사결정에 앞서서 발생된 문제가 어떤 원인에 의한 것인지, 문제의 특성이나 유형은 무엇인지를 파악한다. 둘째, 의사결정의 기준과 가중치를 정한다. 이 단계에서는 개인의 관심, 가치, 목표 및 선호에 따라 의사결정을 할 때에 무엇을 중요하게 생각하는지가 결정되게 된다. 즉, 사람에 따라 어떤 사람은 매우 적절하다고 생각하는 기준이지만, 가치가 다른 사람은 그렇지 않다고 생각하여 일하는 방식이나 생활 방식이 맞지 않는 경우도 있다. 셋째, 의사결정에 필요한 정보를 수집한다. 의사결정을 하기 위해서는 판단의 자료가 필요하다. 그러나 이러한 자료를 너무 많이 수집할 경우에는 시간이나 비용의 소모가 크며, 너무 적게 수집하면 다각도로 검토할 수가 없으므로 적절히 수집할 필요가 있다. 넷째, 의사결정을 하기 위한 가능한 모든 대안을 찾는다. 다섯째, 가능한 대안들을 앞서 수집한 자료에 기초하여 의사결정 기준에 따라 장단점을 분석하고 평가한다. 여섯째, 가장 최적의 안을 결정한다. 일곱째, 의사결정을 내리면 결과를 분석하고 다음에 더 좋은 의사결정을 내리기 위하여 피드백한다.

29 정답 ④

$20 \times 10 = 200$부이며, $200 \times 30 = 6,000$페이지이다. 이를 활용하여 업체당 인쇄비용을 구하면 다음 표와 같다.

구분	페이지 인쇄 비용	유광표지 비용	제본 비용	할인을 적용한 총 비용
A	$6,000 \times 50 = 30$만 원	$200 \times 500 = 10$만 원	$200 \times 1,500 = 30$만 원	$30 + 10 + 30 = 70$만 원
B	$6,000 \times 70 = 42$만 원	$200 \times 300 = 6$만 원	$200 \times 1,300 = 26$만 원	$42 + 6 + 26 = 74$만 원
C	$6,000 \times 70 = 42$만 원	$200 \times 500 = 10$만 원	$200 \times 1,000 = 20$만 원	$42 + 10 + 20 = 72$만 원 → 200부 중 100부 5% 할인 → (할인 안한 100부 비용)+(할인한 100부 비용) $= 36 + (36 \times 0.95) = 70$만 2천 원
D	$6,000 \times 60 = 36$만 원	$200 \times 300 = 6$만 원	$200 \times 1,000 = 20$만 원	$36 + 6 + 20 = 62$만 원
E	$6,000 \times 100 = 60$만 원	$200 \times 200 = 4$만 원	$200 \times 1,000 = 20$만 원	$60 + 4 + 20 = 84$만 원 → 총비용 20% 할인 $84 \times 0.8 = 67$만 2천 원

따라서 가장 저렴한 비용으로 인쇄할 수 있는 업체는 D인쇄소이다.

30 정답 ①

$(속력) = \dfrac{(거리)}{(시간)}$ 공식을 이용하여 슬기의 속력을 구하려면 먼저 거리를 알아야 한다. 슬기는 경서가 움직인 거리보다 1.2m 더 움직였으므로 거리는 $0.6 \times 6 + 1.2 = 4.8$m이다. 따라서 슬기는 출발하고 6초 후에 경서를 따라잡았으므로 속력은 $\dfrac{4.8}{6} = 0.8$m/s이다.

31 정답 ⑤

철도안전법 제8조 제3항에 따라 철도안전을 위해 긴급히 필요하면 국토교통부령으로 시정조치를 명할 수 있다. 그러나 이 경우는 안전관리체계의 승인이 취소되거나 업무의 제한·정지를 받을 수 있는 경우에 해당하지 않는다.

오답분석
① 철도안전법 제9조 제1항 제1호
② 철도안전법 제9조 제1항 제2호
③ 철도안전법 제9조 제1항 제4호
④ 철도안전법 제9조 제1항 제3호

32 정답 ③

① · ② 제8조 제1항은 2012년 6월 이후 개정되지 않았다.
④ · ⑤ 제7조 제2항 2012년 6월 이후 개정되지 않았다.

33 정답 ④

현재 아르바이트생의 월 급여는 평일+주말=(3×9×4×9,000)+(2×9×4×12,000)=1,836,000원이므로, 월급여는 정직원>아르바이트생>계약직원 순서이다. 따라서 전체인원을 줄일 수 없으므로 현 상황에서 인건비를 가장 많이 줄일 수 있는 방법은 아르바이트생을 계약직원으로 전환하는 것이다.

34 정답 ②

'내어쓰기'는 문단 첫 줄을 제외한 그 문단 전체의 왼쪽 여백이 내어쓰기 값만큼 들어가서 시작된다. 따라서 〈보기〉의 문단은 '내어쓰기'가 적용되었음을 확인할 수 있다.

① 들여쓰기 : 문단 첫 줄이 그 문단 전체의 왼쪽 여백보다 오른쪽으로 들어가서 시작된다.
③ 줄 간격 : 현재 줄의 시작 부분과 바로 아랫줄의 첫 부분까지의 간격을 지정하는 것이다.
④ · ⑤ 여백 : 현재 문단의 여백을 어느 정도 띄울 것인지 지정하는 것이다.

35 정답 ②

주어진 자료를 토대로 모델별 향후 1년 동안의 광고효과를 계산하면 다음과 같다.

(단위 : 백만 원, 회)

모델	1년 광고비	1년 광고횟수	1회당 광고효과	총 광고효과
A	180-120=60	60÷2.5=24	140+130=270	24×270=6,480
B	180-80=100	100÷2.5=40	80+110=190	40×190=7,600
C	180-100=80	80÷2.5=32	100+120=220	32×220=7,040
D	180-90=90	90÷2.5=36	80+90=170	36×170=6,120
E	180-70=110	110÷2.5=44	60+80=140	44×140=6,160

따라서 광고효과가 가장 높은 B가 TV광고 모델로 적합하다.

36 정답 ⑤

일을 할 때에 너무 큰 단위로 하지 않고 작은 단위로 나누어 수행하는 것이 좋다. 작은 성공의 경험들이 축적되어 자신에 대한 믿음이 강화되면 보다 큰 일을 할 수 있기 때문이다. 즉 작은 단위의 업무로 조금씩 성취감을 느끼는 것이 흥미와 적성을 개발하는 데 적절하다.

흥미나 적성을 개발하는 방법
• 마인드컨트롤을 해라.
• 조금씩 성취감을 느껴라.
• 기업의 문화 및 풍토를 고려해라.

37 정답 ③

첫 번째 문단의 '동일곡이지만 템포의 기준을 어떻게 잡아서 재현해 내느냐에 따라서 그 음악의 악상은 달라진다.'라는 문장을 통해 템포의 완급에 따라 악상이 변화하는 것을 알 수 있다.

오답분석
① 서양 음악과 한국 전통 음악의 차이는 심장의 고동을 중시하는 서양의 민족의식과 호흡을 중시하는 우리 민족의식에 따른 차이에서 발생한다는 글 전체의 내용을 통해 확인할 수 있다.
②·⑤ 다섯 번째 문단에서 확인할 수 있다.
④ 두 번째 문단에서 확인할 수 있다.

38 정답 ④

ㄴ. 민간의 자율주행기술 R&D를 지원하여 기술적 안정성을 높이는 전략은 위험을 최소화하는 내용은 포함하지 않고 약점만 보완하는 내용이므로 ST전략이라 할 수 없다.
ㄹ. 국내기업의 자율주행기술 투자가 부족한 약점을 국가기관의 주도로 극복하려는 내용은, 약점을 최소화하고 위협을 회피하려는 WT전략의 내용으로 적합하지 않다.

오답분석
ㄱ. 높은 수준의 자율주행기술을 가진 외국 기업과의 기술이전협약 기회를 통해 국내외에서 우수한 평가를 받는 국내 자동차기업이 국내 자율주행자동차 산업의 강점을 강화하는 전략은 SO전략에 해당한다.
ㄷ. 국가가 지속적으로 자율주행차 R&D를 지원하는 법안이 본회의를 통과한 기회를 토대로 기술개발을 지원하여 국내 자율주행자동차 산업의 약점인 기술적 안전성을 확보하려는 전략은 WO전략에 해당한다.

39 정답 ①

Tuckman 팀 발달 모형
• 형성기 : 목표를 설정하고 이해하며, 관계를 형성하는 단계이다. 목적, 구조, 리더십 등의 불확실성이 높다. 지시형 리더가 명확한 역할 설정을 해야 한다. → (나)
• 격동기 : 갈등 단계로, 역할 및 책임 등에 대해 갈등목표를 설정하거나 이해하는 단계이다. 의사소통에 어려움이 있을 수 있기 때문에 코치형 리더가 관계개선에 노력해야 한다. → (가)
• 규범기 : 정보를 공유하고 서로 다른 조건을 수용하는 단계로 규칙 등이 만들어 진다. 리더는 지시가 아닌 지원적 태도를 보여야 한다. → (라)
• 성취기 : 팀이 기능화되는 단계로 목표를 위해 사람들이 자신의 역할을 알고 수행한다. 리더는 위임 등을 일과 관계유지의 균형을 추구해야 한다. → (다)

40 정답 ④

(A) 중요성 : 매출 / 이익 기여도, 지속성 / 파급성, 고객만족도 향상, 경쟁사와의 차별화 등
(B) 긴급성 : 달성의 긴급도, 달성에 필요한 시간 등
(C) 용이성 : 실시상의 난이도, 필요자원의 적정성 등

41 정답 ③

작년 전체 실적은 45+50+48+42=185억 원이며, 1~2분기와 3~4분기의 실적들의 비중을 각각 구하면 다음과 같다.

• 1~2분기 비중 : $\frac{45+50}{185} \times 100 ≒ 51.4\%$

• 3~4분기 비중 : $\frac{48+42}{185} \times 100 ≒ 48.6\%$

42 정답 ①

ⓜ 자신이 전달하고자 하는 의사표현을 명확하고 정확하게 하지 못할 경우에는 자신이 평정을 어느 정도 찾을 때까지 의사소통을 연기한다. 하지만 조직 내에서 의사소통을 무한정으로 연기할 수는 없기 때문에 자신의 분위기와 조직의 분위기를 개선하도록 노력하는 등의 적극적인 자세가 필요하다.

43 정답 ④

팀원의 모든 스케줄이 비어 있는 시간대인 16:00 ~ 17:00가 가장 적절하다.

44 정답 ②

②는 간접적 벤치마킹의 단점이다. 간접적 벤치마킹은 인터넷, 문서자료 등 간접적인 형태로 조사·분석하게 됨으로써 대상의 본질보다는 겉으로 드러나 보이는 현상에 가까운 결과를 얻을 수 있는 단점을 가진다.

45 정답 ③

빈칸의 금액을 x원이라고 하면 한 달 동안 전기량 350kWh를 사용했을 경우 개편 후 주택용 요금표를 적용한 금액은 $1,600+300\times93.3+50\times187.9$ $=38,985$원이고, K공단 예상 주택용 요금표로 적용 시 금액은 $x+200\times85+150\times170.2=(x+42,530)$원이므로 K공단에서 제시한 금액이 정부 개편안보다 4,845원이 더 비싸다. 따라서 $x+42,530-4,845=38,985 \rightarrow x=1,300$이다.

46 정답 ②

사용한 전기량을 akWh라고 가정할 때$(a>500)$, 정부 개편안보다 공단에서 수정한 요금표를 적용한 금액이 저렴한 구간에 대한 부등식은 다음과 같다.
$7,300+300\times93.3+200\times187.9+(a-500)\times280.6>7,000+300\times85+200\times170.2+(a-500)\times300.6$
$\rightarrow 300+300\times8.3+200\times17.7+(a-500)\times(-20)>0$
$\rightarrow 16,330>20a$
$\therefore a<816.5$
따라서 개편 후 주택용 요금표에 따른 비용보다 저렴한 전기량 범위는 500kWh 초과 816.5kWh 미만이다.

47 정답 ③

정부의 4차 산업혁명에 대비한 인력 양성 정책 중 하나인 '4차 산업혁명 선도 인력 양성훈련'은 기업과 협약을 맺어 현장성 높은 훈련을 제공할 뿐 훈련과 관계된 기업에 취업할 수 있게 직접적으로 알선하지는 않는다. 따라서 ㉠에 해당하는 내용으로 ③은 적절하지 않다.

48 정답 ④

④는 불법적으로 술을 소지하고 있던 교육생을 징계 대신 꾸짖음으로써 부정직을 눈감아주고 타협하는 모습을 보였다. 이는 또 다른 부정을 일으키는 결과를 가져오게 될 수 있다. 조그마한 구멍에 물이 새면 구멍이 점점 커지듯이 부정직과 타협이 결국 관행화되고, 전체에게 피해를 주는 결과를 가져오게 된다.

49 정답 ⑤

직접비용은 제품 또는 서비스를 창출하기 위해 직접 소비된 것으로 여겨지는 비용을 말하며, 재료비, 원료와 장비 구입비, 인건비, 출장비 등이 직접비용에 해당한다. 간접비용은 생산에 직접 관련되지 않은 비용을 말하며, 광고비, 보험료, 통신비 등이 간접비용에 해당한다.

50 정답 ③

해당 업무수행 시트는 일의 흐름을 동적으로 보여주는 데 효과적인 워크 플로 시트(Work Flow Sheet)이다. 해당 그림을 보면 주된 업무는 사각형으로, 업무의 세부 절차는 타원으로, 업무의 시작과 종료는 정원으로 구분했음을 확인할 수 있다. 이처럼 워크 플로 시트는 사용하는 도형을 다르게 표현함으로써 주된 작업과 부차적인 작업, 혼자 처리할 수 있는 일과 다른 사람의 협조를 필요로 하는 일, 주의해야 할 일, 컴퓨터와 같은 도구를 사용해서 할 일 등을 구분해서 표현할 수 있다.

오답분석

①・②・④・⑤ 체크리스트(Checklist)의 특징이다.

01	02	03	04	05	06	07	08	09	10	11	12	13	14	15	16	17	18	19	20
⑤	①	③	④	②	⑤	④	④	②	①	②	①	④	①	③	②	④	①	④	③
21	22	23	24	25	26	27	28	29	30	31	32	33	34	35	36	37	38	39	40
④	⑤	④	①	①	③	③	④	②	④	①	③	①	④	②	④	③	⑤	③	①
41	42	43	44	45	46	47	48	49	50										
①	②	⑤	⑤	①	①	③	④	③	①										

01 정답 ⑤

인터넷을 통해 볼 수 있는 TV 서비스인 Over The Top의 약자는 OTT이다.

오답분석

① CDN : 콘텐츠 전송 서비스
② CP : 콘텐츠 제공자
③ CSP : 콘텐츠 서비스 제공자
④ ISP : 인터넷 서비스 제공자

02 정답 ①

2019년 12월부터 중국 우한시에서 발생한 감기 질환은 신종 코로나 바이러스에 의한 것으로 밝혀졌다. 신종 코로나 바이러스의 국내 정식 명칭은 코로나19이며, 영문 명칭은 COVID-19이다.

03 정답 ③

루트킷(Rootkit)은 시스템에 대한 접근 권한을 가리키는 루트 권한을 공격자가 보유할 수 있도록 해주는 바이러스이다. 공격자에게 관리자 권한을 부여할 뿐 아니라 공격자의 시스템 접촉 사실까지 숨긴다는 특징이 있다.

04 정답 ④

피오르(Fjord)는 빙하가 녹으면서 생긴 협곡에 바닷물이 차올라 생긴 지형을 가리킨다. 주로 노르웨이에서 찾아볼 수 있다.

05 정답 ②

공직선거법 제264조(당선인의 선거범죄로 인한 당선무효)에서는 당선인이 선거 범죄로 징역 또는 100만 원 이상의 벌금형의 선고를 받을 때에는 당선을 무효화하도록 규정한다.

06 정답 ⑤

①·②·③·④는 부정적 영향인데 비해, ⑤는 4차 산업혁명 사회에 알맞은 제도와 문화를 갖추기 위한 준비로, 부정적 영향으로 보기 어렵다.

07 정답 ④

캥거루족은 아직 경제적인 여유가 없어 부모와 여전히 동거하는 청년들을 의미하는 말이다.

① 프리터족 : 1~2년간 일해서 돈을 벌고 1~2년 동안 여가생활 등에 힘쓰는 사람을 의미하는 말이다.
② 장미족 : 장기간 미취업자를 의미하는 말이다.
③ 리터루족 : 결혼 후 독립했다가 경제적 어려움 등으로 부모 곁으로 돌아오는 사람을 의미하는 말이다.
⑤ 딩크족 : 정상적인 부부 생활을 영위하면서 의도적으로 자녀를 두지 않는 맞벌이 부부를 의미하는 말이다.

08　정답　④

국세는 크게 내국세, 관세, 목적세로 나뉘며, 내국세에 소득세, 법인세, 상속세, 증여세 등의 직접세와 부가가치세, 개별소비세, 주세, 증권거래세, 인지세 등의 간접세가 있다.

09　정답　②

가상 수술 연습에 활용하는 것은 드론보다 가상현실을 활용한 사례이다.

10　정답　①

BCG 백신은 결핵을 예방하는 것으로 현재 국내에서는 피내용(주사형)과 경피용(도장형), 두 종류를 사용하고 있다. 우리나라는 결핵 유병률이 높아 모든 영유아에게 접종을 권하고 있으며, 접종을 통해 속성 수막염, 좁쌀결핵 등 중증 결핵을 예방할 수 있다.

11　정답　②

기생충은 2019년 개봉한 봉준호 감독의 작품이다. 부유층과 빈곤층을 코믹하고 시니컬하게 대비시켜 좋은 평을 받았으며, 2019년 칸 영화제에서 황금종려상을, 2020년 아카데미 시상식에서 작품상 외 3개 상을 수상했다.

12　정답　①

주가지수는 ELS(주가지수 결합 상품)의 기초자산 결합 대상이다. DLS는 파생상품을 기초자산으로 한 결합 상품으로, 설정한 파생상품의 값이 계약 기간 동안 일정 수준 이상 변동되지 않을 경우 보상을 받는다. 파생상품이란 산업 원자재, 원자재지수, 원유, 금, 금리, 환율, 채권의 가치변동을 상품화한 것을 말한다.

13　정답　④

인사청문회는 사법부 혹은 행정부의 요인을 임명할 때 국회가 인사의 비위사실, 도덕성을 검증하는 과정이다. 인사청문회 대상으로는 국무총리, 헌법재판소장, 대법원장, 감사원장, 대법관, 국무위원, 방통위장, 국정원장, 공정위장, 금융위장, 인권위장, 국세청장, 한은총재, 특별감찰관, KBS사장, 검찰총장, 경찰청장, 합참의장, 대통령·대법원 선출헌법재판관, 중앙선관위원 등이 있다. 비서실장, 민정수석 등 청와대 비서실 인사들은 인사청문회 대상이 아니다.

14　정답　①

낙수효과에 대한 설명이다.

② 분수효과 : 낙수효과와 반대되는 현상을 나타내는 말로, 저소득층의 소비 증대가 전체 경기를 부양시키는 현상을 말한다.
③ 풍선효과 : 어떤 부분에서 문제를 해결하면 또 다른 부분에서 새로운 문제가 발생하는 현상이다.
④ 기저효과 : 경제지표를 평가하는 과정에서 기준시점과 비교시점의 상대적인 수치에 따라 그 결과에 큰 차이가 나타나는 현상이다.
⑤ 샤워효과 : 백화점 등의 맨 위층에 소비자들이 몰리면 아래층 매장에도 영향을 미쳐 매출이 상승하는 현상이다.

15 정답 ③

애그테크는 농업을 의미하는 'Agriculture'와 기술을 의미하는 'Technology'의 합성어로, 식량 부족 시대의 도래에 대비하기 위해 첨단기술을 활용해 최소 면적에서 최대 생산량을 얻는 것이 목적이다. 애그테크를 적용하면 작물에 최적화되도록 온도, 습도, 일조량, 풍향 등의 환경이 자동으로 조절되고, 작물에 어떤 비료를 언제 줬는지 등의 상세한 정보를 확인해 수확시기를 예측하거나 당도도 끌어올릴 수 있다.

16 정답 ②

희토류는 원소기호 57번부터 71번까지의 란타넘(란탄)계 원소 15개와 21번인 스칸듐(Sc), 그리고 39번인 이트륨(Y) 등 총 17개 원소를 총칭한다. 희토류는 스마트폰과 전기자동차 모터, 반도체 등 각종 첨단 제품은 물론 전투기와 레이더 등에도 꼭 필요한 재료이다. 중국은 현재 전 세계의 희토류의 70%를 생산하는 최대 생산국으로, 미국도 2018년에 수입한 희토류의 80%를 중국에서 사들였다.

17 정답 ④

오답분석

① 파란색 : 간선버스로, 시 외곽과 도심, 부도심 등 다양한 서울 지역을 연계하는 버스이다.
② 초록색 : 지선버스로, 간선버스나 지하철로 환승하기 위해 이동하는 목적으로 많이 이용되는 버스이다.
③ 노란색 : 도심순환버스로, 도심과 부도심 내에서 짧은 거리를 운행하는 버스이다.
⑤ 빨간색 : 광역버스로, 수도권과 도심을 급행으로 연결하는 버스이다.

18 정답 ①

데이터 3법이란 개인정보 보호법·정보통신망법·신용정보법을 일컫는 말이다.

19 정답 ④

유리(Glass)는 눈에 보이지 않는 뚫을 수 없는 벽을 뜻한다. 하류층이 상류층으로 신분상승하는 것을 막는 것이 유리천장이라면, 상류층이 하류층으로 신분하락하는 것을 막는 것은 유리바닥이다.

20 정답 ③

베이지북은 미국의 중앙은행인 연방준비제도이사회가 발표하는 미국의 경제동향종합보고서이다.

오답분석

①『블루리본 서베이』: 대한민국 최초의 레스토랑 안내서이다.
②『감베로 로쏘』: 이태리 최고 권위의 미식 평가지이다.
④『자갓 서베이』: 미국에서 발간되는 세계적인 레스토랑 안내서이다.
⑤『미슐랭 가이드』: 프랑스에서 발간하는 레스토랑 평가서이다.

21 정답 ④

기존에는 수치와 같은 정형화된 데이터를 분석했다면, 빅데이터 기술은 수치뿐 아니라 문자, 영상 등의 비정형화된 데이터 분석까지도 가능하다.

22 정답 ⑤

국무총리, 대법원장, 헌법재판소장, 감사원장, 대법관 등은 국회의 임명 동의가 필요하다. 그러나 헌법재판관은 국회의 동의가 필요 없어 별도의 본회의 표결 절차를 거치지 않는다.

23 정답 ④

의정부시는 캠프 잭슨 기지의 반환이 결정되지 않아 이 부지에 국제 아트센터를 건립하려는 계획의 추진이 사실상 난항에 빠졌다. 의정부 도심에 있는 캠프 잭슨은 현재 병력이 철수해 폐쇄된 상태이다. 또한, 국방부 관계자는 캠프 잭슨은 현재 환경 조사중이라 반환 대상에 들어가지 않는다고 밝혔다. 이에 따라 의정부시는 '주한미군기지 조기반환 촉구 결의안'을 채택하는 등 캠프 잭슨 반환을 공식적으로 요구하고 있다.

24 정답 ①

강사는 임용 기준과 절차, 교수시간에 따라 임용 기간, 임금 등을 포함한 근무조건을 정해 서면계약으로 임용하며, 임용 기간은 1년 이상으로 하여야 한다(고등교육법 제14조의2 제1항).

25 정답 ①

국제럭비평의회(IRB)에서 주관해 1987년부터 4년마다 열리며, 본선에서 20개국이 4개조로 나뉘어 대회를 펼친다. 우승팀에게는 럭비를 고안한 사람으로 알려진 인물의 이름을 딴 '윌리엄 웹 엘리스 컵'을 수여한다.

오답분석

② 2019년 7월에 제18회 대회를 광주에서 개최했다.
③ 2011년 9월에 제13회 대회를 대구에서 개최했다.
④ 2015년 7월에 제28회 대회를 광주에서 개최했다.
⑤ 1997년 1∼2월에 제18회 대회를 무주와 전주에서 개최했다.

26 정답 ③

시아파는 마호메트의 사위인 알리가 마호메트의 후계자가 되어 세운 교파이다. 역대의 칼리프를 정통 후계자로 인정하지 않기 때문에 수니파와 대립한다. 이란, 이라크, 시리아, 레바논을 통틀어 시아파 벨트(초승달 벨트)라고도 부른다.

27 정답 ③

옐로 저널리즘에 대한 설명이다.

오답분석

① 블랙 저널리즘(Black Journalism) : 조직·개인의 약점을 취재해 협박하거나, 특정 집단의 이익을 도모할 목적으로 신문이나 잡지를 발행하는 저널리즘이다.
② 드론 저널리즘(Drone Journalism) : 사람이 접근하기 어려운 곳을 드론으로 촬영해 자료를 수집해 전달하거나 보도하는 활동이다.
④ 그래프 저널리즘(Graph Journalism) : 사진을 중심으로 하여 편집된 간행물로서 다큐멘터리를 중심으로 사회 문제 및 패션, 미술, 영화의 소재까지 다룬다.
⑤ 제록스 저널리즘(Xerox Journalism) : 비밀문서를 복사한다는 뜻으로, 비합법적 또는 안이한 취재 방법이나 문서를 바탕으로 한 폭로 기사 일변도의 언론 경향이다.

28 정답 ④

양자 컴퓨터에 대한 설명이다.

오답분석

① 바이오 컴퓨터 : 생물체 뇌신경의 정보 처리나 전달 방법을 규명해 그것을 응용하려는 컴퓨터이다.
② 뉴로 컴퓨터 : 인간 신경세포의 동작을 본떠 만든 소자를 여러 개 결합해 고도의 정보 처리를 할 수 있는 컴퓨터이다.
③ 탠덤 컴퓨터 : 하나의 컴퓨터 안에 여러 개의 중앙처리장치를 갖춘 컴퓨터이다.
⑤ 하이브리드 컴퓨터 : 디지털 컴퓨터와 아날로그 컴퓨터를 상호 결합한 컴퓨터 시스템으로서, 아날로그 데이터를 입력해 디지털 처리를 할 때 유용하다.

29 정답 ②

알트코인은 'Alternative(대체)'와 'Coin'의 합성어로, 리플·이더리움·라이트코인 등 비트코인 이외의 모든 암호화폐를 통틀어 부르는 말이다.

30 정답 ④

중국어로 '광군(光棍)'은 '독신, 미혼'을 의미한다. 1990년대 난징시의 청년들이 독신을 상징하는 '1'이 4개나 겹친다하여 11월 11일을 '광군제'로 부르기 시작했다. 2009년에 중국 온라인 쇼핑업체 알리바바가 광군제에 독신자를 위한 파격적 세일을 실시했고, 이후 광군제마다 최대 규모의 온라인 쇼핑 매출 기록이 이루어지고 있다.

31 정답 ①

리쇼어링(Reshoring)은 판매시장이나 보다 저렴한 인건비 등의 이유로 해외로 생산기지를 옮기는 오프쇼어링(Off Shoring)의 상대적 개념이다. 세계 각국 정부는 장기화되는 국내 실업난과 경기침체를 해소하기 위해 세제 지원 등의 리쇼어링 정책을 실시하고 있다.

32 정답 ③

대기환경보전법 시행규칙 별표 7에 따르면 기상조건 등을 고려해 해당 지역의 대기자동측정소 미세먼지(PM − 10)의 시간당 평균농도가 $150 \mu g/m^3$ 이상 2시간 이상 지속인 때는 미세먼지 주의보를, $300 \mu g/m^3$ 이상 2시간 이상 지속인 때는 미세먼지 경보를 발령한다.

33 정답 ①

MERCOSUR(남미공동시장)는 스페인어 'Mercado Común del Sur'의 약자로, 1991년 브라질, 아르헨티나, 우루과이, 파라과이 등 4개 창립국이 합의하고 1995년부터 관세를 없앴다. 정회원국인 아르헨티나·브라질·파라과이·우루과이·베네수엘라 등인데, 베네수엘라는 회원 자격이 정지된 상태이다. 최고 의사 결정 기관은 공동시장이사회(CMC)이며, 정회원국 중에서 알파벳 순서로 돌아가며 6개월마다 의장국을 맡는다. 본부는 우루과이의 수도 몬테비데오에 있다.

34 정답 ④

제로페이는 최저임금 인상으로 인해 소상공인들의 부담이 늘어나자, 카드수수료를 줄여 부담을 완화하려고 만들어진 간편 결제 표준이다. 8억 원 이하 결제액의 판매자 수수료를 0%로 고정했다. 제로페이는 기존 서울시의 서울페이가 정부 차원으로 확대된 것이다.

35 정답 ②

고용유지지원금은 경영난 속에서도 감원 대신 휴직이나 일시휴업 등을 이용해 고용을 계속 유지하는 기업체에 고용노동부가 지원하는 지원금을 말한다. 휴업·휴직·훈련의 고용유지조치일수를 합해 당해 보험연도의 기간(1년) 중에 180일(6개월)을 한도로 지원한다.

36 정답 ④

미세플라스틱이 아니라 미세먼지가 심장질환의 발병과 증세에 악영향을 끼친다. 미세플라스틱이 심장질환을 유발하는지는 아직 입증되지 않았다.

37 정답 ③

월트디즈니사는 픽사(2006년 1월), 마블(2009년 8월), 20세기 폭스(2019년 3월), ABC(1995년 7월)를 인수했다.

38 정답 ⑤

① TCDD : 쓰레기를 태울 때 나오는 맹독성 물질로, 70여 종의 다이옥신 중 독성이 가장 강하다.
② 라돈 : 라듐이 붕괴되면서 생성되는 물질로, 폐암 등을 유발한다.
③ 비스페놀 A : 플라스틱제품 제조에 많이 사용되는 화학물질로, 내분비계의 정상적인 기능을 방해하는 환경호르몬의 일종이다.
④ 벤조피렌 : 화석연료 등의 불완전연소 과정에서 생성되는 다환방향족탄화수소의 한 종류로, 검게 탄 식품, 담배연기, 자동차 배기가스 등에 포함되어 있다.

39 정답 ③

중세 초기에는 교구 성직자와 수도자뿐만 아니라 일반 신도 대표들까지 시노드에 참여하여 교회의 주요 의제를 논의했다. 이후 일반 신도는 참여자에서 제외되었으나, 제2차 바티칸 공의회(1962 ~ 1965년) 이후 교구 시노드에 다시 참여하게 되었다.

40 정답 ①

뉴미디어(New Media)는 기존의 전달 매체인 TV, 라디오, 신문 등에 얽매이지 않는 새로운 쌍방향 소통의 플랫폼 형식 미디어로, 기존의 미디어와 달리 대화형 상호작용이 가능하다.

② 매스미디어(Mass Media) : TV, 신문, 라디오, 잡지 등 정보전달의 대상을 특정할 수 없는 매체이다.
③ 핫미디어(Hot Media) : 정보량은 많지만 수신자의 참여를 요구하지 않는 매체이다.
④ 쿨미디어(Cool Media) : 정보의 정밀도가 낮아 수신자의 높은 참여도를 요구하는 매체이다.
⑤ 레거시 미디어(Legacy Media) : 현재에도 여전히 사용되지만, 과거에 출시되었거나 개발된 전통 매체이다.

41 정답 ①

고구려의 동맹에 대한 사료로 동맹은 동명이라고도 한다. 전 부족이 한자리에 모여 국정을 의논하고 시조인 주몽신 등을 모시는 제천의식을 한다.

삼국시대 이전 국가의 제천행사에는 동예의 무천, 부여의 영고, 삼한의 수릿날·계절제 등이 있다.

42 정답 ②

ㄴ. 4C 백제 근초고왕 → ㄹ. 5C 고구려 장수왕 → ㄱ. 6C 신라 진흥왕 → ㄷ. 7C 백제 의자왕

43 정답 ⑤

서희는 거란족과의 담판을 통해 압록강 동쪽의 땅을 돌려 받았다.

①·④ 여진족과 관련된 내용이다.
② 수나라를 상대한 을지문덕의 '살수대첩'에 대한 설명이다.
③ 몽골을 상대한 '삼별초 항쟁'에 대한 설명이다.

44 정답 ⑤

제시된 내용은 정도전이 주장한 '재상 정치(宰相政治)'에 대한 것이다. 재상 정치는 왕권과 신권이 조화를 이루어, 왕과 재상이 협의를 거쳐 정치를 해야 한다는 내용을 말한다.

45 정답 ①

② 변정도감 : 고려 원종 10년에 처음 설치 된 이후, 불법으로 빼앗은 노비를 환원시키거나 노비의 신분·상속 관계가 바로 잡아주는 일을 담당한 임시관청이다.
③ 식목도감 : 고려시대 법제 및 격식 제정에 관한 문제를 의논한 회의기관으로 고려 전기 정치제도가 형성된 성종 이후 현종 초 사이에 설치되었다. 고종 이후 몽골과의 전쟁 과정에서 도병마사가 기능이 확대됨에 따라 식목도감은 문서를 보관하는 기능만을 가진 기구로 전락하게 된다.
④ 도병마사 : 고려시대 국방회의 기구로 국가의 군기 및 국방상 중요한 일을 의정하던 합의기관이다.
⑤ 정동행성 : 고려 후기 원(元)에 의해 일본 원정을 위한 전방사령부로 고려에 설치되었다.

46 정답 ①

비변사에 대한 설명이다. 비변사는 변방에 일이 발생할 때마다 임시로 설치되었으나, 명종 때부터 상설기구로 자리 잡았다. 임진왜란을 겪으면서 기능이 확대·강화되어 의정부를 대신하여 국정 전반을 총괄하였으나 고종 때 흥선대원군에 의해 폐지되었다.

47 정답 ③

제시된 사료는 성종실록의 내용 중 일부로 재가 금지에 대한 규정을 법문화한 경국대전과 관련된다. 국왕이 여성의 재가를 금지하는 법령을 명하고 있는 것으로 보아 당시에는 여성들의 재가가 자유로웠음을 알 수 있다.

ㄱ·ㄴ. 가부장적 가족 제도가 확립된 조선 중기의 가족 제도와 혼인 풍습이다.

48 정답 ④

제시문은 흥선대원군의 서원 철폐에 대한 내용으로, 흥선대원군은 전국 600여 개의 서원 중 47개만 남기고 철폐하였다. 흥선대원군은 쇄국정책을 고수하여 서양의 통상 요구를 거절하였으며, 신미양요 이후 척화비를 세웠다.

49 정답 ③

ㄴ. 병인박해(1866) : 프랑스 선교사와 교도를 처형한 사건으로 병인양요의 구실이 되었다.
ㄹ. 병인양요(1866) : 병인박해를 구실로 프랑스 군함이 강화도를 침략한 사건으로 외규장각의 문화재 및 서적 등을 약탈하였다.
ㅁ. 오페르트 도굴 미수 사건(1868) : 독일 상인 오페르트의 통상요구를 거절하자 오페르트가 남연군묘를 도굴하려던 사건으로 통상수교 거부의지를 강화되는 계기가 되었다.
ㄷ. 운요호 사건(1875) : 일본 군함 운요호를 강화 해역에 보내 군사도발을 한 사건으로 함포의 위협에 강화도 조약을 체결하게 되었다.
ㄱ. 강화도 조약(1876) : 최초의 근대적 조약이자 불평등 조약으로 일본과 체결하였다.

50 정답 ①

자료에서 설명하는 신문은 서재필이 창간한 최초의 민간신문인 『독립신문』이다.

② 『황성신문』 : 을사조약에 대한 항일 논설인 '시일야방성대곡'이 게재되었다.
③ 『제국신문』 : 민중 계몽을 위해 노력한, 한글로 간행된 신문이다.
④ 『대한매일신보』 : 국채 보상 운동을 주도하였으며, 영국인 베델과 양기탁이 운영했다.
⑤ 『경향신문』 : 가톨릭 재단에서 창간되어 이후 독립지로 분리되었다. 현재도 발간되고 있는 신문으로, 한때 이승만과 박정희 독재 정권에 탄압을 받았다.

NCS 직업기초능력평가 답안카드

성 명

지원 분야

문제지 형별기재란

( )형 Ⓐ Ⓑ

수 험 번 호

	⓪	①	②	③	④	⑤	⑥	⑦	⑧	⑨
	⓪	①	②	③	④	⑤	⑥	⑦	⑧	⑨
	⓪	①	②	③	④	⑤	⑥	⑦	⑧	⑨
	⓪	①	②	③	④	⑤	⑥	⑦	⑧	⑨
	⓪	①	②	③	④	⑤	⑥	⑦	⑧	⑨
	⓪	①	②	③	④	⑤	⑥	⑦	⑧	⑨
	①	②	③	④	⑤	⑥	⑦	⑧	⑨

감독위원 확인

(인)

번호	①	②	③	④	⑤	번호	①	②	③	④	⑤	번호	①	②	③	④	⑤
1	①	②	③	④	⑤	21	①	②	③	④	⑤	41	①	②	③	④	⑤
2	①	②	③	④	⑤	22	①	②	③	④	⑤	42	①	②	③	④	⑤
3	①	②	③	④	⑤	23	①	②	③	④	⑤	43	①	②	③	④	⑤
4	①	②	③	④	⑤	24	①	②	③	④	⑤	44	①	②	③	④	⑤
5	①	②	③	④	⑤	25	①	②	③	④	⑤	45	①	②	③	④	⑤
6	①	②	③	④	⑤	26	①	②	③	④	⑤	46	①	②	③	④	⑤
7	①	②	③	④	⑤	27	①	②	③	④	⑤	47	①	②	③	④	⑤
8	①	②	③	④	⑤	28	①	②	③	④	⑤	48	①	②	③	④	⑤
9	①	②	③	④	⑤	29	①	②	③	④	⑤	49	①	②	③	④	⑤
10	①	②	③	④	⑤	30	①	②	③	④	⑤	50	①	②	③	④	⑤
11	①	②	③	④	⑤	31	①	②	③	④	⑤						
12	①	②	③	④	⑤	32	①	②	③	④	⑤						
13	①	②	③	④	⑤	33	①	②	③	④	⑤						
14	①	②	③	④	⑤	34	①	②	③	④	⑤						
15	①	②	③	④	⑤	35	①	②	③	④	⑤						
16	①	②	③	④	⑤	36	①	②	③	④	⑤						
17	①	②	③	④	⑤	37	①	②	③	④	⑤						
18	①	②	③	④	⑤	38	①	②	③	④	⑤						
19	①	②	③	④	⑤	39	①	②	③	④	⑤						
20	①	②	③	④	⑤	40	①	②	③	④	⑤						

NCS 직업기초능력평가 답안카드

번호	①	②	③	④	⑤	번호	①	②	③	④	⑤	번호	①	②	③	④	⑤
1	①	②	③	④	⑤	21	①	②	③	④	⑤	41	①	②	③	④	⑤
2	①	②	③	④	⑤	22	①	②	③	④	⑤	42	①	②	③	④	⑤
3	①	②	③	④	⑤	23	①	②	③	④	⑤	43	①	②	③	④	⑤
4	①	②	③	④	⑤	24	①	②	③	④	⑤	44	①	②	③	④	⑤
5	①	②	③	④	⑤	25	①	②	③	④	⑤	45	①	②	③	④	⑤
6	①	②	③	④	⑤	26	①	②	③	④	⑤	46	①	②	③	④	⑤
7	①	②	③	④	⑤	27	①	②	③	④	⑤	47	①	②	③	④	⑤
8	①	②	③	④	⑤	28	①	②	③	④	⑤	48	①	②	③	④	⑤
9	①	②	③	④	⑤	29	①	②	③	④	⑤	49	①	②	③	④	⑤
10	①	②	③	④	⑤	30	①	②	③	④	⑤	50	①	②	③	④	⑤
11	①	②	③	④	⑤	31	①	②	③	④	⑤						
12	①	②	③	④	⑤	32	①	②	③	④	⑤						
13	①	②	③	④	⑤	33	①	②	③	④	⑤						
14	①	②	③	④	⑤	34	①	②	③	④	⑤						
15	①	②	③	④	⑤	35	①	②	③	④	⑤						
16	①	②	③	④	⑤	36	①	②	③	④	⑤						
17	①	②	③	④	⑤	37	①	②	③	④	⑤						
18	①	②	③	④	⑤	38	①	②	③	④	⑤						
19	①	②	③	④	⑤	39	①	②	③	④	⑤						
20	①	②	③	④	⑤	40	①	②	③	④	⑤						

성 명

지원분야

문제지 형별기재란

(A)
(B)
형 ( )

수 험 번 호

⓪	①	②	③	④	⑤	⑥	⑦	⑧	⑨
⓪	①	②	③	④	⑤	⑥	⑦	⑧	⑨
⓪	①	②	③	④	⑤	⑥	⑦	⑧	⑨
⓪	①	②	③	④	⑤	⑥	⑦	⑧	⑨
⓪	①	②	③	④	⑤	⑥	⑦	⑧	⑨
⓪	①	②	③	④	⑤	⑥	⑦	⑧	⑨
⓪	①	②	③	④	⑤	⑥	⑦	⑧	⑨

감독위원 확인

(인)

일반상식 답안카드

성명

지원분야

문제지 형별기재란
( )형
Ⓐ
Ⓑ

수험번호

	⓪	①	②	③	④	⑤	⑥	⑦	⑧	⑨
⓪	①	②	③	④	⑤	⑥	⑦	⑧	⑨
⓪	①	②	③	④	⑤	⑥	⑦	⑧	⑨
⓪	①	②	③	④	⑤	⑥	⑦	⑧	⑨
⓪	①	②	③	④	⑤	⑥	⑦	⑧	⑨
⓪	①	②	③	④	⑤	⑥	⑦	⑧	⑨
①	②	③	④	⑤	⑥	⑦	⑧	⑨

감독위원 확인

(인)

문번						문번						문번					
1	①	②	③	④	⑤	21	①	②	③	④	⑤	41	①	②	③	④	⑤
2	①	②	③	④	⑤	22	①	②	③	④	⑤	42	①	②	③	④	⑤
3	①	②	③	④	⑤	23	①	②	③	④	⑤	43	①	②	③	④	⑤
4	①	②	③	④	⑤	24	①	②	③	④	⑤	44	①	②	③	④	⑤
5	①	②	③	④	⑤	25	①	②	③	④	⑤	45	①	②	③	④	⑤
6	①	②	③	④	⑤	26	①	②	③	④	⑤	46	①	②	③	④	⑤
7	①	②	③	④	⑤	27	①	②	③	④	⑤	47	①	②	③	④	⑤
8	①	②	③	④	⑤	28	①	②	③	④	⑤	48	①	②	③	④	⑤
9	①	②	③	④	⑤	29	①	②	③	④	⑤	49	①	②	③	④	⑤
10	①	②	③	④	⑤	30	①	②	③	④	⑤	50	①	②	③	④	⑤
11	①	②	③	④	⑤	31	①	②	③	④	⑤						
12	①	②	③	④	⑤	32	①	②	③	④	⑤						
13	①	②	③	④	⑤	33	①	②	③	④	⑤						
14	①	②	③	④	⑤	34	①	②	③	④	⑤						
15	①	②	③	④	⑤	35	①	②	③	④	⑤						
16	①	②	③	④	⑤	36	①	②	③	④	⑤						
17	①	②	③	④	⑤	37	①	②	③	④	⑤						
18	①	②	③	④	⑤	38	①	②	③	④	⑤						
19	①	②	③	④	⑤	39	①	②	③	④	⑤						
20	①	②	③	④	⑤	40	①	②	③	④	⑤						

※ 본 답안지는 마킹연습용 모의 답안지입니다.

일반상식 답안카드

	1	2	3	4	5		21	1	2	3	4	5		41	1	2	3	4	5
1	①	②	③	④	⑤	21	①	②	③	④	⑤	41	①	②	③	④	⑤
2	①	②	③	④	⑤	22	①	②	③	④	⑤	42	①	②	③	④	⑤
3	①	②	③	④	⑤	23	①	②	③	④	⑤	43	①	②	③	④	⑤
4	①	②	③	④	⑤	24	①	②	③	④	⑤	44	①	②	③	④	⑤
5	①	②	③	④	⑤	25	①	②	③	④	⑤	45	①	②	③	④	⑤
6	①	②	③	④	⑤	26	①	②	③	④	⑤	46	①	②	③	④	⑤
7	①	②	③	④	⑤	27	①	②	③	④	⑤	47	①	②	③	④	⑤
8	①	②	③	④	⑤	28	①	②	③	④	⑤	48	①	②	③	④	⑤
9	①	②	③	④	⑤	29	①	②	③	④	⑤	49	①	②	③	④	⑤
10	①	②	③	④	⑤	30	①	②	③	④	⑤	50	①	②	③	④	⑤
11	①	②	③	④	⑤	31	①	②	③	④	⑤						
12	①	②	③	④	⑤	32	①	②	③	④	⑤						
13	①	②	③	④	⑤	33	①	②	③	④	⑤						
14	①	②	③	④	⑤	34	①	②	③	④	⑤						
15	①	②	③	④	⑤	35	①	②	③	④	⑤						
16	①	②	③	④	⑤	36	①	②	③	④	⑤						
17	①	②	③	④	⑤	37	①	②	③	④	⑤						
18	①	②	③	④	⑤	38	①	②	③	④	⑤						
19	①	②	③	④	⑤	39	①	②	③	④	⑤						
20	①	②	③	④	⑤	40	①	②	③	④	⑤						

※ 본 답안지는 마킹연습용 모의 답안지입니다.

성 명

지원 분야

문제지 형별기재란

ⓐ
ⓑ

(형)

수험번호

⓪	①	②	③	④	⑤	⑥	⑦	⑧	⑨
⓪	①	②	③	④	⑤	⑥	⑦	⑧	⑨
⓪	①	②	③	④	⑤	⑥	⑦	⑧	⑨
⓪	①	②	③	④	⑤	⑥	⑦	⑧	⑨
⓪	①	②	③	④	⑤	⑥	⑦	⑧	⑨
⓪	①	②	③	④	⑤	⑥	⑦	⑧	⑨
⓪	①	②	③	④	⑤	⑥	⑦	⑧	⑨

감독위원 확인

(인)

좋은 책을 만드는 길
독자님과 함께하겠습니다.

도서나 동영상에 궁금한 점, 아쉬운 점, 만족스러운 점이
있으시다면 어떤 의견이라도 말씀해 주세요.
시대고시기획은 독자님의 의견을 모아 더 좋은 책으로 보답하겠습니다.

www.sidaegosi.com

2021 최신판 유튜브로 쉽게 배우는 부산교통공사 NCS + 일반상식 7일 특강

개정1판1쇄 발행	2021년 04월 15일 (인쇄 2021년 02월 10일)
초 판 발 행	2020년 05월 25일 (인쇄 2020년 04월 28일)
발 행 인	박영일
책 임 편 집	이해욱
저 자	NCS직무능력연구소
편 집 진 행	이민지
표지디자인	안병용
편집디자인	배선화 · 곽은슬
발 행 처	(주)시대고시기획
출 판 등 록	제 10-1521호
주 소	서울시 마포구 큰우물로 75 [도화동 538 성지 B/D] 9F
전 화	1600-3600
팩 스	02-701-8823
홈 페 이 지	www.sidaegosi.com
I S B N	979-11-254-9226-9 (13320)
정 가	20,000원

(주)시대고시기획

공기업 취업을 위한 NCS 직업기초능력평가 시리즈

기업별 맞춤 학습 "기업별 NCS" 시리즈

공기업 취업의 기초부터 합격까지! 취업의 문을 여는 *Hidden Key!*

기업별 기출문제 "기출이 답이다" 시리즈

역대 기출문제와 주요 공기업 기출문제를 한 권에! 합격을 위한 *One Way!*

시험 직전 마무리 "봉투모의고사" 시리즈

실제 시험과 동일하게 마무리! 합격을 향한 *Last Spurt!*

혼공하는 취린이들을 위해 준비했어~!

취업을 준비하거나 이직을 준비하는
분들을 위해 만들어진 취업 정보
종합커뮤니티 카페

대기업&공기업 취업 온라인 스터디 카페

취업달성프로젝트!

 NAVER 카페

취달프를 검색하세요!